SUPERBUR
SAGGI

STORIA D'ITALIA

Indro Montanelli

L'ITALIA GIACOBINA E CARBONARA (1789 - 1831)

Biblioteca Universale Rizzoli

ISBN 88-17-11835-4

prima edizione Superbur Saggi: settembre 1998
quinta edizione Superbur Saggi: luglio 2001

AVVERTENZA

Nel presentare L'Italia del Settecento, *avevo avvertito il lettore che probabilmente quest'anno non avrei potuto essere puntuale alla solita scadenza natalizia. E così infatti sarebbe stato, se avessi insistito nella mia idea di dedicare al Risorgimento due volumi. Viceversa, via via che proseguivo nella stesura, mi sono accorto che di volumi ce ne volevano almeno tre. Fermando il primo al 1831, ho potuto arrivare in tempo all'appuntamento.*

Qualcuno troverà arbitraria la scelta di questa data. Ma, a parte il fatto che arbitrarie sono tutte le scelte, mi è parso che questa un suo fondamento lo abbia, e io ho cercato di riassumerlo nel titolo: L'Italia giacobina e carbonara. *Che non è ancora quella del Risorgimento, ma è quella che lo prepara.*

È un periodo estremamente complesso, specie il primo ventennio napoleonico. E debbo dire che la più grande difficoltà l'ho incontrata appunto nell'annodare i fili delle vicende di cui esso è gremito, in modo che il lettore possa seguirli senza eccessivo sforzo. Credo che siano in pochi ad avere un'idea chiara di quella specie di balletto che Napoleone impose al nostro Paese, facendone e disfacendone gli Stati, fondendoli, dividendoli, trasformandoli da Principati in Repubbliche e da Repubbliche in Regni. Non so se questo libro aiuterà a capirne un po' meglio le «figure». Ma questo è uno dei miei obbiettivi. L'altro è naturalmente la ricostruzione e l'analisi dei fermenti politici, sociali, culturali che la conquista francese lasciò. E qui si entra in una materia che, anche per la sua vicinanza all'epoca attuale, si presta alle più svariate interpretazioni e quindi alle più accese polemiche. Io ho cercato di non parteggiare. Se vi sia riuscito, non lo so. So soltanto che me lo sono proposto anche col sacrificio di certe mie pregiudi-

ziali. Io vedo nel Risorgimento e in tutto quello che lo preparò l'unica cosa nobile e bella che l'Italia abbia fatto negli ultimi quattrocento anni, e non mi sembra di dir poco. Ma ho voluto pormi di fronte ad esso in una posizione spassionatamente critica, denunziandone anche i difetti e le inadempienze. Qualcuno, per esempio, troverà forse un po' impietose le mie riserve sulla Carboneria e i suoi uomini, compresi quelli che subirono il martirio della forca e dello Spielberg. Ma io penso che fra le tante cose che oggi contro il Risorgimento congiurano e ne offuscano gli splendidi valori, ci sia anche l'immagine statuaria che per un secolo ci si è sforzati di dargli. Di ridimensionamenti ne sono già stati fatti molti, perfin troppi, ma di solito con intenzioni che solo per eufemismo si possono chiamare ambigue. Il mio è quello di un uomo che conserva integra la religione del Risorgimento e considera bastardi gl'italiani che non la condividono. Questo tuttavia non m'impedisce di vederne e di farne vedere i limiti. Ce ne furono, purtroppo. E proprio nel periodo d'incubazione che costituisce la materia di questo libro, mi sono sforzato di cercarne i motivi.

Come il lettore vede, sono rimasto solo a proseguire questo ciclo storico. Il mio amico e collaboratore Gervaso ha «messo bottega» per conto suo, ed era logico: ormai ne ha la maturità e la capacità, come si appresta a dimostrare. Gli auguro il più grande successo.

Un'ultima cosa. Mi hanno sempre rimproverato di non aver fornito in questi libri una bibliografia ragionata e argomentata delle opere consultate. Io pensavo – e continuo a pensare – che il vasto pubblico a cui mi rivolgo, non essendo di specialisti, non la esiga. Comunque, stavolta gli ho dato molti più ragguagli del solito, ma sempre rifiutandomi di sommergerlo sotto un diluvio di monografie specifiche, che del resto non sono state scritte per esso, e fra le quali non è verisimile ch'esso intenda ingolfarsi.

Ecco tutto. E ora la parola, come sempre, al lettore.

I.M.

Ottobre 1971

PARTE PRIMA

L'ITALIA NAPOLEONICA

CAPITOLO PRIMO
IL CONQUISTATORE

L'ultimo capitolo de *L'Italia del Settecento* era dedicato alla Francia. Ed è dalla Francia che anche questo volume deve prender le mosse perché la storia del nostro Paese si fa più a Parigi che a Torino, o a Roma, o a Napoli. L'influsso che la rivoluzione francese esercitò sull'Italia fu dapprima soltanto ideologico e limitato a quella sparuta pattuglia d'intellettuali ch'erano gli unici in grado d'intenderne i motivi; e di questo parleremo più tardi. Ma dal '96 in poi le idee si presentarono sotto forma di baionette che misero a soqquadro l'assetto politico della penisola ribaltandone il vecchio equilibrio e lasciandovi, anche dopo il loro ritiro, quei fermenti che di lì a poco avrebbero dato avvio ai moti risorgimentali. Ecco perché il quasi ventennale dominio francese fu, per l'Italia, di decisiva importanza.

Abbiamo lasciato i rivoluzionari di Parigi al momento in cui la loro ghigliottina si abbatteva sul collo del re Luigi XVI e di sua moglie, l'austriaca Maria Antonietta. Più che dei nemici, essi erano rimasti vittime degli amici. I nobili fuggiti oltre frontiera per raccogliere aiuti e rientrare in patria a capo di una spedizione punitiva, dicevano di farlo in nome del Re, un fratello del quale militava nelle loro file. L'Imperatore d'Austria Leopoldo, fratello della Regina, e il Re di Prussia, oltre a prestare larga ospitalità a questi fuorusciti, minacciavano d'invadere la Francia se questa avesse torto un capello ai suoi Sovrani. Nell'interno del Paese, e soprattutto in Vandea, c'erano forti resistenze al nuovo regime, che si manifestavano con una sanguinosa guerriglia. Il Re e la Regina erano naturalmente sospettati di stare al giuoco dei nemici di dentro e di fuori. Ma forse a pregiudicare la loro sorte non fu tanto l'accusa – d'altronde provata – d'intelligenza coi ribelli, quanto il fatto che la rivoluzione aveva bisogno, come tutte le rivoluzioni, di creare nel popolo una psicosi di persecuzione per ristabilirne l'unità. Il deputato Couthon lo disse ai suoi elettori: «Per consolidarci ci vuole una guerra». Il regicidio la rendeva inevitabile e obbligava anche i francesi che lo contestavano a stringersi intorno al nuovo regime.

Fu infatti la Francia a prendere l'iniziativa scendendo in campo contro Austria e Prussia. Le due Potenze raccolsero la sfida perché i fuorusciti assicuravano loro che si sarebbe trattato di una passeggiata militare. Invece i due eserciti furono fermati a Valmy dall'artiglieria francese, e più ancora dalla nebbia. Sebbene non si trattasse di una vera e propria vittoria, essa fu presentata come tale dal governo rivoluzionario e suscitò nel Paese un'ondata di patriottismo che sommerse le opposizioni. Fu in questa surriscaldata atmosfera che l'Assemblea Nazionale, la quale aveva fin allora esercitato il potere, si sciolse per cederc il posto a una *Convenzione*, cioè a un Parlamento incaricato di redigere la nuova Costituzione. In esso non c'erano dei veri e propri «partiti» nel senso moderno della parola. Tutti erano convinti rivoluzionari e accesi nazionalisti, che volevano la guerra a oltranza, e non si contentarono di quella difensiva coronata a Valmy. Mandarono il loro esercito a invadere il Belgio, tuttora possedimento austriaco, la Renania, Nizza e la Savoia, dove furono banditi dei plebisciti più o meno truccati che sancirono l'annessione alla Francia. Così la rivoluzione cominciò a traboccare fuori del Paese.

Fu sulla sorte del Re e della Regina che la Convenzione si divise. Fin allora essa era stata dominata dal gruppo dei «Girondini», piuttosto moderati anche perché rappresentavano gl'interessi di una classe borghese, che non voleva spingere la rivoluzione a misure estreme. Contro di essi stava la fazione massimalista dei «Giacobini» o «Montagnardi» che, sebbene anch'essi di estrazione borghese (in tutto quel parlamento non c'erano che due popolani), si atteggiavano a interpreti del proletariato – i cosiddetti «Sanculotti», cioè gli sbracati – e dei suoi violenti umori. In mezzo c'era la «palude», cioè gl'indecisi. Furono costoro che, lasciandosene travolgere, diedero ai Giacobini la maggioranza necessaria a strappare la condanna a morte.

Sia il Re, ai primi del '93, che la Regina, nell'ottobre, affrontarono la ghigliottina con molta dignità. Ma il loro sangue scatenò la violenta reazione di tutta l'Europa monarchica che vedeva in quell'episodio la fine del principio di sovranità per diritto divino, su cui tutte le sue dinastie si reggevano. Si formò una coalizione cui aderirono anche il Piemonte, lo Stato pontificio e il Regno di Napoli. I vincitori di Valmy furono a loro volta sconfitti e il loro Generale, Dumouriez, passò al nemico.

Come sempre accade in queste circostanze, il pericolo diede ancora più forza agli estremisti che scatenarono un'ondata di terrore. Essi redassero una Costituzione di contenuto spiccatamente socialista. Ma gli stessi autori si resero conto che la sua applicazione avrebbe provocato la rivolta, e vi rinunziarono per concentrarsi unicamente sul problema più urgente: la difesa nazionale. A essa fu preposto un «Comitato di salute pubblica» che, per difendere insieme il Paese dall'invasione esterna e la rivoluzione dalla dissidenza interna, dovette ricorrere alle misure più estreme. Il grande protagonista di questa fase violenta fu Robespierre che per parecchi mesi non diede riposo alla ghigliottina, avviandovi anche i suoi vecchi amici e gli uomini più prestigiosi del regime come Danton, forse il più grande cervello politico del momento. Alla fine sotto la ghigliottina finì anche lui (1794): un po' perché anche i suoi complici e collaboratori si sentivano minacciati dal suo crescente satrapismo, un po' perché di terrore non c'era più bisogno: gl'istituti rivoluzionari erano rinsaldati, e gli eserciti nemici costretti a subire l'iniziativa di quello francese, forte di 300.000 uomini. Nel '95 la coalizione si era sfasciata per il ritiro di Olanda, Spagna e Prussia. In campo restavano solo l'Inghilterra che per il momento si limitava a sorvegliare i mari, e l'Austria.

Anche con queste Potenze la pace era a portata di mano. Il pomo della discordia era soprattutto il Belgio, che i francesi avevano strappato all'Austria. Ma questa sembrava disposta a rinunziarvi in cambio di qualche compenso sul Reno, e già per questo si erano allacciate trattative sotto banco. A Parigi il governo, che allora si chiamava «Direttorio», era orientato verso la distensione. Con l'annessione del Belgio, di Nizza e della Savoia, la Francia aveva raggiunto le cosiddette «frontiere naturali», e poteva considerarsene paga. Furono i militari che si opposero a qualsiasi revisione in Renania. Con le vittorie il loro peso era cresciuto, ed essi lo facevano sentire. La diplomazia inglese che non voleva le basi navali belghe a disposizione della flotta francese ne approfittò per rilanciare la coalizione attirandovi la Russia. Così, alla fine del '95, la parola fu di nuovo alle armi.

Sia la Francia che i suoi avversari erano convinti che la campagna si sarebbe svolta in Germania, e lì cominciarono ad ammassare le loro forze. Ma il Direttorio incluse nel suo piano anche una manovra di diversione in Italia che obbligasse l'Austria a dislocarvi parte del suo esercito. Per questo compito secondario fu prescelto un Generale di appena ventisette anni: Napoleone Bonaparte.

Non ci sognamo di ricostruirne la storia e la personalità, illustrate in migliaia di biografie e in centinaia di drammi e di film. Napoleone è una delle poche figure, di cui tutti sanno almeno le cose essenziali: ch'era nato in

Corsica da una famiglia di origine toscana, ch'era capitano di artiglieria quando scoppiò la rivoluzione di cui si mise subito al servizio, che si era distinto reprimendo spietatamente coi suoi cannoni i moti controrivoluzionari di Tolone, che doveva la rapidità della sua carriera all'amicizia di Robespierre, la quale poi gli era costata il «siluramento».

A riportarlo a galla erano stati un po' gli avvenimenti politici, un po' gl'intrighi d'alcova. Dopo la liquidazione di Robespierre, i controrivoluzionari avevano rialzato la cresta. Anche a Parigi ci furono dei moti, e per schiacciarli nessuno aveva le carte più in regola di Napoleone che già in questo genere di operazioni aveva dato prova dei suoi talenti. Li confermò ammucchiando sui selciati di Parigi trecento cadaveri, e per di più entrò nelle grazie di uno dei più potenti membri del Direttorio, Barras, sposandone l'amante, Giuseppina Beauharnais, vedova d'un altro Generale, che da buona moglie francese aveva l'abitudine di tradire i propri mariti, ma anche di aiutarli nella carriera. Quanto essa abbia influito nella nomina del Bonaparte a comandante del corpo di spedizione destinato all'Italia, non si sa. Ma che v'influì, sembra accertato.

Era il marzo del 1796.

Questo corpo di spedizione era composto di 30.000 uomini, che a veri e propri soldati somigliavano poco. Erano ancora di quelli che il governo rivoluzionario, con le casse vuote, aveva spedito sulle frontiere per parare l'aggressione con l'ordine di arrangiarsi, cioè di mantenersi da soli sulle risorse dei territori occupati. Versavano in tali condizioni che gli storici francesi hanno dedicato addirittura dei libri alla descrizione delle loro dilapidate uniformi e dei loro modi inselvatichiti. Vivevano di rapine come un'orda barbarica, e Alfieri li chiamò «un pidocchiume».

Bonaparte non si lasciò sgomentare dall'aspetto di questi miserabili «capelloni» in stracci e ciocie, quando il 2 marzo ne assunse a Nizza il comando, sebbene anche a lui il Direttorio avesse detto di arrangiarsi sia per i rifornimenti che per la «cinquina». Sapeva che per questo poteva contare sull'eccezionali qualità organizzative di un suo compaesano còrso, Saliceti, che lo aveva accompagnato, anzi che lo aveva preceduto in qualità di «Commissario». I Commissari erano agenti di fiducia che il governo rivoluzionario metteva alle calcagna dei capi militari con compiti vari di propaganda fra le truppe, di consulenza politica, ma soprattutto di sorveglianza: molti ufficiali erano di sentimenti monarchici, e talvolta sabotavano gli ordini o passavano al nemico, come aveva fatto Dumouriez. Ma fra Bonaparte e Saliceti i rapporti non erano questi. Legati da una vecchia amicizia di famiglia, avevano entrambi fatto parte del *clan* di Robespierre, si erano reciprocamente aiutati nei trambusti della rivoluzione e nei repentagli delle «purghe», insomma erano, da buoni còrsi, «compari».

Mentre Saliceti sfamava quell'orda con implacabili requisizioni e l'equipaggiava contrattando sulla propria responsabilità un prestito con le banche di Genova, Napoleone metteva a punto il suo piano, senza tener il menomo conto degli ordini ricevuti. Non era affatto disposto a fare il comprimario dei suoi colleghi Hoche e Moreau, preposti all'esercito che operava in Germania. Pur al comando di quelle scalcagnate forze, la campagna era ben deciso a risolverla lui, diventandone il protagonista. In cuor suo aveva già disobbedito, e seguiterà a farlo senza esitazioni, mettendo regolarmente il Direttorio di fronte al fatto compiuto: ma compiuto con la vittoria.

Il terreno lo aveva già coscienziosamente studiato all'Istituto Topografico di Parigi. Ora studiava, sui rapporti dei suoi informatori, lo schieramento nemico per trovare il punto più favorevole a romperne il fronte. Questo schieramento disponeva di 60.000 uomini, il doppio dei suoi. Ma metà erano austriaci, metà piemontesi, che collaboravano al solito modo, cioè diffidando gli uni degli altri. Il punto debole era la loro saldatura, cioè la loro mancanza di saldatura. Costeggiando il colle di Cadibona fra le Alpi e il mare, ci si poteva insinuare tra loro e affrontarli separatamente.

Il 28 marzo Bonaparte lanciò ai suoi soldati il famoso proclama: «Voi siete nudi e affamati... Io voglio condurvi nelle più fertili pianure del mondo. Vi troverete gloria, onore, ricchezza...» Queste sono le parole registrate all'anagrafe della Storia. In realtà pare che l'ultima frase suonasse: «Vi troverete gloria e preda», che s'intonava molto meglio ai sentimenti di quegli uomini. Comunque, fu in questo senso ch'essi interpretarono l'appello.

Ma di proclami, Napoleone ne firmò contemporaneamente anche un altro, in cui c'era probabilmente lo zampino di Saliceti, alle popolazioni piemontesi: «Il Governo della Repubblica saprà riconoscere in ogni momento i popoli che sono pronti a scuotere, con uno sforzo generoso, il giogo della tirannia!...»

La politica del Bonaparte nel nostro Paese non riuscirà più a liberarsi da questa contraddizione, e per vent'anni gl'italiani non sapranno se Napoleone li scuote dai gioghi o li tratta da preda.

L'Italia nel 1799

CAPITOLO SECONDO
LA PREDA

La comparsa di Napoleone rimescolava tutto l'assetto degli Stati italiani, che da mezzo secolo non aveva più subìto traumi. Richiamiamolo rapidamente alla memoria del lettore.

I Savoia regnavano sul Piemonte e la Sardegna. La Lombardia era una provincia austriaca. Genova serbava la sua autonomia. Il Veneto faceva Repubblica con Venezia e il suo residuo strascico di «dipendenze» istriane e dalmate fino a Corfù. A sud del Po sopravvivevano i vecchi Ducati di Parma e Piacenza sotto i Borbone, e di Modena e Reggio sotto gli Este, senz'altro avvenire che il loro passato. Poi cominciavano le «Legazioni» (Ferrara, Bologna ecc.), punta avanzata degli Stati pontifici che inglobavano Romagna, Marche, Umbria e Lazio. La Toscana faceva ancora Granducato sotto la dinastia dei Lorena, ma con l'eccezione di Lucca, Repubblica indipendente. Dall'Abruzzo in giù era tutto Regno delle Due Sicilie, o *Reame* come si chiamava per antonomasia, sotto la dinastia dei Borbone di Napoli.

Il *deus ex machina*, lo Stato-guida di questa costellazione era l'Austria, direttamente padrona della Lombardia, indirettamente della Toscana perché il Granduca apparteneva alla stessa casa dell'Imperatore di Vienna, anzi era suo fratello, e del Reame, che la regina Maria Carolina, a sua volta zia dell'Imperatore, aveva sottratto all'influenza dei Borbone spagnoli, cui suo marito Ferdinando apparteneva, per metterla sotto quella degli Asburgo-Lorena. Questo groviglio dinastico è piuttosto complicato, lo sappiamo. Ma chi voglia meglio informarsene può rifarsi alla nostra *Italia del Settecento*, dove ne abbiamo ritessuto più dettagliatamente la trama.

Era una tipica sistemazione da *ancien régime*, in cui gli Stati venivano considerati patrimonio personale dei vari titolari, che ogni tanto addirittura se li barattavano come fattorie. In essi non c'era posto per altri protagonisti che il Principe, laico o ecclesiastico che fosse. Anche là dove vigeva un regime repubblicano – come a Venezia, a Genova e a Lucca –, il potere s'incarnava in un piccolo gruppo di uomini o di famiglie che lo esercitavano come loro esclusivo monopolio. Il potere era tutto, e tutto era del potere. Anche la cultura era rimasta legata al suo carro, e la massa, oltre a non avere strumenti per esprimersi (istituti rappresentativi, partiti politici, giornali), non aveva nemmeno la coscienza di sé e un alfabeto con cui formarsela e manifestarla.

Ma qui occorre una breve panoramica della situazione sociale perché fu proprio su di essa che l'esercito rivoluzionario di Napoleone, a differenza di tutti gli altri invasori che nei secoli lo avevano preceduto, agì da elemento catalizzatore creando, in contrapposto al Principe, un nuovo interlocutore: la pubblica opinione. Che questa fosse più ostile che favorevole ai nuovi venuti, conta poco. Ciò che conta è ch'essi la evocarono e la chiamarono nel giuoco politico.

«L'opinione dei milanesi nello spazio di un mese è cambiata ed un avvenimento [*la rivoluzione francese*], che dapprincipio fu accolto con ammirazione e con giubilo, poco dopo si riguardò con dileggio e come una pubblica sciagura» scriveva con amarezza Pietro Verri nei suoi *Pensieri sulla rivoluzione*. La sua diagnosi era sostanzialmente esatta, e non si applicava soltanto a Milano. In tutta Italia, all'iniziale ondata d'entusiasmo per le grandi notizie che giungevano da Parigi, ne era seguita una di sbigottimento. Ed è facile ricostruirne i motivi.

La rivoluzione francese, malgrado certe sue venature proletarie e socialiste, era un fatto essenzialmente borghese. Ma in Italia di borghesia ce n'era poca e di poco peso. Quella che si era formata nell'età comunale del Tre e del Quattrocento si era sbriciolata sotto i regimi spagnoli e controriformisti che avevano restaurato un tipo di società feudale. La scoperta dell'America che aveva spostato i traffici dal Mediterraneo all'Atlantico e l'inflazione dovuta all'alluvione dell'oro e dell'argento americani avevano rovinato i nostri ceti industriali e mercantili. E la Controriforma li aveva moralmente screditati ripristinando i valori del sangue e del rango al di sopra di quelli economici e culturali. Mentre nell'Europa riformata l'imprenditore prendeva il sopravvento sul nobile, imponendo i suoi valori – il lavoro e il risparmio –, in Spagna e in Italia era il nobile terriero e redditiero che prendeva il sopravvento sull'imprenditore facendo dell'ozio e del fasto un criterio di distinzione sociale.

Nel Settecento un po' di ceto medio si era riformato, ma non dappertutto e non in modo omogeneo. Come abbiamo detto nel volume dedicato a questo secolo, solo in Lombardia si poteva parlare di un capitalismo industriale. A dargli avvìo erano stati quei fittavoli che, dopo aver esercitato le loro capacità imprenditoriali nella *cascina* – ch'era anche una piccola industria di trasformazione –, avevano impiantato fabbriche e manifatture in città. Non esageriamone la portata. Quella lombarda era ancora una società di tipo spagnolesco, cioè dominata dall'aristocrazia e dai suoi interessi e privilegi. Però accanto ad essa s'era formato un ceto borghese, che cresceva in proporzione alla sua forza economica.

Di questo ceto ce n'era anche in Toscana, ma aveva tutt'altre origini e attitudini. Qui erano gli stessi terrieri che, spintivi dalle illuminate riforme di Pietro Leopoldo, si erano fatti imprenditori, ma rimanendo terrieri. La *fattoria* toscana era diventata, per quei tempi, un modello d'impresa agricola, ma non ne varcava i limiti. A differenza della *cascina* lombarda, non sviluppava industrie di trasformazione. Era la cabina di comando di un «padrone» che il comando lo esercitava di persona, impegnandosi nelle sue terre, migliorandole, cercando di cavarne il massimo, ma anche investendovi tutti gli utili che ne traeva. Fabbriche in città non ne impiantava. Anzi, mentre in Lombardia l'imprenditore spremeva la terra per fondare la manifattura in città, in Toscana il professionista, l'artigiano e il mercante arricchiti in città investivano il loro capitale in terra e acquistavano mentalità e costume di terrieri.

Ogni regione insomma aveva un suo tipo di borghesia. In Piemonte la formavano i funzionari dello Stato. A Roma, i notai e impiegati della Curia. Nel Sud, gli avvocati. E oltre alla povertà dei suoi ranghi e dei suoi conti in banca, anche questa diversità di formazione, e quindi anche di vocazioni, contribuiva alla sua debolezza. L'imprenditore milanese aveva poco in comune col «paglietta» napoletano e questi col bottegaio fiorentino. Ma a ostacolare la nascita fra loro di una coscienza di classe e di una comunità d'interessi e d'intenti c'erano anche altre due circostanze.

La prima era il policentrismo italiano. L'elaborazione di un pensiero o di un movimento è facile là dove una sola città è in grado di decidere per l'intera nazione. In queste condizioni, grazie ai suoi lunghi secoli di storia unitaria, era la Francia. Parigi aveva dato e dava a tutta la borghesia francese uno stampo omogeneo, il punto d'incontro, il costume, il linguaggio. Tutto era nato lì, e tutto lì si decideva. In Italia questo mancava. La nobiltà aveva i suoi centri di potere nelle varie Corti. Il clero lo aveva nella Curia. La borghesia non lo aveva.

L'altro motivo di debolezza era il suo isolamento. In Francia e in Inghilterra essa attingeva la sua forza alle classi popolari con cui aveva instaurato dei rapporti di cultura. In questi paesi, grazie alla diffusione dell'alfabeto, l'intellettuale si era scosso di dosso la dipendenza dal potente che un tempo lo finanziava per tenerlo asservito al suo carro. Ormai gli bastavano i diritti d'autore, cioè i proventi che gli venivano dalla vendita delle sue opere. Da allora si era abituato a parlare al «pubblico», e il pubblico si era abituato ad ascoltarlo. Così si era formata quella meravigliosa unità di linguaggio che in Francia fa tutt'uno fra lingua scritta e lingua parlata. E così i valori ideali della borghesia – la libertà, la giustizia, il progresso – erano diventati patrimonio del popolo, che per essi salì sulle barricate e li fece trionfare. Che in seguito la borghesia li abbia traditi o sacrificati ai propri egoismi, è un altro discorso, che riguarda il poi. Alla vigilia e al momento della rivoluzione, borghesia e popolo furono insieme perché già da un pezzo lo erano, grazie alla cultura.

In Italia queste condizioni mancavano totalmente. Oltre ad essere pochi, eterogenei e poveri, i borghesi erano soli. Un colloquio con le masse non avevano mai potuto istaurarlo perché ne mancava lo strumento fondamentale: l'alfabeto. La Chiesa, che aveva il monopolio dell'istruzione scolastica, non aveva sentito il bisogno di diffonderlo, da quando il Concilio di Trento aveva formalmente ribadito che il credente non aveva affatto il dovere, anzi non aveva nemmeno il diritto di leggere e d'interpretare le Sacre Scritture. Di esse si era perfino proibita la traduzione in lingua italiana appunto per riservare al prete il compito di decifrarle. Il Verbo doveva restare un'esclusiva di casta, e la cultura si era adeguata al sistema. Essa era diventata un circolo chiuso e asfittico di «iniziati» che si parlavano solo tra loro nell'ambito delle «Accademie» finanziate dal potente. «A che scopo scrivere libri se non ho più a chi dedicarli?» diceva Frugoni, caduto in disgrazia presso i suoi protettori. Infatti, anche se li avesse scritti, non avrebbe avuto di che pubblicarli perché alle spese di stampa era d'uso che provvedesse il destinatario della dedica – di solito un Principe o un Cardinale –, non essendoci un pubblico in grado di acquistarli.

Era questa mancanza di una cultura media (che quella accademica ancor oggi seguita stupidamente a spregiare) che isolava la borghesia, le impediva di allacciare il dialogo con le classi popolari e di suscitarvi un'eco. Verri lo aveva capito. «Se non s'illumina prima la plebe – aveva scritto nei suoi *Pensieri* –, s'ella non costringe poi i nobili a piegarsi, una rivoluzione non può da noi cagionare che rapine e saccheggi.» Ma questa illuminazione non si poteva operare d'un tratto, girando l'interruttore. Francia e Inghilterra ci avevano messo più di due secoli: i due secoli che noi avevamo impiegato a fare della cultura un'esclusiva di pochi, anzi di pochissimi: una mafia al servizio di quella del potere. Fra la cultura e il popolo non c'era più in comune neanche la lingua. Mentre in Francia si scriveva quella di Voltaire, in Italia si scriveva quella di Vico. Il lettore le metta a confronto.

Per le gambe di un intellettuale così condizionato, l'Illuminismo rappresentava il passo più lungo. Esso gli permetteva di assumere un'etichetta «progressiva», ma al riparo da qualunque accusa di eversione. Gl'illuministi non erano dei rivoluzionari. Non volevano affatto distruggere l'ordine costituito. Sia il Verri, quando reclamava il riassetto monetario in Lombardia, che il Beccaria, quando chiedeva l'abolizione della pena di morte, collaboravano col potere, e pensavano più a inserirvisi che a sovvertirlo. Erano insomma dei «moderati» avanti lettera, né altro potevano essere per i motivi che abbiamo detto: erano pochi, erano soli, non potevano contare su nessun appoggio popolare, e quindi il potere restava l'unico loro sostegno e l'unico loro interlocutore. Il loro giornale, *Il Caffè* di Milano, non si rivolgeva al pubblico (che non c'era), ma ai padroni del vapore (austriaci), per spingerli a prendere le misure ch'esso riteneva le più efficaci per l'ammodernamento, e quindi per il potenziamento, del «sistema». Era una collaborazione che, anche quando assumeva toni di critica vivace, non diventava mai contestazione. Non poteva diventarlo perché gliene mancava la fondamentale arma di ricatto: l'appello alla pubblica opinione.

Ecco perché la rivoluzione francese aveva suscitato quelle due ondate di sentimenti contraddittori. Dapprincipio l'opinione borghese che, in mancanza di quella popolare, era l'unica a potersi qualificare «opinione», vide nei fatti di Parigi il coronamento del sogno illuministico di un potere che liquidava le sue bardature feudali per darsi un assetto più funzionale e moderno, basato sulla libertà e la giustizia. Alfieri innalzò un inno a *Parigi sbastigliata*, e perfino un poeta timido e timorato come Ippolito Pindemonte le dedicò un poema.

Ma quando cominciarono ad arrivare le notizie delle barricate, del sangue, del Re fatto prigioniero, dei preti costretti all'abiura, la cultura italiana inorridì. Non avendo mai servito il popolo, ma solo il potere, nel momento del pericolo si sentiva più solidale col potere che col popolo. Ancorata com'era a una tradizione cortigiana, cosa avrebbe fatto il giorno in cui le Corti fossero venute a mancarle? Principi e Prelati erano la sua unica clientela. Poeti, letterati, scultori, pittori, architetti non avevano mai lavorato che per loro. Far causa comune col popolo non era neanche un salto nel buio, ma un salto nel vuoto perché il popolo non c'era. C'era soltanto una plebe analfabeta, in stragrande maggioranza contadina e quindi refrattaria a esigenze di modernità e di progresso.

Infatti, prima che le armate francesi si affacciassero sulle Alpi, veri e propri contraccolpi rivoluzionari in Italia non ce ne furono. In Piemonte si manifestò qualche agitazione di proletariato scontento che inviò una petizione al Re perché riducesse gli abusi dei nobili e addossasse anche a loro una parte del peso fiscale. «Non vogliamo esser piemontesi, siam francesi!» dicevano i sottoscrittori. Un analogo grido – «Vulimme fa' come li francise!» – riecheggiò in Basilicata, dove fu bandito uno sciopero di contribuenti. Ma è inutile cercar di maggiorare, come fanno certi nostri storici, il significato di questi episodietti. Sotto di essi covava soltanto il solito spirito protestatario delle masse italiane, capaci di tumulti, al massimo di rivolte, ma non di rivoluzioni. Per rivoluzione, esse intendevano l'evasione fiscale.

Ma le cose cambiarono quando, oltre che con le idee, la Francia bussò alle porte d'Italia coi suoi soldati. Come abbiamo già detto, essa non si contentò di respingere a Valmy il primo tentativo d'invasione compiuto da Austria e Prussia per restaurare a Parigi il vecchio regime. I suoi eserciti passarono all'offensiva, invasero il Belgio e la Renania, e con un colpo di mano occuparono la Savoia e Nizza.

Questi successi non rimasero senza effetti. Ma qui bisogna intenderci fuori di ogni facile retorica e mitologia. L'Italia era abituata a far da «premio del vincitore» come diceva Voltaire. Fin dai tempi di Carlo VIII, cioè da quasi tre secoli, ogni invasore ci aveva sempre trovato una «quinta colonna» pronta a secondarlo un po' per accaparrarsi una compartecipazione agli utili della vittoria, un po' nella speranza che il padrone nuovo fosse migliore e più generoso – o più raggirabile – di quello vecchio. Fin d'allora infatti i veri «partiti» italiani erano stati quello francese, quello spagnolo e quello austriaco. Nessuno di essi aveva una base ideologica, né poteva averla perché queste tre Potenze incarnavano lo stesso tipo di regime, basato sull'assolutismo e sui privilegi di casta.

Stavolta la cosa era diversa. Nella «quinta colonna» di simpatizzanti della Francia, forse c'era qualcuno che su di essa puntava per il solito desiderio di trovarsi dalla parte del vincitore. Ma c'erano anche quelli che a tale scelta erano stati indotti da altri e più nobili motivi. Essi sentivano, o speravano, che un'invasione francese non si sarebbe risolta soltanto nel solito cambio di padrone, ma avrebbe sconvolto tutto l'assetto italiano. Si trattava solo di una sparuta minoranza d'intellettuali. Ma c'era. E la sua presenza documentava l'incrinatura, destinata a trasformarsi con lo sviluppo degli avvenimenti in rottura, che si era verificata nel fronte della cosiddetta *intellighenzia* italiana.

Prònuba dello scisma fu soprattutto la Massoneria. Lungo tutto il Settecento essa era rimasta divisa in varie correnti ideologiche, ma non c'è dubbio che ad avervi il sopravvento erano quelle illuministiche: tant'è vero che vi erano iscritti dei sacerdoti, degli ufficiali, dei funzionari, perfino dei Sovrani. Non aveva nessuna unità organizzativa, seguiva riti diversi, e forse il suo successo era dovuto più che altro agli oscuri simboli e alle complicate liturgie, che davano agl'iniziati il brivido del mistero. Ma a partire dall'89 le logge francesi si trasformarono in centrali rivoluzionarie, il contagio su quelle italiane fu immediato, e altrettanto immediata fu la reazione dei governi. Da tollerate e in qualche caso addirittura incoraggiate e protette, le logge si trovarono perseguitate. E ciò pose i loro aderenti di fronte all'alternativa: o rientrare nell'ordine accettando quello costituito, o saltare il fosso sposando la causa rivoluzionaria. Scegliere la prima strada significava confermare la propria fiducia nelle capacità evolutive e riformistiche del vecchio regime: e questa era la posizione «moderata». Scegliere la seconda significava scendere col vecchio regime in una lotta a oltranza: e questa era la posizione democratica o giacobina.

I più scelsero la prima non solo perché era la meno scomoda e rischiosa, ma anche la più congeniale alla tradizione cortigiana e conformista del pensiero italiano. Un alibi tuttavia lo avevano, di cui non si poteva contestare la fondatezza: che rivoluzione – essi dicevano riecheggiando il Verri – si può fare senza le masse, e dove sono in Italia le masse pronte a raccogliere un messaggio rivoluzionario? Il seguito degli avvenimenti avrebbe dimostrato anche troppo la validità di questa obbiezione.

Coloro che scelsero la seconda strada, i «giacobini», avevano della situazione un'idea molto più astratta, che stava per avviarli alle più cocenti delusioni. Non misuravano la propria solitudine e riponevano nella Francia una fiducia che sarebbe stata largamente tradita. Ma una cosa avevano capito, la cosa fondamentale: che le strutture degli Stati tradizionali non erano riformabili dal di dentro. Bisognava spazzarli via, tutti, con un'azione violenta, dal basso: il che comportava una visione, come oggi si direbbe, «globale», cioè nazionale, del problema italiano.

I debutti di questa nuova forza furono, com'era logico, infelici. Il processo di chiarificazione ideologica si operò lentamente attraverso dibattiti spesso oziosi e confusi. E i primi assaggi di azione politica, prima dell'arrivo di Napoleone, rivelarono l'immaturità e spesso anche la fragilità morale dei loro autori. Ci limitiamo agli episodi salienti.

Era fatale che il «via» venisse dal Piemonte, lo Stato più vicino alla Francia e più direttamente esposto alla minaccia dei suoi eserciti. Qui la scelta era perentoria e non si poteva limitare al piano ideologico: o con la patria piemontese o con la Francia rivoluzionaria, anche se nemica. Le logge massoniche di Alba, Asti, Vercelli, Novara diventarono i centri di un vero e proprio complotto. I congiurati si proponevano, quando l'esercito francese avesse preso l'offensiva, d'impadronirsi con un colpo di mano della cittadella di Torino, sequestrare il Re e proclamare la Repubblica.

Dubitiamo molto che ci sarebbero riusciti perché, come poi si vide, i cospiratori non avevano nessun seguito nel popolo e tanto meno nelle truppe. Comunque, la polizia non gli dette il tempo di tentare. Uno dei capi, il Barolo, cedette sotto gl'interrogatori e rivelò il piano e i nomi dei partecipanti. Alcuni riuscirono a fuggire e a riparare oltralpe. Gli altri finirono in galera e due sulla forca.

Analoga sorte subirono i loro confratelli di Napoli. Anche qui, secondo il modello francese, alcune logge si erano trasformate in *clubs* sotto la regia di un abate, il Jerocades, e di un nobile, il Lauberg. Questo è abbastanza significativo: dimostra la povertà e debolezza della borghesia meridionale, costretta a cedere alla nobiltà e al clero anche l'iniziativa rivoluzionaria. I *clubs* poi si fusero in una «Società Patriottica» che cercò di svolgere opera di proselitismo fra le masse popolari, ma senza sortire altro risultato che quello di scatenare i furori della polizia. La repressione fu dura. Il ministro Medici che tentò di addolcirla ci rimise il posto e finì in galera anche lui. Anche qui molti arrestati denunziarono i propri compagni, tre dei quali salirono il patibolo. Uno solo, De Meo, diede prova fino in fondo di stoico coraggio.

Di conati ce ne furono altri, qua e là. A Bologna lo studente Zamboni, che aveva fatto il suo apprendistato rivoluzionario a Marsiglia, cercò di reclutare adepti per un'insurrezione, e anzi si dice che la coccarda ch'egli distribuì come distintivo sia stata il primo tricolore. In realtà si trattava invece d'un bicolore, bianco e rosso. Il giorno stabilito per la rivolta non si presentò che uno studente di teologia, De Rolandis, che poi venne impiccato, mentre Zamboni si suicidava in carcere.

Ma forse l'episodio più saliente, perché il più indicativo degli umori popolari, fu quello che si svolse a Roma, nel

'93. Il papa Pio VI era stato esplicito nella condanna del regime rivoluzionario, e la sua polizia l'aveva tradotta nell'arresto di due artisti della scuola francese. Parigi aveva spedito a Roma un suo emissario, il giornalista Basseville, a chiedere spiegazioni e a svolgere opera di propaganda. Come prima cosa egli reclamò la sostituzione dello stemma repubblicano a quello monarchico nella sede dell'ambasciata. La Curia si oppose, e la Francia minacciò rappresaglie. Stavolta non ci fu bisogno di ricorrere alla polizia per disperdere il piccolo gruppo d'intellettuali che si era raccolto intorno a Basseville. Il popolino infuriato irruppe nella residenza del francese e lo linciò. Il poeta Monti ne fu entusiasta e sciolse un inno ai massacratori, la *Bassvilliana*, che andò a ruba: ne furono stampate e vendute cento edizioni.

Non comprendiamo proprio come certi storici possano parlare di un «movimento di vaste proporzioni». Non lo era né poteva esserlo per i motivi che abbiamo detto. Esso emerse come forza politica operante solo quando poté appoggiarsi sulle baionette francesi, che furono insieme la sua fortuna e la sua disgrazia. Ma la sua importanza non sta nel numero dei seguaci, e nemmeno nelle imprese in cui si misurò. Sta nel compito di provocazione che assolse. Di fronte alla sua minaccia, i vari Stati italiani abbandonarono ogni programma di riforma e badarono soltanto a difendere le loro antiquate strutture con gli apparati polizieschi. E questo obbligò molti uomini di formazione illuminista e di atteggiamenti moderati a romperla col vecchio regime e a passare sulle posizioni democratiche.

Ma questo lo vedremo più tardi. Per ora torniamo a Napoleone, che alla testa dei suoi «capelloni» discendeva il colle di Cadibona. Quali forze organizzate trovava di fronte a sé?

CAPITOLO TERZO
LA CONQUISTA

La geografia condannava il Piemonte a subire per primo l'invasione. La storia di questo Stato veniva data da studiare ai giovani diplomatici francesi come il più perfetto modello del doppio giuoco. Per secoli i suoi Duchi e Re si erano barcamenati prima tra Francia e Spagna, e poi tra Francia e Austria passando disinvoltamente da un campo all'altro secondo le convenienze del momento. Da un pezzo il loro sogno era la Lombardia. E al Re in carica, Vittorio Amedeo III, si era presentato il destro di accaparrarsela, quando, nel '93, la Francia rivoluzionaria gliel'aveva offerta come premio di un'alleanza contro l'Austria. Il suo avo Emanuele Filiberto probabilmente non avrebbe esitato. Ma Vittorio Amedeo non era tagliato nella stessa stoffa. O che non credesse alla forza della Francia, o che non volesse patteggiare con gli uomini che avevano tagliato la testa al proprio Re, declinò l'offerta. E questa rinunzia gli era costata Nizza e la Savoia, che i francesi si erano affrettati a incamerare.

Aveva cercato di rifarsene lanciando il progetto di una Lega antifrancese fra tutti gli Stati italiani. Ciò gli avrebbe dato fra di essi un rango di capofila, ma appunto perciò il tentativo fallì. Esso era diretto chiaramente contro l'Austria, ma troppo chiaramente: nessuno Stato italiano era disposto a giuocarsi i favori di quella grande potenza per amore del piccolo Piemonte: meno di tutti i Lorena austriaci di Toscana e i Borbone austriacizzati di Napoli.

La Lega non si formò nemmeno ora che Napoleone compariva sulle Alpi. Gli Stati italiani ne affrontarono la minaccia più disuniti del solito, e ognuno di essi agì per conto suo. Naturalmente erano tutti dalla parte dei coalizzati, con cui Napoli si schierò apertamente dichiarando alla Francia una guerra, sia pure soltanto platonica. Gli altri lo fecero copertamente cercando di non compromettersi troppo. Ma per il Piemonte, vie di mezzo non ce n'erano. Esso si trovava fra i due eserciti che stavano per affrontarsi. Doveva scegliere. Ma la scelta era pregiudicata dall'atteggiamento che aveva già assunto. L'Austria, che lo sapeva, prometteva ben poco oltre la restituzione, in caso di vittoria, di Nizza e della Savoia, che del resto sarebbe venuta automaticamente. Ma una garanzia al suo Re la forniva: la difesa a oltranza del principio dinastico e della monarchia assoluta per diritto divino su cui essa stessa si reggeva, e di cui la Francia era invece la negazione.

Perciò Vittorio Amedeo aveva aperto le porte all'esercito austriaco che accorreva dalla Lombardia e ad esso aveva unito il suo.

Il primo era comandato dal maresciallo Beaulieu e disponeva di 30.000 uomini; il secondo, di forza pressappoco equivalente, dal maresciallo Colli. Truppe eccellenti, le une e le altre, ma con due difetti: l'abitudine alla guerra di posizione, che ne rendeva i movimenti lenti e impacciati; e la mancanza di coordinazione. Abituati ai rovesciamenti di fronte, i piemontesi consideravano gli alleati come potenziali nemici, e anche stavolta avevano rifiutato una collaborazione completa.

Napoleone forse lo sapeva, e comunque agì come se lo sapesse. In grave svantaggio numerico, non gli restava che l'arma della rapidità per attaccare separatamente gli avversari e colpirli uno alla volta. In tre giorni – prima a Montenotte, poi a Millesimo, poi a Dego –, ruppe il fronte di Beaulieu e ci ficcò un cuneo che lo isolava da Colli. Poi attaccò quest'ultimo aggirandolo sulle ali e sbaragliandolo a Mondovì. Senza più contatti con l'alleato, i piemontesi erano alla mercé del nemico e si affrettarono a chiedere l'armistizio. Napoleone non rispose per una settimana, quanto gli bastò per raggiungere Cherasco a 50 km da Torino. Di lì dettò le sue condizioni, rinviando alla diplomazia di Parigi il negoziato di pace. A lui premevano solo il Col di Tenda per garantirsi le comunicazioni con la Francia e le piazzeforti di Tortona, Alessandria e Cuneo. E se le assicurò.

Beaulieu si era attestato sulla riva settentrionale del Po, convinto che l'avversario avrebbe cercato di attraversarlo per irrompere su Milano. Napoleone ne fece solo finta lasciando un reparto a costruire ponti di barche. Col grosso, a marce forzate, costeggiando la riva meridionale del fiume, si avventò su Piacenza. Vi arrivò in 36 ore, e il Po lo passò lì, prendendo lo schieramento avversario a rovescio. Beaulieu gli fece fronte sull'Adda. Ma Napoleone riuscì a forzare anche il ponte di Lodi, e da quel momento fu padrone di Milano, già investita dal suo generale Masséna. A Sant'Elena, ricordando quelle gesta, scrisse: «Fu la sera di Lodi che io mi sono creduto un uomo superiore e nacque in me la scintilla dell'alta ambizione...»

L'ingresso a Milano, il 16 maggio (del '96) fu il suo primo grande trionfo. Ma glielo amareggiò un dispaccio del Direttorio che gl'ingiungeva di trattare quella città come terra di conquista mettendola a sacco in modo che si riducesse a un peso per l'Austria quando gliela si fosse restituita in cambio di qualche provincia tedesca. Era dunque chiaro che la posta del giuoco, per il Direttorio, restava ancora la Germania, che lì si voleva la soluzione della guerra, e che la campagna d'Italia era considerata un semplice diversivo. Lui, Bonaparte, doveva pensare soltanto a spingersi con le sue colonne verso il Sud della penisola imponendo taglie, estorcendo tributi, facendo insomma bottino per contribuire alle spese di guerra in

Germania. Alla sistemazione dei territori occupati non doveva badare: tanto, dovevano servire solo come articoli di scambio ai negoziati di pace.

Vedremo più tardi come Napoleone si comportò nei confronti delle province conquistate e delle loro popolazioni. Ora seguiamo fino in fondo la sua azione militare. Il nemico battuto, in attesa di rinforzi, si era asserragliato a Mantova, una città-fortezza resa inespugnabile dagli acquitrini che la circondano. Napoleone vi pose assedio, ma senza logorare le sue forze con attacchi impossibili. Bastava già la malaria a decimargliele.

Dal Tirolo scendeva un nuovo esercito austriaco di 60.000 uomini, guidati da Würmser. Avanzava su tre colonne. Napoleone lasciò che quella del comandante entrasse a Mantova, e batté le altre due, l'una a Salò, l'altra a Lonato: ancora una volta aveva compensato l'inferiorità numerica con la rapidità dei movimenti. Würmser partì al soccorso dei suoi luogotenenti, ma troppo tardi: a Castiglione fu travolto anche lui.

Ridiscese poco dopo alla testa di altri 40.000 uomini, e stavolta imboccò la valle del Brenta. Bonaparte lo contrattaccò a Bassano schiacciandolo contro l'Adige. Würmser riuscì ad attraversare il fiume, ma con le ossa rotte, e dovette nuovamente rinchiudersi a Mantova.

In suo aiuto, l'Austria spedì un terzo esercito al comando dell'ungherese Alvinczy. Era il più debole – 30.000 uomini –, eppure fu l'unico che ad Arcole riuscì a tener testa a Napoleone. La trappola che questi gli aveva teso non scattò, e Alvinczy, sebbene respinto, poté ritirarsi oltre il Brenta e poi risalire in Tirolo, dove si mise alla testa di un'altra armata, di 45.000 uomini, con cui ritentò l'avventura. Ma non aveva capito la strategia di Bonaparte, mentre Bonaparte aveva capito la sua. Gli esperti considerano quella di Rivoli una battaglia da manuale. Certo, fu risolutiva. Dei quattro eserciti scagliati in questa fase dall'Austria per riconquistare l'Italia, non restavano che i brandelli asserragliati a Mantova e ridotti ormai alla fame. La città-fortezza si arrese. In sette mesi, dal luglio del '96 al febbraio del '97, Napoleone aveva prostrato l'Austria e umiliato i suoi rivali Moreau e Hoche, che la loro campagna di Germania non riuscivano a risolverla.

Napoleone non rinunziò a farlo notare al Direttorio nel dargli l'annunzio delle sue vittorie e nel comunicargli la sua intenzione di marciare su Vienna: che in Germania – diceva – i suoi colleghi riprendessero pure la loro offensiva: il nemico era costretto ad accorrere sul *suo* fronte. Il comprimario era diventato protagonista, e imponeva le proprie direttive ai protagonisti diventati comprimari.

Il suo piano sembrava folle. Da Vienna lo separavano 800 chilometri quasi tutti di montagna, e per di più si trovava di fronte il più grande generale austriaco, l'arciduca Carlo d'Asburgo, quello che aveva inchiodato Hoche e Moreau sul Reno. Ma Napoleone era ormai deciso a giuocare il tutto per tutto. Procedendo con una spericolata manovra lungo le valli, senza curarsi dei nidi di resistenza sparpagliati sulle alture, attraversò il Brennero, raggiunse Klagenfurt, e si affacciò sul colle del Semmering che domina il bacino danubiano. Ma invece d'investire Vienna con un'azione di guerra, la investì con un'azione di pace scrivendo all'arciduca Carlo una lettera in cui, coi commossi accenti che sapeva trovare quando gli conveniva, lo invitava a collaborare con lui per porre fine all'inutile massacro. Aveva paura non di un contrattacco austriaco, sebbene si trovasse in una posizione strategicamente rischiosissima, isolato nel cuore del territorio nemico e senza comunicazioni con le retrovie; ma che Parigi lo precedesse. Voleva esser lui il protagonista anche della pace.

Gli riuscì anche questa. Il 7 aprile (del '97) i plenipotenziari austriaci si presentarono al suo quartier generale di Leoben. Dovettero restare stupiti dalla rapidità con cui, al pari delle manovre, Bonaparte condusse i negoziati. Al termine di sette giorni li concluse bruscamente aprendo la porta della sala in cui si svolgeva la conferenza e annunziando agli ufficiali raccolti nell'anticamera: «Gli accordi per la pace sono firmati. Viva la Repubblica! Viva l'Imperatore!»

Il Direttorio si trovava di fronte al fatto compiuto, ma compiuto in modo tale che non poteva rifiutarlo. La Francia infatti otteneva ciò che con quella guerra aveva voluto: il Belgio e la riva sinistra del Reno, compresa Magonza. Ma Napoleone le consegnava su un piatto d'argento, a mo' di personale donativo, anche la Lombardia. L'Austria ci aveva rinunziato in cambio di Venezia con tutte le sue dipendenze venete e istriane, che la Francia stessa s'impegnava a consegnarle alla conclusione del trattato di pace.

Per non dare tempo alla diplomazia di rimettere in discussione il suo operato, Napoleone procedette immediatamente alla liquidazione della Serenissima. Questa non gli aveva offerto nessun pretesto perché in quella guerra era rimasta scrupolosamente neutrale, e anzi aveva lasciato occupare un lembo del suo territorio dalle truppe francesi. Ma Bonaparte non era uomo da scoraggiarsi per così poco; e i pretesti, quando gli facevano comodo, sapeva anche inventarli. Due giorni dopo la firma dell'accordo, inviò al doge Manin una lettera insultante, piena di accuse e di minacce ingiungendogli di sopprimere l'Inquisizione e il Senato, e agl'inviati della Repubblica fece una delle sue solite scenate a freddo. Poi, a secondare i suoi disegni, sopraggiunsero le «Pasque veronesi».

Questo episodio non è mai stato chiarito, e appunto perciò si presta ai peggiori sospetti. A Verona, dove si erano disinvoltamente istallate, le guarnigioni francesi avevano commesso soprusi e angherie che avevano attirato su di loro l'odio della popolazione. Ma a farlo esplodere fu un bando di chiamata alle armi, affisso sui muri e firmato da un ufficiale di Napoleone. Risultò più tardi che il bando era falso. Ma perché l'ufficiale lo aveva redatto e lanciato? Le campane sonarono a stormo, i popolani accorsero armati di schioppi e di forche, e il pogrom costò la vita a una sessantina di francesi. Napoleone li maggiorò a quattrocento, disse che il loro sangue non poteva essere lavato che col sangue, e ingiunse alla città l'istituzione di un governo rappresentativo sotto supervisione francese.

Il Gran Consiglio si riunì per l'ultima volta l'11 maggio. I suoi membri portavano le loro uniformi di parata col parruccone e la toga strascicante. Della passata grandezza non gli restava altro. Le proposte di resistenza a oltranza furono scarse e prive di convinzione. L'atto di decesso fu firmato, e nella notte fra il 15 e il 16 un Commissario francese venne a prendere possesso della città, in attesa di consegnarla agli austriaci che non avevano perso tempo ad annettersi l'Istria e la Dalmazia fino alle Bocche di Cattaro.

L'ultimo atto di questa tragedia si svolse il 17 ottobre di quello stesso anno '97, quando il trattato di pace fu definitivamente firmato a Campoformio. La diplomazia aveva portato poche varianti alle clausole di Napoleone. Quelle che riguardavano la Germania non c'interessano. Per l'Italia, lo Stato Veneto cessava di esistere e diventava una semplice provincia austriaca. Ma, del suo territorio, il lembo che si stende a ovest dell'Adige veniva annesso alla Lombardia francese, che ora si chiamava *Cisalpina*. L'indomani le truppe austriache fecero il loro ingresso a Venezia, e il dolore spezzò il cuore del vecchio doge Manin che, dicono, cadde a terra fulminato.

Con un tratto di penna, quattordici secoli di Storia e di gloria erano stati cancellati.

CAPITOLO QUARTO

L'ITALIA REPUBBLICANA: PRIMA FASE

È per il comodo del lettore e per meglio aiutarlo a orientarsi nel groviglio degli avvenimenti che abbiamo preferito seguire la travolgente cavalcata di Napoleone dal colle di Cadibona a Leoben senz'attardarci sulla sua azione politica nelle terre conquistate. Ma ora bisogna tornare sui nostri passi appunto per vedere da vicino la sua opera di riassetto. Per capirla, bisognerà tuttavia tener sempre presente i suoi complessi rapporti col Direttorio. E il Direttorio non aveva una volontà univoca. In esso convivevano uomini di diverse tendenze che, per semplificare, possiamo riassumere in due filoni: quello dei realisti, che nella guerra vedevano un mezzo per consolidare il regime e accrescere la potenza, la ricchezza, il prestigio della Francia; e quello degl'ideòlogi che nella guerra vedevano uno strumento per redimere il mondo convertendolo ai princìpi della rivoluzione.

Queste due tendenze convivevano anche nell'esercito che aveva valicato le Alpi, e s'incarnavano rispettivamente in Napoleone e Saliceti. Non vennero in conflitto perché l'omertà còrsa fu più forte di esse e riuscì sempre a conciliarle. Saliceti, che avrebbe dovuto fare il rappresentante · del Direttorio presso Napoleone per controllarlo, fu in realtà l'avvocato di Napoleone presso il Direttorio. Ma appunto per questo egli poté esercitare una notevole influenza sul Generale. Forse anzi, oltre che dalla vecchia amicizia la collaborazione fra questi due uomini fu concimata dalla loro complementarietà. Opportunista freddo fino al cinismo, unicamente preoccupato della grandezza della Francia e più ancora di quella sua propria, Napoleone non vedeva che la vittoria e la conquista: per lui l'Italia era soltanto un campo di battaglia e una fonte di gloria e di potere. Per Saliceti, che ai princìpi ci credeva, sebbene non fosse per nulla un astratto dottrinario, l'Italia era un popolo da liberare. La politica napoleonica in Italia fu un po' il compromesso fra queste due esigenze. Vediamolo nei fatti.

Prima che l'esercito imboccasse la via delle Alpi, Saliceti aveva avuto molti contatti coi rivoluzionari italiani esuli in Francia. A Nizza ce n'erano un paio di centinaia, scampati alle purghe della polizia piemontese e napoletana, e raccolti intorno a un giornale, il *Monitore italiano*. Essi avevano convinto Saliceti che l'Italia era piena di rivoluzionari pronti a mettersi al servizio di Napoleone, se questi avesse trattato con loro. Napoleone li ricevette, ma ne rimase poco persuaso: non soltanto perché gli parvero delle teste esagitate e confuse, ma anche perché parlavano di un'Italia unita sotto «il simbolo liberatore piantato in Campidoglio». Era logico che in questi uomini l'ideale di democrazia si fosse sposato con quello dell'indipendenza nazionale, facendo di «giacobino» un sinonimo di «patriota» (e infatti i due termini, d'ora in poi, non si distingueranno più l'uno dall'altro). Ma questo a Napoleone non interessava. Egli intendeva servirsi di questi uomini, non servirli. Intendeva insomma farne dei «collaborazionisti». Per questo aveva lanciato il proclama alle popolazioni invitandole a scuotere il giogo della tirannia. Voleva che gli facessero da «quinta colonna» nella fase della lotta. Ma impegni non ne prese.

Quando, dopo la vittoria sugli austro-piemontesi, entrò ad Alba e vi trovò una specie di governo provvisorio rivoluzionario che in un proclama invitava le popolazioni del Piemonte e Lombardia a costituirsi in una Repubblica alleata della Francia, lo lasciò fare. Ma non fu con esso che trattò. Trattò coi poteri costituiti, cioè col re Vittorio Amedeo III. E Napoleone, dopo ch'ebbe ottenuto da lui ciò che desiderava, cioè le piazzeforti, abbandonò i rivoluzionari alla sua mercé.

Il Direttorio non trovò nulla da ridirvi anche perché in quel momento la fazione degl'ideologi era in crisi per la scoperta di un complotto estremista capeggiato da uno dei loro, Babeuf, che voleva rilanciare una rivoluzione più radicale. Di questo complotto, uno dei capi più in vista era un esule italiano, Buonarroti, ch'era stato in stretti rapporti con Saliceti. Sicché anche costui ne usciva compromesso. E ora, per riqualificarsi, non gli restava che applicare con zelo le consegne del Direttorio, di un Direttorio sempre più in balìa dei fautori della «ragion di Stato» e sempre più duro nei confronti delle terre conquistate. «Imponete e riscuotete tributi con rigore e rapidità – ingiungeva nelle sue istruzioni –. È nei primi momenti della vittoria che il vinto paga senza discutere.» Parigi considerava l'Italia una preda e ne voleva il saccheggio. E Saliceti, sia pure controvoglia, doveva seguirne le direttive.

Cercava di farlo in coerenza coi princìpi della rivoluzione, cioè colpendo soprattutto i beni della Chiesa e dei nobili. Ma ciò non bastava a saziare l'appetito del Direttorio. Bisognava rendere la spoliazione più razionale estendendola all'unico vero inesauribile tesoro del Paese: quello artistico. «Questa campagna deve unire alla gloria dei trofei militari la bellezza delle arti benefiche e consolatrici» diceva un'istruzione del 7 maggio '96. E per rendere sistematica questa consolazione, giunse da Parigi un'apposita commissione di esperti, che fece piazza pulita di quanto c'era di meglio nelle chiese, nei musei, nelle pinacoteche, nelle abitazioni private. In tutti gli armistizi che Napoleone via via firmava con gli Stati italiani c'era una clausola che legittimava questa razzia. Modena dovette versare venti capolavori di Guercino, Reni e Carracci; altri venti

Parma fra cui i suoi splendidi Correggio. I convogli che trasportavano in Francia il tesoro italiano si allungavano sempre più. Ma alla ruberìa in serie e legalizzata, si aggiungevano quelle spicciole dovute all'iniziativa privata di ufficiali e funzionari. Ci furono rivolte, di cui la più violenta scoppiò a Pavia, dove i popolani, dopo aver ammazzato un po' di francesi, si misero con loro in concorrenza di saccheggio. Lo stesso Napoleone alla fine se ne preoccupò e impartì ordini severi, anche di fucilazione, contro le ruberìe dei soldati, del tutto dimentico di essere stato lui a indicargli l'Italia come una «preda». Ma il fatto è che ora nella sua mente andavano maturando idee diverse da quelle con cui aveva varcato le Alpi. Non che si fosse affezionato all'Italia, come qualcuno dice, perché gli si era risvegliata «la voce del sangue». Non era uomo da sentire questi richiami. Ma non considerava più l'Italia come un semplice campo di battaglia. La considerava il piedestallo della sua personale potenza. Perciò aveva deciso, contro il Direttorio, di non più farne oggetto di baratto. E questo gl'imponeva di darle un'organizzazione politica.

Quest'opera, come oggi si direbbe, di «ristrutturazione», attraversò varie fasi, tutte condizionate dai suoi cangevoli rapporti con Parigi. In una delle sue prime relazioni dal Piemonte, scriveva al Direttorio: «Il popolo è fiacco. Da quando siamo entrati in Italia, non c'è stato alcun movimento in favore della libertà». L'atteggiamento dei lombardi non fu tale da fargli cambiar parere. A Milano le notizie dell'avanzata francese non avevano provocato nessun disordine. Il personaggio del giorno, per i milanesi, non era Napoleone, ma il castrato Crescentini, che alla Scala aveva riportato un clamoroso successo in *Giulietta e Romeo*. Tutti erano convinti che il viceré austriaco, arciduca Ferdinando, stesse trattando una pace separata, e nemmeno quando invece partì, il 7 maggio, ci fu ombra di panico.

Egli aveva lasciato il potere a una *Giunta* di notabili che bandì pubbliche preghiere e l'esposizione del Santo Sacramento, ma non ebbe bisogno di ricorrere a misure repressive per assicurare l'ordine. Un certo Salvador, cui Saliceti aveva affidato il compito di organizzare manifestazioni popolari, non incontrò ostilità, ma neanche consensi. L'Austria non aveva lasciato brutti ricordi: la sua amministrazione era stata esemplare e il suo riformismo aveva consentito, come già abbiamo detto nell'*Italia del Settecento*, la formazione di una classe media abbastanza affezionata al potere che l'aveva evocata e chiamata a collaborare. Neanche gl'intellettuali erano su posizioni eversive: lo stesso Verri che per dispetto ora faceva il giacobino, in realtà era un illuminista della più bell'acqua, cioè un moderato.

Ancora più moderati erano gli uomini della *Giunta*. Essi decisero di mandare un'ambasceria a Napoleone, che frattanto correva a perdifiato lungo la sponda meridionale del Po per prendere gli austriaci alle spalle. E a guidarla fu designato Melzi d'Eril un po' perché parlava il francese alla perfezione, un po' perché sembrava l'uomo più indicato a cattivarsi le grazie del conquistatore, e infatti lo era.

Quel primo incontro fu utilissimo a entrambi. Melzi disse al Generale che un puro e semplice trapianto degl'istituti francesi in Italia sarebbe stato un errore per la diversità delle condizioni economiche e sociali fra i due Paesi. E il Generale, che in fondo n'era già persuaso, disse a Melzi che la sorte della Lombardia era nelle mani dei lombardi: se essi si mostravano degni dell'indipendenza, nessuno avrebbe più potuto togliergliela. Era un ammonimento, ma forse anche una speranza.

Melzi tornò rincuorato a Milano, già occupata dalle avanguardie del generale Masséna. I francesi erano stati accolti piuttosto freddamente. Ma quando vi giunse Napoleone, la città si scaldò di entusiasmo. Ci furono parate, serate di gala all'opera, alberi della libertà piantati in tutte le piazze. Molto vi contribuì il magnetismo che sprigionava quel conquistatore di ventisette anni, così diverso dalla compassata solennità degli Arciduchi e dei Marescialli austriaci. Ma tutto questo era soltanto epidermico.

Per il momento, Napoleone non era in grado di affrontare problemi politici. Sapeva che il nemico stava per ridiscendere in forze dal Tirolo per soccorrere Mantova, ed era a questo che doveva anzitutto badare. Il po' di tempo che gli avanzava preferì dedicarlo a un regolamento di conti, sia pure momentaneo, con gli Stati italiani che potevano infastidirlo da tergo. Il più minaccioso era quello Pontificio non perché le sue forze rappresentassero un pericolo, ma perché esso aveva spalancato il porto di Civitavecchia alle navi inglesi che vi stavano ammassando un corpo di spedizione.

Bonaparte prese le sue precauzioni facendo occupare Bologna e Ferrara, e il Papa si affrettò a chiedere la mediazione dello spagnolo Azara. Queste furono le trattative più lunghe e difficili, anche perché con la Spagna il Direttorio voleva mantenere buoni rapporti, e Azara era un negoziatore scaltro e paziente. Bonaparte, che invece aveva fretta, ebbe con lui scenate terribili, in una delle quali strappò a morsi un documento. Probabilmente erano collere finte, e lo spagnolo lo capì. Visto che non riusciva a impaurirlo, Napoleone fece occupare anche il porto di Ancona. Azara si rese conto che, se continuava a tergiversare, quel Generale pigliatutto avrebbe fatto dello Stato pontificio ciò che a morsi aveva fatto del documento, e accettò le ultime condizioni: la Santa Sede cedeva Ancona, Bologna e Ferrara, s'impegnava alla più stretta neutralità, e versava venti milioni d'indennità, nonché cento opere d'arte e cinquecento manoscritti.

Mentre si svolgevano queste trattative, Bonaparte aveva già reciso altri nodi riducendo il Ducato di Modena e

Reggio sotto il suo vassallaggio. Il Duca in carica, Ercole Rinaldo d'Este, non era uomo da emergenze. Firmato il *diktat* che gl'imponeva il solito tributo in denaro e quadri d'autore, lasciò il potere a una reggenza e si ritirò a Treviso, dove poco dopo morì. Ora tutta la Padania era nelle mani del Bonaparte salvo il Ducato di Parma e Piacenza ch'egli dovette rispettare per le solite considerazioni diplomatiche: il duca Ferdinando apparteneva alla dinastia borbonica del Re di Spagna, di cui era anche cognato. Bonaparte, che con la Spagna non voleva complicazioni, lasciò questo Principe innocuo e bacchettone sul trono a recitare i suoi salmi e a suonare i suoi orologi a cucù.

Un'altra pendenza aveva liquidato col Regno di Napoli che aveva mandato un corpo di spedizione a combattere a fianco degli austriaci. Il Principe Belmonte Pignatelli era venuto a chiedere l'armistizio, e Napoleone s'era divertito a farlo correre di qua e di là per esserne raggiunto. Anche Napoli apparteneva a una dinastia Borbone, anzi il suo Re era fratello di quello di Spagna. Ma si odiavano, e ancora di più si odiavano le due Regine, che contavano più dei rispettivi mariti. Bonaparte, cui per il momento stava a cuore soltanto il ritiro di Napoli dalla guerra, si contentò di poco, lasciando il compito del regolamento definitivo al Direttorio, che infatti si mostrò molto più esigente.

Con Genova, tutto era stato sistemato con l'ingiunzione alla città di richiamare i giacobini banditi, di esiliare gli austriacanti e di chiudere il porto alle navi inglesi. Di Venezia, abbiamo già anticipato la sorte, saldata poi a Campoformio. Restava la Toscana. Sebbene fratello dell'Imperatore d'Austria, il granduca Ferdinando aveva dichiarato la propria neutralità fin dal primo giorno della guerra, e l'aveva scrupolosamente osservata. Ma Livorno non aveva rispettato la consegna anche perché era praticamente in mano agl'inglesi che vi facevano ciò che volevano. Bonaparte vi accorse per richiamarla alla ragione, e a Pistoia lo raggiunse il primo ministro Manfredini per invitarlo, a nome del Granduca, a Firenze. Bonaparte andò a pranzo da Ferdinando che lo accolse con grandi onori e ne ricevette tutte le assicurazioni. Più tardi Napoleone scrisse nel suo *Memoriale*: «Fui estremamente soddisfatto dell'Arciduca (*voleva dire il Granduca*) che mi mostrò le cose di questa antica e importante capitale, fatte per risvegliare la mia attenzione». Ma l'indomani di quella visita, nel darne conto al Direttorio, scrisse: «Ho visto la *Venere dei Medici* che manca al nostro Museo e una collezione di cere che non sarebbe indifferente di possedere...»

Così Bonaparte, approfittando della tregua, aveva sbrigato le faccende della penisola, che ora era tutta alla sua mercé. Poi, con la calata di Würmser dal Tirolo, la guerra lo aveva richiamato in servizio di Generale, e lo aveva condotto di vittoria in vittoria fino a Leoben. Quando tornò ad occuparsi delle cose d'Italia, tutto era cambiato, a cominciare da lui.

CAPITOLO QUINTO
LA CISALPINA

Di ritorno dalla folgorante campagna in Austria, Bonaparte stabilì il suo quartier generale nel palazzo di Mombello a due passi da Milano, e lo trasformò in una vera e propria Reggia. Giuseppina lo aveva raggiunto. Napoleone l'amava disperatamente, ma aveva dovuto lasciarla l'indomani delle nozze, e la sua passione l'aveva sfogata in lettere torrentizie vergate nelle pause di quella lunga corsa dietro il nemico. Ora voleva premiarla di quella lunga attesa – di cui d'altronde essa si era abbondantemente consolata – mettendo l'Italia ai suoi piedi. Da secoli avvezzi a sciogliere inni, i poeti della penisola non si fecero pregare per incensarla. Dame e gentiluomini venivano a farle riverenza. Il Papa le aveva mandato una collana di preziosi cammei.

Tutto questo non era molto repubblicano né democratico, ma ormai Napoleone poteva consentirselo. Era stato lui non soltanto a vincere la guerra, ma anche a imporre la *sua* pace. Il Direttorio aveva dovuto arrendersi a tutte le sue esigenze, compresa quella di portare la sua armata a 80.000 uomini sottoposti a un trattamento di privilegio – come cinquina, gratificazioni, onorificenze – che ne faceva un corpo pretoriano.

La situazione politica in Francia accelerò questo processo. Le elezioni di quella primavera ('97) avevano dato la maggioranza ai monarchici. Per difendere le istituzioni repubblicane e se stesso, il Direttorio aveva bisogno dei Generali, ma non sapeva di quali fidarsi. Da quando Saliceti era rimasto coinvolto nell'affare Babeuf-Buonarroti, i suoi rapporti non godevano più molto credito. Pur senza richiamarlo, gli avevano mandato di rincalzo un altro Commissario, Garrau. La sua relazione fu rassicurante: sui sentimenti repubblicani dell'armata d'Italia, diceva, si poteva contare. Ma aggiungeva profeticamente: «Un giorno, dopo aver conquistato l'Europa, essa conquisterà la Francia».

Della profezia, il Direttorio non era in condizione di tener conto. Aveva bisogno, subito, di gente sicura. Si rivolse a Napoleone, e questi spedì a Parigi il suo luogotenente Augereau, un caporalaccio rude e spavaldo, che non andò per il sottile. Il regime fu salvato da lui, cioè da Bonaparte, che così ne divenne ancora di più creditore, e ne approfittò per dare all'Italia l'assetto più confacente ai suoi disegni.

Le cose, da quando le aveva lasciate per inseguire il nemico fino a Leoben, si erano messe in moto da sole. La reazione politica dell'Emilia all'occupazione francese era stata molto più vivace che in Lombardia. Già nell'agosto del '96 quelli di Reggio ne avevano approfittato per proclamarsi indipendenti da Modena, del cui Ducato avevano fin allora fatto parte in posizione subalterna, e costituirsi in Repubblica. Garrau era stato ben lieto di riconoscerla, anche perché questo gli offriva il pretesto di proclamare decaduto il Ducato anche a Modena, che seguì l'esempio di Reggio. Le due città stabilirono subito rapporti con Bologna e Ferrara, e tutt'e quattro decisero d'indire un congresso, che si tenne in ottobre. Fu proclamata l'unione in una sola Repubblica che si chiamò *Cispadana* e bandì l'arruolamento di 3.000 uomini in una *Legione italiana*.

L'episodio era di modeste proporzioni, ma di grande significato. Per la prima volta italiani di Stati diversi e fra loro tradizionalmente ostili si riconoscevano fratelli e si attribuivano un'etichetta nazionale. E per la prima volta essi agivano in nome della volontà popolare e come suoi «delegati». Il lettore la prenda con cautela. Questi congressisti, tutti aristocratici e borghesi, di popolare non avevano che la pretesa di esserlo, in quanto alla loro elezione non avevano partecipato che i ceti da cui provenivano. Ma per la prima volta il loro potere non derivava da una «investitura» dall'alto. Bene o male, erano dei «rappresentanti».

Due mesi dopo indissero un nuovo congresso a Reggio, ed espressero il voto che i lombardi si unissero a loro per «formare un solo popolo, una sola famiglia». I lombardi, ch'erano lì come invitati, mescolarono le loro acclamazioni a quelle dei padroni di casa. Ci furono pianti, abbracci, insomma un po' di melodramma all'italiana. Ma ci fu anche un fremito di autentico entusiasmo.

I lombardi avevano dato la loro adesione perché anche a Milano le cose in quei mesi erano molto cambiate. Essa era diventata il rifugio e il luogo di raccolta degli esuli di tutte le altre parti d'Italia. Costoro avevano fondato il *Giornale dei patrioti* e il *Termometro politico* dove si dibattevano i problemi del momento. Non siamo riusciti ad appurarne la «tiratura», cioè il numero di copie ch'essi vendevano. Doveva essere molto scarsa perché la massa della popolazione era analfabeta e murata da secoli nella sua indifferenza. La discussione restava limitata a quella piccola minoranza d'intellettuali, ma per la prima volta si svolgeva liberamente fra italiani di diverse provenienze regionali e ideologiche e su problemi che non erano più quelli del dio Pan e delle pastorelle d'Arcadia, ma quelli politici e economici della società attuale. Il giacobino Ranza polemizzava col moderato Gioia, il napoletano Lauberg col romano L'Aurora. Erano cattivi giornalisti, impacciati da una sintassi macchinosa, retorici e declamatori. Ma grazie a loro Milano era diventata un laboratorio d'idee e di programmi, in cui si venivano delineando i grandi filoni del pensiero risorgimentale.

Tutto questo aveva avuto il suo riflesso anche sul piano politico. Aiutato da Saliceti, un nuovo gruppo radicale aveva sostituito quello moderato alla testa della municipalità. Proveniva dalla *Società popolare* fondata da Salvador, sebbene ne facessero parte anche dei preti e alcuni nobili come Visconti, Serbelloni e Porro. Esso fece sfoggio di una tale intolleranza che anche il Verri si trovò a disagio e il Melzi preferì ritirarsi disgustato nelle sue terre. Però ottenne da Bonaparte la costituzione di un vero e proprio governo, sia pure condizionato, che si chiamò Amministrazione Generale della Lombardia. Nell'ottobre del '96, mentre Napoleone infliggeva colpi risolutivi agli eserciti austriaci, essa istituì e reclutò anche un proprio esercito di 3.500 uomini, la *Legione lombarda*, e gli assegnò la bandiera bianca, rossa e verde. Era nato il tricolore.

Ecco perché una delegazione di Milano era andata al congresso di Reggio e aveva sottoscritto con tanto entusiasmo le sue deliberazioni. Esse miravano alla fusione della Lombardia e dell'Emilia in un unico Stato che, sia pure sotto il controllo francese, facesse da polo di attrazione di tutto il resto della penisola. Forse a Napoleone l'idea non dispiacque, ma la considerò prematura. In quel momento non era ancora in grado di sfidare apertamente il Direttorio che gli raccomandava di «non dare corda al patriottismo degl'italiani», e per di più non voleva esasperare il Papa rendendo irrevocabile la mutilazione dei suoi Stati. Piombato anche lui a Reggio il 9 gennaio, disse che il congresso non poteva prendere decisioni: prima ci voleva un governo, e prima del governo ci voleva una Costituzione.

Era una buona scusa, ma che non poteva arrestare il naturale sviluppo della situazione. Il congresso si piegò al *veto*, ma decise di riunirsi nuovamente in gennaio a Modena, dove si trasformò in *Costituente*. Stavolta vi presero parte anche i delegati di Massa e Carrara e di Imola, che nel frattempo si erano unite *motu proprio* alla Cispadana. Il movimento unitario dilagava a chiazza d'olio.

Ora, a Mombello, Napoleone prendeva atto di questa realtà. E ormai libero di agire a testa sua, proclamò ufficialmente una *Repubblica cisalpina* che comprendeva, oltre alla Lombardia, le province ex-venete di Bergamo e Brescia, la Valtellina e tutta la Cispadana. Prese però le sue precauzioni imponendo a questo embrione d'Italia una Costituzione quasi identica a quella francese, che accentrava tutto il potere esecutivo nelle mani di un Direttorio, di cui egli si riservava di nominare i componenti. Voleva uomini maneggevoli, e aveva capito che i giacobini o «democratici», come anche si chiamavano, non lo erano.

Costoro avevano perso i loro migliori avvocati: Saliceti e Garrau. Saliceti, lo abbiamo già detto, sebbene avesse il compito di sorvegliare Bonaparte, lo aveva sempre secondato in tutto e perciò esercitava su di lui una grande influenza. Ma Napoleone lo ascoltava come amico, non come Commissario. Col Commissario si trovava spesso ai ferri corti perché non ne riconosceva le funzioni. Questo aveva gettato un'ombra sulla loro amicizia, che tuttavia era abbastanza forte e profonda per resistere alla prova.

Ben più duro fu lo scontro con Garrau, un controllore inflessibile e ben deciso a esercitare i suoi poteri. Anche lui apparteneva alla vecchia guardia di Robespierre, e le sue idee repubblicane e democratiche lo portavano a simpatizzare più coi rivoluzionari italiani che coi generali francesi, di cui scoprì e denunciò le ruberìe. I suoi rapporti non ottennero risultati perché proprio allora l'esercito era diventato, grazie ai suoi successi, intoccabile. Ma questo non disarmò Garrau, che scrisse al Direttorio: «Le vittorie dell'esercito servono a immunizzare i colpevoli». Napoleone, che non aveva il sarcasmo leggero, lo chiamava «il gobbo velenoso», e gobbo infatti era Garrau, ma soltanto nel fisico. Moralmente era dritto come una lama.

Il contrasto si era acuito a tal punto che alla fine il Direttorio aveva mandato a inchiestare un suo fiduciario, Clarke. Ma questi giunse quando Bonaparte stava già riportando vittorie su vittorie, e il rapporto fu favorevole a lui. Vi si diceva che, anche se l'onestà di Garrau era al di sopra di ogni sospetto, il Commissariato creava nei comandi un pericoloso dualismo che andava a tutto scapito dell'efficienza. Sia pure a malincuore, il Direttorio si era uniformato al responso, e alla fine di quell'anno aveva soppresso i Commissari agli eserciti.

Ora Napoleone era definitivamente libero di regolare le cose italiane a suo piacimento, e lo fece senza lasciarsi impacciare da pregiudiziali ideologiche. Con la Cisalpina egli aveva già creato un embrione di Nazione, che contava tre milioni e mezzo di abitanti nell'area più ricca e sviluppata della penisola. Ma questa nazione egli la concepiva e la voleva napoleonica, non italiana. E fu questo che lo mise in conflitto coi patrioti di estrazione democratica.

Per tutto l'anno '97, costoro cercarono di estendere il moto unitario al Piemonte accendendovi focolai rivoluzionari. La polizia del re Carlo Emanuele IV, da poco successo al padre Vittorio Amedeo, fu spietata nonostante la mitezza del Sovrano. Una sull'altra un centinaio di teste caddero sotto il fuoco dei plotoni di esecuzione. I rivoluzionari lombardi sperarono che Bonaparte avrebbe colto quel pretesto per dichiarare decaduta la dinastia sabauda, istaurare una repubblica anche in Piemonte e fonderla con la Cisalpina. E invece lo videro serbare un atteggiamento favorevole nei confronti di Carlo Emanuele e anzi spingere il Direttorio a ratificare le clausole dell'armistizio di Cherasco.

Ma il colpo più grosso ai loro sogni lo inferse il trattato di Campoformio, che consegnava Venezia all'Austria. I patrioti veneti avevano già stabilito rapporti con quelli milanesi per preparare la fusione fra i due Stati. Suppliche e appelli firmati da migliaia di cittadini furono mandati a Bonaparte. Questi se ne servì per minacciare l'Austria e indurla a ratificare al più presto le clausole dell'armistizio di Leoben. Poi abbandonò la gloriosa Repubblica alla sorte ch'egli stesso le aveva assegnata.

La reazione fu grossa e provocò, nel fronte patriottico, una spaccatura irrimediabile. L'ala più intransigente e risoluta perse ogni fiducia nella Francia e nei poteri costituiti in generale. Nei mesi precedenti il dibattito svoltosi sui giornali e nei circoli milanesi aveva già lasciato affiorare questa tendenza estremista. Il Galdi aveva pubblicato un saggio intitolato *Antimoderatismo*, che affidava la redenzione dell'Italia non più a un «liberatore», ma a una rivoluzione popolare contro troni, altari e privilegi. L'idillio dei «patrioti» con la Francia era finito. Respinti all'opposizione e sottoposti alla censura che sopprimeva anche i loro giornali, costoro si dettero alla lotta clandestina. La loro ideologia era ancora nebulosa e incerta, divisa fra tendenze unitarie e tendenze federaliste. C'era chi dava il passo alla cosiddetta istanza nazionale e chi a quella sociale. Ma ciò che ormai era acquisito era la rottura fra l'ala moderata e quella democratica e rivoluzionaria. Le rivedremo all'opera, l'una contro l'altra, nel Risorgimento, che cercò di conciliarle, e qualche volta ci riuscì. Ma non sempre, e quasi mai del tutto.

A questo punto intervenne un fatto nuovo. Napoleone, dopo aver messo in ginocchio l'Austria, decise di fare altrettanto con l'Inghilterra. Nessuno saprà mai se vi si risolse per dare alla Francia una definitiva pace, o per rilanciare una guerra che ormai languiva. Pur dominando i mari, l'Inghilterra era rimasta sola, e la sua diplomazia non riusciva a trovare delle potenze terrestri disposte a sfidare nuovamente quella francese. Forse prima o poi sarebbe scesa a una transazione, ed era proprio ciò che Napoleone paventava. Per diventare Napoleone, egli aveva bisogno della guerra. Espose e impose al Direttorio un piano temerario: non potendo colpire quell'irriducibile nemico sul mare e sul suo proprio territorio, lo avrebbe colpito nelle sue basi navali d'Africa traghettandovi un esercito. Forse fu un dialogo tra mariuoli, che cercavano di gabbarsi l'un l'altro. Il Direttorio era pronto a rimetterci anche un'armata, pur di liberarsi di Napoleone e della sua prepotente tutela. E Napoleone era pronto a correre il rischio pur di raggiungere il suo traguardo: il potere supremo. All'Italia aveva dato l'ultimo ritocco, impadronendosi con un'operazione del tutto indolore anche di Genova, ma senza fonderla con la Cisalpina. Come successore designò, con pieni poteri militari e civili, un luogotenente di tutta fiducia: il suo capo di Stato Maggiore Berthier. E il 17 novembre del '97 partì da Mombello incontro alla sua nuova avventura.

CAPITOLO SESTO

IL '98

Nel passargli le consegne, Napoleone aveva raccomandato a Berthier di «sorvegliare il Papa e tener a guinzaglio Napoli», cioè di fare in modo che la situazione in Italia restasse qual era. Berthier non chiedeva di meglio. Non privo di capacità, ma cinico e spregiudicato, donnaiolo e sibarita, era ben contento di godersi in pace la sua privilegiata posizione di proconsole e le grazie della duchessa Visconti, sua amante. Ma non aveva abbastanza autorità e prestigio per sfidare gli ordini del Direttorio, che continuava a pensare all'Italia come a una terra di saccheggio.

A fornire pretesti di aggressione fu lo Stato pontificio, che non aveva abbandonato il suo atteggiamento ostile alla Francia anche per ragioni di politica interna. Per quanto scarsi e isolati, a Roma i circoli intellettuali d'ispirazione giacobina erano in fermento e facevano gruppo intorno agli emissari di Parigi. Fra questi c'era, in qualità di ambasciatore, Giuseppe Bonaparte, fratello di Napoleone, che cercava di barcamenarsi attenuando i contrasti. Ma c'erano anche tre Generali in incognito che invece spingevano in senso diametralmente opposto. Uno di essi, Duphot, si trovò coinvolto in una manifestazione di patrioti. Se fosse stato lui a aizzarla, come poi dissero i pontifici, o se invece cercasse di placarla, come invece sostenne Parigi, non si è mai saputo. Fatto sta che la polizia, sparando sui dimostranti, uccise anche lui. Dopo qualche esitazione, Giuseppe respinse le scuse del governo e lasciò Roma. Il Direttorio, in preda a un soprassalto di rivoluzionarismo anticlericale, ingiunse a Berthier di marciare sulla città.

Data la consistenza dell'esercito pontificio, non fu che una passeggiata militare che raggiunse i suoi obbiettivi senza intoppo. Secondo gli ordini ricevuti, Berthier non doveva usare violenza al Papa. Doveva aspettare che a scacciarlo fossero i patrioti romani, ma questi si guardarono bene dal farlo, impauriti dal minaccioso atteggiamento del popolino. Nel febbraio (del '98), Berthier scriveva a Napoleone, intento a preparare la sua spedizione in Africa: «In questa città non ho trovato che costernazione. Nessuna traccia di spirito libertario. Non un patriota è venuto a visitarmi». Ci volle del bello e del buono per raccogliere, intorno a un albero della libertà, qualche centinaio di volenterosi e per far eleggere un governo provvisorio formato di sette Consoli.

Berthier lo incaricò di elaborare una Costituzione sul modello di quella francese. I Consoli si misero al lavoro, ma non prima di aver provveduto a dotarsi di una rutilante divisa all'altezza del loro titolo. Fra di essi c'era qualche uomo di valore, come l'archeologo Ennio Quirino Visconti, ma il *factotum* era un tale Angelucci di professione ginecologo – che allora era soltanto la versione maschile della levatrice – cui, secondo Hériot, Sardou si sarebbe ispirato per il personaggio di Angelotti nella *Tosca*. Questi patrioti tuttavia si affrettarono a dichiarare che, pur spogliato di ogni potere temporale, il Papa avrebbe conservato quello spirituale e seguitato a godere di tutti i privilegi connessi al suo alto magistero. Non volevano rinunziare all'unica industria di Roma: la Chiesa.

Ma questo contrastava con gli ordini ricevuti da Berthier che, non tenendo alcun conto di quella decisione, ingiunse al Papa di lasciare la città entro tre giorni. Pio VI era quel Braschi, gran signore rinascimentale e nepotista, che da giovane aveva saputo far fronte a ogni emergenza. Ma ora, a ottant'anni e dopo ventitré di Soglio, non era più in grado di lottare. Se ne andò in punta di piedi, ma con molta dignità. E il suo orgoglio fu messo a dura prova dai rifiuti che incontrarono le sue domande d'asilo. Per quanto si fregiassero della qualifica di «cattolici», né l'Imperatore d'Austria, né il Re di Napoli accettarono di ospitarlo. Solo il Granduca di Toscana gli permise di accasarsi a Siena, ma col divieto di avvicinarsi a Firenze.

Seguiamo ancora per un momento il suo patetico vagabondaggio. Da Siena lo scacciò un terremoto che distrusse il monastero in cui s'era rifugiato. Il Granduca gli consentì di trasferirsi nella Certosa di Firenze, ma sempre vietandogli di entrare in città. Quando anche lui si trovò nei guai coi francesi, il Papa, per non aggravarli con la sua presenza, si trasferì a Parma. Era mezzo paralizzato e completamente solo perché anche suo nipote, il duca Braschi, era stato rimpatriato d'autorità. Ma a Parma il Duca non lo volle, e il vegliardo dovette piegarsi all'ultima umiliazione: chiedere ospitalità a coloro stessi che l'avevano scacciato. Gliela concessero. Senza seguito e quasi in stato d'incoscienza, si mise in viaggio per le Alpi, e dovunque al suo passaggio la gente si ammassava, lo copriva di fiori e s'inginocchiava dimostrando quanto controproducente sia l'anticlericalismo quando diventa persecuzione. Da Briançon dove fu accolto come «il cittadino Papa» fu trasferito prima a Grenoble, poi a Valenza, e anche di lì stavano per rimuoverlo, quando la morte sopravvenne a mettere fine al suo calvario. Il giornale ufficiale scrisse: «Questa fine mette il sigillo alla gloriosa filosofia dei tempi moderni». I delitti delle rivoluzioni non devono sgomentare. Sgomenta la loro stupidità.

A Roma il nuovo governo brancolava nel vuoto, sopraffatto dalle difficoltà soprattutto economiche. Berthier era stato subito raggiunto dal grande «esattore» Haller che, non trovando più nulla da spremere nella Cisalpina, veniva a saccheggiare l'Urbe per rifornire non solo il Direttorio sempre a corto di quattrini, ma anche le proprie tasche. Il Vaticano fu svuotato perfino dei suoi mobili. Gli stessi ufficiali francesi ne furono così disgustati che lanciarono un appello ai romani per scolparsene. Il popolino, vedendoli divisi, insorse al grido di «Viva il Papa!» E i francesi, per venirne a capo, dovettero accantonare i propri dissensi. Ma questi rimasero nel fondo e resero ancor più intricata e precaria la posizione di quel governo improvvisato, senza sostegno popolare, e privo di uomini autorevoli e competenti. Solo Visconti cercava di porre riparo al caos politico e alla bancarotta economica; ma non poteva nulla contro il dilagante ladroneccio francese e indigeno. Ad esso risalgono molte fortune romane, come quella dei banchieri Torlonia. Un ingegner Armanni fece i soldi impiantando una fabbrica di acido solforico rifornita col piombo grattato dalle bare dei defunti.

L'accorto Berthier aveva preferito lavarsene le mani ed era andato a Parigi con la scusa di riferire. Al suo posto erano stati nominati prima Masséna, contro cui c'era stato da parte degli altri Generali un mezzo *pronunciamiento* per la sua durezza, e poi Saint-Cyr, che invano cercava di mettere un po' d'ordine in quel caos. Il suo collega Brune scriveva: «Tutti, di qualsiasi partito e opinione, concordano nel dire che mai, in nessuna epoca e in nessun luogo, la ruberia ha raggiunto le vette d'impudenza che tocca nella Repubblica Romana». Lo stesso galantuomo Visconti ne fu alla fine imbrattato, o fu accusato di esserlo, e di poco evitò l'arresto.

Le cose erano a questo punto quando sopravvennero nuove complicazioni internazionali. A Campoformio, l'Austria aveva avuto col Veneto il suo premio di consolazione, ma non se ne contentava. Ora che i francesi estendevano la loro occupazione in Italia, essa reclamava una compartecipazione agli utili: le Legazioni. Il Direttorio non ne volle sapere, e la delusione acuì in Vienna il desiderio di rivincita. Riallacciò l'alleanza con l'Inghilterra, rimasta sola in campo contro la Francia, e vi attrasse la Russia. Questa nuova coalizione era abbastanza forte per infondere speranze agli Stati italiani che ancora non erano stati occupati dai francesi, ma se ne sentivano alla mercé. Parigi se ne rese conto e, prima che la parola fosse di nuovo restituita alla spada, prese le sue precauzioni, cominciando dal Piemonte.

Abbiamo lasciato questo Stato al trattato di Cherasco del '96, che praticamente lo riduceva a vassallo della Francia, ma consentendogli di mantenere il suo regime. Bonaparte aveva negoziato con Vittorio Amedeo, e aveva lasciato al suo successore Carlo Emanuele IV mano libera nella repressione dei patrioti. Si contentava della sua soggezione. Non così il Direttorio, che per mesi aveva trascinato le trattative di pace, e le aveva firmate solo al momento di Campoformio, e controvoglia. Carlo Emanuele era un uomo timido, pio e indeciso, che di suo non avrebbe osato nulla contro i francesi. Ma appunto il suo debole carattere lo rendeva succubo di una Corte reazionaria e velleitaria, e soprattutto di suo fratello Vittorio Emanuele, destinato più tardi a succedergli.

Furono però soprattutto i patrioti lombardi che spinsero il Direttorio ad annullare quella pace. D'accordo con quelli locali, essi tentarono un'incursione in Piemonte per istaurarvi la Repubblica e fonderla con la Cisalpina. I francesi li lasciarono morire sotto la fucileria delle regie truppe perché non volevano affatto la fusione di quei due Stati che avrebbero costituito un centro di potere difficilmente controllabile. Ma compresero che il Re non era in grado di garantirli contro questo pericolo e gl'impose di consegnar loro prima la cittadella di Torino e poi tutti i suoi Stati. Invano la Corte istigò Carlo Felice a una resistenza a oltranza, d'altronde impossibile. Il Re partì di notte con la Regina senz'aver neanche il coraggio di portarsi dietro i gioielli della corona. Dapprima si rifugiò a Firenze, dove andò a visitare l'altro gran fuggiasco, il Papa, e dove fu visitato da Vittorio Alfieri. «Ecco il vostro tiranno» disse bonariamente al poeta, che contro i tiranni aveva tanto declamato. Alfieri si commosse alla vista del suo ex-sovrano «infelicissimo e abbandonato». Quell'incontro rinfocolò in lui i furori antifrancesi che proprio allora aveva esalato nel *Misogallo*. Nel suo atteggiamento si riassumevano molto bene gli umori della cultura italiana, avversa al vecchio regime, ma ancora più spaurita da quello nuovo. Perfino in questo campione delle più smoderate passioni, l'Italia moderata faceva sentire la sua voce.

A Torino fu proclamata la Repubblica subalpina. E ne parleremo dopo. Per ora vediamo il seguito dell'azione francese.

Ci si rimprovera di far troppo posto, in questa nostra Storia, al capriccio degli uomini. Ma noi ci chiediamo che cosa, se non il capriccio, può spiegare la marcia su Roma dell'esercito napoletano. Che i francesi a Roma rappresentassero una minaccia anche per Napoli, è evidente. Ma è altrettanto evidente che appunto per questo i napoletani non avevano nessun interesse a provocarli, visto ch'essi per il momento avevano altro a cui pensare.

Naturalmente anche a Napoli si sapeva dell'alleanza che, nell'assenza di Napoleone, si andava abbozzando tra Austria, Russia e Inghilterra per una ripresa delle ostilità. Ma la data non era stata decisa, e il gabinetto di Vienna aveva espresso la sua intenzione di non precipitarla. In parole povere, aveva detto ai napoletani che, se si muovevano, lo facevano a loro rischio e pericolo. Eppure essi si lanciarono ugualmente, da soli, in quell'avventura, che non la ragione, ma solo le passioni possono giustificare.

Ne *L'Italia del Settecento* abbiamo già dato il quadro della Corte di Napoli, delle sue divisioni, dei suoi intrighi, e non vogliamo ripeterci. Ma ne richiamiamo alla mente il sommario. A palazzo reale c'erano in quel momento due partiti: quello del re Ferdinando e del suo ministro degli esteri, Gallo, che volevano una politica di compromesso e d'attesa; e quello della regina Maria Carolina e del suo *factotum* Acton, che volevano la guerra. La guerra l'avevano già fatta e perduta nel '96, quando avevano mandato un corpo di spedizione in aiuto degli austro-piemontesi, che poi si era arreso sotto le mura di Mantova. Napoleone, che allora non voleva spingere le proprie conquiste verso il Sud della penisola, aveva concesso la pace a condizioni non gravose.

Ferdinando, cui stava a cuore solo la propria tranquillità, era ben deciso a rispettarle. Maria Carolina spiava invece l'occasione della rivincita. Essa era una Asburgo, non soltanto sorella della Maria Antonietta che i francesi avevano decapitato, ma anche madre di un'altra Maria Antonietta andata sposa all'Imperatore d'Austria, Francesco che, prima di diventare suo genero, era già suo nipote. Questi legami di famiglia contavano molto in una politica dominata dagl'interessi dinastici come quella delle monarchie assolute del Settecento. E a Napoli c'era chi sapeva sfruttarli: l'ambasciatore inglese, Hamilton, e più ancora sua moglie Emma, amante dell'ammiraglio Nelson, il grande antagonista di Napoleone.

Napoleone si trovava in quel momento in Egitto, dov'era riuscito a riportare brillanti vittorie. Ma ad Abukir, alle foci del Nilo, la flotta che ve lo aveva trasportato era stata imbottigliata e distrutta da quella di Nelson. Abilmente montata dalla propaganda, la notizia sollevò gli entusiasmi di Napoli, che diventarono addirittura deliranti nella primavera di quell'anno '98, quando Nelson, di ritorno dalla sua impresa, gettò le ancore nella rada per godersi il premio del suo trionfo nell'alcova di Emma.

Questa era già una violazione dei patti stipulati con la Francia che vietavano l'ospitalità alle navi inglesi. Ma a ciò si aggiunsero atti chiaramente provocatori. La città si parò a festa per accogliere l'Ammiraglio, e Lady Hamilton l'attraversò su una berlina scoperta su cui sventolava una bandiera con le parole «Nelson e la Vittoria» ricamate in pietre preziose. L'ospite fu sommerso di doni dalla Regina, e a tal punto rimase contagiato dal generale entusiasmo che, a una grande rivista militare inscenata in suo onore, dichiarò che quelle erano «le migliori truppe d'Europa».

Ferdinando, a cui non mancava un certo buon senso, cercò d'imbrigliare questi ottimismi. Ma, come al solito, fu travolto dalla moglie. In maggio consentì a firmare un'alleanza offensiva e difensiva con Vienna, chiaramente rivolta contro la Francia. In giugno lanciò un'energica protesta contro l'occupazione francese di Malta, su cui Napoli rivendicava una platonica sovranità. E infine consentì all'ingaggio, propostogli da Maria Carolina e da Acton, di un generale austriaco, Mack, quale comandante in capo dell'esercito. Mack era un grande storico militare. Di ogni battaglia combattuta nel corso dei secoli sapeva citare luogo, data, disposizione dei reparti, nomi degli ufficiali. Ma non ne aveva mai vinta una. Per di più non parlava una parola d'italiano. E forse per questo gl'italiani lo presero per un genio.

Fu in questo clima di bellicosi entusiasmi che maturò la decisione. Ferdinando credette che, per tenersi al riparo dai pericoli della guerra, bastasse non dichiararla. Alla fine di novembre annunciò in un proclama che si considerava e voleva restare amico dei francesi, ma che riteneva impegno d'onore restituire Roma «al suo legittimo sovrano», senza però precisare se tale considerasse il Papa o se stesso. Nella storia della diplomazia – scrisse il più grande storico di allora, Cuoco – non si era mai vista una simile dichiarazione.

L'esercito di Mack, forte di 50.000 uomini, non incontrò altro ostacolo che le piogge, ma bastarono a ridurlo in brandelli. Quella che entrò a Roma era una specie di armata Brancaleone, che si dette subito al saccheggio. Ferdinando venne a passarla in rivista, e dichiarò «liberata» la Città Eterna senza fare il minimo accenno al Papa.

I francesi avevano evacuato l'Urbe il giorno prima fra gl'insulti e gli sberleffi della popolazione, seguiti da tutti gli esponenti del regime repubblicano che si sentivano in pericolo di vita. Bisognava riunire le scarse guarnigioni sparpagliate nello Stato pontificio che non assommavano a più di 12.000 uomini. Al loro comando era Championnet, forse il miglior generale francese, almeno sul piano morale: prode soldato, sinceramente repubblicano, onesto e magnanimo. Tornato alla controffensiva, malgrado l'inferiorità numerica, inflisse alle avanguardie di Mack un paio di disfatte che, sebbene parziali, bastarono a seminare il panico in tutto l'esercito. Non fu una ritirata. Fu una fuga indecorosa al «si salvi, chi può». E il più trafelato appariva Ferdinando, che per non farsi riconoscere aveva scambiato la propria divisa con quella di un suo aiutante, e non faceva che ripetere alla scorta: «Restatemi accanto, non lasciatemi solo!» Era talmente fuori di senno che proprio allora, nel momento in cui l'aveva persa, dichiarò la guerra ai francesi perché – disse – «gli avevano opposto resistenza».

Arrivato col fiato mozzo a Napoli, lanciò al suo popolo un proclama che lo invitava a battersi «per il vostro padre e Re che espone per voi la vita, che è pronto a sacrificarla per la vostra difesa e per conservare a voi quanto avete di più caro: la religione, l'onore delle vostre mogli e delle vostre sorelle...» Quanto fosse pronto a esporre la vita, lo dimostrò imbarcandosi per Palermo con la Regina, il seguito e i bagagli sulla nave ammiraglia di Nelson. «E in pochissimi dì – venne, vide e fuggì» scrisse un pasquino locale. Ma con quell'appello alle mogli e alle sorelle, era riuscito a toccare il cuore dei suoi sudditi. Molto migliore del suo esercito, il popolo corse alle armi e scatenò una guerriglia, che sorprese e un po' offese Championnet, convinto di essere atteso in festa da una città smaniosa di libertà e di repubblica. A Capua dovette fermarsi. E forse avrebbe rinunziato a entrare a Napoli – come del resto gli suggeriva il Direttorio, restìo a sparpagliare ancora di più le sue truppe nella penisola, alla vigilia di una ripresa delle ostilità con l'Austria –, se al governo della città ci fosse stato qualcuno capace di organizzare e sfruttare la resistenza popolare.

Ma Ferdinando aveva commesso anche l'errore di designare a questo compito, col titolo di Reggente, l'uomo meno adatto: il Principe Pignatelli. Costui, invece di chiamare in aiuto la flotta tuttora all'ancora, la fece affondare. Eppoi, pur di ottenere una tregua di due mesi, concluse un armistizio con cui consentiva ai francesi di occupare tutte le piazzeforti intorno alla città e s'impegnava a versargli un'indennità di cui non disponeva, perché il Re si era portato via tutto il tesoro.

In quei due mesi la città assediata fu preda dell'anarchia, di cui fecero le spese i «giacobini», accusati d'intelligenza col nemico. Ad aizzare contro di loro la furia popolare furono soprattutto i barbieri, che ai giacobini rimproveravano di aver introdotto la moda dei capelli corti al posto della parrucca, campo dei loro virtuosismi e fonte dei loro guadagni. Ma l'etichetta di giacobino veniva applicata anche a chi non lo era, perché ognuno aveva il suo da liquidare o da depredare.

Tuttavia questa caccia all'uomo mise i giacobini veri nella necessità di agire. A metà gennaio essi s'impadronirono con un colpo di mano dei Forti di Sant'Elmo e di Castel Nuovo, e con le loro artiglierie cominciarono a battere le strade su cui avanzavano i francesi. Ma ci vollero tre giorni e quattromila morti, per ridurre alla ragione i «lazzaroni». L'ultima loro impresa resistenzialista fu il totale saccheggio del palazzo del loro «padre e Re», in nome del quale si erano così vigorosamente e gratuitamente battuti.

Championnet seppe conquistarseli con un gesto accorto. Entrato in città sulla fine del gennaio (del '99), si recò immediatamente a rendere omaggio a San Gennaro che, lungi dal serbargli il broncio, reciprocò la cortesia improvvisando fuori tempo il solito miracolo. «San Gennaro è diventato giacobbino» disse, sorpresa e un po' scandalizzata, la gente. E per il momento, fu pace.

CAPITOLO SETTIMO

I BORBONE A PALERMO

Per Ferdinando e Maria Carolina, quando sulla fine del '98 vi giunsero a bordo della nave ammiraglia di Nelson, la Sicilia era una terra del tutto sconosciuta: in quarant'anni di Regno non ci avevano mai messo piede. Di essa non sapevano che ciò che ne riferivano i Viceré nei loro rapporti, ammesso che li leggessero.

Si trattava del resto di un'isola misteriosa anche per i suoi abitanti perché la mancanza di strade ne rendeva inaccessibili molte parti specie dell'interno, e i grandi proprietari terrieri che se ne spartivano la fetta maggiore avevano un concetto così assoluto della loro sovranità che nei loro feudi non ammettevano interferenze del potere centrale e si sottraevano perfino ai censimenti. Non si conosceva nemmeno l'ammontare della popolazione, ma si presume che si aggirasse sul milione e mezzo. Palermo, coi suoi 200.000 abitanti, era la città più popolosa d'Italia dopo Napoli, ma anche quella in cui il contrasto fra lusso e miseria era il più sfacciato.

Alla base della situazione politica ed economica stava quella sociale. Una specie di «Libro d'oro» stampato proprio in quegli anni definiva orgogliosamente la Sicilia come «la terra dei nobili» per il fatto che ce n'erano di più che in qualsiasi altra regione della penisola: 142 principi, 788 marchesi, 1.500 fra duchi e baroni. Questa moltiplicazione era dovuta a un fatto molto semplice e che di nobile aveva poco: siccome nessun sistema fiscale era mai riuscito a funzionare, invece d'imporgli una tassa, al ricco si vendeva un blasone. Naturalmente la vecchia nobiltà, quella del sangue, le cui dinastie più antiche risalivano ai Normanni, reagivano a questa inflazione maggiorando i propri titoli per differenziarli da quelli nuovi. Il marchese di Geraci aveva coniato per sé quello – di pura fantasia – di «Primo Signore per grazia di Dio nell'una e nell'altra Sicilia, primo Conte d'Italia e Principe del Sacro Romano Impero». Non è che un piccolo scampolo della gara che divampava fra questi nobili per accaparrarsi, nell'ambito della stessa casta, delle posizioni di «vertice». E questo accanimento aveva il suo perché nella struttura feudale della società, che faceva del rango la condizione del potere e del potere la condizione della ricchezza. Un po' per la sua posizione geografica, un po' per l'ininterrotto predominio spagnolo, la Sicilia era rimasta completamente estranea al rinnovamento d'idee e al riformismo economico portati dall'Illuminismo. «In nessun sito del mondo un titolo è più pregiato che in Sicilia» scriveva Colletta che pure, come napoletano, non veniva certo da un paese democratico.

Non tutti i titolati, che si chiamavano genericamente «baroni», erano ricchi. Di quelli nuovi, alcuni si erano rovinati per diventarlo, altri s'indebitavano fino al collo per tenere il passo di quelli che li sovrastavano. E questa era appunto la dannazione loro e della loro categoria. Nell'Italia del Nord i quadri dell'aristocrazia si allargavano per l'immissione di nuovi elementi borghesi distintisi in qualche modo, per esempio nel servizio di Stato, come in Piemonte. E questi innesti si rivelavano benefici alla stessa casta perché la rinsanguavano economicamente e vi portavano idee più moderne. Fu grazie a questa osmosi che i nobili acquistarono un certo spirito d'intrapresa, cioè fu la borghesia che convertì la nobiltà alla propria mentalità imprenditoriale: lo abbiamo visto ne *L'Italia del Settecento*.

In Sicilia – come in Spagna – avveniva esattamente il contrario: il borghese imblasonato si convertiva alla mentalità redditiera e parassitaria dell'aristocrazia del sangue e ne adottava, maggiorandoli, tutti i vizi: la smodata passione del fasto come segno di potenza, l'arroganza, l'esagerato concetto delle proprie prerogative, il morboso attaccamento alle apparenze e alle «precedenze»: insomma tutti quei caratteri che ancora, a duecent'anni di distanza, caratterizzano il nobile siciliano dimostrando quanto quella società sia rimasta immobile e pietrificata anche in questi ultimi due secoli che dovunque altrove ne hanno visto il totale sconvolgimento.

Le cifre parlano chiaro. Dei 360 villaggi della Sicilia, 280 vivevano in regime di signoria feudale, cioè sottoposti a un barone che vi si comportava da sovrano assoluto. Gli abitanti – quasi tutti contadini – erano praticamente dei servi della gleba, tenuti a prestare *corvées*, cioè giornate di lavoro gratuito, e inabilitati a cambiare domicilio Non che lo proibisse la legge, ma lo proibiva il barone, che sulle orme del fuggiasco sguinzagliava la propria personale polizia, lo portava davanti al proprio tribunale e lo gettava nelle proprie prigioni.

Il lettore non si faccia un quadro troppo nero di questa situazione. Molto spesso essa era mitigata dal carattere del feudatario che, lungi dall'abusare dei propri diritti, o ch'egli considerava tali, li esercitava con patriarcale bonomia. Ciò che non ammetteva era che gli venissero contestati. Molte volte si erano provati a farlo sia i Viceré spagnoli che i funzionari piemontesi nel breve periodo in cui la Sicilia aveva fatto parte del Regno dei Savoia. Ma la resistenza era stata irriducibile e aveva trionfato anche sul piano giuridico, quando un avvocato palermitano, Di Napoli, riuscì a far accettare dal tribunale di Stato il principio che il feudo – si trattasse di una fattoria, o di un villaggio, o di una intera provincia – era proprietà privata del feudatario, in quanto come tali Ruggero il Normanno (figu-

riamoci!) li aveva considerati e distribuiti ai suoi subalterni, che lo avevano aiutato a conquistare la Sicilia.

Questa causa rimase famosa negli annali siciliani perché nel suo piccolo riassumeva tutti gli aspetti più tipici e
salienti della situazione isolana. Anzitutto, l'onnipotenza
dei baroni e la loro solidarietà quando erano in giuoco i titoli del loro potere. Essi passavano la vita e drenavano i loro patrimoni a contendersi un palmo di terra, un attributo nobiliare e la precedenza in una cerimonia. Ma quando
si trattava di difendere la loro indipendenza dal potere
centrale, si chiudevano a testuggine in un fronte comune,
impartendo dall'alto della loro casta l'esempio della riottosità e dell'omertà.

Secondo, l'impossibilità da parte della Giustizia di sottrarsi alla suggestione e alle pressioni ambientali. I magistrati siciliani giuravano fedeltà al Re, ma a un Re che se
ne stava a Madrid o a Napoli. Probabilmente a inclinare la
loro bilancia in favore dei baroni non era tanto il sentimento della propria indifesa solitudine di fronte alle loro
milizie private, quanto il ricatto di un malinteso «patriottismo». Per comune convincimento, l'attentato al diritto del
barone diventava l'attentato alle «libertà» siciliane. Il suddito (perché di «cittadino» non si poteva parlare) o il villaggio che voleva sottrarsi alla soggezione feudale e scuo-
tersi di dosso la servitù della gleba per mettersi sotto la
protezione della legge dello Stato commetteva un gesto di
fellonìa perché faceva combutta con uno straniero (il Re)
contro un siciliano (il barone).

Questo convincimento si era formato in secoli di dipendenza coloniale. Il trattamento ricevuto lo giustificava in
parte, ma solo in parte. La Spagna non aveva sfruttato,
come qualcuno dice, la Sicilia; al contrario, ci aveva rimesso di suo. Ma non aveva minimamente tentato di ammo-
dernarne le strutture anche perché quel tipo di società
feudale corrispondeva al suo. Essa preferì lasciare le cose

come stavano, il che accrebbe nelle plebi siciliane la totale sfiducia nei poteri dello Stato. Quando al dominio spagnolo si sostituirono, dopo il fugace intermezzo piemontese, prima quello dell'Austria e poi quello dei Borbone di Napoli, questo processo era ormai irreversibile. I nuovi padroni tentarono a più riprese di ridurre l'onnipotenza baronale, come vedremo a proposito di Caracciolo, ma si trovarono di fronte al muro di una resistenza massiccia. Gli oppressi facevano combutta con gli oppressori in nome delle minacciate «libertà» siciliane, che in pratica erano la libertà del barone di tenere il contadino in schiavitù. Il patriottismo siciliano – in qualunque forma si manifesti, separatista o autonomista – non è mai stato che questo e seguita ad esserlo anche oggi: la trincea del privilegio e l'alibi, da parte di chiunque detenga il potere, del diritto di abusarne.

Anche gl'intellettuali ne erano complici. La cultura siciliana era «area depressa» rispetto a quella italiana, che a sua volta era «area depressa» rispetto a quella europea. L'analfabetismo dilagava. L'Università di Messina era stata chiusa e quella di Catania distrutta da un terremoto sulla fine del Seicento. Palermo cercò di approfittarne per crearne una sua propria, ma dovette rinunziarvi per l'opposizione di Catania, dove alla fine furono istituite tre scuole di Stato, ma riservate agli aristocratici. Così il circolo si era chiuso. Avendo anche il monopolio della cultura, l'aristocrazia non aveva più nulla da temere per i suoi privilegi. Per i pochi talenti che riuscivano ugualmente a svilupparsi, non c'era scampo: o emigrare come fecero per esempio l'architetto Juvara e il musicista Scarlatti, o mettersi al servizio del potere.

L'avvocato Di Napoli che aveva fatto trionfare in tribunale il principio dell'assoluta sovranità feudale incarnava appunto questo tipo d'intellettuale al soldo dei baroni. Non c'è da biasimarlo. Aveva studiato dai preti, che certo non gli avevano dato da leggere le opere degl'Illuministi. Ma anche se le avesse lette e avesse voluto farsi banditore dei loro princìpi, a chi si sarebbe rivolto? Non parliamo dell'interno dell'isola, assolutamente impenetrabile e sordo a qualsiasi «messaggio» sociale. Ma nella stessa Palermo, che sapessero leggere e scrivere e quindi fossero in grado di capire, c'erano soltanto i baroni – e non tutti – e i Monsignori, i quali avevano in mano le chiavi di qualsiasi promozione economica e sociale. Infatti Di Napoli guadagnò un mucchio di quattrini, e dopo morto ebbe anche l'onore di un monumento per il servigio reso ai padroni. Altri che si distinsero in queste forme di collaborazionismo ebbero in premio il titolo nobiliare. Le cronache non registrano nomi d'intellettuali che denunziassero quest'avvilente condizione e proponessero rimedi radicali. Forse ce ne furono, ma non ebbero neanche il tempo di esprimersi. Gli unici che riuscirono a farlo furono quelli che seppero mantenere le loro critiche entro i limiti della più stretta prudenza. Il più audace fu Di Blasi che giunse a chiedere un'imposta progressiva sul reddito, ma in un linguaggio da giurista assolutamente incomprensibile alle masse. Natale mise in discussione la pena di morte, ma avallò la tortura. L'economista Sergio propugnò le dottrine liberiste, ma tenendosi sull'astratto. Più che voci siciliane, erano echi del riformismo napoletano, che si spengevano sul muro della generale ignoranza.

Sia pur lentissimo, qualche mutamento tuttavia avveniva anche sotto la crosta di questa società pietrificata. La Sicilia, come tutti i paesi a regime feudale, viveva quasi esclusivamente di agricoltura. Non tutto era latifondo. C'erano anche dei feudi modesti, i cui titolari non avevano altro lusso che il blasone e non campavano molto meglio dei contadini, di cui condividevano anche il livello intellettuale. Tuttavia la fetta più grossa era quella ripartita

tra alcune diecine di famiglie, le cui proprietà raggiungevano dimensioni da Texas, come quella del principe Bu-
tera che, secondo Mack Smith, ne ricavava il dieci per cento dell'intero reddito siciliano.

Questa ingiusta redistribuzione avrebbe anche potuto
essere una fortuna – come lo era per esempio in Lombardia e in Toscana – perché consentiva l'accumulo di capitale, che a sua volta poteva consentire gl'investimenti e
quindi il decollo industriale dell'isola. Ma il terriero siciliano non aveva la mentalità imprenditoriale di quello
lombardo. Per lui la ricchezza non era strumento di altra
e più grande ricchezza, ma solo di potere e di fasto. Invece di risiedere sulla terra, risiedeva in città, unicamente
inteso ai suoi impegni di comando e di rappresentanza.

Questo produceva due conseguenze. La prima era un
continuo drenaggio del reddito dalla sua vera e unica fonte – l'agricoltura – alla città col conseguente impoveri-
mento della campagna e dei suoi abitanti. La seconda era
la formazione di una nuova categoria sociale: il rappresentante *in loco* del padrone assenteista, il *gabellotto*.

In Sicilia non c'era mezzadria. Il regime prevalente era
quello dell'affitto, che dapprincipio era stato a breve termine: in genere, un anno. Ma alla fine i padroni si erano
accorti che il breve termine invogliava il contadino a pra-
ticare un'agricoltura di rapina, intesa più a saccheggiare
che a coltivare i campi. Così si erano introdotti termini più
lunghi, dai tre anni in su, che stimolavano a uno sfruttamento più razionale. Questo però aveva ancora più bisogno della supervisione del padrone che, oltre a ignorare
tutto di agricoltura, spesso non sapeva nemmeno dove
fossero le sue terre. Perciò preferiva dare l'intero latifondo in appalto a qualcuno che gli garantisse un certo reddito e se ne compensasse intascando il di più.

Nella storia dell'isola, l'avvento di questo nuovo personaggio rappresenta un fatto fondamentale. Come tutte le

società a struttura feudale, la Sicilia non conosceva che due classi: il padrone e il servo. A differenza di tutte le altre città d'Europa, quelle siciliane non erano riuscite a sviluppare un vero e proprio ceto medio con una sua coscienza di classe. Vita mercantile e artigiana ce n'era poca. E quella poca ruotava, come la cultura, intorno al potere, cioè alla nobiltà, cui forniva una docile clientela. Per esempio, tutto il mercato del grano, che rappresentava la principale risorsa dell'isola, era in mano a pochi grossisti, che ne facevano quel che volevano, spesso provocando coi loro incettamenti delle carestie artificiali per far rialzare i prezzi. Ma tutto ciò avveniva col beneplacito del potere, di cui questo *racket* era solidale e complice. La città era insomma soltanto un centro militare e amministrativo, nonché il luogo di ritrovo della nobiltà e la palestra dei suoi lussi e lustri e piaceri. A Palermo Goethe scoprì che sulle strade veniva lasciato lo sterco per fornire un soffice tappeto alle carrozze dei nobili e nessuno se ne lamentava. Del resto, bastava guardare l'architettura: ciò che non era palazzo, era tugurio.

In Sicilia – e questo spiega molte cose –, la classe media si sviluppò in campagna, e il suo prototipo fu appunto il gabellotto. Era di solito un ex-contadino segnalatosi agli occhi del padrone per particolari capacità, oppure un caperonzolo di quelle squadracce di cui il barone si serviva come di milizie private. Comunque, un analfabeta, ma che aveva dato prove di zelo e di energia: un «duro», insomma. E tale infatti si rivelò. La sua comparsa non migliorò di certo le condizioni dei contadini, anzi le peggiorò. Anche perché quasi sempre lontano, il barone era molto più tollerante e bonario: il *Gattopardo* non è un frutto della fantasia di Lampedusa.

Il gabellotto aveva ben altri artigli. Egli si mise non in posizione di contrasto, ma di concorrenza col padrone. Come suo vicario ne esercitava i diritti, ma portandoli al sopruso sistematico. Intanto, essendo dei loro, conosceva molto meglio i contadini e le loro malizie. Eppoi, doveva sfogare una lunga fame di denaro e di autorità. C'è chi dice che la mafia non fu che il sindacato dei gabellotti, la loro segreta associazione di mutuo soccorso per tenere in soggezione i contadini e in rispetto i proprietari. Non vogliamo addentrarci in questo problema che ancora suscita polemiche a non finire. Probabilmente la mafia è più antica (Titone dice che risale addirittura ai saraceni) e a provocarla fu la prolungata assenza di qualsiasi potere centrale: una specie di rozzo autogoverno esercitato da privati. Ma non c'è dubbio che i gabellotti se l'accapararono e le diedero i quadri.

Altrettanto indubitabile è che furono loro a precostituire i caratteri della borghesia siciliana, anche quando questa cominciò a svilupparsi nelle città, per il semplice motivo che i gabellotti furono i primi non-nobili che poterono dare ai loro figli un'istruzione e farne degli avvocati, dei medici, dei professori, dei magistrati, ma sempre nel quadro di quella società feudale, di cui essi avevano mutuato dai baroni la mentalità e i vizi. Non per nulla la borghesia siciliana ha del titolo accademico la stessa cupidigia che il barone mostra del titolo nobiliare. Non per nulla, da quando ha assunto il potere, lo esercita con gli stessi criteri corporativi. Non per nulla essa ostenta lo stesso attaccamento al privilegio, e per difenderlo innalza il vessillo del patriottismo siciliano contro le interferenze dello Stato. Insomma è una borghesia che, per un vizio d'origine, non ha potuto né saputo svolgere la funzione economica e culturale delle altre borghesie italiane. Gli uomini d'iniziativa e di talento ch'essa produce con meravigliosa fertilità sono tuttora costretti a emigrare.

Verso la fine del secolo c'erano stati due tentativi di riscossa. Del primo fu protagonista, nel '73, la plebe di Palermo, ridotta alla fame da un raccolto andato male e forse anche dalle speculazioni dei soliti grossisti. Ma proprio il suo andamento dimostrò quale rete di omertà, consapevoli o inconscie, i baroni avevano saputo tessere. Essi detestavano il viceré Fogliani per qualche sua timida manifestazione di democrazia. Trattava con garbo anche la gente di «ceto ignobile», come scriveva con orrore il Villabianca, cioè di umile condizione, e aveva tentato d'imporre una piccola tassa sui consumi di lusso, che naturalmente colpiva i ricchi. Eppure, quando venne la carestia, la plebe se la rifece con lui e lo costrinse alla fuga. La città rimase in balìa degl'insorti che si avventarono, è vero, anche contro i baroni; ma, privi com'erano d'idee e di capi, non seppero sfruttare il successo. Ad emergere in quel trambusto furono le «maestranze», cioè le corporazioni di arti e mestieri, unica forza popolare organizzata. Ma essa dimostrò subito il suo fondo conservatore, ch'era poi il motivo per cui le autorità l'avevano sempre favorita. Le «maestranze» erano complici dei monopoli perché erano un monopolio anch'esse. Nessuno poteva ottenere un posto di lavoro qualificato senza il permesso della «maestranza» che difficilmente lo concedeva per ridurre l'offerta di manodopera e tenere alti i salari. Essa non difendeva i diritti del lavoratore, ma soltanto i privilegi dei suoi consociati, e per questo era riconosciuta e protetta come parte di un «sistema» che appunto sui privilegi si basava, prendeva ufficialmente parte alle cerimonie, e spesso assolveva compiti di polizia ausiliaria.

Quando i ribelli si furono impadroniti di Palermo e rimasero in balìa di se stessi, furono le maestranze che presero la direzione di tutto perché erano le uniche che sapessero far funzionare i servizi. Ma i negozianti e gli artigiani che ne componevano il grosso si resero subito conto che, senza i baroni, andavano incontro al fallimento perché i baroni erano l'unica loro clientela (quando si dice i baroni s'intende, è logico, anche gl'impiegati, i clienti, i famigli dei baroni). Essi introdussero qualche riforma timidamente giustizialista, ma soffocarono nel sangue la rivolta e richiamarono i nobili forse sperando di ottenere, in ricompensa del servigio, una maggiore partecipazione al potere. Ma furono presto delusi. Una volta che poterono disporre delle forze militari mandate di rincalzo da Napoli, i baroni ripresero in mano la situazione.

Il secondo tentativo fu fatto dal viceré Domenico Caracciolo. Era un marchese napoletano, ma nato in Spagna da madre spagnola, e formatosi a Parigi e a Londra, cioè alla scuola dell'illuminismo francese e del liberalismo inglese. Già a Napoli si sentiva spaesato: la considerava un avanzo di medio evo. Prima di accettare il governo della Sicilia, che sapeva ancora più arretrata, esitò un anno. Il personaggio era di rilievo in tutto: nei difetti non meno che nelle qualità. Era intelligente, colto, onesto e coraggioso. Ma le sue idee liberali si sposavano male a un temperamento autoritario, impaziente e talvolta perfino insolente. Era libero da tutto, ma non dai pregiudizi, e contro i nobili siciliani ne aveva molti: li considerava dei parassiti prepotenti e intesi solo all'esteriorità. In una parola, li disprezzava ed era deciso a ridurne la protervia.

Ma i baroni avevano, per difendere i propri privilegi, un istituto di cui erano riusciti a fare la bandiera del patriottismo siciliano: il Parlamento. Nel mito popolare esso passava per la trincea delle «libertà» isolane nei confronti delle Potenze straniere che avevano via via dominato la Sicilia. In realtà non era affatto così. Mai o quasi mai il Parlamento siciliano si era trovato in conflitto politico col padrone di turno. Le uniche sue battaglie erano sempre state di ordine amministrativo e fiscale e si riducevano a questo: impedire le interferenze del potere centrale nelle sfere che i baroni consideravano di loro competenza e soprattutto nella ripartizione degli utili e degli oneri.

Esso era diviso, come quello prerivoluzionario francese, in tre Camere o «bracci»: quello dei nobili, quello del clero, e quello delle città «demaniali», cioè poste sotto la giurisdizione del Re, e non di qualche barone. Era un Parlamento peripatetico, perché si riuniva ora a Palermo, ora a Catania, ora a Messina, e in nessuna di queste tre città aveva una sede fissa: a volte teneva le sue sessioni in palazzo reale, a volte in cattedrale, a volte anche in case private.

Il suo compito più importante era quello di stabilire l'ammontare dei «donativi», e questa parola rappresentava il trofeo di una delle sue più grosse, ma anche più inutili, vittorie. I «donativi» erano in realtà i contributi che la Potenza occupante esigeva dalla Sicilia. Ma i baroni non li avevano mai accettati come tali. Li chiamavano «donativi» come se si trattasse di un regalo, il che forniva loro buoni argomenti per dimostrare con quanta tenacia e successo difendevano la dignità dell'isola. Però li pagavano, o per meglio dire li facevano pagare perché il meccanismo era questo: un Comitato parlamentare imponeva a ciascuna città o villaggio la sua quota, ma la ripartizione di questa quota fra i singoli contribuenti era affidata al feudatario locale o a una commissione di «notabili», e ognuno capisce cosa succedeva. Siccome in Sicilia potere e ricchezza erano sempre concentrati nelle stesse mani in quanto l'uno era fonte dell'altra e viceversa, a fare le spese di questo sistema fiscale era il povero impotente.

Il Parlamento non ostacolò Caracciolo, quando questi decise di sopprimere l'Inquisizione: anche il «braccio» del clero approvò, perché quel tribunale faceva concorrenza ai suoi. Purtroppo tale soppressione ne comportò un'altra: quella dell'immenso archivio in cui erano compendiati tutti i casi della Sicilia. La ordinò il Re forse su pressione delle famiglie più in vista dell'isola, tutte più o meno interessate a disperdere le tracce di tanti delitti, soprusi e malversazioni. Ci vollero due giorni per consumare nel fuoco tutte quelle carte, e per la Storia fu una perdita grave.

Ma le cose cambiarono quando il Viceré attaccò il sistema dei privilegi alla base, cioè invalidando il verdetto che aveva dato la vittoria a Di Napoli nella famosa causa sui diritti feudali. Il feudatario, egli disse, non era che un «delegato» del Re, con cui pertanto non poteva mettersi in concorrenza. Il Re non gli aveva mai dato facoltà di arrestare e giudicare i suoi vassalli perché ciò spettava unicamente a lui, né tanto meno di armare una milizia personale.

Incoraggiato da questo battagliero atteggiamento, il terzo «braccio», quello delle città demaniali, presentò al Viceré la richiesta di un «catasto» delle proprietà feudali in modo che anche queste fossero soggette a una quota dei «donativi». Caracciolo, che probabilmente aveva sollecitato la proposta, la fece sua, e i baroni sentirono che lì si giuocava la partita decisiva. Fin allora mai nessun Viceré era arrivato a tanto. Anche quelli che coi baroni si erano trovati in conflitto non lo avevano mai spinto al punto di aizzare contro di essi altre forze sociali. Avevano sempre preferito in ultima istanza appoggiarsi a loro e comprarsene la complicità riconoscendoli come unici legittimi rappresentanti della Sicilia e lasciandogliela in appalto. Questo era il tacito patto che per secoli aveva regolato i rapporti della nobiltà siciliana col padrone di turno e le aveva consentito di fare dell'isola una sua clientela. Caracciolo vi contravveniva creando un conflitto d'interessi e di classi che rompeva il circolo dell'omertà. La richiesta delle città demaniali dimostrava che non tutta la Sicilia era dei baroni e per i baroni. Dimostrava che combattere le «libertà» dei baroni non significava attentare a quella della Sicilia. Dimostrava che in Sicilia c'erano delle forze interessate a ridurre la protervia dei baroni.

Purtroppo, fu Caracciolo stesso ad annullare gli effetti

di quel primo successo. Egli era capace di tener testa a tutto e a tutti, ma non alla propria lingua. Aveva perfettamente capito che questo famoso Parlamento siciliano, strombazzato dai suoi esaltatori come il gemello e anzi il modello di quello inglese, lungi dal rappresentare uno strumento del progresso, rappresentava la trincea del privilegio. Ma commise l'errore di dirlo apertamente, offendendo un mito che, sia pure a torto, era penetrato nella coscienza siciliana. Non volle sentire di «donativi»; li chiamò «contributi» quali effettivamente erano, e anche questo ferì il suscettibile nominalismo isolano.

Ma lo sbaglio più grosso lo commise quando pretese di sopprimere o almeno ridurre le feste di Santa Rosalia, patrona della città. Aveva ragione perché il costo di quelle feste, che si svolgevano in luglio, ma si ripetevano anche in gennaio e in ottobre, incideva paurosamente sul bilancio di una città che non aveva di che provvedere neanche ai servizi più elementari. Ma il popolo vi era così attaccato che minacciò la rivolta. «O festa o testa» scrissero sulla porta di casa del Viceré, il quale dovette rimangiarsi l'ordine e uscì da quella sconfitta gravemente discreditato.

La delusione lo esacerbò. Da buon illuminista, egli non credeva nelle libertà democratiche, e anche per questo era tanto avverso al Parlamento. Ma era convinto che un assolutismo efficiente e giustizialista avrebbe avuto l'appoggio delle masse. E invece ora doveva convincersi che non era così: le masse preferivano le luminarie e i mortaretti per Santa Rosalia alle scuole e agli ospedali. Tentò di smantellare i monopoli a cominciare da quelli delle «maestranze» ordinando loro di aprirsi a tutti i lavoratori, e urtò contro una insormontabile resistenza passiva. Fece costruire un cimitero per impedire l'inumazione nelle chiese dove si sviluppavano fetori insopportabili. Ma la gente seguitò a seppellire in chiesa i suoi morti, istigata da preti e becchini che su quest'uso facevano lauti affari. Non suscitò consensi popolari nemmeno la tassa imposta sulle carrozze per finanziare la pavimentazione delle strade. La tassa non colpiva che i ricchi e sarebbe andata a beneficio anche dei poveri. Ma i poveri vi rimasero indifferenti.

Nessuno saprà mai se le masse siciliane rimasero sorde alle riforme di Caracciolo per incomprensione o per sfiducia nelle sue capacità di realizzarle. Comunque il suo insuccesso dimostrava che la collusione fra aristocrazia e plebe era a tutta prova e non lasciava spazio a forze riformistiche. I baroni, che alla Corte di Napoli avevano i loro avvocati e complici, da tempo la bersagliavano di preghiere e minacce perché li liberasse dei «villani e spregevoli modi del governante Caracciolo», contro cui non si stancavano di diffondere calunnie. Mobilitarono perfino il padre di re Ferdinando, Carlo III di Spagna. Ma forse fu lo stesso Caracciolo a sollecitare, per stanchezza e delusione, il proprio richiamo. Questo non si risolse tuttavia in un «siluramento» perché Caracciolo venne anzi nominato Primo Ministro con facoltà di designare il proprio successore a Palermo.

Lo scelse nella persona del principe di Caramanico, uomo fornito di una personalità meno incisiva, ma anche meno angolosa, e anche lui intriso di cultura francese e d'idee illuministe. Caramanico non rinnegò il programma del predecessore; si limitò a smussarne le punte, e questo gli consentì di raggiungere qualche risultato. Fece ratificare il principio che il feudo era un'investitura da parte del Re, cui quindi restava sottomesso, e con un miracolo di diplomazia ottenne dal Parlamento l'adesione di massima al catasto e a una più equa ripartizione degli oneri fiscali. La rivoluzione francese e il rimescolio che provocò impedì la realizzazione di questi progetti. Ma la loro esigenza era ormai riconosciuta e accettata.

La nobile, anche se malaccorta, battaglia di Caracciolo,

di cui Caramanico era stato il continuatore, non aveva raggiunto grandi risultati. La Sicilia restava praticamente qual era da secoli: una foresta pietrificata, una giungla di privilegi e di monopoli, dove chi non era oppresso era oppressore, e viceversa. Però l'impegno dei due Viceré e i loro rapporti erano serviti almeno a questo: a far capire alla Corte di Napoli, la quale della Sicilia non si era mai ricordata, che la Sicilia c'era ed era così.

Questo aveva la sua importanza, ora che l'isola diventava il rifugio di un Re, che in quarant'anni di regno non aveva mai nemmeno sentito il bisogno di andarla a vedere.

«Tutto qui mi ripugna. I preti sono corrotti, il popolo selvaggio, la nobiltà infida» scriveva in una delle sue centomila lettere la regina Carolina, subito dopo lo sbarco. Durante la traversata da Napoli, aveva sofferto un tremendo mal di mare e l'ultimo nato le era morto tra le braccia. Pur senza conoscerla, aveva sempre detestato la Sicilia, e il fatiscente palazzo Colli in cui l'avevano alloggiata non era certo il più indicato per fargliela amare. Ma soprattutto sentiva che il suo ascendente sul Re, e quindi la sua influenza politica, era in declino: «Non mi si consulta, neanche mi si ascolta, e sono terribilmente infelice».

Ferdinando aveva sempre mal sopportato il suo cattivo carattere, ma in politica si fidava del suo giudizio, considerandola degna figlia di Maria Teresa, e praticamente le aveva lasciato fare tutto quello che voleva. Le aveva consentito di rompere il patto di famiglia che legava i Borbone di Napoli a quelli di Spagna per trasferirli nell'orbita dell'Austria, di liquidare il suo miglior ministro, Tanucci, e di fare del suo favorito Acton il vero *factotum* del Regno. Ma ora aveva di che rimpiangerlo. Era stata lei a tirarsi addosso i francesi con quella disgraziata guerra preventiva e ad affidare il comando dell'esercito a Mack, che non aveva certo dimostrato gran genio strategico. Ferdinando insomma non si fidava più di lei e sembrava deciso a imbrigliarne il forsennato attivismo. Per questo poteva contare sull'aiuto di Acton che, da quando aveva smesso di essere il favorito della Regina, era diventato il favorito suo.

Maria Carolina si era sempre imposta con gl'intrighi di Corte in cui era maestra, ma la Corte era rimasta a Napoli. Gli unici amici che l'avevano seguita fin lì erano l'ambasciatore inglese Hamilton e sua moglie Emma, coi quali non aveva segreti. Gli Hamilton erano una strana coppia, in cui la moglie valeva, o almeno contava, molto più del marito per via dei suoi legami con Nelson, l'eroe nazionale inglese. Emma si mostrava nella vita un'attrice molto migliore di quanto fosse stata sul palcoscenico, donde proveniva. Da quanto se ne può capire, era una mitomane frigida, che sapeva recitare anche la passione, quando serviva all'ambizione. Come dominava il marito e l'amante, così dominava la Regina fingendo una partecipazione senza riserve sia ai suoi entusiasmi che alle sue indignazioni. Le tresche di queste due donne esercitarono un peso nefasto sulla politica estera ed interna dei Borbone in questo periodo, ma non si può negare che lo abbiano esercitato.

Dal canto loro, i siciliani avevano accolto i fuggiaschi con un calore in cui tuttavia non c'era ombra né di patriottismo né di devozione a una dinastia, che non si era mai curata di loro. C'era solo la contentezza di essersi liberati da una posizione subalterna nei confronti di Napoli, di vedere Palermo promossa a capitale con la sua Corte e le cerimonie, le feste e i rituali di cui sempre le Corti si circondano; e la speranza, da parte dei baroni, d'irretire il Re e di farne il loro strumento.

Ma queste attese erano andate deluse. Ferdinando suscitava parecchie simpatie per la sua cordialità e bonomia. Aveva affidato a principi siciliani due importanti dicasteri, trattava tutti con affabilità, e si era affrettato a trasferirsi in una villa sul mare per sottrarsi alla moglie. Ma, con un appannaggio ridotto al lumicino, aveva bandito un regime di austerità, e come al solito si sfogava a caccia e a pesca.

La Regina invece si era fatta subito detestare per la sua arroganza e petulanza. Essa non nascondeva il suo disprezzo per i siciliani, anzi l'ostentava con insigne malaccortezza, non parlava che di Napoli, e aveva formato una specie di «governo-ombra», fatto di adulatori e di avventurieri, per organizzare la riconquista.

Vedremo più tardi quale nefasta influenza vi esercitò. Per ora riprendiamo il filo degli avvenimenti.

CAPITOLO OTTAVO
LA REPUBBLICA PARTENOPEA

Abbiamo lasciato Napoli nel momento in cui Championnet vi entrava. «La rivoluzione è fatta – scrisse a Parigi –: un monarca di meno, una repubblica di più.» Infatti la Repubblica era già stata proclamata, e alla sua presidenza era stato designato quell'ex-fuoruscito Lauberg, che abbiamo già incontrato a Milano fra i più irrequieti esponenti della sinistra democratica.

Non fu una scelta fortunata. Lauberg non aveva nulla per piacere ai napoletani: né il nome che denunciava la sua origine tedesca, né il passato. Il popolo non lo considerava dei suoi perché era nobile, i nobili lo consideravano traditore per le sue idee, i preti lo consideravano apostata perché aveva detto messa e poi aveva gettato la tonaca alle ortiche per sposarsi. Per di più, aveva un carattere intransigente e violento, che l'esilio aveva reso ancora più aspro. «Cosa possiamo aspettarci da voi che avete tradito anche Cristo?» gli disse la Principessa di Belmonte.

Ma il governo era composto da uomini seri e appassionati, forse anche troppo appassionati per essere dei buoni politici. Fra loro brillavano il giurista Mario Pagano, incaricato di elaborare la Costituzione, e Vincenzo Russo, un giovane ascetico dottrinario, incapace di distinguere fra utopia e realtà, ma coraggioso e devoto alla causa.

Erano dei sognatori. Ma solo dei sognatori potevano tentare, in un Paese come quello, un esperimento come quello. La Costituzione fu il solito documento accademico, ricalcato sul modello francese, che non fece né male né bene perché rimase solo una dichiarazione di buone intenzioni. Ma fu sul piano dei problemi concreti che si vide insieme la buona fede e l'inesperienza di questi improvvisati governanti. Essi esclusero dai pubblici uffici tutti coloro che avevano collaborato col «tiranno». Il tiranno era un Re che aveva regnato per vari decenni. E l'epurazione quindi – come diceva giustamente Cuoco –, colpendo coloro che avevano servito il Re, colpiva coloro che avevano servito il Paese.

A questa prima misura, che naturalmente non poté essere applicata ma irritò la pubblica opinione, ne seguì un'altra più logica, ma altrettanto difficile: lo smantellamento del sistema feudale. Esso era incompatibile con la democrazia, ma la sua liquidazione ledeva vasti interessi, che andavano affrontati gradualmente. Il primo passo, l'abolizione del maggiorascato, non incontrò forti contrasti. Ma quando fu annunziata una riforma agraria che distruggeva i latifondi e tutti i privilegi che vi erano connessi, le resistenze s'irrigidirono e la battaglia si fece aspra.

A condurla sul piano propagandistico fu soprattutto una donna, Eleonora De Fonseca Pimentel, editrice e direttrice del giornale *Il monitore*. Romana di origine portoghese, essa era venuta a Napoli da sposa, c'era rimasta da vedova, e aveva tentato di lanciarvi un salotto intellettuale. Purtroppo la società napoletana non consentiva quei matrimoni fra mondanità e cultura che facevano la fortuna e lo splendore della società francese. Eleonora aveva invano cercato di fare tra esse da ponte, e forse era stato proprio questo insuccesso a inasprirla contro un regime che lo rendeva impossibile. S'iscrisse alla massoneria, e di lì scivolò nei circoli giacobini di cui divenne la ninfa Egeria. Era stata anche arrestata e, a quanto pare, solo per sbaglio rilasciata. *Il monitore* se lo scriveva quasi tutto da sé, cimentandosi in qualsiasi argomento di politica, di economia, di letteratura, di costume. La sua prosa arzigogolata e piena di svolazzi non rivela né originalità né profondità di pensiero. Forse nel suo impegno era mescolata anche una certa dose di femminile vanità: le piaceva essere la Madame Rolland di Napoli. Ma alcune cose le vide con più chiarezza degli uomini: per esempio l'inutilità di stampare libri e opuscoli di propedeutica rivoluzionaria in una lingua italiana che le masse non conoscevano. Era una sognatrice anch'essa, ma il risveglio seppe affrontarlo con ammirevole dignità.

Per il nuovo regime, uno dei più grossi incagli era la situazione economica. Come al solito, i francesi avevano imposto un forte tributo per il mantenimento delle loro truppe, e il governo non sapeva dove attingerlo perché il Re si era portato via la cassa. Championnet, che voleva aiutare la Repubblica, ma doveva anche accontentare l'esigente Direttorio, consigliò a Lauberg di mandare una deputazione a Parigi per spiegare la situazione e ottenere facilitazioni. Gli ambasciatori partirono, ma a mezza strada furono raggiunti dalla notizia del siluramento del loro protettore.

Championnet era caduto per un basso intrigo ordito tra un Commissario ch'egli aveva allontanato per le sue ruberie, Faypoult, e il generale Macdonald che aspirava a prendere il suo posto. Costoro lo avevano denunziato al Direttorio come venduto agl'italiani: un'accusa che, appena arrivata a Parigi, lo portò davanti al tribunale militare e poi in galera. In seguito fu riabilitato, ma troppo tardi: subito dopo, morì di crepacuore.

Così la Repubblica perse il suo più valido puntello proprio nel momento in cui ne aveva più bisogno: l'Austria era scesa in guerra e i suoi eserciti si apprestavano a riconquistare l'Italia. A Parigi gli ambasciatori furono accolti malissimo e bruscamente congedati. Rientrando a Napoli, vi trovarono una situazione in rapido deterioramento. Sebbene il fronte italiano fosse ancora calmo, i francesi raggruppavano le loro truppe sparpagliate nella penisola. Macdonald, prevedendo di essere richiamato al nord, aveva abbandonato la città nelle mani di Faypoult, il più avido e infame di tutti i ladroni che quell'esercito si era portato al seguito.

Ma c'era di peggio. La ripresa delle ostilità aveva rianimato i sentimenti filo-borbonici del popolino. Nella capitale si accendevano congiure. La più celebre fu quella che prese il nome di una donna, destinata – del tutto erroneamente – a prendere posto accanto a Eleonora nella martirologia repubblicana: Luisa Sanfelice. Questa signora era una testolina sventata che, andata sposa a un uomo non meno sventato di lei, aveva dilapidato in mondanità e galanterie il patrimonio di famiglia, per castigo era stata internata anche in un convento, e ora viveva, d'accordo col marito, facendosi mantenere dai suoi amanti. Uno di essi, un certo Baccher, convinto monarchico, aveva annodato un complotto per impadronirsi del forte di Sant'Elmo e di là dare il via alla rivolta. Se ne confidò con Luisa. Questa se ne confidò con un altro suo amante, che a sua volta se ne confidò con lo storico Vincenzo Cuoco. E costui la indusse a denunziare la tresca, anzi pare che redigesse di suo pugno la delazione. Baccher fu messo a morte, e Luisa si trovò promossa a Giovanna d'Arco della Repubblica partenopea.

Ma la minaccia più grande veniva dalle province dell'interno, dove il nuovo regime non era ancora riuscito ad affermarsi. Come negli Stati pontifici, anche qui la legge la dettavano i briganti che si trinceravano dietro l'alibi della fedeltà al trono e all'altare. Michele Pezza detto *Fra' Diavolo* terrorizzava Itri e i suoi dintorni con gesta in cui è difficile riconoscere il fantasioso e cavalleresco protagonista dell'opera lirica che a lui s'ispira e ne porta il nome. In realtà era uno scellerato mozzateste, e lo rimase anche dopo che re Ferdinando l'ebbe nominato colonnello come il suo compare Mammone che, a dire di Colletta, usava per boccali i teschi delle sue vittime.

Questo miscuglio di spirito protestatario contro qualsiasi novità e di ùzzolo di saccheggio si chiamava *sanfedismo* perché pretendeva d'ispirarsi alla Santa Fede, e forse non sarebbe approdato a nulla di conclusivo, se ad assumerne le redini non fosse sopravvenuto un nuovo personaggio di ben altro prestigio e statura. Fabrizio Ruffo era un Principe calabrese diventato Cardinale grazie alla protezione di Pio VI, che ne aveva fatto il suo tesoriere. Stando a certe voci, il tesoro di cui si era più preoccupato era quello suo. Ci dev'essere qualcosa di vero perché a un certo punto la carica gli fu tolta, sebbene vi avesse dato prove eccellenti. Tornato a Napoli, era diventato, grazie al suo nome, alla sua presenza, ai suoi modi di gran signore, una delle figure più in vista della Corte, senza tuttavia scadere al rango di cortigiano. Non si perdeva in intrighi e pettegolezzi. Le sue parole contavano anche perché ne pronunciava poche. Quando il Re e la Regina partirono per Palermo, egli li seguì, ma controvoglia, perché quella fuga gli sembrava un disonore, e lo era. Infatti non ci rimase che pochi giorni. Alla fine di gennaio disse alla Regina che sarebbe tornato in Calabria, ch'era quasi per intero feudo della sua famiglia, per accendervi la rivolta, ma non chiese aiuti né di uomini né di denaro. Attraversò lo stretto con otto servitori. E ai primi di febbraio aveva già ai suoi ordini un piccolo esercito, che ogni giorno s'ingrossava di nuove reclute.

La storiografia risorgimentale ha dipinto a fosche tinte questo *brigante porporato*, presentandolo come un Fra' Diavolo maggiorato. Ma non è così. Incarnazione del vecchio regime con tutte le sue ottusità e ingiustizie, Ruffo lottava per una causa che non merita simpatie e che la Storia aveva già condannato. Ma l'uomo non era da buttar via, come si vedrà al termine della sua impresa. Certamente i contadini calabresi gli corsero incontro affascinati dal suo nome, famosissimo nella contrada, e dalle sue seriche vesti cardinalizie che non smise mai. Ma egli seppe organizzarli e tradurre in spirito di crociata le loro torbide smanie di rapina. Da vero prelato cattolico, senza illusioni sulla umana natura, patteggiò con tutti, anche coi più infami e sanguinari briganti, pur di attrarli dalla sua parte. E quando non poté evitarli, finse di non vederne i delitti, i soprusi, le ruberie. Ma riuscì a tenere in pugno fino in fondo la sua orda, e a condurla dove voleva.

Ingigantita dalla leggenda, l'eco delle sue gesta arrivò a Napoli in un momento particolarmente delicato. I francesi, che non avevano nemmeno riconosciuto la Repubblica, avevano provocato una crisi di governo e arrestato lo stesso Lauberg che poi, rilasciato, riprese la via dell'esilio. Ma i napoletani tenevano testa alle loro prepotenze. Non si facevano illusioni. Anch'essi sapevano che Macdonald con le sue truppe era in procinto di abbandonarli per non farsi tagliar fuori dagli austriaci già penetrati in Lombardia. Ma, a differenza dei loro colleghi cisalpini fuggiti al seguito dei loro protettori, erano decisi a restare e a lottare fino all'ultimo. Le loro leggi contro il sistema feudale cadevano nel vuoto per mancanza di strumenti con cui applicarle; ma essi continuavano a emanarle, e Eleonora Pimentel a esaltarle nel suo giornale. Per correr dietro al loro sogni di palingenesi sociale, avevano dimenticato di organizzare i servizi necessari a mandare avanti la barca. Non avevano nemmeno una polizia efficiente. Eppure, riuscirono a levare tre corpi di spedizione da lanciare contro l'*Armata cristiana della Santa Fede*, come ormai si chiamavano le bande di Ruffo. Costui si trovò di fronte a un avversario del suo stesso calibro: il duca Carafa, e la guerriglia diventò guerra aperta, almeno finché Carafa poté disporre anche di un reparto francese. Ma ai primi di aprile questo venne richiamato: Macdonald aveva ricevuto l'ordine di risalire verso Genova, abbandonando Napoli al suo destino.

La popolazione ne aveva avuto sentore, ed era inquieta. Tutti capivano che il ritiro dei francesi avrebbe dato il via alle forze monarchiche e reazionarie che avevano seguitato a tramare nell'ombra. Per calmare gli animi e nascondere le sue intenzioni, Macdonald si presentò alla festa di San Gennaro per assistere al consueto miracolo. Ma stavolta il Santo si mostrò renitente, e la folla ne fu profondamente turbata, vedendovi un segno di cattivo augurio. «Allora – dice il memorialista francese Thiébault, presente alla scena – il capo del governo, livido, si avvicinò al cardinale Zurlo, gli conficcò nel costato la canna della pistola e gli soffiò nell'orecchio: "Se il miracolo non avviene immediatamente, siete un uomo morto!" Il Cardinale ne fu talmente atterrito che non riuscì ad azionare il trucco – se trucco c'era –, e a quanto pare ne incaricò uno dei suoi accoliti. Comunque, il sangue si mise a bollire, e la Repubblica partenopea si riaccreditò agli occhi dei suoi sudditi.»

Tre giorni dopo i francesi cominciarono a evacuare Napoli, lasciando solo una guarnigione di pochi uomini nel forte di Sant'Elmo. La Repubblica fu sola. Ma qui appunto si vide in che legno erano intagliati i suoi uomini. Alcuni capi briganti le offersero i propri servigi per fermare Ruffo. Ma il governo rispose che non scendeva a patti col delitto. Non scendeva a patti con nulla e con nessuno. Fino in fondo rimase fedele a se stesso.

Per non farne perdere il filo al lettore, seguiamone la vicenda fino all'epilogo.

L'emergenza portò alla ribalta un altro protagonista: l'ammiraglio Caracciolo. Anche lui, come Ruffo, aveva seguito di malavoglia e con un senso di vergogna i sovrani a Palermo. Ma anche lui non c'era rimasto che pochi giorni.

Come ufficiale, si sentiva umiliato non soltanto da quella fuga, ma anche dalla diffidenza che la Regina nutriva per lui e dal disprezzo che Nelson ostentava per la flotta napoletana. Non era un democratico, ma era un patriota e un uomo orgoglioso. Con la scusa di regolare i suoi affari privati, si fece dare il permesso di tornare a Napoli, dove fu accolto con grandi onori e invitato a collaborare con la Repubblica. Per un pezzo aveva rifiutato. Ma quando una flottiglia comandata da Nelson sbarcò a Procida e se ne impadronì, lanciò un proclama in cui accusava gl'inglesi di aver provocato la rovina dei sovrani obbligandoli alla fuga e assunse il comando delle navi scampate all'affondamento ordinato da Pignatelli. Con quelle carcasse affrontò i vascelli britannici e riportò anche qualche successo, ma non riuscì a impedire che anche Capri e Ischia cadessero in mano al nemico. Ora Napoli era chiusa sia dalla parte del mare che dalla parte di terra, dove Ruffo seguitava ad avanzare, affiancato dai reparti dell'esercito regolare che il Re gli aveva mandato di rincalzo.

In città, ben lavorati dalla propaganda monarchica, i «lazzaroni» scesero per strada, e la caccia al giacobino ricominciò. Sugli orrori che vennero perpetrati, le testimonianze sono unanimi. Ruffo, che si era fermato, chiese al Re d'intervenire con un messaggio per far cessare il massacro. Rispose la Regina: «Il verminaio rivoluzionario dev'essere estirpato». Allora il Cardinale, agendo d'iniziativa, mandò degli emissari a trattare un armistizio con gli esponenti repubblicani asserragliati in Castel Nuovo e in Castel dell'Ovo. Essi non potevano ormai opporre più nessuna resistenza. E quindi è chiaro che il Cardinale voleva soltanto offrir loro uno scampo.

La resa fu firmata il 23 giugno, recava l'avallo dell'ammiraglio inglese Foote, del generale francese Méjean comandante della piccola guarnigione rimasta a Sant'Elmo, e degli ambasciatori russo e turco. Ai repubblicani si garantiva la vita e la libertà a Napoli, oppure il permesso d'imbarcarsi per Tolone. Ma l'indomani, accompagnato dagli Hamilton, sopraggiunse con la sua nave Nelson, cui la Regina aveva raccomandato di «trattare i napoletani come gli abitanti di una città inglese in rivolta». Fece una scenata a Ruffo accusandolo di aver abusato dei suoi poteri, ma il Cardinale gli tenne testa. E moralmente, da quello scontro, uscì meglio dell'Ammiraglio che, quando non faceva l'ammiraglio, faceva soltanto delle sciocchezze.

Forse l'inglese si sarebbe arreso, se ad aizzarlo non ci fosse stata Emma, che si sentiva investita della parte di vendicatrice affidatale dalla Regina. Non si sa se essa abbia messo lo zampino anche nel proditorio compromesso, proposto da suo marito, che decise la sorte di quegli sventurati. Ma, data l'assoluta nullità dell'uomo, è più che probabile. Hamilton scrisse a Ruffo che Nelson accettava la capitolazione. Ruffo l'interpretò come un riconoscimento delle condizioni, e ne informò i repubblicani, che consegnarono la loro fortezza e traghettarono sulle navi che dovevano portarli a Tolone. Le navi vennero immediatamente sequestrate ed essi gettati nelle stive: Nelson aveva interpretato la loro resa come resa a discrezione.

A inaugurare il massacro fu Caracciolo. Ruffo gli offrì il destro di sottrarvisi con la fuga. Ma l'Ammiraglio, forse diffidando di lui, rifiutò, venne catturato, condotto a bordo della nave di Nelson e giudicato per direttissima da una corte marziale inglese. Il processo fu una semplice formalità e si concluse, secondo le istruzioni del Re, con la condanna a morte. L'infelice venne impiccato sul posto, e il suo cadavere gettato in mare. Emma Hamilton, dicono, volle assistere all'esecuzione da una barca per poterne riferire tutti i dettagli alla sua diletta amica Maria Carolina.

Per un pezzo la forca non ebbe requie. Secondo Cuoco, che la scansò per miracolo, le vittime furono centodiciannove, fra le quali tutti gli uomini migliori della Repubblica: Pagano, Cirillo, Ciaja eccetera. Ma Cuoco non contava tutti coloro che vennero trucidati alla spicciolata dalla plebaglia. Fu una delle più orribili e ignobili feste di sangue che si fossero mai viste. I giustiziandi venivano condotti al patibolo eretto sulla pubblica piazza fra due file di folla esultante e insultante, eppoi sospesi con la corda al collo a un cavo oscillante in modo che la loro agonia durasse più a lungo. Tutti morirono con grande coraggio e dignità. Ma forse lo spettacolo di più grande fermezza e nobiltà lo fornì Eleonora Pimentel, le cui ultime parole furono un verso di Virgilio. Invano Ruffo invocò una parola di clemenza da parte del Re. Sul patibolo salì anche un ragazzo di sedici anni, Filippo Marini, reo di aver decapitato la statua di re Carlo, padre di Ferdinando. E infine fu la volta di Luisa Sanfelice. Essa riuscì a guadagnare qualche mese fingendosi incinta, e in suo aiuto si mosse anche la moglie del Principe Ereditario. Questa aveva avuto proprio di quei tempi un bambino, e quando Ferdinando venne a vederlo, trovò nella culla una supplica. Ma accortosi che si trattava della Sanfelice, la gettò via stizzito insieme alla creatura che aveva preso tra le braccia. E così anche questa povera donna fu avviata a un martirio assolutamente sproporzionato non solo alle sue colpe, ma anche alla sua statura.

Carafa teneva ancora le sue posizioni a Pescara. Per venire a capo della sua resistenza, anche con lui si ricorse a un inganno, ch'ebbe per protagonista uno dei più scellerati briganti abruzzesi, Pronio. Anche questo episodio non è stato mai messo del tutto in chiaro. Il patto era che Carafa avrebbe abbandonato Pescara con la garanzia di un pacifico ritiro delle sue truppe verso nord per riunirsi a quelle francesi. Concluso l'accordo, pranzava con Pronio, quando la polveriera della cittadella saltò provocando cinquecento morti. Pare che l'attentato fosse stato compiuto da alcuni emissari del bandito. Comunque, costui lo attribuì al Generale accusandolo di aver contravvenuto ai patti e, arrestatolo seduta stante lo mandò a Napoli, dove venne immediatamente processato e condannato a morte ma, trattandosi di un Duca, il tribunale gli usò il riguardo di farlo decapitare invece che impiccare. Il Generale esigette anche di essere steso supino e non bocconi, in modo da poter guardare la scure. E al momento in cui il boia la librava in alto, gridò: «Dite alla Regina com'è morto Carafa!», per sottolineare che a lei andava attribuito tutto quel massacro.

L'ultimo ritocco a questa tragica odissea lo dette il generale francese Méjean, che per denaro consegnò ai borbonici non solo le sue piazzeforti, ma anche i repubblicani che vi si erano rifugiati mimetizzandosi sotto la divisa militare. Quando tornò a Parigi, Championnet lo denunciò al tribunale di guerra. L'assoluzione aveva sempre fatto credere che l'accusa non fosse stata provata. Invece dagli ultimi accertamenti risulta che lo fu, in pieno. Ma Méjean fu ugualmente riassunto in servizio: in fondo, non aveva venduto che degl'italiani.

I più fortunati furono quelli che languivano nelle galere. Fra di essi c'erano lo storico Vincenzo Cuoco e i musicisti Cimarosa e Paisiello. Dal fondo delle loro sordide celle potevano udire il ritornello scandito in coro dai popolani esultanti (chissà mai di che): «A lu suono de li violini – sempre morte ai giacobbini!»

CAPITOLO NONO

IL '99

Per seguire le vicende di Napoli, abbiamo un po' sopravanzato gli avvenimenti. Riprendiamone dunque il filo.

Visto che la guerra era inevitabile, era stata la Francia a dichiararla all'Austria il 2 febbraio (del '99) prima che i suoi eserciti si congiungessero con quelli russi. Sul fronte tedesco le ostilità cominciarono subito. Quello italiano godette ancora un mese di calma, di cui i francesi profittarono per liquidare sommariamente le poche pendenze ancora in sospeso.

Anzitutto, il Piemonte dove, abbiamo detto, era stata proclamata la Repubblica. I lombardi avevano subito avanzato il progetto di annetterla alla Cisalpina. Ma esso incontrò l'ostilità non solo di Parigi, ma anche di Torino, timorosa di diventare un'appendice di Milano. I particolarismi regionali seguitavano ad essere più forti dello slancio unitario. Piuttosto che una dipendenza lombarda, gli stessi repubblicani preferirono fare del loro Piemonte una provincia francese e inviarono una richiesta in questo senso al Direttorio, che indisse un plebiscito naturalmente truccato. Di procedere a un'annessione ufficiale non ci fu il tempo. Ma l'amministrazione fu affidata a un Commissario che aveva i poteri di un prefetto, e la frontiera con la Francia fu praticamente soppressa.

Poi fu la volta della Toscana. Il granduca Ferdinando non aveva la personalità, l'impegno, lo zelo riformatore di suo padre Leopoldo. Ma era un sovrano di grande accortezza e correttezza, equilibrato e umano. Fin dall'apparire del primo esercito francese, aveva dichiarato la propria neutralità e l'aveva scrupolosamente osservata, nonostante le sollecitazioni di suo fratello l'Imperatore d'Austria e di sua zia, Maria Carolina di Napoli, ch'era anche sua suocera perché ne aveva sposata una figlia. Abbiamo già detto con quanta amicizia aveva accolto Napoleone quando era sceso a strappare Livorno agl'inglesi. La sua polizia non faceva ostacolo all'alluvione di agenti della Cisalpina e ne tollerava la propaganda repubblicana. Non aveva battuto ciglio nemmeno alla sovversione del regime di Lucca, fin allora Stato indipendente, che aveva dovuto istituire un governo-fantoccio radiocomandato da Parigi. E aveva imbrigliato le dimostrazioni popolari a favore del Papa, quando questi era stato scacciato da Roma.

Ma nemmeno questo bastò a salvarlo. Alla fine di marzo, quando gli eserciti austriaci discendevano l'Adige, i francesi discesero gli Appennini e procedettero all'occupazione del Granducato. Testimone oculare, l'amica di Alfieri, Contessa d'Albany, scrisse che a Firenze essi trovarono strade e piazze deserte: «A parte qualche canaglia, nessuno ha manifestato in loro favore». Ferdinando non si mosse, convinto che lo avrebbero lasciato sul trono. Invece lo invitarono, sia pure con tutti i riguardi, ad andarsene. Partì quasi senza bagaglio. Al momento di salire in carrozza si avvide che tra gli effetti personali gli avevano messo una Madonna del Trecento. «Questa non è mia; è della nazione» disse restituendola al maggiordomo. Nel proclama di addio che lasciava ai sudditi, diceva ch'essi gli avrebbero dato prova di lealtà e di affetto sottomettendosi agli ordini dei nuovi padroni. La moglie dell'ambasciatore francese Reinhardt scrisse: «È partito in modo da far sentire a disagio noi che restiamo».

La proclamazione della Repubblica fu salutata dai fiorentini con qualche festa, ma senza grandi entusiasmi. Il giacobinismo in Toscana era debolissimo perché l'illuminato e benevolo regime dei Lorena gli aveva fornito poco concime. Per di più i commissari francesi irritarono subito il tenace spirito municipale di Firenze e il suo attaccamento al patrimonio artistico, buttandosene al saccheggio. «Vediamo il palazzo granducale vuotarsi rapidamente dacché le sue chiavi sono nelle mani di questi barbari ladroni» scriveva la stessa signora Reinhardt. Anche qui i pochi patrioti che avevano salutato i francesi come «liberatori» venivano considerati dalla cittadinanza complici della rapina, e la loro causa ne guadagnò solo in impopolarità.

Molte cose frattanto erano maturate anche nella Cisalpina, cui dobbiamo per un momento tornare.

Sebbene fosse uno Stato, come oggi si direbbe, «a sovranità limitata», anzi limitatissima, essa era pur sempre uno Stato, e come tale pretese di trattare direttamente con Parigi. Il Direttorio non aveva fatto sfoggio di generosità. Aveva imposto che a tutte le guerre in cui la Francia si fosse trovata coinvolta, la Cisalpina contribuisse con un esercito di 30.000 uomini e che al mantenimento dei 25.000 francesi di guarnigione nel suo territorio provvedesse con un annuale stanziamento di 18 milioni. Ma il parlamento milanese, che doveva ratificare il trattato, lo contestò: le finanze della Repubblica, disse, non erano in grado di far fronte a un simile gravame.

Questa resistenza irritò Parigi che decise di sostituire gli uomini al potere con altri più docili e maneggevoli. Qui però si vide quanto anche i francesi fossero tra loro discordi. L'ambasciatore Trouvé era per un governo di moderati; il comandante militare, Brune, era per i democratici più avanzati. Dapprima vinse Trouvé, che con un colpo di Stato fece nominare un nuovo Direttorio (il governo si chiamava così anche a Milano) con poteri amplificati a spese di quelli del parlamento. Poi Brune riuscì a farlo richiamare e sostituire con Fouché – il futuro capo della polizia di Napoleone – con cui realizzò un secondo colpo di Stato che rimise in sella i democratici. Poco dopo però anche Brune fu richiamato e sostituito da Joubert, che con un terzo colpo di Stato restituì il potere ai moderati.

Non vogliamo affliggere, col dettagliato resoconto delle successive crisi di governo, un lettore già abbastanza afflitto da quelle attuali. Ci basta avergli fatto capire tra quali difficoltà agivano gli uomini della Cisalpina, alla mercé di un padrone che, dilaniato dalle sue interne dissidenze, si contraddiceva ad ogni passo, e solo in una cosa si mostrava coerente e senza tentennamenti: nel saccheggio. Le finanze, grazie ai pesanti prelievi che vi operavano i francesi, erano in dissesto: la gestione del primo anno si era conclusa con un disavanzo di quasi 35 milioni. La vecchia burocrazia austriacante, invece di collaborare, creava intoppi. Per sottrarle alle requisizioni, i contadini imboscavano le derrate provocando il vertiginoso aumento dei prezzi. Ma più grave di tutto era l'impossibilità di un programma politico conseguente.

Per i democratici, che pur con la loro inesperienza e pochezza ne costituivano la forza nuova e traente, la Cisalpina doveva rappresentare l'elemento unificatore, il polo di attrazione di tutte le altre Repubbliche italiane che si venivano via via costituendo. E infatti, se non fosse stata questo, non sarebbe stata che un regime di Quisling al servizio dell'invasore. Perciò, ora che i francesi avevano sbancato i Savoia, il Granduca di Toscana, il Papa e i Borbone, Milano cercò di abbozzare una sua azione diplomatica allacciando relazioni con Torino, Firenze, Roma e Napoli. Ma i francesi bloccarono implacabilmente questi tentativi, dimostrando in maniera solare ch'essi non erano affatto venuti a liberare l'Italia e a farne una nazione indipendente, anzi intendevano impedirglielo nel timore – non del tutto infondato, del resto – che un'Italia unita, anche se repubblicana e democratica, sarebbe stata un vassallo meno docile di una galassia d'impotenti staterelli.

Non meglio, anzi molto peggio, andavano le cose nella Repubblica Romana, la cui seconda versione ricalcava scrupolosamente le orme della prima, anche perché non poteva contare nemmeno su un ceto borghese abbastanza evoluto. Ad appoggiare il nuovo regime, dopo il tragico-mico intermezzo dell'occupazione napoletana, non furono che poche centinaia di persone, fra cui i profittatori facevano aggio sugl'idealisti, senza nessun seguito nel popolo, che i suoi umori li aveva dimostrati con le sue calorose accoglienze a Ferdinando. I loro poteri erano ancora più limitati di quelli dei loro colleghi della Cisalpina in quanto sia i membri del «Consolato» che quelli del «Tribunato», come pomposamente si chiamavano il governo e il parlamento, erano nominati dal comandante francese, e i loro bandi e discorsi non varcavano le mura della città. Fuori di essa, era un caos, in cui l'unico elemento d'ordine era rappresentato dai briganti: in nome della *Santa Fede* e con l'avallo dei preti che benedicevano le loro imprese, Mammone in Abruzzo e Sciabolone in Ciociaria estorcevano tributi e tagliavano teste.

Questo era pressappoco il quadro della penisola nel momento in cui vi calavano gli eserciti austriaci.

Era la metà di marzo del '99. Per occupare gli Stati del centro Italia, i francesi avevano sparpagliato le loro truppe, e l'errore gli costò caro. Prima di averle riunite, il loro comandante Moreau fu battuto a più riprese, e l'unico caposaldo che riuscì a difendere fu Genova. Lombardia, Emilia e Piemonte caddero nelle mani degli austro-russi. E anche qui la reazione non trovò resistenze da parte del popolo, che anzi, alla partenza dei francesi, aveva già provveduto a liquidare il regime repubblicano e i suoi esponenti. Quelli lombardi non subirono la sorte dei loro colleghi napoletani perché poterono mettersi in salvo oltre i confini ch'erano a due passi o seguire le truppe francesi nella loro ritirata. Ma quelli che caddero nelle mani del conte Cocastelli cui l'Austria aveva dato in appalto la rappresaglia finirono in galera o furono deportati in Dalmazia.

Ma in Piemonte, prima che gli austriaci vi arrivassero, l'insurrezione popolare contro la Repubblica divampò, capeggiata da preti e da monarchici. Una banda chiamata *Massa cristiana* e comandata da un certo Brandaluccioni, che poi fu onorato come un patriota, si distinse nei saccheggi e nei massacri. I francesi, prima di ritirarsi, risposero con altrettanta violenza, e i repubblicani che non morirono per mano dei rivoltosi si trovarono coinvolti nelle responsabilità della rappresaglia. Il caos era alimentato dal contrasto fra gli alleati. I russi volevano l'immediata restaurazione di Carlo Emanuele, mentre gli austriaci la ritardavano per potersi prima assicurare qualche guadagno territoriale. Il governo provvisorio assunto da Thaon di Revel in nome del Re non aveva poteri, e tanto meno quello di frenare le violenze. Ma anche qui si ripeteva il fenomeno, che già si era visto a Napoli, delle masse popolari in combutta con la reazione più retriva contro la borghesia democratica e unitaria.

Il generale Macdonald, che da Napoli risaliva verso il nord per ricongiungersi col grosso a Genova, era impegnato in continui combattimenti con bande di guerriglieri. Nel Valdarno un ex-ufficiale della Guardia Granducale, Mari, aveva organizzato un'*Armata aretina*, di cui divideva il comando con l'amante inglese di sua moglie Sandrina che tutti chiamavano «la pulzella» sebbene di amanti ne avesse avuti a bizzeffe. In questa specie di banda Carità avanti lettera militavano anche parecchi frati e preti che, non potendo esercitare vendette contro i responsabili di un governo che in Toscana non aveva nemmeno avuto il tempo di formarsi, se la rifacevano con chiunque fosse sospetto di giacobinismo, specie se era ebreo. Ne andò di mezzo anche il Gianni, l'illuminato ministro di Pietro Leopoldo che dovette emigrare.

In questo marasma vagabondavano, sotto falsi nomi e abiti, i superstiti delle repubbliche e repubblichette del centro. C'erano anche i romani che il generale francese Garnier aveva sottratto prima di ritirarsi, alle furie del popolino, facendogli rilasciare dei salvacondotti. Ma non proprio tutti si contentarono di scappare. Ci fu qualcuno che volle battersi. E fu il caso di un curioso personaggio, di cui deploriamo che la storiografia italiana non abbia saputo lumeggiare la figura, che a noi sembra riassumere le drammatiche contraddizioni della nascente sinistra democratica italiana.

Si chiamava Giuseppe Lahoz, ed era un milanese di padre spagnolo. Giovane ufficiale dell'esercito austriaco, aveva disertato per militare nell'ala più estrema, giacobina, dello schieramento repubblicano e si era messo al servizio di Napoleone che gli aveva affidato il comando della piazza di Milano. Ma quando i francesi pretesero riformare in senso moderato e conservatore la costituzione della Cisalpina, andò a Parigi a protestare, e per castigo fu destituito. Riebbe il grado e il comando nella Legione perché era l'unico capo militare che avesse dimostrato notevoli capacità, ma tornò a perderlo per la sua riottosità alle direttive francesi. Secondo qualcuno, aveva già preso segreti contatti con gli austriaci; ma ne manca qualsiasi prova. È provato soltanto che aveva perso ogni fiducia nella Francia, e perciò aveva deciso di fare da solo, istaurando nelle Marche una specie di repubblica a carattere dittatoriale e militare. Per questo non esitò a fare combutta col brigante Sciabolone, il Fra' Diavolo marchigiano, che terrorizzava la zona alla testa della sua banda. Quando francesi e austriaci riaprirono le ostilità, egli si mise a disturbare gli uni e gli altri con azioni di guerriglia. La voce di una sua intesa sotto banco con gli austriaci sembra avvalorata dal fatto che, caduto loro prigioniero in uno di questi scontri, fu liberato. Ma in realtà il suo rilascio fu dovuto a un'intercessione del generale russo Suvorov. Tornato fra i suoi, Lahoz li condusse all'assalto di Ancona, tuttora nelle mani dei francesi, e qui cadde combattendo. Non aveva ancora trent'anni.

È possibile che Lahoz sia stato soltanto un anarchico ribelle a qualsiasi autorità e che la sua vera natura fosse proprio quella di un capo brigante, quale fu sul finire della sua breve e avventurosa vita. Ma è ancora più probabile ch'egli fosse uno di quei pochi democratici che fecero in tempo ad accorgersi dell'errore commesso legandosi a una Francia che di rivoluzionario aveva serbato soltanto l'etichetta, e cercarono di rimediarvi gettandosi allo sbaraglio da soli, contro tutti. Forse in lui c'erano insieme l'una e l'altra cosa. Comunque, egli fu il primo italiano a pensare che gl'italiani dovevano «fare da sé» e ad agire in conseguenza, sia pure alla disperata. Che sia morto da brigante dimostra una cosa soltanto: che per i patrioti italiani non c'era altra via da battere che fuori e contro ogni ordine costituito, sia di marca austriaca che di marca francese.

Era proprio quanto cominciava a chiarirsi nella mente dei superstiti della grande illusione. Quasi tutti riparati in Francia, essi ora erano intenti a redigere il fallimentare bilancio della loro avventura. I più se ne sbrigavano addossando tutte le colpe alla Francia, e gli argomenti a sostegno di questa tesi non facevano difetto. Che la Francia si fosse servita dei rivoluzionari italiani per poi deluderne tutte le speranze di unità e di democrazia, che li avesse screditati agli occhi della popolazione facendoli complici dei propri saccheggi, e che alla fine li avesse abbandonati e in certi casi perfino venduti alla furia reazionaria, era vero. E queste furono le denunzie sporte dal Paribelli, dal Botta, dal Salvador, dal Fantoni e da tanti altri in numerosi «indirizzi» al Direttorio. Tutta la sua condotta militare e politica in Italia fu messa sotto processo, e il fatto che alcuni dei nuovi dirigenti sposassero le tesi dei nostri democratici consentì a questi ultimi di sorvolare sulle proprie responsabilità. Come sempre, nel giuochetto del «capro espiatorio», anche allora gl'italiani si dimostravano maestri.

Uno solo si rifiutò di seguirli su questa strada: il napoletano Vincenzo Cuoco.

CAPITOLO DECIMO

CUOCO

Nel suo nome ci siamo già imbattuti a proposito della congiura del Baccher, e dobbiamo riconoscere che l'episodio non gli fa molto onore. Sulla parte ch'egli vi ebbe ci sono molte versioni, e quindi può anche darsi ch'essa sia stata esagerata dai suoi nemici (e ne aveva tanti). Ma che fosse stato lui a spingere Luisa Sanfelice a denunziare il suo amante, e anzi addirittura a redigere la delazione, sembra accertato, e purtroppo il carattere del personaggio lo rende verosimile.

Cuoco apparteneva a una famiglia di piccola borghesia provinciale, ed era nato a Civitacampomarano in quel di Campobasso. Ma fin da giovane era venuto a Napoli a farvi l'avvocato, unico mestiere, insieme a quello di prete, che offriva qualche prospettiva di «promozione» economica e sociale a chi non aveva il privilegio di nascere nobile. Come tutti i suoi contemporanei, si era imbevuto di cultura illuministica, ma non se n'era ubriacato. Da correttivo gli faceva Vico, di cui fu forse il primo a capire la grandezza, e che lo tenne legato allo storicismo di Machiavelli. Fin d'allora aveva capito che ogni nazione e ogni cultura hanno una loro vocazione che le rende allergiche agl'innesti d'ideologie straniere. I «lumi» insomma li accettava, ma previo adattamento alle condizioni italiane.

Questo lo rendeva molto cauto nei confronti del regime borbonico. Lo criticava, ma non intendeva sovvertirlo, anche perché non ci si trovava male. Reclamava per gli uomini della sua categoria più potere e più rango, ma al rango e al potere ci teneva moltissimo e non intendeva metterne in discussione la legittimità. Avrebbe potuto benissimo diventare un ministro del Re, se il Re avesse avuto abbastanza cervello per scegliersi dei ministri come lui. Era insomma un riformista, non un rivoluzionario. Infatti della rivoluzione francese fu un critico severissimo, né mai fece lega coi giacobini napoletani, anzi li combatté accanitamente corbellandone l'astratto dottrinarismo.

Ma ciò non gl'impedì di arruolarsi sotto le loro bandiere quando essi assunsero il potere e proclamarono la Repubblica. Forse il brutto episodio della Sanfelice va messo in rapporto a questa conversione. I suoi passati atteggiamenti dovevano renderlo sospetto ai nuovi dirigenti. E per guadagnarsene la fiducia, Cuoco si sentì tenuto a una prova di zelo. Ma non ebbe il tempo di cavarne gli utili che probabilmente se ne riprometteva. E fu proprio questa la sua fortuna, quando di lì a poco si trovò rinchiuso in galera come collaborazionista del regime giacobino.

Per le accuse che gli pendevano sulla testa e di cui l'affare Baccher costituiva il capo più grosso, gli andò abbastanza bene. Se la cavò con alcuni mesi di prigione e la condanna a vent'anni di esilio. Fu nel lungo girovagare «parte per mare, parte per gli alberghi di Francia e senz'altro aiuto che quello della memoria» che scrisse la sua opera più nota e discussa, il *Saggio storico sulla Rivoluzione napoletana del 1799*, poi pubblicato a Milano dov'egli approdò dopo la resurrezione della Cisalpina.

Questo libro fu considerato un mezzo tradimento dagli altri reduci napoletani e ancor oggi è violentemente contestato dagli storici di parte radicale. Ma in realtà contiene l'analisi più lucida di quegli avvenimenti e rappresenta un documento di profonda penetrazione politica.

Sull'insuccesso della Repubblica partenopea – dice in sostanza Cuoco –, le colpe dei francesi pesano molto, ma i nostri democratici non debbono farsene riparo per nascondere quelle loro. La prima è quella di aver sposato in blocco e a scatola chiusa la causa rivoluzionaria di un Paese, le cui condizioni non corrispondevano affatto a quelle dell'Italia in genere e di Napoli in particolare. Erano diverse quelle economiche per lo stato di arretratezza e di sottosviluppo in cui versava – e versa – il nostro Mezzogiorno. Erano diverse quelle sociali per la pochezza e debolezza dei ceti medi. Erano soprattutto diverse quelle culturali. Le masse francesi erano abbastanza istruite per poter comprendere il messaggio rivoluzionario lanciato dagl'intellettuali e dargli con la loro partecipazione la forza di tradursi in istituti: l'appello della cattedra veniva raccolto dalla piazza e vi diventava barricata. In Italia questa premessa mancava: «La cultura di pochi non aveva giovato alla nazione intera; e questa, a vicenda, quasi disprezzava una cultura che non l'era utile, e che non intendeva».

Perciò, dice Cuoco, la rivoluzione in Italia era rimasta e non poteva che rimanere l'iniziativa asfittica di una esigua minoranza isolata dalle masse, con cui non poteva aver contatti. Lo impedivano il muro dell'analfabetismo e il fatto che quella minoranza, invece di elaborare un suo proprio programma basato sulle reali condizioni del Paese e in cui quindi il Paese potesse riconoscere i propri aneliti e aspirazioni, s'ispirava a princìpi altrui, vivendone passivamente d'imitazione e di riporto. «La nazione napolitana si poteva considerare come divisa in due popoli, diversi per due secoli di tempo e per due gradi di clima. Siccome la parte colta si era formata sopra modelli stranieri, così la sua cultura era diversa da quella di cui abbisognava la Nazione intera. Alcuni erano diventati francesi, altri inglesi; e coloro che erano rimasti napoletani, e che componevano il massimo numero, erano ancora incolti.»

Ecco perché la preparazione ideologica di una rivoluzione che, per diventare veramente democratica come si qualificava, avrebbe dovuto diffondersi in mezzo al popolo e suscitarne la partecipazione, era invece rimasta una diatriba di «iniziati» chiusi nelle loro accademie e intenti più a dibattere astratte questioni di dottrina, come sempre avviene appunto nelle accademie, che a risolvere i problemi concreti di una società assai diversa da quelle prese a modello, e ch'essi non conoscevano affatto. Impegnati a dissertare su Rousseau, i democratici napoletani non si erano mai curati di svolgere opera di apostolato fra le masse, non avevano mai visto un contadino lucano o calabrese, ne ignoravano le condizioni di vita, e quindi non potevano trovare in lui nessuna eco. Traditi dai francesi, avevano a loro volta tradito il popolo, sia pure inconsapevolmente. Ed era questo che li aveva condannati alla catastrofe.

Era fatale che le tesi di Cuoco venissero poi sfruttate dalla storiografia dell'Italia monarchica e «moderata» per dimostrare che i democratici del '99 non erano che le scimmie dei giacobini francesi, degl'inconcludenti retori, delle povere teste piene solo di vento demagogico. Il che è falso. Quegli uomini ebbero il torto di nascere in anticipo sui tempi, ma senza dubbio contribuirono moltissimo a farli maturare. Come tutte le grandi imprese, il Risorgimento aveva bisogno di pionieri, ed essi lo furono fino al sacrificio della propria vita. Per primi videro che la causa dell'indipendenza nazionale faceva tutt'uno con quella democratica e che il solo modo di perseguirla era l'azione rivoluzionaria. Essi lasciarono, se non altro, l'esempio del sacrificio. E anche i loro sbagli furono utili perché misero o avrebbero dovuto mettere i successori in guardia dal ripeterli.

Ma che ne avessero compiuti non c'è da dubitarne, e non si può far torto a Cuoco di averli denunziati. Egli non può esser tenuto responsabile dell'uso e dell'abuso che altri avrebbe fatto delle sue tesi. Di fronte agli avvenimenti di cui era stato testimone, egli si pone da storico prendendo da essi le distanze necessarie a darne una visione critica. E questa visione è ineccepibile. Che la rivoluzione napoletana fosse, come lui dice, «passiva», cioè copiata da quella francese, è scritto nei fatti. Il suo fallimento fu una vera e propria «crisi di rigetto» della società italiana a questo corpo estraneo trapiantato nel suo organismo. Altrettanto indubitabile è che furono le masse – quelle cittadine dei «lazzari» e quelle contadine dei «cafoni» – a ribellarvisi. Questo è un fatto spiacevole, ma è un fatto. Cuoco avrebbe tradito il suo impegno se lo avesse disconosciuto, come fa certa nostra storiografia che i fatti spiacevoli, invece di ragionarci sopra per trarne le necessarie conclusioni, li rifiuta.

Ben altri son gli addebiti che a Cuoco si possono e si debbono muovere. Il primo e fondamentale è quello di essersi messo per la sua sete di «impieghi decentissimi» come lui li chiamava, cioè per il suo arrivismo, in una posizione falsa. Cuoco era se stesso quando, da buon illuminista corretto da Vico, come giustamente lo definisce Croce, criticava i giacobini. Cessò di esserlo quando, credendo che avessero vinto, si arruolò nelle loro fila. È questo che dà al *Saggio* un certo sapore di fellonìa. Se Cuoco fosse rimasto sulle sue, a fare il testimone, com'era nella sua vera vocazione, oltre che la galera e l'esilio, si sarebbe risparmiato anche le accuse di doppio gioco.

L'altro suo difetto è l'atteggiamento pedagogico. Cuoco è uno storico di gran classe, infinitamente superiore al Colletta e a tutti gli altri della sua epoca. La sua diagnosi della società napoletana è ineccepibile e ancor oggi può essere contrapposta a certo meridionalismo piagnone e vittimista che imputa tutte le magagne del Sud al malvolere del Nord. Le sue pagine traboccano di osservazioni taglienti e a bersaglio, come quella dell'impiegomania dei meridionali. Ma non resisteva alla tentazione di fare il moralista. È vero che quella di far discendere la luce dal proprio podio è la vocazione di tutta la storiografia illuministica, che in Voltaire tocca le sue punte più alte e strenue. Ma forse Titone è nel giusto quando dice che Cuoco la derivava ancora di più dalla tradizione precettistica italiana che affonda le sue radici fino a Machiavelli e a Tacito. Io tuttavia ci aggiungerei anche un altro elemento: il cinismo. I cinici sono tutti moralisti, e spietati per giunta.

Cuoco è terribile. Per pagine e pagine, per interi capitoli, la sua storia si tramuta in requisitoria, e ce n'è per tutti; reazionari e rivoluzionari, statisti borbonici e tribuni giacobini, nobili, intellettuali e popolo. Anche lui procede per capri espiatori, cioè per semplificazioni, talvolta anche molto grossolane. Il Re era un povero irresponsabile, la Regina una pazza isterica, i loro ministri degl'imbecilli o dei mariuoli, la sconfitta dell'esercito borbonico ad opera di quello francese è colpa di Mack: il quale era effettivamente un somaro, ma anche se fosse stato von Moltke, al comando di truppe come quelle, non avrebbe potuto far meglio di quel che fece Mack, cioè scappare.

I razzolamenti di Cuoco non furono in pari con le sue prediche. Dell'impiegomania che rinfacciava ai suoi compatrioti, egli stesso fornì un esemplare modello. A Milano si attaccò subito al Melzi, ne divenne grandissimo amico e grazie a lui ottenne la direzione del *Giornale italiano*. Anzi, fu forse anche per far piacere a lui, antigiacobino fino all'osso, e per procacciarsene le simpatie, che pubblicò il *Saggio*. Più tardi diventò il portaparola di Eugenio di Beauharnais, di cui avrebbe potuto restare fino in fondo al servizio. Ma non resistette alla nostalgia di Napoli quando i Borbone rifecero fagotto, e più ancora forse alla smania di tornarvi da vincitore e vindice. A lungo tuttavia contrattò, prima del rimpatrio, lo scatto di grado, e lo ebbe: fu nominato membro del Sacro Real Consiglio con diritto a carrozza e valletti, poi direttore del Tesoro Reale di

Murat e alto consulente per la pubblica istruzione. Teneva moltissimo alle insegne del potere e ne faceva uno sfoggio spagnolesco. Non c'era carica a cui non ambisse e non c'era piaggeria a cui rinunciasse, pur di procurarsela. Probabilmente fu anche il dolore di perderle, quando i Borbone tornarono definitivamente sul trono e procedettero alla solita «purga», a procurargli la malattia mentale che afflisse i suoi ultimi anni. Una strana e terribile nemesi volle che il cervello più lucido di quel tempo finisse ottenebrato dalla follìa.

CAPITOLO UNDICESIMO

L'ITALIA REPUBBLICANA: SECONDA FASE

Gli avvenimenti si susseguivano rapidi, come mai fin allora era avvenuto.

Uno dei motivi per cui il Direttorio di Parigi aveva favorito la spedizione in Egitto era – lo abbiamo già detto – il desiderio di liberarsi di Napoleone, che lo aveva salvato dalla minaccia di una controrivoluzione monarchica, ma che si mostrava un creditore sempre più esigente. Fu un calcolo sbagliato. Le folgoranti vittorie riportate anche in Africa accrebbero la popolarità del Generale, mentre l'incalzare degli eserciti russi, austriaci e turchi uniti alla flotta inglese nella seconda coalizione ne aizzavano nel popolo la nostalgia.

In questo clima di emergenza nazionale il giacobinismo rialzava la cresta, e il Direttorio, sentendosene minacciato, accentuò la propria impronta autoritaria grazie a Sieyès, questa «talpa della rivoluzione» come lo aveva chiamato Robespierre: un ambizioso e spregiudicato intrigante. Egli redasse una nuova Costituzione che praticamente esautorava il Consiglio dei Cinquecento, cioè il Parlamento, per dare tutto il potere all'esecutivo nella speranza di essere lui a beneficiarne. Napoleone infatti ne sembrava ormai tagliato fuori perché non aveva più una flotta che potesse ricondurlo in patria: Nelson gliel'aveva distrutta ad Abukir e lo teneva bloccato in Egitto. Ma il Generale, avvertendo col suo fiuto l'occasione propizia, piantò in asso il suo esercito, ed eludendo le navi inglesi che pattugliavano il Mediterraneo, rientrò a Parigi accolto come un trionfatore.

Rendendosi conto di non poter competere con lui, Sieyès preferì cercare un accordo che si risolse in una vera e propria congiura per la spartizione del potere. Il Parlamento ne ebbe qualche sospetto, e il 9 novembre (del '99) alcuni deputati pronunciarono violenti attacchi contro il Generale, invano richiamati all'ordine dal fratello di lui, Luciano, che sedeva al tavolo della presidenza. Napoleone venne di persona a rispondere. Quando i suoi avversari chiesero che fosse dichiarato fuori legge, si rivolse ai soldati di guardia sollecitando la loro protezione. Essi esitarono, ma Luciano toccò i loro cuori denunziando un tentativo di assassinio che in realtà non c'era stato. Le guardie irruppero nella sala e ne scacciarono i Cinquecento. Senza più opposizione, al posto del Direttorio fu istituito un *Consolato* di tre membri, con Bonaparte in veste di Primo Console, cioè praticamente capo del governo.

Subito dopo il colpo di Stato, Bonaparte volle che il popolo lo consacrasse con un plebiscito che non tradì le sue speranze: oltre tre milioni votarono a suo favore, solo 1.500 contro. E ormai sicuro del proprio potere, tornò alla sua attività favorita: la guerra. Affidato il fronte del Reno a Moreau, discese con un nuovo esercito le Alpi per affrontare gli austriaci. Stavolta, più che al proprio genio strategico, dovette la vittoria alla fortuna. Il nemico lo colse di sorpresa a Marengo e lo avrebbe certamente sconfitto, se per caso in quel momento non fosse sopraggiunto il generale Desaix con la sua divisione di cavalleria che prese gli austriaci alle spalle e spinse la propria generosità fino a morire sul campo in modo da lasciare tutti gli allori del trionfo al Bonaparte. Questi volle portare di persona la notizia a Parigi anche per sminuire quella dei successi ottenuti in Germania da Moreau, ormai a pochi chilometri da Vienna, e l'Austria, con l'acqua alla gola, si rassegnò a firmare con lui la pace di Lunéville che praticamente richiamava i termini di quella di Campoformio, cioè rifaceva dell'Italia una provincia francese. La Russia si era già ritirata dalla coalizione. In campo restava solo l'Inghilterra, ma di lì a poco (marzo del 1802) anch'essa si decise a firmare la tregua di Amiens.

In quel momento Napoleone era già al lavoro per dare al nostro Paese un nuovo assetto. Anche lui dall'esperienza del '99 aveva tratto le sue lezioni.

La prima riguardava il Piemonte. «Da quando la Casa d'Austria possiede Venezia, il Piemonte è diventato necessario alla Francia» disse brutalmente Napoleone al plenipotenziario San Marzano, mandatogli dal re Carlo Emanuele. Ma i veri motivi dei suoi propositi annessionistici erano quelli economici e quelli logistici.

I setifici di Lione erano piombati in una gravissima crisi da quando era venuto a mancare il greggio del Piemonte che ne produceva per 17 milioni di lire all'anno, cifra per quei tempi colossale. I lionesi rappresentavano una grossa forza nel capitalismo francese, che a sua volta rappresentava una grossa componente dell'elettorato di Bonaparte. Essi volevano garantirsi una volta per sempre la materia prima, e Napoleone si mostrò sensibilissimo al loro appello.

Ma forse su di lui influì ancora di più la preoccupazione dei passi alpini: Sempione, Cenisio e Monginevro. Era qui che nelle sue spedizioni italiane aveva sempre incontrato le più grosse difficoltà, e ora non voleva più condividerne con nessuno gli sbocchi. «La loro facile transitabilità – scriveva – può cambiare tutto il sistema delle guerre in Italia.»

Ai suoi disegni c'era un ostacolo: lo Zar di Russia, Paolo I, aveva preso il Piemonte sotto la sua protezione, e il Bonaparte non voleva inimicarselo. Ma nel marzo (del 1801), Paolo fu assassinato, e il suo figlio e successore Alessandro diede subito a divedere che il Piemonte lo interessava ben poco. Bonaparte non gli dette il tempo di cambiare opinione. In aprile fece di quello Stato una semplice divisione amministrativa e militare della Francia, affidata al generale Jourdan. Questo fu il primo passo. Il secondo venne tre mesi dopo, quando l'esercito piemontese fu incorporato in quello francese.

A questo punto l'indeciso e abulico Carlo Emanuele trovò finalmente la forza di abdicare in favore del fratello Vittorio Emanuele, primo di questo nome, che invano tentò di riallacciare una trattativa. Napoleone gli propose di riconoscerlo come Re di Sardegna (quale tuttora era), ma «l'avvenire del Piemonte – gli disse – è fissato per sempre». E infatti nel settembre del 1802 il Piemonte fu cancellato dalla carta politica d'Europa: al suo posto non ci furono più che sei dipartimenti francesi. Lo storico Carlo Botta protestò. Protestò il cosiddetto «partito Italico» composto da democratici che, pur avversi al vecchio regime dei Savoia, erano tuttavia fedeli alla tradizione dell'indipendenza piemontese come pegno e forza unificatrice della penisola. Ma la loro voce non trovò eco nella popolazione.

Molto più laboriosa e complessa fu la sistemazione della vecchia Cisalpina. Essa emergeva dai tredici mesi della rioccupazione austriaca in condizioni disastrose. Come al solito, la «caccia al giacobino» aveva fatto da alibi di ogni sorta di soprusi, ruberie e vendette personali. Impegnati nella guerra, gli austriaci non avevano avuto il tempo di restaurare il vecchio regime. Si erano limitati a liquidare gl'istituti di quello repubblicano e a perseguitarne i responsabili con la galera, la deportazione e l'esilio; e tutto era rimasto alla mercé di una burocrazia improvvisata e senza controlli. Come sempre capita in Italia, il padrone nuovo, regolarmente accolto come «liberatore», faceva rimpiangere quello vecchio. Sicché quando, nella primavera del 1800, Napoleone ricomparve alla testa del suo esercito in marcia su Marengo, Milano lo accolse con entusiasmo, anche se con meno illusioni della volta precedente.

In settembre Napoleone ricostituì ufficialmente la Cisalpina arrotondandola con la provincia di Novara, distaccata dal Piemonte. E dopo la definitiva vittoria sull'Austria, vi aggiunse anche la provincia di Verona fino all'Adige, di cui il trattato di Lunéville faceva la nuova frontiera fra Lombardia francese e Veneto austriaco. La Cisalpina ora raggiungeva una certa compattezza territoriale e quasi quattro milioni di abitanti.

Si trattava di darle un assetto politico, e non era facile perché mancavano gli uomini. I tre che formavano il governo provvisorio – Ruga, Sommariva e Visconti – valevano poco, e Bonaparte lo sapeva. C'era poi una Consulta, cioè un piccolo Parlamento di cinquanta membri, in cui qualche figura di spicco allignava: Cicognara, Mascheroni, Moscati, Greppi, Marescalchi. Ma Bonaparte, che di uomini s'intendeva, sbrancò subito quello che più faceva al suo caso: Melzi d'Eril.

Melzi apparteneva a una delle più grandi famiglie dell'aristocrazia lombarda, e ne portava nel sangue le doti migliori: la rettitudine, la cultura, la cortesia, ma anche una certa alterigia, che probabilmente gli veniva dalla madre spagnola. Aveva fatto parte dei circoli illuministici dei Serbelloni, dei Beccaria e di Pietro Verri, di cui era anche cognato. Napoleone lo aveva conosciuto al tempo della sua prima campagna d'Italia, dopo la battaglia di Lodi lo aveva invitato a Mombello, e ne aveva fatto il proprio consigliere. Quel gran signore che portava ancora il costume settecentesco, le calze bianche e la parrucca incipriata, gli piaceva. Gli piaceva perché non era servile, perché non era venale, perché non era nemmeno ambizioso. Una leggera sordità e una salute piuttosto precaria, insidiata da un forte artritismo, l'obbligavano a riguardi incompatibili con l'esercizio del potere. Più che il protagonista, preferiva fare il suggeritore. Non era affatto un democratico. Anzi, al tempo della prima Cisalpina, coi democratici s'era trovato in contrasto, tanto che a un certo punto aveva abbandonato non solo ogni attività politica, ma anche Milano, per ritirarsi nella vasta proprietà di Saragozza che sua madre gli aveva lasciato. Dei giacobini lombardi pensava ciò che di quelli napoletani stava scrivendo Cuoco, suo grande amico: ch'erano degli astratti dottrinari, incapaci di affrontare i problemi concreti.

Di questi problemi, a lui ne interessava soprattutto uno: la costituzione di uno Stato italiano abbastanza forte da poter diventare un polo d'attrazione per tutti gli altri. Ma non lo voleva repubblicano, né tanto meno parlamentare. Nelle trattative di Rastadt tra Francia e Austria, nel '98, si era adoperato per la trasformazione della Cisalpina in un Regno lombardo-emiliano da affidare a un Borbone di Spagna. Ma il progetto era stato respinto.

Ora che Napoleone lo richiamava da Saragozza per sollecitare nuovamente i suoi lumi, Melzi rispolverò quell'idea, ma senza miglior successo. Capì subito che Bonaparte voleva tenersi la Cisalpina per sé e che l'unica cosa da fare era secondarlo nel senso più favorevole agl'interessi italiani. La Costituzione ch'era stata approntata attribuiva poteri quasi illimitati al Presidente. Ma per l'elezione di costui, occorreva il voto di un'Assemblea che si potesse considerare in qualche modo rappresentativa. La Consulta non lo era in quanto i suoi membri erano nominati in massima parte dal Governo. Si provvide quindi a convocarne un'altra di 500 «notabili», scelti fra le personalità più in vista delle varie città lombarde ed emiliane.

Melzi però s'avvide subito che della loro arrendevolezza non c'era molto da fidarsi perché, sebbene divisi in «moderati» e «democratici», erano accomunati dalla ferma volontà di fare della Cisalpina uno Stato italiano, anzi lo Stato-guida dell'Italia. E, per poterli meglio maneggiare, decise di sottrarli alle suggestioni ambientali, convocandoli non a Milano, ma a Lione per i primi di gennaio del 1802. Sperava che lì, in mezzo ai francesi, i loro sentimenti e risentimenti nazionalisti si sarebbero addolciti.

Non fu così. I 450 (c'è chi dice anche meno) che aderirono all'invito arrivarono a Lione dopo un viaggio massacrante flagellato da piogge a dirotto, e trovarono quella città piuttosto lugubre, inospitale e carissima. «Si paga anche l'aria che si respira» scriveva uno di loro a sua moglie. Credevano di essere subito ricevuti da Napoleone e convocati in assemblea plenaria. Invece furono accolti dal ministro degli esteri Talleyrand e divisi in cinque sezioni, con la scusa che così avrebbero potuto meglio studiare il testo della Costituzione e maturare le loro decisioni. In realtà si voleva impedire un loro eventuale *pronunciamiento*.

Il timore non era infondato. «Ci ha trascinati qua con una legge informe, emanata da un corpo legislativo più vile del Senato di Tiberio. Nella sezione ci si ordina di esaminare in ventiquattr'ore una Costituzione letta in fretta, già accettata con un decreto sin ora incognito, che rimette ad un magistrato estero la nomina alle prime cariche del nostro Paese... Frattanto i deputati vanno errando di caffè in caffè, annoiati dei loro ospiti e dei continui affronti che ricevono...»

Napoleone arrivò l'11 gennaio, accompagnato da Giuseppina. Fu un ingresso spettacolare, studiato apposta per impressionare i Cisalpini e ridurne la protervia. A nome della Consulta travolta nelle acclamazioni, Melzi lo salutò con queste parole: «Si rialzino tutte le speranze! Voi, Bonaparte, lo avete voluto, e la Cisalpina ecco esiste. Se voi lo volete, sarà anche felice».

Ma il 20, quando l'assemblea si riunì in seduta plenaria, di felicità se ne vide poca, anzi si vide soltanto una gran delusione allorché il presidente Marescalchi invitò i deputati a designare un Comitato di trenta membri, che a loro volta avrebbero provveduto a eleggere il Presidente. Era per questo che li avevano fatti scomodare fino a Lione? Per delegare i loro poteri a un Comitato che si poteva costituire anche a Milano?

Sebbene avessero perfettamente capito cosa gli si chiedeva, i Trenta dettero un solo voto a Bonaparte, e Caprara disse che se questi voleva il potere, se lo prendesse con la forza. Venticinque voti si riversarono su Melzi, che rifiutò. Una seconda votazione dette la maggioranza all'Aldini, che seguì l'esempio del Melzi. La terza designò un oscuro deputato di Milano, Villa, che non poté rifiutare perché non era a Lione. E la seduta fu aggiornata.

Bisognava informarne Bonaparte. Talleyrand, che accompagnò i delegati all'udienza, li avvertì che il Generale «somigliava a un leone con la febbre». Secondo alcune testimonianze, si rifiutò di riceverli. Secondo altre, li ascoltò senza pronunciar parola. Secondo il Motti, scagliò uno sgabello contro di loro: cosa che certamente avrebbe voluto fare, ma altrettanto certamente non fece.

Fu Talleyrand che ammorbidì i ribelli e li ricondusse al senso della realtà. Nelle vostre condizioni, gli disse, senza uno Stato né uomini di Stato, in una situazione internazionale che può precipitare da un momento all'altro, avete bisogno di una mano forte che vi protegga col suo esercito, con la sua diplomazia, con la sua esperienza.

I Trenta esitarono ancora due giorni, trattenuti dalla ferma e coraggiosa opposizione del Cicognara. Ma alla fine dovettero arrendersi agli argomenti di Talleyrand, che erano quelli stessi di Melzi. E il 24 decisero di proporre alla Consulta il nome di Napoleone, che per la prima volta venne designato in un atto ufficiale solo col suo nome di battesimo.

L'Assemblea fu convocata il giorno dopo in seduta plenaria per la ratifica, e dal processo verbale risulta che questa fu concessa fra i generali applausi. Ma non è vero. La battaglia fu lunga e dura. Bellani disse che, con un Presidente francese, la Repubblica sarebbe stata più sicura, ma non più italiana. Terzi rincarò la dose. I loro oppositori furono zittiti. Vedendo la mala parata, Marescalchi strozzò la discussione e bandì la votazione per alzata e seduta. Un testimone assicura che ad alzarsi furono al massimo un terzo dei presenti, ma gesticolando e lanciando tali grida da sembrare maggioranza. Tale comunque la considerò Marescalchi, che immediatamente procedette alla lettura del primo articolo: «Il cittadino Napoleone Bonaparte è eletto per acclamazione Presidente della Repubblica cisalpina».

L'indomani il Generale si presentò di persona a ricevere l'investitura. Grande attore come sempre, rifiutò la tribuna speciale che gli avevano allestito, decorata di ori e di bronzi come un trono, sedette sullo scanno presidenziale e parlò in italiano (lo parlava abbastanza bene). Ma il suo discorso fu di uno spietato realismo. Accetto questa carica, disse, perché fra voi non c'è nessuno in grado di occuparla. Nessuno di voi ha un seguito popolare. Nessuno di voi è al di sopra degl'interessi particolari che rappresenta.

Ma dopo l'amaro venne il dolce. La scena è stata riferita in vari modi, ma sembra che si sia svolta così. Alla fine della sua frustante arringa Napoleone ordinò al segretario: «Si dia lettura della Costituzione della Repubblica...», e qui fece pausa. I deputati capirono immediatamente. Balzarono in piedi e urlarono in coro, finalmente unanimi: «Italiana!... Italiana!...» Napoleone sorrise e, placando con un gesto il tumulto, disse: «Ebbene, Repubblica italiana!» Stavolta l'acclamazione fu immensa e generale. Bonaparte diede l'ultimo tocco alla sua vittoria andando incontro a Melzi, abbracciandolo e facendolo sedere alla sua destra nel posto di vicepresidente. Era un omaggio non solo all'uomo, ma anche alla Consulta che gliel'aveva contrapposto.

L'episodio aveva un suo significato che trascendeva la questione di nomenclatura. Fin allora il programma di un'Italia unita era stato privativa dei patrioti di estrazione giacobina. Quel giorno diventò appannaggio anche dei «moderati». Uno di loro scriveva al Melzi, a proposito della nuova Repubblica: «Il grande suo oggetto adunque si è di tendere ad ampliarsi per tutta la circonferenza d'Italia». E, a parte quegli orribili *adunque* e *circonferenza*, era l'espressione di un pensiero ormai condiviso, se non da tutti, dai più. Ma il lettore non prenda abbagli: questi *più* vanno sempre riferiti a quella sparuta pattuglia di persone che costituivano la cosiddetta «pubblica opinione» per il semplice motivo ch'erano le uniche ad avere un'opinione: poche migliaia di uomini sperduti in una massa inerte e priva d'idee perché priva degli strumenti per farsene.

Impaziente di coronare la sua ascesa al supremo potere, Napoleone liquidò alla svelta le pendenze con gli altri Stati della penisola. Nel marzo del 1801 aveva stipulato a Firenze la pace con Napoli, lasciando il Reame ai Borbone, ma mettendolo praticamente sotto il proprio controllo come poi diremo. Quasi contemporaneamente aveva firmato col nuovo Papa, Pio VII, un Concordato con cui s'illudeva di averlo asservito al suo carro. A Genova aveva istallato il fido Saliceti col compito di dare a quella Repubblica una Costituzione che la legasse economicamente e militarmente alla Francia. Due sole questioni restavano da definire: Parma e la Toscana.

Il problema era delicato perché il Duca di Parma era un Borbone spagnolo strettamente imparentato con quelli di Madrid, della cui amicizia Napoleone faceva gran conto per non trovarsi un nemico anche sui Pirenei. E fu infatti con loro ch'egli si accordò col trattato di Aranjuez di quello stesso marzo 1801. Esso disponeva che il Duca di Parma rinunciasse al suo Stato e che in compenso suo figlio Luigi assumesse il Granducato di Toscana, ribattezzato Regno di Etruria.

Luigi si era affrettato a prendere possesso del proprio trono, ma il padre si era rifiutato di abbandonare il suo. All'ambasciatore spagnolo che ne perorava la causa, Bonaparte rispose con insolita arrendevolezza: «Se vuol restare dov'è, ci resti!» Il fatto è che non sapeva come cavarsela con quelli della Cisalpina, che immediatamente avevano avanzato le loro pretese all'annessione del Ducato. «Capisco – aveva detto a Melzi – che sarebbe un buon arrotondamento per la Repubblica italiana». Ma appunto per questo non volle concedergielo nemmeno quando, di lì a poco, il Duca lo liberò della sua presenza, morendo per un'indigestione di carne di maiale. Parma rimase indipendente, cioè alle dipendenze dirette della Francia che vi nominò una specie di prefetto con qualifica di Residente.

A Firenze, il nuovo Sovrano e sua moglie, la spagnola Maria Luisa, erano stati accolti con indifferenza. Lui era un povero epilettico che non sapeva nemmeno montare a cavallo e passava le sue notti a tirar sciabolate contro i fantasmi. Lei era intelligente, astuta e intrigante, ma mezzo gobba e sciancata. Sebbene si fossero presentati con un seguito di quaranta carrozze spagnole, i fiorentini capirono subito ch'erano figure di passaggio, e n'ebbero una conferma il giorno stesso del loro arrivo, quando videro che a riceverli in Palazzo Pitti e a metterli sul trono era il generale Murat, che comandava le truppe francesi di stanza in Italia centrale. Il vero Re sembrava lui, bello e marziale nella sua rutilante divisa. E come tale infatti seguitò a comportarsi oscurando con le sue brillanti feste a Palazzo Corsini quelle sussiegose e tetre di Palazzo Pitti.

Questa era in sintesi la situazione della penisola, mentre Napoleone a Parigi si preparava all'ultimo balzo: quello sul trono imperiale. Il 25 marzo (del 1802) anche il suo nemico più irriducibile, l'Inghilterra, aveva abbandonato la lotta e firmato con lui la pace di Amiens. Non sarebbe stata in realtà che una breve tregua, ma Bonaparte la mise a profitto.

Il 18 maggio del 1804 un plebiscito lo proclamò Imperatore. L'Inghilterra aveva rotto la pace e ripreso le armi l'anno prima. Ma per il momento non trovava alleati. Napoleone poteva badare soltanto al riassetto politico che il cambiamento istituzionale esigeva e in cui anche l'Italia doveva andare di mezzo. Le Repubbliche avevano fatto il loro tempo.

CAPITOLO DODICESIMO

REX TOTIUS ITALIAE

Alla cerimonia della consacrazione imperiale di Napoleone il 2 dicembre del 1804, c'era anche una deputazione della Repubblica italiana, guidata da Melzi. Non erano venuti solo per dovere di «rappresentanza». Alla vigilia del plebiscito, Napoleone aveva avvertito l'ambasciatore milanese Marescalchi che la proclamazione dell'Impero obbligava anche l'Italia a darsi adeguate forme istituzionali, cioè in parole povere a rinunziare a quelle repubblicane. Per Milano, l'unica soluzione era una monarchia. Non disse chi doveva esserne il titolare, ma lo lasciò capire.

Melzi non pose tempo in mezzo. Convocò la Consulta, e le fece votare un progetto di legge che trasformava la Repubblica in un Regno ereditario destinato a Bonaparte. Questi non si affrettò ad accettare. Disse che avrebbe dato una risposta al ritorno da un suo viaggio d'ispezione in Belgio e Renania. In realtà era contrariato: non dall'offerta, si capisce, ch'egli stesso aveva sollecitata, ma dalle formule cautelative di cui gliel'avevano condita: gl'italiani chiedevano che, alla morte dell'Imperatore, le due corone venissero separate, che l'unione fosse sostituita da un trattato di alleanza, che i tributi cessassero, e che il potere della Consulta venisse accresciuto a spese di quello regio. «Cosa dunque vogliono questi signori di Milano?» aveva gridato Napoleone a Marescalchi che gli aveva recapitato il messaggio. «Se per caso pensassero di tirarsi indietro, potrei anche ridurre il loro Stato a dipartimento francese come il Piemonte!»

Non era la prima volta che Bonaparte faceva scenate ai

suoi italiani. Da quando a Lione lo avevano acclamato Presidente, a Milano non aveva potuto risiedere molto, e gli affari li aveva lasciati nelle mani di Melzi, che faceva quel che poteva, ma non poteva tutto quello che avrebbe voluto. Di lontano, Napoleone non si rendeva conto delle difficoltà in mezzo a cui il suo vicario si dibatteva. Ma queste difficoltà erano grosse, e comunque sproporzionate alle capacità degli uomini che dovevano risolverle. Milano forniva qualche buon amministratore; ma, non essendo più la capitale di uno Stato dai tempi di Ludovico il Moro, non aveva una classe dotata di esperienza politica. Nel governo di Melzi, personalità di rilievo non ce n'erano. Villa e Felici, che si avvicendarono al ministero degl'interni, si dimostravano titubanti e di corte vedute. Gli esteri erano stati affidati a Marescalchi, che però Bonaparte obbligava a risiedere a Parigi per ben sottolineare che la politica estera della Repubblica la faceva lui. Il guardasigilli Spannocchi era un buon giurista, ma niente altro, e il conte Trivulzio, ministro della guerra, un gran signore che di guerra sapeva poco sebbene al tempo della Cisalpina si fosse improvvisato generale.

L'unico che avesse qualità di uomo di Stato era il ministro delle finanze, Prina, anche perché era piemontese, cioè veniva da un Paese che uno Stato lo era da secoli. Ex-procuratore generale della Corte dei Conti di Torino e membro del governo provvisorio del '99, si era poi trasferito nella Cisalpina e ne aveva preso la cittadinanza. Non aveva un carattere che attirasse simpatie. Anzi, chiuso e freddo com'era, le respingeva. Ma era un lavoratore instancabile e scrupoloso, dotato di un acuto senso politico e – diceva Stendhal – «ha del grande in testa».

Far quadrare i conti della Repubblica era un'impresa ardua. Essa doveva provvedere al mantenimento del corpo d'armata francese, di quello italiano, e alla costruzione di fortificazioni e di strade militari. Queste spese, su cui

Napoleone non ammetteva riduzioni, assorbivano cinquanta milioni, mentre le entrate non superavano i settanta. Non ne rimanevano che una ventina, insufficienti anche a pagare gli stipendi dei funzionari.

Perché non andassero perse neanche le briciole, Prina riformò tutto il sistema fiscale riducendone il personale e facendone una macchina di straordinaria efficienza. Fu lui a inventare la «tassa di famiglia», o meglio a ripristinarla, perché la sua vera iniziatrice era stata Maria Teresa. Ma la maggior pressione la esercitò nel campo delle imposte indirette che colpivano tutti i consumi senza distinguere fra quelli di lusso e quelli di prima necessità. Naturalmente a farne le spese furono soprattutto le classi popolari, che di lì a pochi anni gliel'avrebbero fatta pagare. Ma con questi sistemi riuscì a portare le entrate da settanta a oltre cento milioni e a pareggiare il bilancio. Un'altra operazione di grande successo fu la sistemazione del debito pubblico, che versava nel caos. Prina ne accertò l'ammontare (217 milioni) e trasformò i crediti in veri e propri «titoli di Stato» al 3,50%. Per le operazioni che li riguardavano, istituì il Monte Napoleone, facendone non più una corporazione privilegiata di creditori com'erano i vecchi Monti di tutta Italia, ma un vero e proprio istituto finanziario qualificato anche all'emissione di buoni fruttiferi. Finché durarono le esazioni francesi che fagocitavano una buona metà delle entrate, questa rigorosa politica servì più a drenare i redditi che ad accrescerli. Ma dopo, ereditata e gestita da padroni meno esosi come gli austriaci, si rivelò – come oggi si direbbe – uno strumento promozionale di grande efficacia per l'accumulo del capitale e il suo investimento a scopi produttivi. Le fondamenta della buona amministrazione che nell'Ottocento consentì al Lombardo-Veneto di diventare la sola «area di sviluppo» di un Paese sottosviluppato, era stato il Prina a gettarle.

Ma le difficoltà in mezzo a cui la Repubblica si dibatteva

non erano soltanto quelle economiche. Formata di province eterogenee, reduci da esperienze storiche assai diverse, e che prima di allora non avevano avuto fra loro altri rapporti che di rivalità e d'inimicizia, essa restava uno Stato improvvisato, senza tradizioni e minato dai particolarismi municipali. Questi erano forti soprattutto nelle vecchie Legazioni di Emilia e Romagna, restìe a riconoscere il primato di Milano. A Bologna bastò una piccola carestia di pane per scatenare nel 1802 una sommossa, e la guardia civica che avrebbe dovuto reprimerla si schierò invece coi ribelli.

A soffiare sul fuoco erano anche i patrioti di tutte le altre parti d'Italia. Ce n'erano migliaia. Tutti di estrazione democratica, erano tenuti alla larga dal regime «moderato» di Melzi. Questi anzi a un certo punto propose di rinchiuderli in un campo di concentramento o di deportarli, ma Napoleone si oppose. Guardati con sospetto, delusi nei loro sogni rivoluzionari e unitari, resi inquieti da una disoccupazione che per molti di loro significava anche fame, questi fuoruscii non facevano che aizzare contro il governo. Mancava una vita politica e una lotta di partiti, in cui la loro opposizione potesse manifestarsi e svolgersi legalmente. E questa era forse la più grossa tara del regime. Anche negli organi che avrebbero dovuto funzionare da parlamento – la Consulta e il Consiglio legislativo –, il predominio dei «notabili» moderati era assoluto. Le figure più rappresentative erano il Paradisi e l'Aldini. Ma i loro contrasti con Melzi – e ce ne furono di aspri – erano di natura personale, non ideologica. Fin d'allora la politica italiana palesava questo vizio, di cui non doveva mai più guarire.

Naturalmente la conversione della Repubblica in Regno, sollecitata da Melzi, avallata senza molte obbiezioni dalla Consulta e dal Consiglio, accettata con indifferenza dalla popolazione, rese ancora più acuto il disagio dei democratici e li spinse ad arruolarsi nelle società segrete, che avevano cominciato a diffondersi per i motivi che diremo. Non avevano altra strada. Il guaio è che la battevano con malaccortezza. Badavano più a litigare fra loro che a svolgere opera di apostolato in mezzo alle masse popolari, di cui pretendevano sollecitare l'iniziativa. Non ne avevano l'umiltà. Non ne avevano il linguaggio. Si dicevano «incompresi», ma non facevano nessun serio sforzo per farsi comprendere. E sebbene fra loro ci fossero molti uomini onesti e disinteressati, non riuscivano a guadagnarsi alcun credito. Questa «sinistra» democratica e rivoluzionaria confermava insomma, in tutto e per tutto, l'analisi che ne aveva fatto Vincenzo Cuoco.

Dopo la cerimonia della consacrazione, l'Imperatore ricevette Melzi e gli altri deputati lombardi. Ma era ancora incerto sul da farsi. Assumendo di persona la corona d'Italia, temeva di scatenare la reazione dell'Austria, con cui in quel momento era in pace. Preferiva, disse, delegarla a suo fratello Giuseppe, anche perché questo gli consentiva di risolvere un altro spinoso problema. Napoleone non aveva avuto figli. Quindi, se fosse morto, la successione sarebbe automaticamente toccata a Giuseppe: soluzione che non lo seduceva affatto, e che si poteva elegantemente evitare separando le due corone e assegnando a suo fratello quella d'Italia.

Melzi accettò subito: un po' perché non poteva far altro, un po' perché la separazione era proprio quello a cui gl'italiani aspiravano. Ma a rifiutare fu Giuseppe, che preferiva restare principe ereditario di Francia. Napoleone ripiegò su un nipote, figlio del fratello Luigi. Ma il giovane, tuttora minorenne, aveva bisogno del consenso del padre che lo negò. Non restava che tornare al primo progetto: l'Imperatore dei francesi sarebbe stato anche il Re d'Italia.

Nell'aprile del 1805 si mise in viaggio per Milano, dove aveva spedito in avanscoperta il figliastro Eugenio di Beauharnais col pretesto di assumervi un comando militare. Aveva ordinato di dare all'avvenimento la massima solennità, e i suoi desideri vennero puntualmente soddisfatti. Per la parata militare, furono ammassati i più bei reparti dei due eserciti, e i bastioni di Porta Ticinese vennero sfondati per rendere più impressionante il colpo d'occhio. Mai si erano visti archi di trionfo più sontuosi e più splendide luminarie.

L'imponente messinscena raggiunse l'effetto voluto. L'accoglienza fu trionfale, e l'entusiasmo toccò l'acme quando il cocchio imperiale attraversò la piazza del Duomo, gremita di folla festante La cerimonia in cattedrale non ebbe nulla da invidiare a quella che pochi mesi prima si era svolta a Notre-Dame, anzi i testimoni dicono che fu ancora più solenne. Affiancato da sedici Vescovi, il cardinale Caprara benedisse e impose al nuovo Re gli *onori* di Carlomagno: scettro, spada, anello e mantello. Poi fu portata la corona. Era quella, di ferro, che avevano cinto gli antichi Re longobardi e che si conservava a Monza nella chiesa di San Giovanni, eretta dalla regina Teodolinda. Napoleone la sollevò in alto con le proprie mani e se l'infilò in testa, come aveva fatto a Parigi, pronunciando la formula di rito: «Dio me l'ha data, guai a chi la tocca!» Gli rispose, fragoroso, il grido della folla dentro e fuori della cattedrale: «Viva l'Imperatore e Re!» La sua eco arrivò anche a Vienna, dove si disse che Napoleone si era proclamato non «Re d'Italia», ma «Re di tutta l'Italia», e che aveva fatto incidere questo motto, *Rex totius Italiae*, sulla medaglia commemorativa dell'avvenimento. Non era vero, ma tutti ci credettero. E fu la spinta decisiva alla guerra.

Napoleone, che vi era già preparato, se ne rese conto. Ma, prima di lasciare Milano per rimettersi alla testa delle sue truppe, convocò il Corpo legislativo per inaugurarne i lavori e presentargli Eugenio nella sua veste di Viceré. «In mezzo alle cure e alle amarezze inseparabili dall'alta posizione che occupiamo – disse –, il nostro cuore ha avuto bisogno di trovare un conforto nell'affetto e nella consolante amicizia di questo nostro figlio adottivo.»

Non erano soltanto parole convenzionali. In mancanza di figli suoi, Napoleone si era effettivamente affezionato a questo ragazzo, frutto del primo matrimonio di Giuseppina, e ne era ricambiato. Eugenio amava Napoleone e gli rimarrà fedele anche nelle ore amare del disastro, quando tutti lo abbandoneranno, compresi i suoi fratelli e sorelle. Non aveva che ventitré anni, ed era un bel giovanotto, di modi semplici, ma di scarsa comunicativa, che aveva cercato di meritare i rapidi avanzamenti di cui aveva beneficiato con grande invidia e stizza del *clan* Bonaparte. Ogni sua promozione aveva provocato violente scenate fra Napoleone e i suoi che, da buoni còrsi, non volevano dividere con nessuno ciò ch'essi consideravano il bottino di famiglia. E anche quella sua nomina a Viceré – di un Regno di cui nessuno di loro aveva voluto diventar Re – aveva fatto scoppiare una tempesta di reciproci rinfacciamenti che aveva richiesto la convocazione di un consiglio di famiglia con l'intervento di Mamma Letizia – *Madame Mère* – in qualità di paciera.

I poteri conferiti a Eugenio erano scarsi. Napoleone non si contentava di dirgli in una lettera d'istruzioni: «Se un ministro viene a dirvi che occorre spengere il fuoco perché Milano brucia dovete rispondergli che bisogna aspettare gli ordini del Re. E se questi ordini non vengono, dovete lasciarla bruciare»; voleva anche che tutti toccassero con mano questa posizione subalterna. Eugenio era autorizzato a sedersi sul trono reale ma sotto un baldacchino su cui campeggiava un grande ritratto del Re, cioè di Napoleone; e quando riceveva il Corpo legislativo doveva scenderne e prendere posto su uno scranno di fianco. L'Imperatore non dubitava della lealtà del suo figlioccio. Ma temeva, data la sua giovane età, che si montasse la testa, o che gliela montassero i milanesi e cercassero di strumentalizzarlo, solleticando le sue ambizioni, per affermare tendenze separatiste. Nel passargli le consegne, lo mise in guardia dai collaboratori, nei quali non riponeva nessuna fiducia: «Qui – gli disse –, non c'è che un uomo intelligente e di carattere: Prina».

Melzi infatti non c'era più. Fin allora il vero Viceré era stato lui. Ora che ce n'era un altro, non avrebbe potuto restare che a prezzo di una degradazione, cui non ripugnava soltanto il suo orgoglio. La sua vita era stata difficile fra un padrone autoritario e impaziente e un parlamento impotente ma velleitario. Non amava abbastanza il potere per sopportare tutte queste contrarietà, e approfittò dell'occasione per ritirarsi in una carica puramente rappresentativa: la presidenza del Senato. Ma lo fece da par suo, andandosene con inchino e in punta di piedi senza sbattere la porta, e mantenendo inalterato il suo prestigio.

Un mese dopo l'incoronazione nel Duomo di Milano, il 23 giugno, Napoleone firmò un decreto che decideva le sorti di Lucca.

Per secoli questa piccola Repubblica era riuscita a salvare la propria indipendenza dalla cupidigia dei Granduchi nel cui territorio era incastrata. Era un'oligarchia un po' sul tipo di quella di Venezia. Il potere era monopolio di un centinaio di famiglie che lo gestivano attraverso due Consigli – i Nobili e gli Anziani – e lo incarnavano nella figura del Gonfaloniere, simbolica come quella del Doge. I francesi dapprima si limitarono a imporle un tributo e a requisirle armi, stoffe e calzature per il loro esercito. Poi le ingiunsero un cambiamento di regime in senso democratico. E alla fine Napoleone ci mandò il fido Saliceti a redigere una Costituzione. Qualcuno dice ch'egli volle di proposito creare una situazione d'incertezza e confusione che gli desse un pretesto d'intervento. Comunque, questo fu il risultato. Quando una deputazione di lucchesi venne a Milano a rendere omaggio al Re d'Italia e si sentì rimproverare con asprezza il disordine in cui versava lo Stato, capì che il regime repubblicano aveva fatto il suo tempo e che, per evitargli una fine violenta, era meglio farlo morire di morte naturale. Fu subito bandito un plebiscito che dette il risultato voluto anche perché le astensioni furono considerate «sì»: Lucca chiedeva a Napoleone l'alto onore di entrare a far parte del suo Impero. Ricevendo il 23 giugno i delegati che gli portavano il responso, Napoleone disse: «Accetto il vostro voto».

L'offerta gli veniva buona per contentare sua sorella Elisa che, nella spartizione del bottino di famiglia, si considerava la più sacrificata. A suo marito Felice Baciocchi non era toccato che il Principato di Piombino, poco più che una fattoria. E la sorella dell'Imperatore non poteva restare una fattoressa. Napoleone fece di Lucca un Principato e gliel'assegnò. L'insediamento avvenne il 14 luglio e fu solenne. Ai lucchesi Elisa piacque (di Baciocchi non si accorsero nemmeno): bene o male, era una garanzia d'indipendenza dal Granducato.

Poche ore dopo aver accolto il voto dei lucchesi, Napoleone partì per Genova.

Anche questa Repubblica aveva ostinatamente difeso la sua indipendenza, specialmente quella delle sue banche e delle sue flotte, e anch'essa era retta da una oligarchia. Ma dopo Marengo, Napoleone le aveva ingiunto di riformare la sua Costituzione, e per facilitarle il compito ci aveva trasferito da Lucca il solito Saliceti, che coi plutocrati genovesi era in stretti rapporti dal '96, quando aveva contrattato con essi un prestito per finanziare (ricordate?) la prima spedizione di Bonaparte in Italia.

Non val la pena approfondirne i dettagli. L'articolo più importante era il 14 che diceva: «Sarà istituito a Genova un arsenale di costruzioni, e la Repubblica avrà un armamento marittimo che comprenderà almeno due vascelli da 74, due fregate e quattro corvette». Era questo infatti, e niente altro, che Napoleone voleva assicurarsi: un buon porto, buoni cantieri e un po' di flotta per tenere quella inglese lontana dalle coste italiane.

Ma, priva di entroterra, Genova viveva solo di mare, il mare era in mano agl'inglesi, e gl'inglesi ne interdicevano il transito non soltanto alla Francia, ma anche agli amici della Francia. La città cominciò a dar sintomi di asfissia, e Saliceti scrisse in un suo rapporto che bisognava scegliere: o farne un porto franco come Trieste e Livorno, o annetterla all'Impero inglobandola nel suo sistema doganale. Napoleone scelse naturalmente la seconda alternativa. E Saliceti, mentre il doge Durazzo viaggiava alla volta di Milano per rendere omaggio all'Imperatore, fece votare dal Senato una dichiarazione in questo senso. Il Doge non se ne rammaricò, o per lo meno non lo dette a divedere, anzi egli stesso presentò a Napoleone l'appello che terminava con queste parole: «Vogliate accordarci il bene di diventare vostri sudditi». Al che Napoleone rispose: «Tornate nella vostra patria. Fra poco anch'io ci verrò a suggellare l'unione fra i nostri popoli».

Ci si fermò infatti il 30 giugno nel suo viaggio di ritorno a Parigi, accolto con le solite feste. La sua visita in Italia era durata poco più di due mesi, e non si può certo dire che li avesse sprecati. Ci aveva raccolto una corona di Re, una dote per sua sorella e un bel regalo per la Francia: i tre dipartimenti in cui la Liguria era stata divisa. Ma sapeva benissimo che tutto questo aveva un prezzo, e Melzi glielo aveva detto: «Io non ho mai cessato di ripetergli che

129

doveva abbandonare l'atteggiamento che egli teneva in Italia per cessare di dare preoccupazioni a tutte le potenze europee». Ma lui gli aveva risposto che, anche se lo avesse abbandonato, le potenze europee avrebbero seguitato a insidiarlo e combatterlo. Era preparato alla guerra. Forse la desiderava. Comunque, non aveva fatto nulla per evitarla, anzi aveva fatto di tutto per precipitarla. Vero o inventato che fosse, quel *Rex totius Italiae* aveva fornito i migliori argomenti ai «falchi» di Vienna. Ma ancora più decisiva si rivelò l'annessione di Genova che – dice lo storico inglese Holland Rose – «fece nascere in nove settimane una coalizione che la diplomazia britannica non era riuscita a creare in ventisei mesi».

Il 9 agosto (del 1805), l'Austria aderì all'alleanza anglo-russa. La parola era di nuovo agli eserciti. E noi siamo costretti a seguirne, sia pure in rapida sintesi, la vicenda, poiché da essa prende avvio un ennesimo rimescolamento delle carte italiane.

«Tutta la Grande Armata è in marcia e il primo vendemmiaio sarà sul Reno. Farò al nemico uno scherzo tale che non avrà il tempo di venire ad annoiarvi in Italia» scrisse Napoleone a Eugenio.

Lo scherzo consisteva nella rapidità dei movimenti. Gli austriaci, che avevano scelto come principale teatro di guerra la Germania, basavano il loro piano sulla previsione che ai russi sarebbero bastati sessanta giorni per raggiungerli, mentre a Napoleone ne sarebbero occorsi ottanta: i due alleati avrebbero quindi avuto il tempo di unire le loro forze e di assumere lo schieramento più favorevole. Napoleone lo aveva capito. Rinunziando a soste e a misure di sicurezza, giunse con tre settimane d'anticipo, colse gli austriaci da soli e in fase di assestamento a Ulm, e in poche ore di battaglia li sbaragliò e ridusse alla resa. Lo scherzo era riuscito.

Gli austriaci dovettero richiamare in tutta fretta l'esercito che avevano mandato in Italia per tenervi agganciate le forze francesi. Napoleone, ritenendo Eugenio troppo giovane e immaturo, ne aveva affidato il comando a Masséna che, numericamente inferiore, avrebbe dovuto limitarsi alla difensiva. Ma ora ricevette l'ordine di buttarsi alle calcagne del nemico in ritirata in modo da impedirgliela o ritardarla. Il compito fu brillantemente assolto. Solo con molta fatica gli austriaci riuscirono a ripassare le Alpi e, attaccati sul fianco dalle cavallerie francesi, dovettero dirottarsi verso Est. Erano completamente tagliati fuori, quando Napoleone sferrò l'attacco risolutivo ad Austerlitz il 2 dicembre, primo anniversario della sua incoronazione. Non poteva festeggiarlo meglio: fu il suo più grande trionfo, l'acme della sua favolosa carriera di condottiero.

Per gli austriaci, fu un amaro Natale. L'indomani dovettero firmare la pace di Presburgo che, oltre a costargli gravi perdite in Germania, li estrometteva definitivamente dall'Italia obbligandoli a rinunciare a tutti i compensi ottenuti a Campoformio e a Lunéville. Riconoscevano a Napoleone il titolo di Re d'Italia e gli cedevano Venezia coi suoi antichi domini di terraferma, Istria e Dalmazia. Quando cercarono di spendere una buona parola per i Borbone di Napoli, che si erano schierati al loro fianco, Napoleone tagliò corto: «Dite al vostro Imperatore che non ficchi il naso in questa faccenda. È venuto il momento di saldare i conti con quella miserabile». Quella miserabile era la regina Maria Carolina, zia dell'Imperatore d'Austria. L'indomani lanciò da Schönbrunn il celebre proclama: «Soldati! La dinastia di Napoli ha cessato di regnare. La sua esistenza è incompatibile con la pace dell'Europa e l'onore della mia corona. Buttate in mare, ammesso che vi aspettino, i deboli battaglioni di quei tiranni».

Le scenate di Napoleone erano sempre a freddo. Questa era a caldo. I testimoni assicurano che mai nessuno lo aveva visto preda di un furore vendicativo così violento come quando impartì alle sue truppe d'Italia l'ordine di «scaraventare giù dal trono questa infame criminale». Ma ne aveva qualche motivo.

CAPITOLO TREDICESIMO
GL'INTRIGHI DI NAPOLI

Dobbiamo fare un passo indietro: il lettore – speriamo – ce lo perdonerà. Come abbiamo già raccontato, la restaurazione borbonica a Napoli aveva fatto il suo debutto con le forche. Ma re Ferdinando, pur sollecitandole, non aveva nessuna voglia di vederle in azione. Solo nel luglio (del '99) si era deciso a tornare insieme ad Acton nella sua capitale, ma facendo divieto a sua moglie di seguirvelo.

Maria Carolina fece scene terribili. Dopo aver inseguito Nelson e la sua amante con aizzamenti alla ferocia («Non preoccupatevi del numero: molte migliaia di delinquenti in meno renderanno la Francia più povera, e noi staremo meglio»), ora si sentiva defraudata della vendetta e sfogava la sua delusione in lettere rancorose, piene di esclamativi e anatemi. Ne scriveva a tutti perché era grafòmane, alternando i toni solenni alle invettive più volgari, piangendosi addosso, coinvolgendo il buon Dio nelle sue passioni, contraddicendosi ad ogni passo e sempre in buona fede, senza un briciolo di senso critico e di umorismo. Ma il Re fu irremovibile.

A Napoli si trattenne poco e preferì alloggiare sulla nave di Nelson invece che a palazzo reale: ci si sentiva più sicuro. De Nicola racconta che una mattina, mentre era sulla tolda, vide emergere dal fondo del mare un corpo umano. «Cos'è?» gridò sbiancando. «Il cadavere di Caracciolo che chiede sepoltura» gli disse un ufficiale. «Gli sia concessa» rispose, ridiscendendo precipitosamente in cabina.

In agosto era già di ritorno a Palermo, dove fu data una splendida festa per onorare gli eroi della riconquista del

Reame. Nelson ricevette il feudo di Bronte col titolo di Duca trasmissibile agli eredi e la spada con l'elsa tempestata di diamanti che Luigi XIV aveva donato a suo nipote Filippo V, nonno del Re. Emma Hamilton ebbe una collana di diamanti e due carrozze di gala piene di vestiti. C'erano anche i due briganti Fra' Diavolo e Mammone, che furono decorati e promossi colonnelli. Ma ripartirono quasi subito per riprendere il comando delle loro bande in marcia con l'esercito napoletano su Roma.

Era infatti il momento in cui, profittando dell'assenza di Napoleone bloccato in Egitto dalla distruzione della sua flotta ad Abukir, le armate austro-russe spazzavano i francesi dall'Alta Italia, e Maria Carolina aveva persuaso il marito ad approfittarne per piantare nuovamente la sua bandiera nell'Urbe. D'accordo con la Regina, Nelson cercò di far capire a Ferdinando ch'era difficile dirigere le operazioni diplomatiche e militari da Palermo, ma il Re faceva orecchio da mercante. A Napoli avrebbe dovuto tornare a palazzo reale insieme alla moglie, e non c'erano riserve di caccia ricche di selvaggina come quelle che i baroni siciliani gli mettevano a disposizione. Eppoi, voleva prima vedere che piega avrebbe preso quella guerra, in cui s'era lasciato coinvolgere più per ignavia che per convinzione.

Gli avvenimenti si affrettarono a dargli ragione. Alla fine dell'anno, Napoleone tornò in Francia, si fece proclamare Primo Console e riprese il comando dell'armata d'Italia. Napoli doveva vedersela nuovamente con lui.

A Palermo, il contraccolpo fu immediato. Non avendo più ragione di tenerlo a guardia del Mediterraneo ora che il Bonaparte aveva abbandonato l'Africa, Londra richiamò Nelson, e il richiamo di Nelson comportò automaticamente quello degli Hamilton, che ormai facevano con lui una sola famiglia.

Per Maria Carolina fu un terribile dolore. Era legatissima a Emma. Chi delle due fosse lo strumento dell'altra, è difficile dire. Ma fatto sta che grazie alla loro amicizia il Reame era diventato un protettorato inglese e Nelson un ammiraglio borbonico molto più di quanto la situazione politica richiedesse. E infatti la loro partenza, che rese la Regina «mezzo morta», comportò notevoli novità nelle relazioni con Londra.

Il nuovo ambasciatore, Paget, aveva ricevuto dal suo governo istruzione d'indurre il Re a tornare a Napoli. Ma Ferdinando non voleva saperne perché ne aveva capito benissimo il motivo. Convinta che la lotta contro Napoleone fosse ancora lunga, l'Inghilterra voleva, scacciandone i francesi, occupare Malta che i siciliani consideravano una loro dipendenza, e preferiva farlo col Re a Napoli piuttosto che a Palermo. Oltre a questo, Ferdinando era su tutte le furie perché il suo Acton, che lo aveva sempre sollevato da ogni peso e responsabilità, s'era innamorato e aveva sposato, a sessantaquattr'anni, una nipote di tredici: il che lo rendeva per il momento inutilizzabile.

A restituirgli un po' di buonumore fu solo la decisione della Regina di andare a Vienna a rinsaldare i legami di famiglia – l'imperatore Francesco era insieme suo nipote e suo genero –, alquanto deteriorati dacché il Reame era passato armi e bagagli all'Inghilterra. Ora che questa si faceva troppo esigente, meglio crearle un contrappeso. Ferdinando, sebbene incredulo sulla riuscita della missione, l'aveva approvata caldamente per liberarsi da quella insopportabile donna. Essa arrivò a Vienna quasi contemporaneamente alla notizia della disfatta austriaca a Marengo, che lasciava nuovamente l'Italia in balìa di Napoleone e il Regno borbonico ancora più bisognoso della flotta inglese. La missione era fallita prima ancora di cominciare.

In settembre, la bandiera francese fu ammainata a Malta e sostituita da quella inglese. Anche le navi napoletane avevano partecipato al blocco dell'isola, ma dopo la capitolazione furono amabilmente congedate. Ferdinando non ebbe neanche il tempo di protestare. L'Austria si apprestava a firmare il trattato di Lunéville, che dava mano libera al Bonaparte sulla penisola, senza neanche chiedere una garanzia per Napoli. Questa fu salvata solo da un intervento dello Zar di Russia, che Napoleone allora corteggiava. Il generale Murat, che aveva già ricevuto l'ordine d'invadere il Reame, fu fermato, ma rimase con l'arma al piede, mentre i plenipotenziari francesi e napoletani negoziavano a Firenze una pace che somigliava molto a un *diktat*. I Borbone dovevano cedere i Presidi Toscani, Porto Longone e Piombino, accettare guarnigioni francesi in Abruzzo, accollandosene tutte le spese, consegnare un pezzo di flotta, pagare una forte indennità e concedere una plenaria amnistia ai prigionieri e agli esuli politici.

Quel trattato, che praticamente sottraeva Napoli all'Inghilterra per farne un protettorato francese, non era un successo per Paget, che cercò d'indurre il Re a rifiutare la ratifica. Ma il Re gli rispose che non poteva farne a meno, e aveva ragione. Egli capiva che d'ora in poi, quanto più avesse ceduto alla Francia per Napoli, tanto più per la Sicilia avrebbe dovuto cedere all'Inghilterra, cui l'isola diventava sempre più preziosa. Tuttavia, di tutti i pericoli che lo minacciavano, quello che più lo spaventava seguitava ad essere sua moglie. Le scrisse: «Ti prego di non muoverti da dove sei senza il mio consenso...» Non la voleva tra i piedi in quei repentagli, ora che aveva deciso di tornare a Napoli dove avrebbe dovuto convivere con lei.

La Regina gli obbedì anche perché aveva dovuto sottoporsi a una dolorosissima operazione di emorroidi, di cui come al solito aveva sentito il bisogno di dare minuziosissimi ragguagli in una lettera corredata anche di disegni che rappresentavano la parte operata. Quando rimise piede a Napoli, la città, che aveva accolto trionfalmente Ferdinando, finse di non accorgersi di lei.

Il governo che il Re aveva insediato navigava tra grosse difficoltà. Anche se i repubblicani non erano che una sparuta minoranza ignorata o addirittura mal vista dalla popolazione, la spietata purga abbattutasi contro di essi nel '99 aveva lasciato uno strascico di rancori nell'aristocrazia e nella borghesia, dove non c'era famiglia che non avesse il suo decapitato o deportato. Col trattato di Firenze che ne imponeva il richiamo, molti esuli erano rientrati e, anche se non organizzarono veri e propri complotti, non svolsero di certo opera distensiva.

Particolarmente grave era la situazione economica non soltanto per i guasti provocati dalla lunga guerriglia di Ruffo, ma anche perché, oltre a tollerare le guarnigioni francesi nel suo territorio, Napoli si era impegnata a mantenerle. Il ministro delle Finanze, Zurlo, sebbene uomo di notevoli capacità, non riusciva a far fronte alla crisi, e fu questo che riportò alla ribalta una delle figure più discusse, ma anche più interessanti di questo periodo: Luigi de' Medici.

Medici era un aristocratico che disprezzava i suoi pari per la loro ignoranza, ma ne condivideva il suscettibile orgoglio e teneva moltissimo al suo blasone. Si circondava d'intellettuali, ma li trattava dall'alto con paternalistica condiscendenza. Detestava la Corte e ironizzava sui suoi intrighi, ma per fare strada si era servito di quelli di sua sorella, la marchesa di San Marco. Era stata costei, donna scaltrissima, a montare la Regina contro Acton che rappresentava il più grosso ostacolo alle ambizioni di suo fratello. Non potendo silurare l'ex-favorito, Maria Carolina aveva pensato di creargli un contrappeso facendo nominare Medici capo della polizia. Tutto questo era avvenuto, si capisce, prima che Napoleone si affacciasse sulle Alpi.

È probabile che Medici fosse in buona fede usando i suoi poteri più per ammansire che per perseguitare gli oppositori politici, cioè i giacobini. Ma un po' vi era anche costretto dai legami di amicizia che aveva contratto con loro. Aveva protetto il loro circolo più radicale, l'Accademia di Chimica, e due dei suoi adepti, i fratelli Giordano, vivevano addirittura in casa sua. Forse, se ne avesse avuto il tempo, sarebbe riuscito a fare di questi ribelli dei collaboratori per portare avanti un riformismo di marca illuministica. Per quanto difficile, il giuoco si poteva tentare. Furono le circostanze e la pochezza degli uomini a farlo fallire.

Nel '94 era stato scoperto un complotto rivoluzionario d'ispirazione francese. Era l'indomani della decapitazione di Luigi XVI e di Maria Antonietta, sorella della Regina. Polizia e tribunali ricevettero l'ordine di procedere con la massima severità. Sotto le torture, gli arrestati «cantarono». Medici riuscì a far fuggire in tempo alcuni caporioni, fra i quali Lauberg; ma i Giordano rimasero nella pania. Medici tentò di farli evadere, e uno ci riuscì, ma l'altro fu ripreso e condannato all'ergastolo. Il loro padre, convinto che Medici li avesse traditi, lo denunziò dicendo ch'era stato lui a convertire i suoi figli alle idee giacobine. Acton mostrò la delazione alla Regina che la mostrò al Re, e Medici si trovò, da arrestatore, arrestato. Gli ci vollero tre anni, la falsificazione di alcuni documenti e un provvisorio mutamento di situazione politica per essere assolto e liberato.

Malgrado questi precedenti, quando nel '98 assunsero il potere, i repubblicani non lo considerarono dei loro, ma dapprincipio non lo disturbarono, anche perché sua sorella aveva tempestivamente abbracciato la loro causa ed esercitava su di essi un notevole ascendente. Ma negli ultimi mesi della resistenza, quando il pericolo aveva portato alla ribalta gli elementi più estremisti, anche lui fu imprigionato come potenziale nemico. Più tardi qualcuno disse che, presentendo l'imminente crollo della Repubblica, era stato lui stesso a denunziarsi come monarchico per passare da martire della causa borbonica. Niente suffraga questa voce. Ma il fatto ch'essa trovasse credito la dice abbastanza lunga sull'opinione che la gente aveva di lui.

Comunque, anche questa seconda persecuzione non gli era valsa a nulla. Molto più abile di lui, sua sorella era riuscita a rientrare nelle grazie della Regina, che per la sua conversione alla Repubblica l'aveva chiamata «traditrice», «vipera» e «megera». Ma la riconciliazione era troppo recente per consentirle di sostenere il fratello, nuovamente nei guai per una seconda delazione dell'implacabile Giordano, che lo accusava d'infami collusioni con la Repubblica. Sebbene l'inchiesta appurasse la falsità della denunzia, Medici venne bandito.

Era tornato con l'amnistia, e la soccorrevole sorella fu pronta, come al solito, a dargli una mano. L'aggravarsi della crisi finanziaria aveva portato alla caduta di Zurlo, di cui però non si riusciva a trovare un successore. Il Blanch dice che la San Marco consigliò al fratello di redigere un rapporto sulla situazione, suggerendone anche i rimedi, e lo portò alla Regina. Questa ne rimase profondamente colpita, e a sua volta lo portò al Re, che detestava Medici, ma ancora di più detestava leggere. Respingendo infastidito il memoriale, le disse: «Fa' quello che vuoi, io non voglio diventar pazzo con questi briganti». La Regina sottopose il documento ad Acton; ma, ben sapendo quanto anche lui odiasse Medici, non gli disse chi lo aveva scritto. Anche Acton rimase colpito, sebbene di economia non capisse nulla, o forse proprio per questo. Ma, trovandosi con l'acqua alla gola e vedendo in quel memoriale delle proposte costruttive, si lasciò scappar detto ch'era proprio quel che ci voleva. Dopodiché non poté più sottrarsi all'impegno di proporne l'autore al Re come ministro delle Finanze.

Tutto ciò sa un po' di romanzo, ma non è completamente inverosimile in un covo d'intrighi come la Corte di

Maria Carolina. Il Re rifiutò a Medici il titolo e il rango di ministro, ma gli dette ugualmente carta bianca in fatto di economia, e Medici dimostrò che i suoi non erano vaneggiamenti. Con opportune misure di emergenza, egli mise riparo ai dissesti più gravi e predispose una serie di riforme che col tempo avrebbero potuto scardinare l'ordinamento feudale del Reame. Purtroppo, fu proprio il tempo che mancò.

Un'altra buona scelta si rivelò quella del nuovo capo della polizia. Nei salotti si rise quando si sparse la notizia che a quel posto era stato designato il Duca d'Ascoli, considerato una specie di *play boy* avanti lettera, donnaiolo e compare di bisbocce del Re. Eppure, egli spiegò nel suo incarico doti insospettate di accortezza e moderazione. In quell'incerta situazione politica, egli comprese che l'unico obbiettivo da perseguire era la concordia e fece di tutto per ristabilirla al di sopra dei contrasti ideologici. Fece uscire di prigione molti pregiudicati politici e comminò pene severe a chi attribuiva a qualcuno, senza darne le prove, la qualifica di «giacobino», un termine che aveva fatto da alibi a troppi soprusi.

Ciò non impedì che qua e là seguitassero a manifestarsi dei focolai rivoluzionari. Il più vasto e attivo fu quello acceso in Calabria da Rodinò con la collaborazione di un giovanotto di cui udremo riparlare, Guglielmo Pepe. Ma abbiamo l'impressione che queste attività rivoluzionarie siano state alquanto esagerate dagli storiografi risorgimentali. Per il Reame borbonico la minaccia non veniva dall'interno, ma dall'esterno, cioè dalla situazione internazionale. E a farla precipitare in catastrofe furono ancora una volta gl'intrighi della Regina.

Sul piano diplomatico, la situazione di Napoli era obbiettivamente difficile. Il suo mare, e perfino il suo golfo erano piantonati dalla flotta britannica, mentre il suo entroterra era presidiato dalle guarnigioni francesi. La pace di Amiens tra Francia e Inghilterra al principio del 1802 non fu per Napoli che un sollievo molto relativo. Tutti capivano che le due Potenze avevano negoziato la tregua solo per meglio prepararsi a una nuova guerra, e Napoli era proprio uno dei punti in cui più se ne aveva la sensazione. Sia l'ambasciatore di Londra, Elliot, che quello di Parigi, Alquier, vi si comportavano da proconsoli tenendo la Corte sotto il fuoco incrociato delle loro minacce e ricatti.

Dei due, Alquier era il più scomodo. Maria Carolina considerava una provocazione la presenza di quest'uomo ch'era stato uno di quei deputati della Convenzione che avevano condannato a morte sua sorella Maria Antonietta. Ma doveva fare i conti con la sua abilità e spregiudicatezza. La posta del giuoco era la testa di Acton. Alquier aveva capito che con lui al potere Napoli avrebbe sempre gravitato nella sfera britannica. Ma aveva capito anche che la Regina non amava più il suo ex-favorito, specie ora che di favorito ne aveva un altro, di vent'anni più giovane di lei. Per trarla dalla sua parte, la mise in diretta corrispondenza con Napoleone. Dopo averlo tanto maledetto, l'impulsiva donna scrisse al «cane còrso», come lo chiamava, una lettera piena di piaggerie e proteste di amicizia. Napoleone le rispose premurosamente che l'amicizia gliela ricambiava in pieno. «Ma – aggiunse – le circostanze mi obbligano a considerare il Regno di Napoli come un Paese governato da un ministro inglese.»

Pur protestando la sua indignazione contro questo velato *ultimatum*, la Regina mostrò la lettera ad Acton, che offrì immediatamente le dimissioni. Ma il Re le rifiutò in maniera decisa, e l'episodio non contribuì di certo a migliorare i rapporti con la Francia. Ma il colpo di grazia lo dette la tresca di Maria Carolina con Madrid.

Il lettore certamente ricorda che Ferdinando era figlio di quel Carlo III di Borbone che, dopo essere stato Re di

Napoli, era diventato Re di Spagna. Ora su questo trono sedeva il suo primogenito, Carlo IV, fratello di Ferdinando. Il legame dinastico era stato rotto da un pezzo per opera di Maria Carolina, che aveva portato Napoli a gravitare sempre più nella sfera degli Asburgo di Vienna, da cui essa stessa proveniva. Ma negli ultimi tempi era stato riannodato da un doppio matrimonio. Il principe ereditario di Spagna aveva sposato Maria Antonietta, figlia di Ferdinando, e sua sorella aveva sposato il principe ereditario di Napoli, Francesco.

Mezzo ebete, Carlo IV era completamente nelle mani di sua moglie Maria Luisa, che a sua volta era completamente nelle mani del suo favorito e amante Godoy, che a sua volta era completamente nelle mani di Napoleone. Questi forse non aveva ancora delle mire sul trono di Madrid, ma teneva all'amicizia della Spagna. La sua collera quindi non conobbe limiti quando Godoy lo informò che Maria Antonietta, su istruzioni di sua madre, stava montando un partito del principe ereditario per mettere fuori causa lui e la Regina e rovesciare il sistema delle alleanze.

Era vero. Le torrentizie lettere di Maria Carolina a sua figlia erano tutte un aizzamento contro la suocera, che replicava chiamando la nuora «ranocchia semimorta», «vipera velenosa» e «sputo di sua madre». Che atmosfera dovesse regnare in quella Corte, lo dice il fatto che nessuno osava toccare cibo senza prima farlo assaggiare a qualche servo. Una di quelle lettere fu intercettata o sottratta dagli scrigni di Maria Antonietta e fatta recapitare da Godoy a Napoleone. C'era scritto che, appena salito al trono, il principe ereditario doveva arrestare la madre e il suo amante e scendere in guerra contro il «còrso bastardo, villan rifatto e nuovo Attila».

Napoleone rispose a un ricevimento del corpo diplomatico a Milano. Andando incontro all'ambasciatore di Napoli, lo alluvionò di epiteti da fureria rinfacciandogli il

142

doppio giuoco e i tradimenti dei suoi Sovrani, e concluse: «Dite alla vostra Regina che non le lascerò neanche la Sicilia e la manderò coi suoi figlioli a mendicare il pane per tutta Europa!»

Era il 1805. La pace di Amiens era finita. L'Inghilterra, di nuovo in guerra con la Francia, cercava alleati che gliela combattessero per terra. Già da due anni, Napoli si era segretamente impegnata a lasciar occupare Messina dalla flotta britannica, se fosse stata minacciata dalle guarnigioni francesi che presidiavano il Reame. In cambio aveva ricevuto un grosso aiuto finanziario per ricostituire alla chetichella un po' di esercito. Ma Ferdinando non voleva avventure. Fu Maria Carolina che gli forzò la mano, quando si profilò l'intervento di Russia e Austria.

Abbiamo già visto come e perché si formò questa coalizione (la terza), e con quale fulminea rapidità Napoleone ne venne a capo a Ulm e ad Austerlitz. Ma rivediamolo dall'angolatura di Napoli.

Da quando le aveva portato via i suoi amati Hamilton e Nelson, l'Inghilterra non godeva più i favori di Maria Carolina. I suoi entusiasmi ora erano tutti per lo zar Alessandro, che sul Reame teneva a svolgere, sia pure di lontano, una parte di alto protettore. Temeva che i francesi se ne servissero come d'un trampolino di lancio per un'azione contro la Turchia, del cui impero egli si considerava il legittimo erede. E proprio per questo aveva indotto Napoleone, quando era in buoni rapporti con lui, a negoziare coi Borbone la pace di Firenze, lasciandoli sul trono. Questo ne aveva fatto il nuovo Eroe di Maria Carolina che senza Eroi non sapeva stare.

Nel maggio (del 1805) giunsero a Napoli, sotto falso nome e con l'aria di semplici turisti, due generali russi per concertare l'azione contro la Francia. L'entusiasmo della Regina salì alle stelle. Siccome il Re non intendeva rinunciare alle sue cacce (era il momento del passo delle qua-

glie), fu lei ad assumere di persona i negoziati, naturalmente segretissimi. Appena la guerra fosse scoppiata, i
russi s'impegnavano a mandare nel Reame 25.000 uomini in aggiunta ai 7.000 che s'impegnava a mandare l'Inghilterra. Sarebbero stati loro a decidere la data e il luogo
dello sbarco e ad assumere il comando delle operazioni.
Alle spese doveva provvedere Napoli. Il premio sarebbe
stata la garanzia dello Zar all'integrità del Reame. Questi
patti erano praticamente una cambiale in bianco rilasciata
ai russi senza contropartita. E non era finita. Lo sbadato
Elliot, che naturalmente sapeva dei negoziati, ne lasciò
trapelare il segreto, e così ne fu informato anche Alquier,
che si presentò furente alla Regina. La scena la descrisse
lei stessa in una delle sue solite lettere. «Mi ha trattata come l'ultima delle donne, urlando come un energumeno,
lui, il regicida Alquier, a me, figlia di Maria Teresa!»

Da buon còrso, Napoleone sapeva che la vendetta è un
piatto da mangiare freddo. Al rapporto del suo ambasciatore, che lo raggiunse mentre si preparava all'attacco su
Ulm, reagì aprendo trattative con Napoli. In cambio della
neutralità offriva il ritiro delle truppe dal Reame. Saltando la Regina, Alquier portò il testo della proposta al Re, e
nel successivo rapporto scrisse: «La cosa più strana è che
nel mezzo di una discussione il cui risultato avrebbe portato la pace a Napoli, o privato il Re della sua corona, questi si preoccupava soltanto della vendemmia, e fu proprio
in un vigneto ch'egli appose tra i vendemmiatori la sua
firma al trattato».

In realtà quella firma non valeva nulla perché pochi
giorni prima egli ne aveva già apposta un'altra sul patto di
alleanza con la Russia e l'Inghilterra: la volontà della Regina aveva come al solito prevalso sulla sua. All'ambasciatore russo egli spiegò che aveva dovuto sottoscrivere il foglio di Alquier perché le guarnigioni francesi avevano già

ricevuto l'ordine di marciare su Napoli, e quindi aveva agito sotto costrizione.

I russi cominciarono i loro sbarchi quando a Napoli era già arrivata la notizia della strepitosa vittoria riportata da Napoleone a Ulm. È vero che subito dopo era arrivata quella del trionfo di Nelson a Trafalgar. Ma il grande ammiraglio vi aveva perso la vita, Napoleone avanzava su Vienna, e quanto più la sua marcia si accelerava, tanto più rallentavano gli arrivi anglo-russi. Questi erano ancora a mezzo, quando giunse l'annunzio di Austerlitz, della resa dell'Austria e del proclama rivolto da Napoleone alle sue truppe: «Soldati, per dieci anni ho fatto il possibile per salvare il Re di Napoli, e lui ha fatto il possibile per rovinarsi... Soldati, avanti! Mio fratello vi guiderà...»

Mentre a Corte lo sgomento dilagava, i comandanti russo e inglese tenevano consiglio di guerra, di una guerra che non avevano nessuna intenzione di fare. Infatti la decisione che presero fu di mandare i reparti napoletani a guarnire i confini, mentre le loro truppe sarebbero rimaste a presidio di Napoli, o per meglio dire a guardia delle loro navi, su cui avevano già deciso di reimbarcarsi. Il Re non mosse un dito per impedirlo. Seguitava ad andare tranquillamente a caccia come se tutto quel che succedeva non fosse affar suo. Un giorno incontrò un reparto in marcia. E, sentito che andavano in Abruzzo a far la guerra, chiese: «Contro chi?» «Contro i francesi» gli risposero. «Dio ve la mandi buona!» disse, e proseguì dietro i suoi cani.

Anche questo suo atteggiamento contribuiva a mettere fuori di sé la Regina, che non abbandonava il suo scrittoio. «Gl'infami s'imbarcano!... Ci abbandonano, i vigliacchi!...» Tempestava di lettere Vienna e Londra. Faceva scene agli ambasciatori russo e inglese. Il 7 gennaio (1806) mandò a Roma il cardinale Ruffo, l'uomo dell'emergenza, a parlare con Masséna. Come al solito, aveva scelto male. Sia pure a torto, i francesi consideravano Ruffo il persecutore dei loro antichi alleati repubblicani. Masséna lo mise alla porta e gl'impedì di proseguire per Parigi. «La sorte di Napoli è già stata irrevocabilmente decisa» gli disse. Maria Carolina si rassegnò alla suprema umiliazione. Prese la penna e scrisse a Napoleone: «Ravvedutami dall'accecamento nel quale fui trascinata da uno zelo e da un amore male calcolati e male intesi, e che m'ispirarono una forte inimicizia, rinunciando ormai ad essere la nemica di Vostra Maestà Imperiale e Reale, ricorro alla vostra generosità...» La risposta di Napoleone fu l'ordine alle sue truppe di marciare su Napoli «per punire il tradimento della Regina e buttare giù dal trono questa criminale...»

In quel momento gl'«infami» se n'erano già andati. La Regina decise di rivolgersi al popolo, e scese in mezzo ad esso per le strade. Ma non riuscì a toccargli il cuore per il semplice motivo che non gliene aveva mai mostrato. Il Re, molto più popolare di lei, si rifiutò di accompagnarla. Preferì andare a Mondragone per distruggere con una colossale battuta di caccia tutta la selvaggina in modo che almeno quella non cadesse in mano ai francesi, e annunziò che se ne tornava in Sicilia. A stento lo persuasero ad aspettare almeno il momento in cui i francesi avessero varcato la frontiera. Rimase fino al 23, poi s'imbarcò alla chetichella dicendo alla Regina di sbrigarsela lei, che aveva provocato quella catastrofe, insieme a suo figlio: lui ne aveva abbastanza.

«Sono preparata a tutto – scrisse la Regina al suo ambasciatore a Parigi, Gallo – non ho paura di niente. Mi ritroverò povera ed errante, dopo aver sempre pensato agli altri e mai a me stessa... Vi raccomando la mia adorata famiglia: l'affido alla vostra fedeltà...» In quel momento Gallo aveva già offerto i suoi servigi a Napoleone che, dopo averli accettati, scriveva a suo fratello Giuseppe: «Il marchese Del Gallo si appresta a mettere a tua disposizione tutti i suoi talenti. Sarà il primo napoletano a giurarti fedeltà».

Vestita a lutto, la Regina faceva il giro dei Santuari. Sperava ancora che il popolo di Napoli scendesse per le strade come aveva fatto nel '98. Ma del '98 il popolo di Napoli ricordava solo la fuga dei suoi Sovrani. L'11 febbraio anch'essa s'imbarcò con la nuora (il Principe Ereditario si era già trasferito in Calabria) e il resto della famiglia. «Noi partiamo» disse alla piccola folla che si era riunita sulla banchina. Le risposero: «Pregheremo perché facciate buon viaggio».

Era proprio finita.

CAPITOLO QUATTORDICESIMO

I VICERÉ

L'esercito che ai primi del 1806 Napoleone aveva scaglia-to contro Napoli aveva come comandante effettivo il ge-nerale Masséna, ma formalmente era agli ordini di Giu-seppe Bonaparte, già designato al trono.

In un primo momento Napoleone aveva pensato di of-frirlo a un altro Borbone, il secondogenito del Re di Spa-gna, per garantirsene ancora di più l'amicizia. Ma Carlo aveva declinato un po' perché il piccolo Principe non ave-va che quattordici anni, e un po' per scrupolo dinastico. Sebbene da un pezzo egli fosse in piena rotta con Ferdi-nando, questi era pur sempre suo fratello, e non volle usurparne il posto.

Fatto il bel gesto, Napoleone non dovette dispiacersi del rifiuto. Quella corona gli faceva gola e gli permetteva fi-nalmente di risolvere il problema di Giuseppe, che segui-tava a cullarsi nelle sue pretese di successore al trono im-periale. Quello che gli rivolse non era un'offerta, ma un ordine perentorio: «Gli direte che lo faccio Re di Napoli, ma che la più piccola esitazione, la più piccola incertezza da parte sua lo perde definitivamente ai miei occhi. Non posso più avere parenti che vivano nell'oscurità. Quelli che non accetteranno d'innalzarsi con me, non faranno più parte della mia famiglia. Del resto, ne faccio una fami-glia di Re». Ci ripensò un momento, poi aggiunse: «O me-glio di Viceré». Perché l'unico vero Re, si capisce, era lui.

Giuseppe capì che stavolta non poteva rifiutare come aveva fatto per il Regno Italico e, sia pure senza molto en-tusiasmo, assunse il comando dell'esercito in marcia su

Napoli, lasciando a Masséna quello effettivo. La divisione dei compiti si rivelò superflua perché tutto si risolse in una passeggiata militare. L'esercito borbonico si arrese prima di combattere, o per meglio dire si dissolse. Solo Gaeta, grazie alle sue fortificazioni, resistette per cinque mesi; ma naturalmente non poté arrestare le colonne francesi.

Giuseppe giunse a Napoli il 15 febbraio, solennemente accolto dal Senato in pompa magna, dalle campane a distesa e dalle salve di cannoni. Prese possesso di palazzo reale, e immediatamente si recò a rendere omaggio a San Gennaro, anche stavolta puntualissimo al solito miracolo. La messa fu officiata dal cardinale Ruffo, ormai guarito della sua fedeltà ai Borbone dopo il trattamento che ne aveva ricevuto. Nell'interno si combatteva ancora, specialmente in Calabria. La rivolta che dopo qualche settimana di repressione sembrava domata, tornò a divampare in estate, quando sbarcò un piccolo corpo di spedizione inglese. I francesi lo attaccarono alla cieca, subirono un sanguinoso smacco, e questo bastò per ridar fuoco alle polveri. Fu un'atroce guerriglia, di cui un grande giornalista, Paul Louis Courier, allora in servizio militare, ha lasciato nelle sue lettere un palpitante e raccapricciante affresco. Fra' Diavolo vi riacquistò il suo rango di protagonista, ma lo tenne per poco: in novembre il suo corpo già dondolava, appeso a una forca, in piazza del Mercato a Napoli. Tuttavia ci vollero due anni di operazioni di polizia condotte con metodi spietati per ristabilire l'ordine nel «profondo Sud» e venire a capo del brigantaggio o meglio per riportarlo alle sue normali misure.

A Napoli, Giuseppe faceva il Re in condizioni di «sorvegliato speciale». Oltre che Masséna per la parte militare, Napoleone gli aveva messo alle costole il solito Saliceti per gli affari politici. Aveva nel fratello una totale sfiducia, e forse sbagliava. Giuseppe non possedeva, si capisce, né il

149

suo genio né il suo carattere. Ma era un uomo equilibrato, ricco di umanità e non privo di fiuto. Di formazione illuminista, aveva studiato a Pisa, quindi conosceva bene l'Italia, la sua lingua e i suoi problemi, pur così diversi da regione a regione. Ma non era un lottatore, e non cercò mai di sottrarsi alla posizione subalterna che il suo imperiale e prepotentissimo fratello gli assegnava. Questi lo bombardava di consigli che suonavano come ordini: «Aumenta le tasse, sii severo, da' degli esempi: in un paese conquistato non bisogna essere umani. Ruba senza riserve: nulla è sacro dopo una conquista. Non fidarti di nessuno, tieni d'occhio la tua cucina, adopra solo cuochi francesi. Non pensare a formare un esercito napoletano: diserterebbe al primo segno di pericolo».

Ma proprio da queste lettere si capisce che Giuseppe avrebbe voluto governare con altri metodi, meno autoritari. Se non ci riuscì, fu colpa soprattutto degl'intrighi e dei complotti orditi dagli emissari borbonici e inglesi. Specialmente Saliceti fu bersaglio di parecchi attentati. Una macchina infernale gli fece crollare in testa la casa, e fu un miracolo ch'egli e sua figlia non perissero sotto le macerie. In queste condizioni era difficile fermare la mano alla polizia. Ma ciò non impedì l'avvìo di una saggia opera di riforme, che poi avrebbe avuto i suoi sviluppi sotto il Regno di Murat.

Ma torniamo al nuovo assetto che Napoleone stava dando alla penisola, ora che la pace di Presburgo gli dava mano libera su di essa. «L'Italia – diceva – è un'amante, di cui non voglio dividere le grazie con nessuno.»

Il 19 gennaio del 1806 la bandiera austriaca fu ammainata sui pennoni di Piazza San Marco a Venezia e sostituita dal tricolore italiano. Napoleone aveva deciso di annettere i territori veneti strappati all'Austria al Regno Italico che ora contava circa sette milioni di abitanti e si estendeva fino all'Istria e alla Dalmazia. Il Principe Eugenio venne a prenderne ufficialmente possesso in febbraio, accolto con schietto entusiasmo. Alla vecchia Repubblica, divisa ora in sette dipartimenti, furono lasciate delle magistrature speciali e una certa autonomia nei confronti di Milano. Grazie alla sua lunga e gloriosa tradizione politica, la Serenissima disponeva ancora di una classe dirigente di notevole livello. Nella loro qualità di Podestà di Venezia, sia Renier che Gradenigo diedero prove eccellenti. La Dalmazia venne affidata, col titolo di Provveditore Generale, a un patrizio di lontana origine ebraica, ma il cui nome brillava nel «Libro d'Oro» della città, Dandolo, di cui Napoleone aveva detto: «È con Melzi l'unico vero uomo politico italiano». Ce n'era bisogno perché la Dalmazia, come anche l'Istria, non era governabile né da Milano né da Venezia, ed ebbe un'esistenza tribolata dalle continue rivolte delle popolazioni slave. Per reprimerle, Eugenio vi mandò dei reparti dell'esercito italiano, che lì fece le sue prime esperienze di guerra dopo secoli d'imbelle passività. Si batterono con onore, ma sempre a fianco delle truppe francesi, che non poterono mai sguarnire quelle terre dilaniate da una endemica guerriglia.

In omaggio alla giustizia distributiva nella spartizione delle spoglie fra i parenti, Napoleone procedette ad altri parziali aggiustamenti. Avendo dato al Regno Italico, cioè a Eugenio, tutto il Veneto, gli tolse la Garfagnana e il Ducato di Massa-Carrara per arrotondare la dote di sua sorella Elisa, Principessa di Lucca. Ma costei non si contentò. Voleva tutta la Toscana, e la voleva da vera sorella di Napoleone, tenace e imperiosa come lui. «Fare il sottoprefetto a Lucca non può e non deve piacermi» gli scriveva.

Ma contentarla non era facile. Luigi di Borbone, a cui nel 1801 la Toscana era stata assegnata col titolo di Re di Etruria, non aveva regnato – e male – che due anni. Nel 1803 era morto, ma sul trono restava la vedova Maria Luisa in qualità di «reggente» per conto del figlioletto minorenne. Napoleone che quando erano in giuoco interessi politici non si lasciava condizionare da scrupoli di galanteria, le avrebbe dato volentieri il benservito. Ma essa era una Borbone di Spagna, cioè apparteneva a una dinastia e a un Paese, di cui l'Imperatore voleva a tutt'i costi serbare l'amicizia. Bisognava dunque risolvere il problema d'accordo con loro, e alla ricerca di questo accordo fu intavolata una complessa trattativa che durò quasi due anni, ma di cui a noi interessa solo il risultato.

Abbiamo già detto che l'uomo di fiducia di Napoleone a Madrid era Godoy, il favorito della Regina. Per averlo dalla propria parte in una transazione di quell'importanza, ci voleva una mancia adeguata. Napoleone, che ormai credeva di poter disporre dei troni europei come di suoi beni privati, offrì a Godoy quello del Portogallo, o per meglio dire di una metà del Portogallo l'altra sarebbe andata a Maria Luisa in cambio dell'Etruria.

Del patto fra i due compari nessuno fu informato, nemmeno il Re Carlo IV, che del resto non veniva mai informato di nulla e si limitava ad avallare regolarmente ciò che avevano deciso la Regina e il suo amante. Questi ultimi, mirando a creare anche stavolta il fatto compiuto, ai primi del 1807 richiamarono alla chetichella le truppe spagnole che presidiavano la Toscana. Subito dopo, quelle francesi occuparono il porto di Livorno. In novembre l'ambasciatore di Napoleone a Firenze informò Maria Luisa ch'essa non era più Regina di Etruria, ma del Portogallo settentrionale. La Regina non solo non mosse obbiezioni, ma non se ne mostrò nemmeno sorpresa. Unica sua preoccupazione fu quella di stivare nelle casse tutto ciò che da palazzo Pitti si poteva portar via, compresa la salma del marito. La colonna di carri che nel dicembre (1807) si avviò per la via Bolognese ricordò ai fiorentini quella che aveva seguito Francesco di Lorena e sua moglie

Maria Teresa dopo la loro prima e unica visita a Firenze come successori dei Medici. Ma i saccheggi non li subiscono che coloro che se li meritano. E i toscani e gl'italiani da secoli non meritavano altro.

Con l'abituale docilità il Senato fiorentino, in un primo «consulto» del maggio 1808, proclamò la Toscana territorio dell'Impero, e con un secondo del marzo 1809 restaurò il Granducato sotto la corona di Elisa Baciocchi Bonaparte. Firenze se ne dimostrò così poco entusiasta che la nuova sovrana preferì farvi il suo ingresso nelle ore antelucane, insieme – dice Bargellini – agli erbivendoli e ai lattai. Abituati al tono affabile e alla mano morbida dei loro Granduchi, Medici o Lorena che fossero, i fiorentini avevano sempre detestato i francesi soprattutto per le loro maniere imperiose e altezzose. Siccome in testa ai loro ordini e bandi c'era sempre la tronfia espressione *nous voulons,* noi vogliamo, li chiamavano «i nuvoloni».

Bisogna dire che Elisa, nel poco tempo ch'ebbe a disposizione, fece del suo meglio per affezionarseli. I suoi poteri erano ancora più circoscritti di quelli di Giuseppe a Napoli e di Eugenio a Milano: si limitavano a una vaga supervisione sull'operato delle autorità politiche e militari che prendevano gli ordini direttamente da Parigi. Ma essa li esercitò con accortezza e con una diligenza che rasentava il puntiglio. «Il lavoro è diventato la mia unica passione» scriveva al fratello, e infatti voleva vedere, sapere e controfirmare tutto. Confinato in un platonico comando di truppe, il marito aveva così poca voce in capitolo che l'ambasciatore Menou consigliò a Napoleone di «rinchiudere questo rimbambito in Senato».

Piena di fiducia, la Granduchessa scriveva: «Fra qualche anno i toscani saranno compiutamente francesi». Quanto fondato fosse il suo ottimismo, mancò il tempo di verificarlo. Ma per il momento tuttavia il sogno italiano di Napoleone pareva avverato. Meno le due isole, egli era davvero *Rex totius Italiae*. Ne disponeva da padrone assoluto, e lo dimostrò per l'ennesima volta col cambio della guardia sul trono di Napoli: un avvenimento strettamente legato a quelli internazionali che lo condussero alla catastrofe.

Uno dei punti fermi della sua politica, lo abbiamo già detto, era sempre stato l'amicizia con la Spagna per non essere costretto a combattere anche sul fronte dei Pirenei. Ma dell'amicizia Napoleone aveva un concetto molto personale: la confondeva con la dipendenza. Quella che Godoy gli assicurava, grazie all'ascendente che esercitava sulla Regina, da qualche tempo non lo contentava più. E siccome non riusciva a renderla più sollecita, decise di tagliar corto alla sua maniera, cioè impadronendosi anche del trono di Madrid. Dopo il trionfo di Austerlitz e l'accordo di Tilsit con la Russia, egli era convinto di poter ormai disporre dell'Europa.

Non rifaremo la storia dei sordidi intrighi con cui egli cercò di screditare agli occhi del mondo e dei loro stessi sudditi i Borbone di Madrid. E veniamo al risultato di questa manovra. Nel maggio del 1808 tutta la famiglia reale, compreso il favorito Godoy, fu convocata a Baiona e costretta con un ricatto a rinunciare al trono. Napoleone credeva di aver risolto tutto con quell'estorsione. Non aveva fatto i conti con l'orgoglio degli spagnoli, sempre disposti a sbeffeggiare i loro Re in carica (e Carlo IV ne aveva offerto abbondanti pretesti), ma altrettanto pronti a scendere in armi per difenderli dal sopruso straniero.

In un battibaleno il Paese fu in fiamme, Napoleone dovette dislocarvi 300.000 uomini per venire a capo della ribellione, e non ci riuscì. L'Austria, che dopo Austerlitz non spiava che l'occasione della rivalsa, credette ch'essa fosse venuta e scese di nuovo in guerra con un attacco a sorpresa. Napoleone fece in tempo a rientrare a Parigi e a riassumere il comando dell'esercito. Vinse ancora, a Wagram, ma faticosamente e non in maniera risolutiva: la Spagna gli stava divorando uomini e materiali.

La pace fu saldata con modifiche territoriali che, per quanto riguarda il nostro Paese consistettero nell'assegnazione dell'Alto Adige al Regno Italico, e con un matrimonio. Da quando gli era sbollita la passione per Giuseppina e questa si era dimostrata incapace di dargli un erede, Napoleone meditava di divorziare da lei per contrarre un'altra unione che fosse anche politicamente redditizia. L'Imperatore d'Austria disponeva di una figlia che, oltre a provenire da una famiglia che forniva solide garanzie di prolificità, era disposta, come diceva Metternich, «ad accettare tutto ciò che possa contribuire al benessere e alla pace dello Stato». Sposandola, Napoleone s'imparentava con la più antica e prestigiosa dinastia d'Europa, gli Asburgo, e se la faceva alleata o almeno non più nemica.

Bisognava però annullare la precedente unione con Giuseppina perché i cattolicissimi Asburgo non si contentavano d'un matrimonio civile; volevano anche quello religioso. Dopo pianti e disperazioni, Giuseppina dovette consentire a dichiarare ch'essa aveva «costretto» Napoleone a sposarla, e il tribunale ecclesiastico finse di crederlo. Il matrimonio con Maria Luigia fu celebrato nel 1810, e l'anno dopo nacque il sospirato erede, proclamato subito Re di Roma, ma destinato a non salir mai su nessun trono.

Abbiamo anticipato questi avvenimenti per far capire al lettore quelli italiani che ne furono il riflesso.

Torniamo per un momento a Madrid. Ad annunciare al Consiglio di Reggenza che i Borbone avevano «rinunciato» al trono di Spagna, era stato il generale Murat, cognato di Napoleone, di cui aveva sposato la sorella Carolina. Su ordine dell'Imperatore, egli aveva invitato gli spagnoli a designare un altro Re nella speranza – pare – di essere lui il prescelto. Ignorava che Napoleone aveva già tutto predisposto: il trono di Madrid era destinato a Giuseppe perché, come fratello maggiore, gli toccava il posto più importante. Lui, Murat, veniva designato al trono di Napoli, e non a titolo personale, ma come marito di sua moglie, «la quale – diceva l'atto d'investitura – con la presente cessione attuata soprattutto in suo favore, mette la sua famiglia sul trono». E questa formula piuttosto insultante era destinata a far sentire i suoi effetti sui successivi atteggiamenti di Murat.

Qualcuno si aspettava un cambio della guardia anche a Milano, ora che il viceré Eugenio non poteva più contare su sua madre Giuseppina. Ma Napoleone si mostrò per una volta tanto generoso, anche perché di quel figliastro non aveva da lagnarsi. Eugenio non aveva mai trasgredito un suo ordine e aveva esercitato i suoi scarsi poteri con molta oculatezza. Conduceva una vita esemplare con la moglie che Napoleone gli aveva assegnato, la figlia del Re di Baviera. E anche se non riusciva a farsi amare dai sudditi per la sua scarsa comunicatività, era riuscito a farsi stimare. Suo suocero aveva strappato a Napoleone la promessa di dare un giorno a Eugenio e a sua moglie un vero Regno. Dopo il divorzio da Giuseppina era chiaro che la promessa non sarebbe stata mantenuta, ma questo non impedì a Eugenio di restare fedele all'Imperatore.

Ecco dunque all'ingrosso il quadro di questa Italia alla fine interamente napoleonica dalle Alpi allo stretto di Messina. Al mosaico manca un pezzo solo: gli Stati pontifici. Ma questa è una vicenda che merita un capitolo a parte.

CAPITOLO QUINDICESIMO

CESARE E PIETRO

La crisi che portò alla soppressione dello Stato della Chiesa ha origini lontane, che ci obbligano nuovamente ad alcuni passi indietro.

Quando nel 1800 tornò in Italia dopo l'avventura egiziana, Napoleone era già Primo Console e certamente meditava la scalata al trono imperiale. Per compierla, aveva bisogno dell'appoggiò delle forze conservatrici, di cui non voleva urtare i sentimenti cattolici, e questo l'obbligava a cambiare politica verso la Chiesa. Non restituì al Papa le Legazioni, cioè le province di Bologna e di Ferrara, ormai annesse alla Cisalpina. Ma tutto il resto glielo lasciò, e anzi gli propose un Concordato per regolare tutte le pendenze fra Chiesa e Stato.

Non era facile perché il regime politico francese si basava su princìpi e aveva introdotto istituti che la Chiesa non poteva approvare: il più indigesto era il giuramento imposto ai sacerdoti, che faceva di essi quasi dei funzionari di Stato e di quella francese una Chiesa «gallicana», cioè nazionale. Infatti i negoziati durarono dieci lunghi mesi e misero a dura prova la pazienza di Napoleone, che non ne aveva molta. Per farli progredire, egli ricorse varie volte alle minacce e ai pugni sul tavolo, e alla fine lanciò un ultimatum, che dava alla Curia solo cinque giorni di tempo per decidersi. Il lettore richiami alla memoria quel particolare momento politico. La guerra sembrava finita, l'Austria era spazzata via dall'Italia, la stessa Inghilterra stava per firmare la pace di Amiens. Non potendo più contare su nessun aiuto, il Papa respinse l'ingiunzione, ma mandò a Parigi il Segretario di Stato, cardinale Consalvi, e l'accordo fu firmato il 19 marzo del 1801.

Alcuni storici dicono che fu questo successo, diplomaticamente importantissimo, a trarre in errore Bonaparte facendogli credere di avere nel Papa un interlocutore dalle mosse lente, ma debole e docile. Non era così. Pio VII non apparteneva di certo alla categoria dei grandi Papi rinascimentali, uomini più di politica e di guerra che di preghiere. Di umili origini, timido, fragile e minuto, con gli occhi incavati nel volto ossuto e olivastro, non aveva nulla d'imponente. Ma era sacerdote fino al midollo e pronto, quando erano in ballo gl'interessi della Chiesa, a tramutarsi in mastino. Questo, Napoleone non capì. E il suo ambasciatore a Roma, Cacault, che cercò di spiegarglielo, fu silurato e rimpiazzato dal cardinale Fesch, un uomo rozzo, che aveva un solo merito: quello di essere zio del Primo Console.

Il 18 maggio del 1804 ci fu il plebiscito che proclamava Napoleone Imperatore. Dieci giorni prima questi aveva accennato al cardinal Caprara, Legato pontificio in Francia, all'eventualità che il Papa venisse a investirlo a Parigi dove la Chiesa avrebbe così riguadagnato tutto il suo prestigio. Naturalmente il prestigio che a Napoleone interessava era quello suo. La sua corona ne avrebbe acquistato molto agli occhi di tutto il mondo, se il Papa si fosse scomodato a venire fin lì per consacrarla.

Vecchio, malandato e facilmente influenzabile, Caprara informò la Curia suggerendo una risposta favorevole. Ma le trattative, subito dopo aperte tra Fesch e Consalvi, si rivelarono difficili. I francesi proposero che il Papa andasse a condurle di persona a Parigi, dove ci s'impegnava a trovare soluzioni per ogni problema. Il dilemma, per Pio VII, era angoscioso. Accettando, temeva di consegnarsi nelle mani di un interlocutore capace di qualsiasi ricatto. Rifiutando, temeva di perdere per sempre la Francia, come i suoi predecessori avevano perso l'Inghilterra ai tempi di Enrico VIII. Delle due paure, la seconda finì per prevalere. E così il 2 novembre il Papa salì in carrozza, con gran malumore dei romani che consideravano la loro città unica depositaria dei poteri d'investitura, e scandalo delle altre Corti, che seguitavano a vedere in Napoleone un usurpatore.

Il viaggio fu penoso anche perché il seguito era composto per gran parte di alti prelati molto avanti negli anni e di salute malferma. Uno di essi infatti, il cardinale Borgia, morì a Lione. Finalmente, dopo tre settimane di diligenza e di scossoni, nella foresta di Fontainebleau, avvenne l'incontro con l'Imperatore, che la propaganda ufficiale spacciò per fortuito e «provvidenziale». Viceversa era stato accuratamente studiato e programmato. E la sera del 25 il corteo entrò nelle Tuileries.

Il Papa si ritrovò sul pettine più nodi di quanti avesse previsto e senza margine contrattuale per risolverli. Se avesse buttato tutto all'aria, avrebbe non soltanto fatto la fine del suo predecessore Pio VI, ma forse anche perso davvero la Francia. Decise quindi di concentrare la sua resistenza sul solo punto che gli pareva essenziale: il giuramento costituzionale del neo-Imperatore. Se esso avesse fatto parte della cerimonia e fosse stato pronunciato in sua presenza, ciò avrebbe significato da parte sua l'accettazione di certi princìpi di governo, che la Chiesa non poteva sanzionare. Esigette quindi che il giuramento fosse pronunciato a parte.

Su tutto il resto dovette cedere, e non eran cose da poco. Anzitutto, dovette rinunciare a porre con le sue mani la corona sulla testa dell'Imperatore, cioè al simbolo del suo potere d'investitura. Napoleone se la sarebbe infilata da sé, a significare ch'era lui a disporne, e non il Papa a concedergliela. Questi non doveva dire *Eligimus*, lo eleggiamo, come sempre si era fatto nelle incoronazioni, ma

Consecraturi sumus, lo consacriamo. Per di più veniva abolita la presentazione dei due Vescovi cui, secondo la procedura tradizionale, il Papa avrebbe dovuto chiedere, indicando l'Imperatore: *Scis illum esse dignum?*, ti risulta che sia degno? Insomma, il millenario rituale era stato completamente rivoluzionato per fare dell'Imperatore l'unico protagonista della cerimonia e ridurre la parte del Papa a quella di semplice notaio.

Così fu. Il rito del 2 dicembre nella chiesa di Notre-Dame fu imponente e raggiunse i più alti effetti spettacolari. Ma il gesto di Napoleone che s'infilava da sé la corona era talmente inatteso e in contrasto con la prassi tradizionale, che molti pensarono a un colpo di forza; e quando seppero ch'era stato concordato, ne furono indignati. «Tutto, nella rivoluzione – scrisse il cattolicissimo De Maistre – è miracolosamente cattivo, ma questo è il *non plus ultra*. Non resta che desiderare che il Papa scenda fino in fondo, in modo da non essere più che un pulcinella senza peso né importanza.»

Quando risalì in carrozza per tornare a Roma, Pio VII si era già accorto che quell'avventura si chiudeva per lui in netto passivo. Aveva sperato di ottenere almeno la restituzione delle Legazioni, ma Napoleone se l'era cavata con parole vaghe che non lo impegnavano a nulla. Appena rientrato, scrisse all'Imperatore: «Non possiamo nascondere che resta in noi molta amarezza». Ma poi, a quanto pare, stracciò la lettera e l'amarezza se la tenne in corpo. Quanto a Napoleone, si era vieppiù convinto dell'arrendevolezza del Papa. «È un buon uomo» diceva, sicuro di poterlo tenere a guinzaglio. E su questo errore di valutazione impostò tutta la sua politica con la Chiesa.

Come abbiamo già detto, è difficile stabilire quanto l'incoronazione di Napoleone prima a Imperatore dei francesi, poi a Re d'Italia, abbia influito sulla formazione della terza coalizione anglo-russo-austriaca. Ma che vi abbia influito non c'è dubbio. Comunque, nel settembre del 1805 la parola era – scusate se ci ripetiamo – di nuovo agli eserciti. E, sebbene il teatro principale delle operazioni fosse stavolta la Germania, anche l'Italia ne fu coinvolta, e le forze francesi vi si trovarono in una situazione piuttosto delicata. Se i porti pontifici e soprattutto Ancona avessero consentito uno sbarco ai russi e agl'inglesi, per l'armata del Beauharnais non ci sarebbe stato scampo. Per prevenire questo pericolo, Napoleone ordinò l'occupazione di quella città.

Il Papa reagì con una lettera traboccante di collera e di minacce. Napoleone, che non se l'aspettava, la ricevette proprio alla vigilia della battaglia di Austerlitz, decisiva per le sue fortune. La considerò una pugnalata nella schiena e dettò una risposta brutale e bruciante in cui intimava al Pontefice di sbarrare la porta dei suoi Stati ai «nemici dell'Italia», che erano i nemici di Napoleone, cioè in parole povere di rinunziare alla neutralità.

Questa replica dovette arrivare a Roma quasi contemporaneamente alla notizia della clamorosa vittoria riportata dall'Imperatore, che ribadiva il suo assoluto dominio sulla penisola e poneva fine a quella ennesima guerra. Ma non per questo il Papa disarmò, e la sua corrispondenza con Napoleone seguitò a svolgersi su toni aspramente polemici. Tutto ormai era pretesto di litigio fra i due. Ma il nocciolo della questione è in una lettera dell'Imperatore che la riassumeva così: «I nostri rapporti devono basarsi sul fatto che Vostra Santità mi deve, nel campo temporale, gli stessi riguardi che io ho per Essa nel campo spirituale. Vostra Santità è sovrana di Roma, ma io ne sono l'Imperatore». Al che Pio VII rispondeva: «Non esiste un Imperatore che abbia diritti su Roma... Non esiste un Imperatore di Roma».

Napoleone propose nuovi negoziati, ma a condizione

che si svolgessero a Parigi e che il delegato di Roma fosse un Cardinale francese munito di pieni poteri. Il Papa prima si piegò, poi ritirò la delega e respinse l'abbozzo di trattato che gli avevano spedito. Napoleone tagliò corto. In gennaio (del 1808) ordinò al generale Miollis di muovere con le sue truppe su Roma, e l'ambasciatore Alquier ammonì la Santa Sede che qualsiasi atto di resistenza avrebbe immediatamente provocato l'annessione degli Stati della Chiesa al Regno Italico.

Stando alle dichiarazioni ufficiali, doveva trattarsi soltanto di un'occupazione temporanea per indurre il Papa a un atteggiamento più arrendevole. Ma le istruzioni ad Alquier parlavano un linguaggio assai diverso: «L'Imperatore vuole che la Corte Papale cessi insensibilmente, senza che quasi ci se ne accorga, di esistere come potere temporale».

I romani avevano assunto, nei confronti dei francesi, il solito atteggiamento canzonatorio, che gli permetteva di manifestare ostilità senza correre rischi. Ma non mossero un dito quando gli videro disarmare gli svizzeri e incarcerare in Castel Sant'Angelo la Guardia Nobile. Napoleone stava già smantellando gli Stati Pontifici. Ne aveva staccato Ancona, Urbino, Macerata e Camerino, annettendole al Regno Italico. Forse avrebbe seguitato di quel passo, senza precipitare le cose, se ancora una volta non si fosse trovato in guerra. L'Austria lo aveva attaccato di sorpresa mentre era impegnato in Spagna. Rientrato in gran fretta, aveva fulmineamente rintuzzato l'aggressione a Wagram, e dalla Germania si era avventato sulla capitale nemica. Fu nella rinnovata certezza della propria invincibilità che dal «campo imperiale di Vienna» firmò nel maggio (del 1809) il decreto che decideva il destino dell'Urbe.

Miscuglio di solennità e di dilettantismo, di storia e di teologia, quel documento intendeva parlare al Papa in un linguaggio da Papa e impartirgli alcuni insegnamenti sulle faccende del cielo. In Curia dovette suscitare una certa ilarità, ma fugace, perché scendendo sulla terra il discorso diventava terribilmente serio. La donazione fatta da Carlo Magno ai Pontefici con tutti i diritti temporali che ne conseguivano, veniva abrogata, il loro Stato soppresso e i loro territori annessi all'Impero. Roma diventava città imperiale. Al Papa venivano lasciati soltanto i suoi palazzi con garanzia d'immunità e una rendita di due milioni l'anno.

Il 10 giugno, fra le salve di cannone, la bandiera pontificia veniva ammainata su Castel Sant'Angelo e sostituita dal tricolore francese. Lo stesso giorno il Papa emanò una «bolla», che scomunicava i responsabili degli attentati contro la Santa Sede «qualunque sia l'onore dell'alta dignità di cui sono investiti». Il nome di Napoleone non era citato. Ma era chiaro che l'anatema ricadeva su di lui.

L'Imperatore ne fu indignato come di un tradimento: da un «buon uomo» come Pio VII non se l'aspettava. Furibondo, scrisse a Miollis: «Non bisogna più avere riguardi: questo pazzo furioso va rinchiuso». Se questa lettera fosse giunta al destinatario, uomo accorto e cauto, forse non sarebbe stata interpretata come un ordine. Ma venne intercettata dal capo della gendarmeria Radet che, come tutti i gendarmi, non distingueva che fra obbedienza e insubordinazione.

Nella notte fra il 5 e il 6 luglio, alla testa di un drappello formato di soldati e di fabbri, Radet si recò al Quirinale e, trovandone chiusa la porta, ne fece demolire le serrature. L'operazione fu ripetuta altre tredici volte perché altrettante erano le porte da attraversare per raggiungere l'appartamento del Papa. I cupi tonfi della scure si mescolavano ai rintocchi delle campane sciolte a distesa per chiamare il popolo alle armi. Il popolo accorse, ma disarmato, e stette a guardare.

Quando fu davanti al Papa che, pallidissimo, con una

stola sulla veste bianca e un crocefisso in mano, lo attendeva nel suo studio, a Radet la baldanza cadde di dosso. Sull'attenti e incespicando con le parole, intimò al Papa di rinunciare al potere temporale e, non avendo ottenuto che un fermo rifiuto, disse: «Poiché tale è la decisione di Vostra Santità, devo dichiararle che ho l'ordine di condurla con me». Il Papa lo seguì senza opporre resistenza. Quando fu in mezzo alla truppa che presidiava il cortile, la benedisse. E salì sulla carrozza che lo attendeva.

Il seguito della sua vicenda lo vedremo più tardi.

Con la deportazione del «buon uomo», Napoleone credeva di aver risolto una volta per tutte i rapporti fra Stato e Chiesa. Ma dovette presto accorgersi che la Chiesa non era una provincia o un Reame da potersi alienare o annettere a piacere. Siccome c'erano delle diocesi vacanti, egli ne nominò i titolari, convinto che il Sacro Collegio avrebbe approvato le sue scelte. Invece il Sacro Collegio si rivolse al Papa internato a Savona e, siccome questi rispose che nella sua condizione di prigioniero non era libero di decidere, negò la ratifica. Firenze e Asti si rifiutarono di ricevere il nuovo Vescovo. Fioccarono i primi arresti di sacerdoti e il Papa fu sottoposto a un isolamento quasi totale. «Non c'è dunque un mezzo canonico di punire un Papa che predica la rivolta e la guerra civile?» chiedeva l'Imperatore furibondo.

Evidentemente, non c'era. Convocati per suo ordine, due Consigli ecclesiastici si rimisero per le decisioni finali a un Concilio che a sua volta si rimise al Papa. Più che dal «vertice», la resistenza veniva dalla base, cioè dal basso clero. Quello alto, disse il cardinale Pacca, mostra «un compiacimento servile, malattia endemica fra i prelati che fin dai tempi di Costantino hanno frequentato le Corti». Ma non era del tutto vero: quando gli fu imposto il giuramento all'Imperatore, nove dei dodici Vescovi dell'Um-

164

bria lo rifiutarono. «Voglio che si esca da questa situazione ridicola» tuonava Napoleone. Cominciarono le deportazioni. In mancanza di vagoni piombati, lunghe colonne di preti e frati furono avviate a piedi oltre le Alpi e in Corsica. C'erano anche parecchi laici, che avevano anch'essi rifiutato il giuramento cui erano tenuti per le loro funzioni: a Roma, su milleduecento avvocati, solo quaranta lo avevano prestato. Chissà se Napoleone rifletté sulla singolarità di questo Paese che sfornava con altrettanta generosità renitenti alla leva e volontari della persecuzione.

Nessuno può dire come si sarebbero sciolti questi nodi, se a tagliarli non fosse sopravvenuto il crollo dell'Impero. Pio VII diceva: «È uno scisma», e forse lo sarebbe diventato. Ma non ce ne fu il tempo. Il poco che gli restava, Napoleone lo impiegò a fare di Roma, dove non aveva mai messo piede, ma di cui subiva il fascino, la seconda città dell'Impero. Dapprima aveva pensato di mandarci come governatore qualcuno della sua famiglia. Ma poi vi lasciò, attribuendogli il titolo di Luogotenente e vasti poteri, il generale Miollis, dal quale dipendevano i due prefetti del Tevere e del Trasimeno, cioè del Lazio e dell'Umbria. Il resto era stato annesso al Regno Italico.

Tutto sommato, fu un buon governo. Il prosciugamento delle paludi pontine, già iniziato da Pio VI e Pio VII, ricevette un'energica spinta, e alcune drastiche riforme misero fine al caos amministrativo e finanziario in cui versava quello Stato, di cui Goethe diceva che «stava in piedi solo perché anche l'inferno si rifiutava d'inghiottirlo». Il debito pubblico fu liquidato, sia pure con metodi di rapina. Molti monumenti e palazzi che diroccavano vennero restaurati. Vennero compiuti numerosi tentativi per ripopolare il semideserto «agro», ma qui i successi furono scarsi: la gente non voleva starci per paura non tanto della malaria quanto dei briganti, le cui bande erano alimentate soprattutto dai disertori.

Il nuovo regime non venne mai minacciato da rivolte, ma fu sempre avversato dalla massa della popolazione, sensibile alle istigazioni di un clero disoccupato, ridotto in gran parte alla clandestinità e buon fornitore anch'esso di reclute al brigantaggio. Solo una parte della nobiltà e dell'alta borghesia furono favorevoli all'opera riformatrice e vi collaborarono. Ceti medi e popolino, abituati a vivere di Papi, di Cardinali e di elemosine, manifestarono la loro ostilità con l'inerzia, il boicottaggio, le solite corbellature affisse alla statua di Pasquino e la larga ospitalità accordata agli agenti inglesi e borbonici. Di essere stata promossa a «seconda capitale dell'Impero», Roma non mostrò mai l'orgoglio.

L'Italia napoleonica (1810)

CAPITOLO SEDICESIMO
MURAT

Quando, il 6 settembre del 1808, venne a prendere possesso del suo Regno, Gioacchino Murat fece ai napoletani un'eccellente impressione. Bello, giovane, aitante, il volto incorniciato in una cascata di riccioli neri e illuminato dagli stupendi occhi turchini, aveva tutto e di tutto fece per piacere a tutti: aveva inventato anche una divisa apposta per l'occasione, scintillante di fregi e di medaglie; era entrato in città seguito soltanto da un aiutante di campo per dimostrare la sua fiducia nella popolazione; anche lui era subito andato a rendere omaggio a San Gennaro; e aveva al suo fianco, come pòlizza di assicurazione, Carolina Bonaparte, sorella dell'Onnipotente.

I biografi dicono che in origine il suo nome era Murad, tipicamente arabo, e l'ipotesi è suffragata dal fatto che nella sua contrada di nascita, il Quercy, ci sono ancora i resti di un villaggio mussulmano dei tempi di Carlo Martello che si chiamava appunto Murad-la-Rave, cioè Murad-l'arabo. Era figlio di un piccolo albergatore, che lo mise in seminario per far di lui un prete. Il ragazzo, che aveva solo la passione delle donne, dei cavalli e delle avventure, fuggì, si arruolò nell'esercito del Re, e se ne fece cacciare per insubordinazione. Fu questo incidente a convertirlo alla Rivoluzione. Questa aveva fatto piazza pulita di tutti gli alti gradi militari, fedeli alla monarchia o sospetti di esserlo. L'occasione era d'oro, e Gioacchino non se la fece sfuggire. Per propiziarsi una carriera più rapida, diede un ritocco al proprio nome, tramutandolo in Marat, ch'era quello del più famoso tribuno dell'epoca. Il resto lo fecero le guerre. Sergente nel '92, l'anno dopo Gioacchino era già capitano. Gli scatti di grado se li era guadagnati a furia di cariche e di sciabolate. «Comandati da lui, venti uomini valgono un reggimento» diceva Bourienne, e questa voce arrivò anche all'orecchio di un generale quasi suo coetaneo che si apprestava a invadere l'Italia con un esercito in brandelli: Bonaparte.

Quando, pochi mesi dopo, ritornò a Parigi per deporre ai piedi del Direttorio le ventun bandiere che il suo comandante aveva strappate agli austro-piemontesi, Murat era già colonnello, ma il Direttorio lo nominò seduta stante generale. In un'uniforme di sua invenzione – verde con cordoni d'oro, nastri d'argento e stivali rossi –, questo «Apollo della Guerra» mandò in frantumi molti cuori femminili, e fra gli altri quello – fragilissimo – di Giuseppina Bonaparte. Quanto abbia pesato questa sua relazione con lei sulla diffidenza che Napoleone poi sempre nutrì nei riguardi di Gioacchino, è difficile dire. Lo aveva decorato e promosso più volte, ma lo aveva ben misurato. Più che un vero generale, lo considerava un «guappo» capace d'imprese eroiche, ma più per esibizionismo e spavalderia che per autentico coraggio. Nell'impresa d'Egitto pare che non lo volesse con sé e che dovette subirlo per imposizione del Direttorio. Ma in quella campagna di grandi spazi e di cariche a briglia sciolta, Gioacchino rese tali servigi che Napoleone se lo riportò al seguito quando di sorpresa rientrò a Parigi, e fu a lui che affidò il delicato compito di cacciare dal parlamento i deputati che facevano resistenza alla sua nomina a Primo Console.

La mancia che Gioacchino gli chiese fu la mano di sua sorella Carolina. Napoleone non voleva saperne, ma Carolina si era incapricciata e aveva dalla sua Giuseppina, sempre tenera e materna con i suoi vecchi amanti. Il matrimonio si fece, spalancando all'avventuriero nuovi insperati orizzonti. Da buon còrso, Napoleone aveva il culto della famiglia. E, una volta diventato Imperatore e padrone di mezza Europa, si era messo a distribuirne i troni fra i suoi congiunti. Murat sperava che ne toccasse uno anche a lui e quando Napoleone, dopo aver cacciato i Borbone di Spagna, lo mandò a Madrid per tenere in briglia il Paese, credette di essere il designato a quella successione.

Secondo qualche memorialista, Napoleone deluse la sua attesa perché proprio allora venne a conoscenza di un piano segretamente approntato dai suoi ministri Talleyrand e Fouché. In caso di morte dell'Imperatore, costoro si erano accordati, in mancanza di un erede legittimo, a sostenere la candidatura alla successione di Gioacchino, considerandolo il più facile da maneggiare. Non si sa se costui fosse al corrente. Ma Napoleone lo sospettava. Sempre più lo considerava un bravaccio velleitario, rumoroso e pasticcione che «quando mi vede, è tutto mio; lontano, cade nelle mani di chi lo lusinga», e non migliore opinione aveva di Carolina, «donna ambiziosa e intrigante che mette mille sciocchezze in testa a suo marito...» Fatto sta che la Spagna l'aveva assegnata a Giuseppe. E per questo, sotto il sorriso con cui i nuovi sovrani rispondevano alle acclamazioni della folla di Napoli, c'era soltanto una profonda amarezza. Si sentivano non soltanto defraudati di un titolo molto più illustre e qualificante, ma anche diffidati e sospettati.

Lo stesso atto d'investitura che regolava i rapporti fra Napoli e l'Impero era oltraggioso. Vi si diceva che la corona era assegnata «soprattutto in favore della principessa Carolina», il che riduceva praticamente Gioacchino al rango di un principe-consorte. Seguiva una sfilza di clausole jugulatorie. Il Reame avrebbe partecipato a qualsiasi guerra – difensiva o offensiva – dell'Impero, contribuendovi con 16.000 fanti, 2.500 cavalieri, 20 cannoni e 12 vascelli di guerra; doveva provvedere alle spese dell'esercito di occupazione francese dislocato nel Reame per difenderlo, ma anche per tenerlo sotto controllo. Per di più, le cariche più importanti dovevano restare nelle mani dei fiduciari dell'Imperatore, fra i quali faceva spicco Saliceti, ministro della polizia. Della sua ferma intenzione di tenere il cognato a guinzaglio, Napoleone non faceva mistero neanche nelle sue lettere a lui: «Non fatevi illusioni: vi ho fatto Re soltanto nell'interesse del mio sistema». Glielo faceva ricordare, con poco garbo, anche dai suoi sottoposti. Berthier scriveva a Gioacchino: «Per i vostri sudditi, siate Re. Per l'Imperatore non siete che un viceré».

Murat mordeva il freno. «L'Imperatore – scriveva a sua moglie – emana decreti come se fosse il padrone, impone ordini a Napoli come se fosse a Parigi. Non si è Re soltanto per obbedire.» Questo era l'unico punto su cui Carolina consentiva con lui perché su tutto il resto, compreso il letto, erano in pieno disaccordo. Non bella, ma piena di femminilità, Carolina aveva l'ambizione di Elisa e il sesso di Paolina, ma era più di loro calcolatrice e ambigua. Detestava il fratello, disprezzava il marito, e cercava di giuocarli l'uno contro l'altro per accrescere il proprio potere. I napoletani fecero presto ad accorgersi che con l'altra Carolina, quella di Palermo, essa non aveva in comune soltanto il nome; ma era molto più intelligente, abile e tortuosa.

Per sottrarsi alla tenaglia della moglie e del cognato, Murat non aveva che un'arma: la popolarità. E per procurarsela, ricorse a tutto. Si aggirava senza seguito per le strade di Napoli parlando con la gente e raccogliendone le suppliche, moltiplicava le parate militari – che tanto piacciono ai napoletani – esibendovisi a cavallo alla testa di reparti rivestiti in sgargianti uniformi, andò perfino in processione per San Gennaro mandando in bestia Napoleone che gli dette del «burattino».

Ma questa attività di «pubbliche relazioni» non era che il complemento di un disegno politico ben preciso, ispiratogli dai consiglieri e funzionari di cui si era circondato: fare di Napoli uno Stato interamente napoletano, che all'occorrenza potesse diventare interamente italiano. Il compito gli fu facilitato dall'improvvisa morte di Saliceti che, per la sua fedeltà all'Imperatore e per il posto che occupava di ministro della polizia, era il più autorevole e rigoroso dei suoi controllori. Napoleone disse che con Saliceti «l'Europa aveva perso una delle sue teste più forti». Ma Murat prese la palla al balzo per rimpiazzarlo con un uomo suo che tuttavia, essendo di Genova, aveva ormai cittadinanza francese: Maghella. Le male lingue dissero ch'era stato lui a eliminare col veleno Saliceti. Non era vero. Ma il fatto che lo dicessero dimostra che fama godesse questo personaggio e quanto fosse qualificato a un posto in cui i galantuomini non hanno mai fatto buona figura. Era insomma proprio l'uomo che ci voleva per il doppio giuoco che Murat si preparava a svolgere per affrancarsi dalla Francia senza rimetterci il trono.

Su questa strada lo spingevano gli alti dignitari napoletani del suo regime: il ministro degli Esteri Gallo, che nella sua carriera era riuscito ad essere l'uomo di fiducia di tutti: prima di Carolina di Borbone, poi di Napoleone, poi di Giuseppe, e ora di Murat. C'era il ministro degl'Interni Zurlo, anch'egli ex-servitore del vecchio regime. C'era quello della Giustizia, Ricciardi. C'erano militari, funzionari e intellettuali, come Carascosa, Colletta, Cuoco, Borrelli, tutti o quasi tutti affiliati alla Massoneria, di cui Gioacchino si atteggiava ad alto patrono.

Esponenti di un movimento che si chiamava *italico*, questi uomini speravano, per realizzare il loro programma di unità nazionale, di servirsi del Re, il quale sperava di servirsi di loro per diventare un Re italiano indipendente. Per far questo, occorreva anzitutto sloggiare dalle più alte cariche dello Stato i francesi, cui Napoleone le aveva affidate appunto per impedire che questo avvenisse. La lotta fu a coltello e si svolse in un groviglio d'intrighi da far impallidire quelli orditi a suo tempo da Carolina di Borbone. La polizia di Maghella sorvegliava quella dei servizi napoleonici che sorvegliavano il Re e la Regina, che a loro volta cercavano di sorvegliare tutti e di sorvegliarsi tra loro in un nugolo d'informatori al servizio di un certo Borla che, a furia di doppi giuochi, non sapeva più egli stesso da che parte era. In questo guazzabuglio naturalmente inzuppavano tutti: non soltanto gli agenti borbonici e inglesi, ma anche i diplomatici austriaci, russi e quelli del Regno Italico di Milano che cercava un contatto con gl'Italici di Napoli per un programma di azione unitaria.

Di tutto questo, Napoleone era informatissimo. La sua collera esplodeva in lettere fulminanti al cognato. Una delle crisi più grosse scoppiò quando l'Imperatore decise di ripudiare Giuseppina per impalmare l'austriaca Maria Luigia. Essa era la nipote di quella Carolina di Borbone, che Napoleone odiava a morte, ma che con questo matrimonio diventava ora sua zia. I napoletani, per i quali non c'è ragion di Stato che tenga contro quella di famiglia, pensarono che Napoleone volesse restituire Napoli ai Borbone, e a quanto pare lo temette anche Murat, che accorse a Parigi per le nozze. L'incontro fu tempestoso. L'Imperatore minacciò addirittura il cognato di fargli tagliare la testa. Poi si riconciliò con lui e anzi, come pegno di benevolenza e buona volontà, lo autorizzò a una spedizione contro la Sicilia per annetterla al Reame.

Tornato a Napoli, Murat affidò l'impresa al generale Grenier che, di quattro divisioni, riuscì a sbarcarne nell'isola una sola; ma, attaccato dagl'inglesi, richiamò anche quella. Quel fiasco fu causa di nuovi e più gravi dissapori fra i due cognati. Napoleone rinfacciò a Gioacchino di aver mal preparato la spedizione e di aver dato pubblicità al suo fallimento. Gioacchino si convinse o si lasciò convincere che Grenier si era ritirato su ordine segreto dell'Imperatore cui interessava soltanto tenere impegnate le forze inglesi in Sicilia. E non è da escludere che fosse proprio così.

Abilmente sfruttato dai suoi consiglieri «italici», questo incidente lo spinse ad accentuare i suoi atteggiamenti d'indipendenza. Già da tempo egli andava rafforzando l'esercito e moltiplicandone gli effettivi. I 20 mila uomini lasciatigli in eredità da Giuseppe erano diventati 40 e ora si stavano avviando ai 60 mila. Napoleone se ne allarmò. «Il deficit del vostro bilancio – scrisse al cognato – è dovuto al mantenimento di una milizia sproporzionata ai vostri bisogni. Se vi contentaste di quindici o ventimila uomini, sareste ricco.» Murat fece orecchio da mercante, e anzi volle dare a questo suo esercito una bandiera che ne sottolineasse l'indipendenza: un tricolore bianco, celeste e amaranto. Nell'annunziarlo all'Imperatore, gli disse che il bianco voleva simboleggiare i legami di Napoli con l'Impero e gli chiese il permesso di accorrere a Parigi per la nascita del sospirato erede.

Vi andò infatti nel marzo del 1811. Pare che nei colloqui a tuppertù si ripetessero le scenate del precedente incontro. Ma formalmente i rapporti furono cordiali, anzi Napoleone pregò Carolina di tenere a battesimo il Re di Roma. Il fatto è che l'Imperatore non voleva creare incidenti con Napoli, ora che gran parte delle sue forze erano impegnate in Spagna e il resto aveva dovuto concentrarlo in Polonia per prevenire un attacco della Russia che, da alleata, si stava trasformando nuovamente in nemica. Probabilmente si riproponeva di regolare più tardi i conti con Murat, che in caso di guerra gli faceva comodo, anzi era insostituibile.

Tornato a Napoli con la certezza della propria intoccabilità, Gioacchino credette di poter assestare il colpo decisivo. Nel giugno emanò un decreto che ordinava a tutti gli stranieri che occupavano cariche civili di naturalizzarsi, pena la perdita del posto. Era chiaro che la misura era diretta contro i francesi. Furiosi, essi si appellarono a Napoleone che intervenne con un contro-decreto brutale: «Tutti i cittadini francesi sono anche cittadini del Regno delle Due Sicilie» diceva. Ma e'era anche di peggio: l'esercito napoletano veniva trasformato in semplice «corpo di osservazione» agli ordini del generale Grenier, il quale li avrebbe presi direttamente dall'Imperatore. E il primo di questi ordini, segreto, era di occupare, in caso di reazione da parte di Murat, la fortezza di Gaeta su cui s'imperniava tutto il sistema difensivo settentrionale del Reame.

Come spesso gli accadeva fuori del campo di battaglia, il cuor-di-leone diventò cuor di coniglio e scrisse al cognato una lettera piagnucolosa: «Mi avete fatto quasi morire, avete perduto il vostro amico migliore, mai mi sarei aspettato un'azione così barbara da parte vostra...» Ma Maghella gli fornì il pretesto di una rivincita facendogli recapitare delle lettere dalle quali risultava che il ministro francese della guerra Daure, uno dei più ringhiosi guardiani di Murat, era l'amante della Regina. Gioacchino lo sapeva da un pezzo, e sapeva anche che Daure non era il solo ad aver goduto i favori di sua moglie, alta patrona del partito francese. Ma finse di esserne sorpreso e indignato per liberarsi dell'uno e mettere l'altra in castigo. Rientrato a Parigi, Daure sporse le sue contro-accuse all'Imperatore che frattanto aveva ricevuto anche una lettera di Carolina. Furibondo, Napoleone ordinò a Grenier di occupare Gaeta, tolse le credenziali all'ambasciatore di Napoli, Campochiaro, convocò a Parigi Maghella e lo incriminò di fellonìa e intelligenza col nemico.

Come sempre avveniva fra i coniugi Murat, l'interesse della ditta finì per prevalere sulle loro disarmonie. Rendendosi conto che la disgrazia del marito era anche la disgrazia sua, Carolina corse dal fratello per placarne le ire. Ma, più che la sua sottile diplomazia, furono le circostanze ad aiutarla. La guerra con la Russia appariva ormai inevitabile e imminente. Per battere quelle cosacche, le cavallerie napoleoniche avevano bisogno di Murat, che infatti fu richiamato alla loro testa nella primavera successiva (1812). La guerra, di cui diremo più tardi, fu dapprincipio la solita marcia trionfale dell'armata francese. Ma quando a Napoli il cardinale Firrao celebrò un *Te Deum* di ringraziamento per questi successi, Zurlo gli disse: «Monsignore mio, ancora un paio di queste vittorie, e Voi ed io siamo fottuti!»

A Napoli, Murat non si era limitato a fare la fronda al cognato. Aveva anche spinto avanti le riforme già iniziate da Giuseppe. Questi, al momento di partire per assumere la corona di Spagna, sapeva che l'unico sostegno del regime, oltre le baionette francesi, era la nuova borghesia di funzionari, magistrati, ufficiali, professionisti, intellettuali, divisi da varie sfumature ideologiche, ma uniti da due ideali: l'unità nazionale e qualche forma di governo rappresentativo. Non potendo, è ovvio, concedere la prima, concesse la seconda lasciando in eredità al suo successore un abbozzo di Costituzione che prevedeva la convocazione di un parlamento.

Murat riprese con maggiore energia l'opera riformatrice, e successi ne ottenne. Le resistenze degl'interessi conservatori che fin allora erano riusciti a rendere inoperanti le leggi contro la feudalità vennero demolite. «Divise le terre e suddivise, videsi numero infinito di nuovi possidenti, franca la proprietà dei già baroni e dei già vassalli; tutte le servitù disciolte» scrive Colletta, che fu partecipe di quest'azione, e quindi tendeva a sopravvalutarla. In realtà i nuovi possidenti mostrarono un'ostinata renitenza a moltiplicarsi, ciascuno aggrappandosi al suo ed esercitandovi i diritti di proprietario con lo stesso egoismo e prepotenza che avevano caratterizzato i «già baroni». Per

176

quanto di estrazione cittadina, essi serbavano una mentalità terriera, anche perché quasi esclusivamente in terre investivano, in mancanza di attività industriali, mai decollate un po' per scarsezza di capitali e molto per totale assenza di spirito imprenditoriale.

Murat, come Giuseppe, considerava questa classe borghese il puntello del regime, e aveva ragione. Ma commise, nei suoi confronti, due errori. Il primo fu di sopravvalutarne la forza, e si capisce perché: era questa classe che gli forniva funzionari e consiglieri, e che quindi esercitava su di lui la maggiore influenza. Il secondo fu quello di deluderla nelle sue aspirazioni a un governo rappresentativo. Salendo sul trono, egli aveva definito «eccellente» lo Statuto abbozzato da Giuseppe. Ma lo aveva messo nel dimenticatoio, e questo dimostra la sua malaccortezza politica. Quello Statuto prevedeva un parlamento munito di poteri soltanto consultivi e formato di «notabili» già perfettamente, come oggi si direbbe, integrati nel sistema e quindi facili da dominare e maneggiare. Gioacchino avrebbe potuto farsi forte del loro avallo nell'azione che si riprometteva d'intraprendere per affrancarsi dalla tutela della Francia e presentarsi come un Re «nazionale». Ma da buon militare ripugnava a qualsiasi decentramento di poteri: credeva che anche in politica tutto dipendesse soprattutto dalla rapidità delle decisioni, la quale esige unità di comando.

Un'altra cosa che dovette trarlo in inganno fu la sua popolarità. Egli scambiava per devozione alla sua persona e alla sua corona gli applausi che mieteva quando, nelle sue rutilanti uniformi, si mostrava a cavallo alla testa delle sue truppe in parata o quando si aggirava nei vicoli e si fermava a parlare con la gente. I suoi modi di «guappo» piacevano molto a quei meridionali, e perfino in Calabria, la più ribelle di tutte le sue province, lo avevano accolto con calore. Non capiva che si trattava di entusiasmi di pelle, suscitati soltanto dalla sua prestanza e spavalderia.

Per rafforzare la propria posizione, egli cercò di attirare a sé anche quella frangia estremista di patrioti di formazione democratica e giacobina che aveva cominciato a raccogliersi nelle società segrete e specialmente nella Carboneria. Ufficialmente, questa era fuori legge. Di fatto Maghella, lungi dal perseguitarla, teneva con essa stretti contatti cercando di attrarla nel giuoco del Re. Forse ci sarebbe riuscito, se Murat avesse concesso la sospirata Costituzione. Ma anche dopo l'aperta rottura provocata dall'ostinazione del Re, Maghella mantenne i suoi buoni rapporti coi Carbonari, così come li manteneva – a quanto pare – anche coi Borbone di Palermo. Molto più accorto del suo padrone, egli comprendeva che la sorte del regime dipendeva soltanto da una situazione internazionale che poteva cambiare da un momento all'altro. Il partito italico su cui esso si appoggiava era quello di una borghesia asfittica, politicamente immatura, con pochissimo seguito in provincia e punto nelle campagne, tuttora pervase dai sentimenti sanfedisti e dall'odio verso i «giacobini».

Murat se ne sarebbe presto accorto a proprie spese.

CAPITOLO DICIASSETTESIMO

LA COSTITUZIONE SICILIANA

Mentre Murat a Napoli faceva la fronda a Napoleone, Maria Carolina da Palermo pretendeva fargli la guerra. Privato del puntello di Acton ormai definitivamente in disarmo e assorbito dalla sua fresca sposina, Ferdinando si era ritirato nella sua villa della Ficuzza, unicamente intento alla caccia, e il Principe Ereditario lo imitava dedicandosi alla pollicoltura nella sua tenuta di Boccadifalco. A presiedere il Consiglio dei Ministri era lei, più egocentrica, più imperiosa, più intrigante, più declamatoria e più grafomane che mai. Scriveva a tutti, allo Zar, a suo nipote l'Imperatore d'Austria, ai ministri e diplomatici inglesi, esortando, condannando, proponendo alleanze e piani di guerra uno più assurdo dell'altro. Quando nel 1809 l'Austria ritentò la carta contro Napoleone impegnato dalla rivolta spagnola, essa riuscì a persuadere gl'inglesi a trasportare con le loro navi un contingente di truppe a Napoli, convinta che alla loro vista la città sarebbe insorta contro Murat. I napoletani salutarono la flottiglia dai loro balconi, e non si mossero. Anzi, accorsero in Via Chiaia per acclamare l'altra Carolina che passava in carrozza. Gl'inglesi occuparono Ischia e Procida, vi lasciarono dei distaccamenti e si ritirarono.

A questa delusione ne seguì un'altra. Ferdinando diede il consenso al matrimonio della figlia Amalia col Duca d'Orléans, figlio del famoso Luigi Filippo *Egalité*, considerato il traditore di casa Borbone perché aveva simpatizzato coi rivoluzionari che avevano tagliato la testa al Re. «La disobbediente Amalia – scrisse Maria Carolina – ha sposato il Duca d'Orléans (nome terribile!), e io posso soltanto sospirare e sottomettermi. Non hanno mezzi per vivere...»

Quel matrimonio da lei avversato, che durò senza nubi per oltre quarant'anni e condusse Amalia sul trono di Francia, fu il più felice tra quelli delle sue figliuole.

Ma il colmo per lei doveva ancora venire e lo toccò quando da Vienna giunse notizia delle prossime nozze di Napoleone con sua nipote Maria Luigia. Ecco cosa le toccava: diventare zia del «brigante còrso» che l'aveva cacciata dal trono! «Ho detto addio per sempre alla terra dove sono nata e che ho teneramente amato. Tra tutti gli eventi terribili che mi minacciano, speravo di trovare là un rifugio sicuro dove morire in pace, ma è finita anche questa speranza...»

C'è tuttavia da credere che quella parentela le dispiacesse meno di quanto mostrava perché in quel momento, nella gerarchia dei suoi odi, al primo posto non c'era più il «brigante còrso», ma il generale Bentinck, che comandava il contingente inglese in Sicilia, circa 17 mila uomini, e quindi era il vero padrone dell'isola. Bentinck era un uomo d'idee radicali, complicate da un cattivo carattere. In India, dov'era stato governatore, aveva vietato ai suoi soldati di portare i segni di casta, provocandone l'ammutinamento. S'era rifatto arruolandosi con gli spagnoli in rivolta contro Napoleone e guadagnandosi i galloni di Generale. Nei suoi ideali democratici portava un imperioso ardore, che lo rendeva di difficile maneggio.

La situazione che trovò a Palermo, quando venne ad assumervi il comando, era fra le più ingarbugliate. Gl'inglesi avevano buoni motivi di scontentezza nei confronti della Corte. Il sussidio ch'essi le passavano perché provvedesse alla difesa dell'isola contro i francesi, si perdeva per mille rivoli come sempre avviene in Sicilia e non produceva neanche un reggimento. Il Re non aveva bandito nemmeno la coscrizione, trovando molto più comodo farsi difendere dalle forze terrestri e navali britanniche.

Economicamente, l'isola attraversava un momento di relativa prosperità. Gl'inglesi erano buoni clienti: non solo compravano sul posto derrate alimentari, ma vi sollecitavano la nascita d'industrie portandovi i loro capitali e il loro spirito imprenditoriale. Fu in questo periodo che le zolfare si moltiplicarono e nacquero i cantieri Orlando. Ma questa rianimazione rendeva ancora più urgente una revisione di tutto il sistema fiscale, tuttora inceppato dai privilegi baronali: il problema che il Caracciolo aveva invano tentato di risolvere tornava a galla.

Come il lettore ricorderà, la competenza in questa materia era riservata al Parlamento, un parlamento ch'era tale solo per modo di dire. Diviso in tre Camere come quello francese di prima della rivoluzione, esso era completamente dominato dalle prime due, quella dei nobili o baroni, e quella del clero, contro cui la terza, quella delle città «demaniali», cioè sottratte alla giurisdizione di qualche feudatario, non poteva nulla, e con essa quindi non potevano nulla le classi medie che in maggioranza la componevano.

La Regina, che seguitava a governare nella totale assenza del Re, aveva bisogno di soldi per finanziare le sue assurde imprese di riconquista. Si rivolse a Medici, che stavolta aveva seguito i suoi Sovrani a Palermo, e Medici si rivolse al Parlamento cercando di dividere la Camera del clero da quella dei baroni con promesse di esenzione per i beni della Chiesa. Ma i baroni contrarono la mossa facendo al clero altre e più sostanziose promesse. Sicché quando l'assemblea si riunì ai primi del 1810, si riformò contro le pretese della Corte il solito fronte clerico-baronale, guidato dai Principi di Castelnuovo e di Belmonte, che fra l'altro erano zio e nipote. Esso dimezzò il contributo richiesto dal governo e accettò solo l'imposizione di

181

una tassa del 5 per cento su tutti i beni *mobili*, che quindi non colpiva le immense proprietà terriere della nobiltà e della Chiesa.

Abilmente sfruttata dalla propaganda, questa vittoria inorgoglì tutta la Sicilia, che credette di vedervi un'affermazione della propria indipendenza. In realtà non aveva fatto che ribadire i poteri e i privilegi dei baroni e del clero che, dietro lo schermo dell'indipendentismo siciliano, seguitavano a far ricadere tutto il peso fiscale sulle altre classi. Secondo i calcoli di Mack-Smith, i baroni pagavano annualmente 35 mila scudi, il clero 31 mila e il resto povero della popolazione oltre 400 mila. Ma i siciliani non lo sapevano. Vedevano soltanto che i loro baroni davano scacco matto al governo del Re napoletano, e ciò bastava a riempirli di fierezza.

A smontare il meccanismo di questa omertà non era riuscito Caracciolo. Figuriamoci se poteva riuscirvi Maria Carolina che, col suo solito passionale egocentrismo, interpretò l'opposizione parlamentare come un affronto alla Corona e a lei stessa, fornendo così alla pubblica opinione validi motivi per vedere in quella diatriba un contrasto fra il potere centrale e l'autonomia siciliana. Essa diede di «giacobini» ai baroni, di «usurpazione» al loro rifiuto, e suo genero D'Orléans, che aveva un certo buon senso, dovette mettercela tutta per persuaderla che il ricorso alla forza non solo era impossibile perché l'unica forza del governo erano gl'inglesi che mai si sarebbero messi al servizio di quella causa, ma sarebbe anche stata controproducente. Su suo consiglio, alcune alte cariche furono affidate a baroni siciliani, e questo bastò ad ammorbidirne la resistenza. Si consentì al Re d'imporre una tassa sulle vendite che, per quanto modesta, infrangeva l'esclusiva parlamentare in materia d'imposte, e su questo punto si ruppe il fronte dell'opposizione. Qualcuno dice che Belmonte si ribellò perché dalle cariche era rimasto escluso, ma ne mancano le prove. Comunque, la sua reazione fu da siciliano vero, cioè abnorme. Si rivolse segretamente agl'inglesi dicendosi pronto a convocare un altro parlamento a Messina e a fargli proclamare Re qualsiasi principe, anche protestante, Londra designasse al trono di Sicilia.

Il Re ne fu subito informato e, sotto le solite pressanti sollecitazioni della Regina, fece arrestare e deportare in varie isole Belmonte, suo zio Castelnuovo e altri tre influenti baroni. Invano l'Orléans cercò di opporsi a quel gesto avventato. Maria Carolina disse a sua figlia: «Poiché ho commesso la pazzia di prenderlo per genero, devo sopportarlo, ma deve rendersi conto che l'autorità legittima vince sempre». Sembrava che fosse proprio così. Privata dei suoi capi e intimidita dall'esempio, l'opposizione baronale vacillò. Ma proprio in quel momento a rianimarla sopravvenne Bentinck.

Il mandato che aveva ricevuto dal suo governo era anche politico. Allarmata dalla totale inefficienza del regime di Palermo e dal malcontento che regnava nell'isola, Londra credeva che a rimediarvi bastasse qualche istituto rappresentativo che desse ai siciliani «una giusta partecipazione al potere» e che il Parlamento dovesse appunto servire a questo. Era logico che gl'inglesi lo credessero perché così era avvenuto in Inghilterra. Il loro errore – del resto comprensibile – era di attribuire al Parlamento siciliano le stesse finalità che aveva perseguito quello inglese, mentre esso non era in realtà che il baluardo dei privilegi feudali. Ma ad aggravare l'equivoco c'era anche il fatto che questi privilegi feudali il governo borbonico non voleva eliminarli o ridurli per istaurare una maggiore giustizia sociale, ma solo per alimentare i propri sciali, soprusi e capricci. Lo scontro era quindi fra due antagonisti entrambi prevaricatori ed entrambi in malafede. Ognuno di essi si batteva per i propri esclusivi interessi. Ma era logico che l'occhio del radicale Bentinck fosse colpito soprattutto dalle inadempienze della Corte.

Avendo capito che il Re c'era solo per figura, egli andò subito dalla Regina e le tenne tale linguaggio ch'essa lo definì «un insolente caporale». Fra i due cominciò un duello senza esclusione di colpi. Ora ch'era diventata sua zia, pare che Maria Carolina iniziasse un negoziato sotto banco anche con Napoleone, il quale le diede spago per tenere in briglia Murat, che a sua volta denunziava queste manovre agl'inglesi. La tensione era tale che la Regina fu colpita da un attacco apoplettico, ma se ne riprese con disperata energia. Era convinta che gl'inglesi volessero servirsi del Parlamento per rovesciare la monarchia e annettersi l'isola, e di questo cercò di convincere anche il Re.

Ferdinando ne fu più annoiato che allarmato: non voleva seccature specie ora che, oltre alla caccia, aveva trovato anche un altro piacevole passatempo: la compagnia della Principessa di Partanna. Ma come al solito si lasciò travolgere dalle frenesìe della moglie e si rifiutò di ricevere Bentinck. Costui si rivolse al principe ereditario Francesco, e gli parve di trovare in lui un interlocutore ragionevole e di buon senso. In realtà il principe era un burocrate pignolo e abitudinario, pedantescamente attaccato al particolare, che «si perde nelle piccole cose e non vede le grandi» come diceva Ascoli, e cercava di evadere le responsabilità. Ma tale lo aveva reso sua madre terrorizzandolo. Anche stavolta essa cercò d'intimidirlo tacciandolo di «ribelle» perché si era mostrato accomodante con Bentinck. Ma questi non gliene dette il tempo. Ai primi di gennaio del 1812 ordinò alle sue truppe di marciare su Palermo e intimò al Re di delegare il potere al Principe in qualità di Vicario sotto minaccia di deportazione di tutta la famiglia reale a Malta e d'istituzione di una reggenza affidata all'Orléans. Maria Carolina gridò al tradimento e invocò la resistenza a oltranza. Ferdinando, più ragionevole di lei e in fondo contento di essere esentato da tutti quei fastidi, si rassegnò.

Le prime misure del Vicario furono il richiamo dei baroni deportati, la nomina di Belmonte agli Affari Esteri e di Castelnuovo alle Finanze, e la revoca della tassa imposta senza il consenso del Parlamento. Dopodiché fu nominato un comitato di giuristi, presieduto dall'abate Balsamo, per redigere un testo di Costituzione. Secondo alcuni storici, fra cui Harold Acton, fu Bentinck a volerlo ricalcato sul modello inglese. Secondo Mack-Smith invece il Generale, il quale ormai agiva da proconsole in terra di conquista, fece presenti a Balsamo i pericoli di un simile trapianto in un contesto sociale così diverso da quello britannico e molto più arcaico. Per il modello inglese si pronunciò invece certamente il Re, considerandolo non il meglio ma il meno peggio per gl'interessi suoi e della dinastia. Egli odiava la Costituzione, si riprometteva di abolirla e sperava che il suo complesso meccanismo contribuisse al suo discredito rendendola inoperante. Il calcolo si rivelò abbastanza fondato.

Un'aura di entusiasmo pervadeva il Parlamento quando si riunì per la discussione e l'approvazione di quello Statuto, nell'estate del '12. Sulla carta, esso rappresentava la fine del regime feudale. I «bracci» da tre erano ridotti a due che si chiamavano, come in Inghilterra, dei Pari e dei Comuni. La Sicilia era proclamata Regno indipendente: il Re non poteva lasciarla senza il consenso del parlamento, e se un giorno fosse tornato a Napoli avrebbe dovuto affidare il trono dell'isola al figlio primogenito. Tutti erano uguali di fronte alla legge e nessuno poteva essere imprigionato senza regolare processo. La tortura era abolita e la censura limitata alle questioni religiose.

Ancora più importante fu l'abrogazione di tutti quegl'istituti su cui si basava l'impalcatura feudale della società siciliana. Questa dichiarazione di principio fu letta fra le generali ovazioni, comprese quelle dei baroni che avrebbero dovuto farne le spese. Ma quando si cominciò a discuterne l'applicazione ai casi concreti, ci si accorse che il feudalesimo ognuno lo vedeva a modo suo e aveva un'idea sua propria di cosa in realtà dovesse essere abolito e come lo si dovesse abolire.

La battaglia più grossa s'imperniò sul fedecommesso che fin allora aveva fatto obbligo al testatore di lasciare la proprietà indivisa a un unico successore, perché era su questo diritto di «maggiorasco» che si reggeva tutta la struttura feudale. Qui il fronte dei baroni, che dominavano la Camera dei Pari, si ruppe perché Castelnuovo, non avendo figli, era per l'abolizione, cioè per la libertà di ripartire il patrimonio fra più eredi, mentre Belmonte che, come suo primo nipote, era designato alla sua cospicua eredità, voleva la conferma della indivisibilità, cioè del fedecommesso.

Non fu il solo punto su cui non si riuscì a trovare l'accordo, per il semplice motivo che mancava quello di base. Alcuni baroni erano per la resistenza indiscriminata e la difesa di tutti i privilegi, anche i più retrivi, come l'esenzione totale dai tributi e il mantenimento della propria giurisdizione nei rispettivi feudi. Ma anche quelli che con maggiore accortezza si mostravano disposti ad abbandonare queste trincee del più ottuso conservatorismo, in realtà miravano non a liquidare, ma solo a ridimensionare il feudalesimo, salvandone l'essenziale e anzi puntellandolo. Facendosi come al solito schermo della parola «libertà», essi volevano soltanto rafforzare la propria nei confronti del potere centrale, cioè del Re. Quella delle plebi, in stragrande maggioranza contadini, restava puramente platonica perché, non avendo essi propri mezzi di sussistenza, tutta la loro libertà consisteva al massimo nel cambiare padrone. Insomma, era una rivoluzione tipicamente italiana, cioè che si esauriva nei nomi. Nel parlamento siciliano si faceva un gran scialo di parole inglesi: le leggi si chiamavano *bills*, il bilancio *budget* e ad ogni passo s'invocava l'*habeas corpus*. Ma al riparo di questa terminologia, di riforme sostanziali, come quella agraria, non se ne varò una, e il risultato fu una riconferma degli assoluti e intangibili diritti del proprietario non soltanto sul suolo, ma anche sul sottosuolo, che proprio allora diventava importantissimo per la famelica domanda di zolfo sul mercato mondiale. Alcuni proprietari come i Lampedusa ci fecero degli affari che compensavano largamente la rinunzia alla giurisdizione sul «feudo», il quale in sostanza tale restava.

Questo imbroglio fu favorito dalla inesperienza e pasticcioneria di chi cercava di avversarlo, cioè della Camera dei Comuni, interprete delle esigenze dei ceti medi, soprattutto delle province orientali. Essa era guidata da due ex-fuorusciti vissuti entrambi in Francia, dove si erano intrisi di giacobinismo: Vaccare e Rossi, detto «il Mirabeau della Sicilia». Invece di appoggiare il riformismo realistico, anche se moderato, di Castelnuovo, col loro astratto e demagogico massimalismo – destinato a restare la dannazione delle sinistre italiane –, favorirono soltanto il subdolo giuoco dei Pari, intesi a svuotare la Costituzione di ogni contenuto economico e sociale. Come i loro predecessori della Repubblica Partenopea, essi parlavano delle masse popolari come se le avessero avute dietro di loro, mentre queste erano in piazza a tumultuare contro il Parlamento, cui addebitavano la carestia di pane che le aveva colpite, e Belmonte dovette fare appello alle truppe inglesi per ripristinare l'ordine.

Il Re si fregava le mani. Egli aveva accettato la Costituzione perché Bentinck gliel'aveva imposta e perché essa gli assegnava una «lista civile» che, con grande scandalo del Generale inglese, ammontava alla metà del reddito nazionale. Ma la Regina non si contentava di questo e seguitava a trescare, tanto che Bentinck a un certo punto chiese al Re di allontanarla come perturbatrice dell'ordine pubblico. «La figlia di Maria Teresa può essere oppressa e calunniata, non disonorata!» essa rispose nel suo melodrammatico tono. Ma di lì a poco, quando il Principe Vicario cadde vittima di un malanno che lo ridusse in fin di vita e presentava tutti i sintomi di un'intossicazione, la voce pubblica accusò sua madre di averlo avvelenato ed egli stesso ne ebbe il sospetto. Bentinck, ci credesse o non ci credesse, ne approfittò per reiterare in termini ultimativi la sua richiesta, e Ferdinando dovette rassegnarsi a esiliare la moglie a S. Margherita in quel di Girgenti, con l'impegno che nella successiva primavera essa sarebbe partita per Vienna.

Invece di tenersi finalmente tranquilla, la turbolenta donna tornò segretamente da lui per indurlo a revocare il Vicariato, a riprendere in mano il potere e ad annullare la Costituzione. Bentinck, quando lo seppe – e lo seppe subito –, perse le staffe. Della Costituzione, anche lui era deluso: «Da quando è entrata in vigore – scriveva –, non si è emanata una legge che si sia conformata alle sue regole», e aveva finito per dar ragione a Balsamo quando diceva che la libertà nelle mani dei siciliani era «come una pistola nelle mani di un bimbo o di un pazzo». Ma almeno su una cosa non intendeva tornare indietro: nella riduzione dei poteri del Re. Quando seppe che questi, come al solito succubo di sua moglie, era tornato a Palermo per disarcionare il figlio, lo affrontò di persona e lo costrinse a rinunciare al progetto e a firmare una lettera con cui ingiungeva alla Regina di partire, «consigliando ciò come amico, chiedendolo come marito e ordinandolo come Re».

Come al solito Maria Carolina si ricordò di essere figlia di Maria Teresa e si sfogò in lettere degne di un personaggio di Racine. Ne scrisse a tutti, anche a Bentinck. «Fu forse per subire questo trattamento che sfuggii alla scure, alle cospirazioni, ai tradimenti dei giacobini napoletani? Fu per questo che aiutai Nelson a vincere la battaglia del Nilo? Per questo che portai il vostro esercito in Sicilia? Generale, è questo il vostro onore inglese?» Partì in maggio e impiegò otto mesi per raggiungere Vienna, dove se n'escogitarono di tutte per ritardare il suo arrivo. Quando vi giunse, il Primo Ministro Metternich la confinò a sei miglia dalla Corte, col divieto di recarvisi. «Vi andrò ugualmente – ella disse –: vedremo se ne scacceranno l'ultima figlia di Maria Teresa.» Non la scacciarono. E fu, fra tante amarezze, l'unica sua consolazione.

Pochi mesi dopo, morì.

A Palermo, il giuoco continuava serrato nella paralisi dei pubblici poteri. Bentinck, impressionato dal massimalismo parolaio dei Comuni, cercò di riportare la concordia almeno fra i Pari riconciliando Belmonte con Castelnuovo, ma non ci riuscì. Fu forse per questo che chiese un comando militare in Spagna. L'ottenne, ma non vi guadagnò molti allori e ci rimase poco. Londra lo rivolle a Palermo, dove la situazione non faceva che deteriorarsi. Belmonte propose addirittura che, per rimettervi ordine, l'Inghilterra facesse della Sicilia un suo protettorato, e Bentinck non respinse l'idea. Ma da Londra risposero che, come fonte di guai, l'Irlanda gli bastava, e che l'unico interesse inglese in Sicilia era strategico e quindi sarebbe finito con la guerra, cioè con Napoleone. Nel Parlamento non si riusciva a formare una maggioranza su nulla, il governo si dimise, quello che prese il suo posto era formato di uomini la cui età media superava i 75 anni, e i conservatori profittarono di tutto questo per abbozzare una manovra intesa a restituire al Re tutti i poteri, compreso quello di abolire la Costituzione.

Di fronte a questa minaccia, Bentinck assunse il manto

del dittatore, sciolse governo e parlamento, indisse nuove elezioni e vi partecipò di persona raccogliendo tali ovazioni dovunque si presentava che ricominciò ad accarezzare il sogno di una Sicilia ridotta a suo proconsolato in nome di S.M. Britannica. Per sua fortuna la guerra che ormai divampava in Europa dopo la catastrofe di Napoleone in Russia lo richiamò ad altre mansioni. Ma il seguito di questa vicenda lo vedremo dopo.

A Palermo il suo posto era stato preso dal diplomatico A' Court, che nei suoi rapporti a Londra fece della situazione una disamina molto obbiettiva. In Sicilia, scrisse pressappoco, un governo costituzionale può reggersi solo su una forza esterna, perché di sue non ne ha. L'analfabetismo non consente la nascita di una pubblica opinione che possa esercitare il suo peso. «Abituati all'obbedienza passiva, i siciliani si aspettano che a far per loro siano gli altri», e nel caso specifico gl'inglesi. Se costoro, invece di appoggiare «una cosa poco adatta al Paese come la Costituzione», avessero appoggiato delle riforme spicciole come l'uguaglianza di fronte alla legge e una più equa ripartizione fiscale, avrebbero fatto molto meglio. Ora, bisognava scegliere: seguitare a difendere la Costituzione significava assumere in qualche modo il governo dell'isola. Disinteressarsene, significava abbandonarla nelle mani di un Re che non vedeva l'ora di revocarla. Quanto all'indipendenza della Sicilia da Napoli, questo sarebbe equivalso ad abbandonare l'isola alla mercé di una casta baronale ancora più satrapesca e retriva dei Borbone. Per i siciliani, concludeva A' Court, la Costituzione è soltanto un balocco, un pretesto di vuota logomachia, in cui non si sa se sia più spregevole il doppio giuoco dei reazionari o la demagogia dei radicali. I siciliani hanno capito che la libertà è solo la libertà dei baroni di continuare a opprimerli. Perciò, sotto sotto, e pur dissimulandolo, essi desiderano una restaurazione dei poteri del Re, il quale certamente li userà per imporre una «tirannia esosa», ma sempre meno esosa di quella dei baroni.

Ma a questo punto bisogna far pausa per riprendere il corso degli avvenimenti internazionali, di cui quelli italiani non erano che un riflesso.

CAPITOLO DICIOTTESIMO
LA CATASTROFE

Verso la fine del 1812, il vocabolario degl'italiani si arricchì di nuove e strane parole, ch'erano soprattutto nomi di città e di fiumi: Vilna, Kovno, Smolensk, la Vistola, Borodino, il Niemen. Abituato ad aspettare che altri decidesse la sua sorte, il popolino non aveva mai seguito con molto interesse le avventure guerriere di Napoleone. Ma stavolta, sotto le bandiere dell'Imperatore, c'erano anche gl'italiani: 30 mila lombardi sotto il comando del viceré Eugenio, e ottomila napoletani sotto il comando di Murat. Le notizie sembravano arrivare da un altro mondo, tanto remoto era il teatro degli avvenimenti. Ma da una lettera di Eugenio a sua moglie, a Milano si riseppe che in un certo paese dalla pronuncia impossibile, Malojaroslawetz o qualcosa del genere, 17 mila italiani guidati dal generale Pino avevano retto vittoriosamente il confronto contro 60 mila russi, tanto da meritarsi la citazione all'ordine del giorno.

Di singoli italiani dotati di virtù militari, ce n'erano sempre stati, anzi era l'Italia che aveva fornito alla Spagna e all'Austria i loro due più grandi generali: Alessandro Farnese ed Eugenio di Savoia. Ma era la prima volta che si sentiva di un *reparto* italiano che si copriva di gloria sotto bandiera italiana. E per quanto scarsi fossero nel nostro Paese l'orgoglio e gli entusiasmi militari, la gente si appassionò a quegli eventi e ne attese con impazienza i reduci per farseli raccontare.

Di reduci ce ne furono pochi, appena un migliaio. Altri tornarono alla spicciolata dopo mesi, e qualcuno dopo anni, distrutti nel fisico e nel morale. Ma di oltre 25 mila non si ebbe più nessuna notizia. I sopravvissuti parlavano con gli occhi sbarrati di una marcia senza fine in solitudini senza fine, coperte da un manto di neve in cui le gambe sprofondavano, di morti e morenti lasciati per strada. Così era terminata la campagna di Russia, con cui Napoleone aveva sognato di diventare il Carlomagno della nuova Europa, e che invece lo aveva condotto alla catastrofe.

Riepiloghiamone il filo.

Nel 1810 egli aveva buoni motivi di credersi al riparo da qualsiasi sorpresa. A combatterlo, perseverava solo l'Inghilterra, rimasta da sempre in guerra con lui, salvo l'armistizio di Amiens durato appena tredici mesi fra il 1802 e il 1803. Ma era una guerra che non si combatteva perché gl'inglesi potevano farla solo sul mare, dove invece Napoleone non poteva farla dopo l'annientamento della sua flotta a Trafalgar da parte di Nelson (1805). Gl'inglesi cercavano di mettere in crisi la Francia e i suoi satelliti impedendone il commercio marittimo. Napoleone rispondeva col «blocco continentale», cioè chiudendo i porti alle navi inglesi. Sebbene recasse gravi danni all'economia di entrambi i contendenti, questa situazione avrebbe potuto continuare all'infinito. L'Inghilterra non poteva risolverla che annodando alleanze con potenze in grado di attaccare Napoleone anche coi loro eserciti. A questo aveva sempre teso la sua diplomazia, instancabile suscitatrice di «coalizioni» antifrancesi.

Ma ormai sembrava che questo giuoco non potesse più riuscirle. Di potenze infatti in grado di sfidare Napoleone ce n'erano due sole: la Russia e l'Austria, e di entrambe egli si era guadagnata l'amicizia. Nel 1807 si era incontrato a Tilsit con lo Zar Alessandro, e aveva stabilito con lui una pace, che fin allora aveva funzionato abbastanza bene e pareva fornire garanzie anche per il futuro. Quanto all'Austria, dopo averla per l'ennesima volta battuta a Wagram nel 1809, Napoleone se n'era assicurata la benevolenza con un legame dinastico sposando la figlia del suo Imperatore, Maria Luigia. Queste parentele tra famiglie regnanti in realtà contavano meno di quanto pensasse e sperasse Napoleone. Ma contavano. Sicché quando nel 1811 Maria Luigia gli dette il sospirato erede, che fu subito insignito del titolo di «Re di Roma», Napoleone credette di aver finalmente dato una stabile base al suo Impero e di poterlo trasmettere al legittimo successore: mescolato con quello Asburgo, il «sangue di Napoleone», come lui lo chiamava con orgoglio, avrebbe regnato su mezza Europa.

Ma fu proprio in quel momento che l'accordo di Tilsit entrò in crisi. Non è qui il caso di analizzare i complicati motivi che ne provocarono l'incrinatura. Quello fondamentale è che entrambi i contraenti lo avevano stipulato in mala fede, diffidando l'uno dell'altro e in attesa di una buona occasione per regolare i conti. Per lo Zar quest'occasione fu la raggiunta pace con l'Impero Turco che finalmente lo liberava da un nemico insidioso, coraggioso e ostinato. Egli riaprì i porti al commercio inglese e impose forti dazi alle merci francesi, cioè fece il contrario di ciò che aveva promesso a Tilsit. E Napoleone, che dal canto suo aveva ridotto il Granducato di Varsavia a base militare, decise la «spedizione punitiva».

Quella che nel giugno del 1812 iniziò la lunga marcia nel cuore della Russia, si chiamava «Grande Armata», e lo era: quasi 800 mila uomini delle più diverse nazionalità. I tecnici dicono che fu proprio la sua imponenza a fare la sua impotenza di fronte alla strategia russa, basata su rapidi sganciamenti e ritirate. Sta di fatto che per trovare un esercito schierato in quell'ordine di battaglia in cui era un insuperato maestro, Napoleone dovette arrivare fino a Mosca, e nemmeno lì riuscì a riportare una vittoria definitiva. Sebbene battuto, il nemico riuscì a sfuggire alla sua manovra aggirante, mentre la città, quasi tutta di legno, finiva in un immenso rogo e i primi freddi cominciavano a mordere la truppa stremata da quell'interminabile cavalcata. Per cinque settimane, Napoleone attese dei plenipotenziari con offerte di pace. E forse fu questo il suo più tragico sbaglio. Quando diede il via alla ritirata, già la neve ricopriva come un funebre sudario quegl'immensi spazi, e il nemico riorganizzato tornava alla controffensiva con le sue cavallerie.

Quanti ne morirono? Impossibile dirlo. Ma sta di fatto che l'unico reparto organico che riuscì a riattraversare il confine polacco fu quello delle Guardie al comando di Ney. Napoleone aveva affidato il comando supremo a Murat per accorrere a Parigi dove alcuni congiurati, dandolo per morto, avevano tentato un colpo di Stato e per poco non c'erano riusciti. Con la sua sovrumana energia e a mezzo di misure spietate raccolse un altro esercito per farsi incontro ai russi cui ora si erano uniti anche i prussiani. Bisognava batterli per prevenire un intervento dell'Austria, il cui atteggiamento, malgrado i legami dinastici, stava ridiventando incerto. Ma incerto fu anche l'esito delle due prime battaglie. Seguì un armistizio che si sarebbe anche potuto tradurre in una pace, se Napoleone si fosse indotto a qualche concessione. Ma ne era incapace, e questo fornì all'Austria il pretesto per scendere in campo contro di lui. Dresda fu l'ultima vittoria del grande condottiero. A Lipsia, due mesi dopo, il suo raccogliticcio esercito, più che essere disfatto, si disfece, e l'esausta Francia non era più in grado di fornirne un altro.

Mentre gli Alleati cominciavano a invaderla, il Parlamento chiedeva la pace, cioè la resa. Se Napoleone ne avesse accolto l'invito rinunziando a tutte le sue conquiste, forse avrebbe potuto conservare il trono. Invece sconfessò i parlamentari tacciandoli di fellonìa, riuscì a raccogliere qualche migliaio di uomini, e tra il febbraio e il marzo

1814 inflisse ancora gravi perdite agli invasori, ma senza riuscire a fermarli. Essi entrarono a Parigi, e v'istaurarono un governo provvisorio con cui intavolarono negoziati di pace. Napoleone era ancora col suo quartier generale a Fontainebleau, a pochi chilometri dalla capitale. Non voleva arrendersi. Consultò i suoi marescialli che a lui dovevano tutto: carriera, gloria, titoli, onori. Ma il loro rifiuto di riprendere le armi non era un tradimento, anche se tale a lui parve; era solo una constatazione d'impotenza.

Il 6 aprile abdicò. Ma per il comodo del lettore, seguiamone ancora la vicenda. I suoi riflessi sull'Italia li vedremo dopo.

Prima ancora che i vincitori decidessero il da farsi, rientrò in Francia il legittimo pretendente al trono dei Borbone. Era il Conte di Provenza, fratello minore del Re finito sotto la ghigliottina. Egli assunse il titolo di Luigi XVIII, «Re di Francia e di Navarra per grazia di Dio» dimostrando con questa formula che non teneva alcun conto della volontà della Nazione e cioè che si considerava un Re assoluto secondo il concetto dell'antico regime, come se in quei vent'anni non fosse successo nulla. E gli Alleati cominciarono a negoziare con lui il secondo dei tanti trattati che ora sono conosciuti col nome riassuntivo di «Trattati di Vienna», dove si conclusero.

Il primo, quello di Fontainebleau, lo avevano stipulato fra loro per decidere la sorte di Napoleone. L'avversario più cavalleresco nei riguardi del vinto si era mostrato lo Zar, che gli aveva fatto assegnare l'isola d'Elba col titolo di Re, un decoroso appannaggio e un piccolo presidio per difendersi contro le incursioni dei pirati saraceni. Napoleone partì in carrozza per Fréjus. Nel Nord ricevette le acclamazioni delle città in cui passava. Ma via via che scendeva verso Sud, l'accoglienza si faceva sempre più ostile: tanto che per non farsi riconoscere, indossò una divisa di ufficiale austriaco (un episodio che a noi italiani dovrebbe ricordare qualcosa) e preferì imbarcarsi su una fregata inglese temendo che i francesi lo avvelenassero.

Non aveva che quarantacinque anni, un'età a cui è difficile rassegnarsi, e le notizie che gli arrivavano dalla Francia non erano tali da invogliarvelo. I saccheggi commessi dagli Alleati avevano resuscitato il patriottismo francese mentre l'assolutismo del nuovo regime rianimava lo spirito rivoluzionario. Luigi aveva già firmato la rinunzia a tutte le conquiste per cui il Paese si era dissanguato: Olanda, Belgio, Germania, Svizzera, Italia. Certo, non poteva sottrarvisi. Ma era la fine di una *Grandeur*, di una grandezza cui la Francia ormai si era abituata. E per di più infierivano le «purghe», disgrazia di tutte le Restaurazioni. Gli alti comandi civili e militari venivano monopolizzati dagli *émigrés*, dai fuorusciti, che la Francia si era ormai avvezzata a considerare dei traditori, e che ora sfogavano le loro vendette sugli uomini che avevano contribuito a renderla potente e temuta. L'indignazione raggiunse il colmo quando al vecchio glorioso tricolore, che aveva sventolato su tanti campi di battaglia e di vittoria, fu sostituito il vessillo bianco dei Borbone.

Di tutto questo, Napoleone era informato dai suoi seguaci. Alla fine di febbraio (del 1815), partì di nascosto dall'Elba, e il 1° marzo sbarcò a Fréjus. I suoi calcoli si rivelarono esatti. Alla sua comparsa la Francia prese fuoco. Un reparto mandatogli incontro, invece di arrestarlo, si mise ai suoi ordini. La colonna in marcia su Parigi non faceva che ingrossare. I vecchi generali di Napoleone, che poi erano quasi tutti giovani, si schieravano con lui. Il Re fuggì. Le Grandi Potenze accantonarono i negoziati per restituire la parola agli eserciti.

Da Parigi, che lo aveva accolto in delirio, Napoleone lanciò un proclama con cui s'impegnava a rinunciare al grande Impero, ma senza precisare fino a che punto. Sapeva benissimo che, anche se si fosse contentato delle antiche frontiere naturali, non avrebbe evitato la guerra. Voleva soltanto dimostrare ai francesi che questa gli era imposta, e infatti non perse tempo a prepararvisi per non dare al nemico quello di concentrare le sue imponenti forze.

I preparativi, da una parte e dall'altra, durarono circa tre mesi, i famòsi «Cento giorni». Al termine Napoleone, che aveva sperato di raccogliere 600 mila uomini, non se ne trovò sotto le bandiere che 130 mila. I soli prussiani ne avevano altrettanti, e con gli altri alleati lo attendevano in Belgio. Ancora una volta furono sorpresi dalla sua rapidità e colti di contropiede, prima che russi e austriaci arrivassero. Il 18 giugno, a Waterloo, il comandante in capo inglese, Wellington, fu sopraffatto, e Napoleone spedì a Parigi l'annunzio della vittoria. Ma al momento di assestare il colpo decisivo, fu a sua volta sorpreso dai prussiani, e la vittoria si tramutò in disfatta.

Rientrò a Parigi il 21. Voleva ancora tentare. Ma il Paese stremato non gli obbediva più. Per la seconda volta abdicò, e stavolta senza speranza. Scrisse una lettera al Re d'Inghilterra rimettendosi alla sua generosità. E l'Inghilterra, a cui Napoleone era costato vent'anni di guerre, rispose inviandogli a Rochefort una nave che lo condusse, senza dirglielo, nell'Isola di Sant'Elena, a duemila chilometri dalla costa africana.

Ci visse, o meglio ci agonizzò ancora sei anni.

Lo Zar Alessandro che aveva dato il maggior contributo alla vittoria cercò di restarne anche il maggior beneficiario impegnando gli altri alleati (Inghilterra, Austria e Prussia) a firmare quel documento che poi fu chiamato «Santa Alleanza». Gli storici ancora si scervellano sulle intenzioni che lo spinsero a compilare questa specie di *magna charta* della nuova Europa, redatta su toni ispirati di «pietismo mistico». Goethe la salutò come l'accendersi di una grande speranza per tutta l'umanità. Ma il ministro inglese Castlereagh ci vide soltanto «un sublime miscuglio d'idealismo e di follia» e quello austriaco Metternich «un pomposo vuoto». A loro interessavano due cose sole: ripristinare in Europa il principio della legittimità dinastica, che la Rivoluzione francese aveva negato e violato, e impedire che il vuoto di potere lasciato da Napoleone fosse riempito da qualche altra Potenza. La più qualificata a occuparlo era l'immensa Russia, vera vincitrice di quella guerra che aveva portato i suoi eserciti nel cuore di Europa. Bisognava dunque imbrigliarla. E a ciò provvide l'Inghilterra, insuperabile maestra in questi giuochi di contrappeso, inducendo gli altri alleati a trasformare la Santa in una Quadruplice Alleanza, che ne impegnava i membri a regolari consultazioni tra loro allo scopo di garantire, anche con interventi armati, l'ordine europeo, e appoggiando le mire territoriali dell'Austria in modo che questa potesse far da diga all'avanzata russa.

La sistemazione italiana fu appunto il frutto della combinazione fra queste due esigenze: quella del legittimismo che imponeva la restituzione dei vecchi Stati ai Sovrani spodestati da Napoleone, o ai loro discendenti; e quella dell'equilibrio, che favoriva l'Austria in quanto baluardo antirusso. Ecco perché, prima di vedere come venne in concreto applicata, occorre fare un rapido sopralluogo a Vienna che si apprestava a svolgere sulla penisola la parte fin allora svoltavi da Parigi.

Sul suo trono sedeva, col titolo di Sacro Romano Imperatore, Francesco II. Era figlio di Leopoldo, l'ex-Granduca di Toscana, era nato e cresciuto a Firenze, e quindi l'Italia la conosceva abbastanza bene. Al padre era succeduto nel '92, quando aveva appena ventiquattr'anni, e sulle sue spalle era ricaduto il peso delle cinque guerre combattute contro Napoleone. Per altrettante volte aveva dovuto umiliarsi a chiedergli pace. Ma questo non aveva affatto sminuito il concetto quasi religioso ch'egli aveva della dinastia Asburgo e della sua missione. Dal padre aveva ereditato lo zelo e la tenacia, ma non l'intelligenza politica e lo spirito riformatore. Era un burocrate coscienzioso, ma freddo e senza fantasia. Lavorava quattordici ore al giorno un po' perché era di riflessi lenti, un po' perché ripugnava a qualsiasi delega di potere. Sospettoso verso ogni novità e diffidente di tutti, voleva tutto vedere e regolare di persona. «Qualche volta sono riuscito a governare l'Europa, ma mai l'Austria» si lamentava il suo primo ministro.

Era questi il Principe di Metternich, un renano cresciuto nell'odio della rivoluzione da quando, bambino, l'aveva vista arrivare a Coblenza sulla punta delle baionette francesi e sovvertire tutti i valori nei quali l'avevano educato a credere. Tutti i suoi talenti, ch'erano notevoli, li aveva spesi in diplomazia al servizio dell'Impero e della causa legittimista. Ed era per questo che Francesco aveva preso a benvolerlo fino a farne, oltre che il suo Cancelliere, anche il suo uomo di fiducia, come sua nonna Maria Teresa aveva fatto col principe Kaunitz, di cui Metternich era anche nipote per parte di moglie. Metternich era destinato a restare alla guida dello Stato anche oltre la morte del suo Sovrano, fino al 1848, cioè fino allo sfaldamento in tutta Europa del sistema di cui egli era stato nel '15 il massimo artefice e di cui d'allora in poi sarebbe rimasto il più vigile guardiano.

Nelle sue voluminose *Memorie*, Metternich assume spesso la posa di uomo di pensiero. Se lo fosse veramente stato, si sarebbe accorto che la sua opera andava contro la Storia, di cui pretendeva invertire il corso. Ma a questo era fatalmente portato dal suo temperamento ed educazione. Per lui la parola «libertà» non era che un sinonimo di «anarchia», alla quale non vedeva altra alternativa che un ordine basato sull'autorità e la tradizione. Tutta la vita spese a puntellare l'una e l'altra sino a fare dell'Austria «la Cina dell'Europa», un fossile isolato in un mondo avviato alle libertà individuali e alle indipendenze nazionali. Ma al servizio di questa causa sbagliata, egli mise incomparabili doni di tempismo, d'intelligenza tattica, di zelo e di onestà. Non aveva la spregiudicatezza e lo spirito tagliente di Talleyrand, ma nemmeno la sua disponibilità al doppio giuoco e la sua arrendevolezza agl'interessi personali. Talleyrand non credeva a nulla, e quindi era sempre pronto a tradire chiunque. Metternich rimase sempre specchiatamente fedele al suo Paese e al suo Sovrano, e in ciò che faceva ci credeva, anche se era sbagliato. Quando diceva che l'Italia era «un'espressione geografica», non ci faceva un trattamento di sfavore. Così considerava anche le altre nazioni che facevano parte del Sacro Romano Impero affidato alla sua custodia: la Polonia, la Moravia, la Boemia, l'Ungheria, la Slovenia, la Croazia. Era fermamente convinto che il vero interesse di tutte queste province e dei loro rispettivi popoli fosse di restare uniti sotto la corona di una dinastia come quella degli Asburgo in grado di garantire a tutti ordine e sicurezza. Ed era altrettanto convinto che dello stesso parere fossero dovunque le due classi che ai suoi occhi contavano: i nobili e i contadini. Le sue antipatie e diffidenze si appuntavano tutte verso le borghesie cittadine, e dal suo punto di vista non aveva torto. Ma era questo che faceva di lui, anche socialmente, un conservatore dell'*ancien régime*, del vecchio regime pre-illuminista. Per lui, anche Pietro Leopoldo era stato un pericoloso e avventato progressista.

Tale era l'uomo che ora diventava l'arbitro del nostro Paese. Per il comodo del lettore, riassumiamo alla svelta l'assetto ch'egli gli diede coi trattati di Vienna del 1815, che rappresentano il suo capolavoro. Essi furono il frutto di un intenso e complicato armeggio diplomatico su cui esiste una sterminata letteratura, ma in cui non vogliamo addentrarci perché l'Italia e gl'italiani vi figurano solo come oggetto. Per chi voglia approfondire questo capitolo, che coinvolge tutti i grandi Stati d'Europa e la loro politica, indicheremo nella nota bibliografica i testi principali. E veniamo agli Stati nostri.

Il principio che prevalse fu quello della reintegrazione delle dinastie prenapoleoniche, ma con qualche deroga, eccezione e compromesso. Il Piemonte venne restituito ai Savoia, ma maggiorato. Nei trattati di Parigi del '14, quelli cioè stipulati prima del ritorno di Napoleone dall'Elba, si era stabilito di annettere la Repubblica di Genova al Regno sabaudo per compensarlo della perdita di Nizza e della Savoia lasciate alla Francia. Ma in quelli di Vienna del '15, appunto per castigare la Francia dell'appoggio dato a Napoleone, anche Nizza e Savoia furono restituite al Piemonte senza per questo ritogliergli Genova.

Sulla Lombardia che già prima le apparteneva come dominio diretto, e sul Veneto che col trattato di Campoformio le era stato «venduto» da Napoleone, anche se poi questi se lo era ripreso, l'Austria fece facilmente valere i suoi diritti, aiutata – come vedremo – dalle divisioni, dalla litigiosità e dal confusionarismo degli esponenti locali che cercavano di contestarglieli. Le due province furono alla fine riunite in un Regno Lombardo-Veneto che non fu nemmeno un Viceregno, tanto era strettamente sottoposto al potere centrale di Vienna.

Parma e Piacenza furono un pomo di discordia. Su questo Ducato i Borbone spagnoli, che lo avevano ricevuto in dote da Elisabetta Farnese moglie del loro Filippo V, avanzavano pretese indiscutibili sul piano della legittimità, e che infatti furono riconosciute. Essi ne sarebbero tornati in possesso, ma solo alla morte di Maria Luigia, la moglie di Napoleone, che frattanto avrebbe occupato quel trono a titolo vitalizio. Nell'attesa, Maria Luisa di Borbone che Napoleone, dopo averla istallata nel Granducato di Toscana, aveva scacciato, avrebbe gestito, per sé e per il figlioletto Carlo Ludovico, il Principato di Lucca che, quando essi avessero recuperato Parma, sarebbe stato annesso al Granducato. Un bell'imbroglio, come vedete. Ma questa era la politica dinastica cui si pretendeva tornare, che concepiva gli Stati come patrimoni di famiglia, da ripartire secondo le parentele.

Sempre per il principio di legittimità, il Ducato di Modena toccava agli Este, rappresentati da una donna, Ricciarda, vedova di un Arciduca Lorena, e da suo figlio. La madre ebbe a titolo vitalizio il piccolo Principato di Massa e Carrara. Modena andò al figlio Francesco IV, che aveva sposato una Savoia, figlia di Vittorio Emanuele I: matrimonio che sulle sorti del Piemonte era destinato a pesare.

Il Granducato di Toscana e gli Stati pontifici furono restituiti nella loro interezza ai Sovrani che ne erano stati spossessati e che tuttora vivevano: il primo a Ferdinando III di Lorena, figlio di Pietro Leopoldo e fratello dell'Imperatore, i secondi a papa Pio VII, il prigioniero di Napoleone.

La sistemazione più difficile e complessa fu quella del Reame delle Due Sicilie, che rimase a lungo in sospeso per via della ondeggiante politica di Murat. E di questa, come di tutte le altre vicende che accompagnarono la Restaurazione come si chiamò, nel suo complesso, il ritorno dell'Italia al suo vecchio regime pulviscolare, diremo a proposito dei singoli Stati.

Ma prima occorre stendere un rapido consuntivo dell'eredità lasciata da Napoleone.

CAPITOLO DICIANNOVESIMO

CONSUNTIVO

A Napoleone sono stati attribuiti molti piani e miraggi. Qualcuno dice che il suo sogno era quello di ricalcare le orme di Alessandro il Grande conquistando l'Oriente e l'India. Qualche altro dice che tutta la sua politica si svolse in funzione dell'Italia perché egli stesso era e si sentiva italiano. Quest'ultima tesi trovò eloquenti avvocati specie al tempo del fascismo che nella sua cupidigia di gloria militare cercò di appropriarsi il grande condottiero cambiandogli anche il cognome da Bonaparte in Buonaparte. Se oggi a queste balordaggini si è rinunciato, non è tanto per amor di verità quanto per un rovesciamento di mode che ora hanno ceduto il passo a quelle pacifiste e antimilitariste. Il napoleonismo è, come quella maltese, una febbre a fasi ricorrenti.

Ai sostenitori della sua italianità, Napoleone stesso ha prestato argomenti con le parole e coi fatti. «Più che francese e còrso, io sono italiano e toscano» disse una volta. E non c'è dubbio che dei molti Paesi in cui piantò bandiera nella sua vertiginosa corsa di conquistatore, l'Italia fu quello a cui più tenne e in cui più si sentiva a suo agio. Ne parlava la lingua, ne prediligeva la cucina, ne capiva il carattere anche perché in molte cose lo condivideva: da buon còrso, anche lui era, come gl'italiani, un «uomo di famiglia» che odiava la famiglia, ma si sentiva tenuto a renderla partecipe delle proprie fortune. Di stampo tipicamente italiano, anzi guicciardiniano, erano la sua sfiducia negli uomini, il suo realismo spinto fino al cinismo. Per quanto di cultura abborracciata, sentiva il valore del grande retaggio italiano, e soprattutto Roma lo affascinava sebbene non ci avesse mai messo piede, o forse proprio per questo. Roma era per lui il modello della struttura che intendeva dare a un'Europa unificata sotto la stessa legge. Non è da escludere che l'ambizione di dare a suo figlio l'altisonante titolo di Re di Roma abbia contribuito alla sua rovinosa rottura col Papa. E infine c'era il richiamo dei ricordi. Era stato in Italia che il piccolo generale, mandatovi a recitare una parte di comprimario, era diventato protagonista. Era qui che aveva combattuto le sue più belle battaglie e riportato le più squillanti vittorie. Era a Mombello che aveva trascorso la sua luna di miele con Giuseppina nel momento della sua bruciante passione per lei.

Ma questo è tutto, e rimane confinato in un ambito puramente sentimentale. Politicamente egli assegnò all'Italia una parte di primo piano finché questo gli permetteva di assumerla egli stesso nei confronti del Direttorio e agli occhi dei francesi. Fu il suo trampolino di lancio nella scalata al potere. Ma una volta raggiuntolo, essa non fu più per lui che una provincia di conquista, anche se la più vicina al suo cuore, e una dispensatrice di troni per i suoi familiari. A restituirla agl'italiani, facendone un Paese unito e indipendente, non pensò mai. Ma gli uomini non contano per ciò che pensano. Contano per ciò che fanno, e che spesso è il contrario di ciò che pensano di fare. Se lo proponesse o no, fu Napoleone a dare avvìo al Risorgimento, o almeno ad abbreviarne di parecchi decenni la scadenza. E vediamo perché.

Apparentemente, il bilancio del suo quasi ventennale dominio si chiudeva per l'Italia in passivo, specialmente dal punto di vista economico. Già fragile e dissestato di suo, il Paese era stato messo a dura prova dai tributi e dai saccheggi. Il mantenimento dell'armata di occupazione francese, che Parigi gl'imponeva, era al di sopra delle sue forze. I capitali, già scarsi, venivano drenati da un fisco implacabile. È difficile fare un conto globale delle estorsioni subìte. Ma all'ingrosso si può dire che un buon terzo del reddito nazionale, in denaro e in natura, finiva nelle fauci dei commissari francesi. A questo si aggiunge la spoliazione del patrimonio artistico. È vero che gran parte venne restituito dopo la caduta di Napoleone. Ma parecchi vuoti rimasero.

Napoleone non nascose mai la sua intenzione di fare di quella italiana un'economia complementare di quella francese, una sua appendice agricola e coloniale. Tutti gli Stati in cui egli aveva frazionato la penisola erano tenuti per *diktat* a esportare soltanto in Francia i loro prodotti e a importare manufatti soltanto dalla Francia. Secondo le parole dell'ambasciatore francese a Napoli, l'Italia doveva «restare paese agricolo, esclusivamente agricolo».

Questa dipendenza dalla Francia diventò ancora più rigida nel 1806, dopo la proclamazione del blocco continentale contro l'Inghilterra. I porti italiani, per i quali la flotta inglese era la migliore cliente, furono fra quelli che più ne risentirono. «Venezia è un cadavere» si legge in un rapporto del 1807. Anzi, la crisi arrivò a tal punto che, per salvare le città di mare, furono introdotte delle «licenze di esportazione e importazione», cioè in parole povere delle eccezioni al blocco. La misura era circoscritta alle merci considerate «indispensabili». Ma servì di grimaldello per far saltare tutta la serratura. Se il blocco fallì, fu in gran parte per colpa (o merito) degli italiani che spiegarono un autentico genio nel contrabbandare anche le merci proibite. Ma erano, si capisce, palliativi.

La medaglia tuttavia aveva il suo rovescio. Se la riduzione dell'Italia ad appendice agricola della Francia bloccò il suo timido slancio industriale, giovò allo sviluppo dell'agricoltura, che ricevette parecchi incentivi. Per renderla più produttiva, Giuseppe e Murat abolirono nel Reame le strozzature doganali e v'introdussero alcune colture, come quella del cotone. Negli Stati pontifici il prefetto Tournon spinse a fondo con energia la bonifica delle paludi pontine già iniziata da Pio VI. In Piemonte venne sviluppata al massimo la cultura dei bozzoli da seta, da cui le industrie lionesi strettamente dipendevano. E gran parte dei pascoli lombardi vennero convertiti a risaie.

Ma dal suo assorbimento nel sistema politico ed economico francese, l'Italia trasse ben altri e più sostanziosi benefici. Anzitutto, le strade. Napoleone era un tecnocrate pianificatore che, prima ancora che la parola venisse coniata, credeva nelle «infrastrutture». Delle strade aveva la passione, e l'Italia fu il Paese in cui più la sfogò. Abbiamo già detto che uno dei motivi fondamentali dell'annessione del Piemonte fu il controllo e la sistemazione dei passi alpini. Non si contentò d'intraprendere grandi lavori sul Sempione e sul Moncenisio. Siccome l'inverno rendeva malcerta la loro transitabilità, fece costruire la strada della *Corniche* che collega i due Paesi attraverso la Riviera. A guidarlo erano soprattutto le considerazioni strategiche: di tutte le guerre, la pianura padana era sempre stata uno dei principali teatri. E siccome la sua strategia era affidata soprattutto alla rapidità di manovra, egli curò particolarmente la rete settentrionale, quella che si snoda trasversalmente da Torino a Trieste.

Ma non vi si limitò. Nei suoi piani l'Italia doveva diventare una specie di propaggine allungata verso il Levante, i cui mari erano gli unici che sfuggissero al controllo della flotta inglese. Le merci in arrivo dall'Asia Minore e da Salonicco, soprattutto il cotone, sarebbero sbarcate nelle Puglie. Per avviarle alle Alpi, bisognava dunque costruire anche una rete stradale dal sud al nord, che infatti venne affidata a un corpo d'ingegneri appositamente costituito nel 1809. Esso non ebbe il tempo di condurre a termine l'impresa, ma costruì alcuni ponti come quello sul Garigliano e apportò sostanziosi miglioramenti, specie alla via Emilia.

È difficile calcolare l'incidenza che questa ristrutturazione, come oggi si dice, ebbe sulla vita del Paese. Ma è certo che uno dei motivi della «incomunicabilità» fra italiani era anche l'arteriosclerosi stradale. Un po' per incapacità e incuria, un po' per istinto di conservazione, i vecchi Stati non favorivano la circolazione degli uomini e delle idee, in cui vedevano una minaccia al loro immobilismo. Trasporti e servizi postali erano, specie dal Po in giù, fra i più arretrati d'Europa. La grande massa della popolazione rurale, ch'era la grande massa della popolazione italiana, nasceva, viveva e moriva nello stesso podere o nello stesso villaggio, mummificata nelle sue piccole autarchie, nei suoi tabù, pregiudizi e abitudini.

Su questo intorpidito organismo, l'invasione napoleonica agì da *elettrochoc*. Dietro alle armate per raccoglierne le briciole o davanti ad esse per sfuggire le loro angherie, chi per sottrarsi alla persecuzione dei vecchi regimi, chi per partecipare alla costruzione di quelli nuovi, gl'italiani cominciarono a muoversi e quindi anche a conoscersi fra loro. L'emigrazione interna, che prima era stata un fatto soltanto di «notabili» e d'intellettuali, diventò un fenomeno di massa. Sulle strade riassettate dai genieri francesi per i bisogni dell'esercito, passavano anche le diligenze, che portavano lettere e giornali. A saperli leggere erano pochi. Ma costoro ne comunicavano il contenuto anche agli altri. L'orizzonte municipale, e spesso parrocchiale dell'uomo del borgo e del campo, si allargava ponendolo in contatto con nuove realtà che, anche quando gli ripugnavano, gli facevano sentire l'anacronismo di quelle tradizionali. Infatti nemmeno i regimi della Restaurazione poterono più ristabilire del tutto i vecchi compartimenti stagni che per secoli avevano preservato le loro arcaiche strutture: alla libertà di movimento e di scambio dovettero fare delle concessioni.

Più importante ancora fu la rivoluzione legislativa. Napoleone era tutto fuorché un ideologo. Però si era formato nel clima illuministico del Settecento e, da buon allievo di Rousseau, era fermamente convinto che la salute dei popoli dipendesse unicamente dalle loro leggi e istituzioni e che quelle francesi fossero le migliori di tutte. In Italia aveva trovato il caos. Non solo i sistemi giuridici erano diversi da Stato a Stato, ma ognuno di essi era una jungla di regolamenti speciali che si contraddicevano o si eccepivano a vicenda. Nella sola Toscana, che poi era una delle regioni più organiche e meno ingarbugliate, c'erano 1.500 leggi speciali, fra le quali lo stesso magistrato non riusciva a raccapezzarsi.

Su questo intrico, Napoleone operò con l'accetta, né altro poteva fare per venirne a capo. Le regioni direttamente annesse come il Piemonte ebbero senz'altro le leggi francesi. Ma anche le altre dovettero accettarle, sia pure con qualche adattamento. Nel Regno (per capirci una volta per tutte: quando si dice *Regno* s'intende quello *italico* lombardo-emiliano-veneto; quando si dice *Reame*, s'intende quello di Napoli), il codice civile francese, che fra l'altro contemplava anche il divorzio, venne introdotto nel giugno 1805, e per i suoi parziali adattamenti alle necessità locali Napoleone non concesse ai legislatori che sei mesi di tempo. Invocando il nome di Beccaria, costoro ottennero un termine più largo e maggiore autonomia per il codice penale. Ma Napoleone accettò i suggerimenti di Romagnosi solo per quanto riguardava la procedura. Per il resto, non fu che la traduzione di quello francese.

Nel Reame l'operazione fu in parte ritardata dalle resistenze di Giuseppe, che si fece interprete delle esigenze locali con maggiore autorità di Eugenio. Egli paventava (e non senza qualche fondamento) gli scompensi che potevano derivare da una drastica abolizione di tutti i diritti e privilegi feudali in un Paese di strutture troppo arretrate per potersi adattare d'un colpo a quelle moderne. Ma Napoleone lo pungolava: «Non lasciatevi influenzare: introducete nei vostri Stati il codice francese, così com'è». Tutto sommato, aveva ragione lui. Scompensi ce ne furono, e gravi. L'abolizione del «fedecommesso» che rendeva intoccabili e indivisibili i beni ereditari da un primogenito all'altro, e quella dei «monti di famiglia» che ne congelavano grosse aliquote, le cui rendite dovevano servire per l'istruzione dei ragazzi e la dote delle ragazze, mandò in liquefazione molti patrimoni. Ma erano patrimoni di parassiti, la cui scomparsa non rappresentava per la società nessuna perdita. Purtroppo, ad approfittarne non furono i contadini, troppo poveri, ignoranti e legati alle loro abitudini di gleba; ma una borghesia terriera non meno avida, redditiera e feudalesca dell'aristocrazia.

Lo stesso si dica del divorzio. Nel Reame, a quanto pare, non ce ne furono che un paio di casi, tanto a fondo era radicata l'intoccabilità del matrimonio non nella coscienza, ma nel costume della gente. Ma il riconoscimento del diritto di divorziare dette uno scossone a questa mentalità, così come glielo dettero le limitazioni poste all'esercizio della patria potestà, che fin allora aveva fatto del capo di casa un despota e della famiglia la roccaforte di tutte le resistenze ai diritti della società.

Il trauma più grosso lo subirono Roma e gli Stati pontifici perché qui il disordine legislativo e giudiziario era al colmo, grazie alla eterna incapacità della Chiesa di distinguere fra legge e precetto morale, fra giustizia e legalità, fra reato e peccato, fra pena e penitenza. Neanche i più grandi luminari della procedura riuscivano a orientarsi nel groviglio di competenze fra tribunali del Campidoglio, della Rota, del Governatore, della Camera Apostolica, dell'Uditore Pontificio, del Buon Governo (!) eccetera, oltre a quelli che pretendevano di costituire per loro conto i singoli prelati e parroci. Questa fungaia di Fori fu abolita con un tratto di penna insieme ai privilegi del clero e allo scandaloso «diritto di asilo» che, considerando «ospite di Dio» e quindi intoccabile il delinquente rifugiato in chiesa, faceva di Roma la madre non più del diritto, ma del delitto. Lo sconvolgimento prodotto dall'introduzione di princìpi elementari come: «La giustizia è dovuta a tutti, e tutti debbono ottenerla a mezzo delle stesse leggi» e «Gli autori e i complici di delitti non potranno in alcun luogo essere protetti dall'azione delle leggi», dimostra in quale stato confusionale versasse la legislazione pontificia.

Sui vantaggi recati all'Italia da questo massiccio trapianto di princìpi e istituti giuridici francesi, si può discutere a lungo. Si può dire che fu troppo precipitoso e brutale. Si può dire che certe norme violentavano la società italiana obbligandola a fare un passo più lungo della gamba. Si può dire che tutta questa riforma s'ispirava al proposito colonialista di francesizzare l'Italia. Si può dire ch'ebbe il torto di spregiare i suggerimenti del pensiero giuridico italiano, più profondo – almeno sul piano teorico – di quello francese. Ma c'è una cosa che non si può discutere: il suo effetto unificatore. L'Italia ancora non c'era, ma già c'erano dei princìpi giuridici che valevano per tutti, a qualunque Stato appartenessero, di Roma, di Napoli, o di Milano. La Restaurazione non riuscirà che parzialmente a distruggere questa unità e ad ogni modo ne lascerà un diffuso rimpianto.

Ma anche a un'altra unità gl'italiani si erano frattanto affezionati: quella amministrativa. Ognuno degli Stati in cui Napoleone aveva diviso la penisola aveva, si capisce, la sua amministrazione. Ma tutte rispondevano agli stessi criteri di simmetria e di centralismo, e tutte richiedevano gli stessi requisiti di competenza e di efficienza. In fatto di autonomia politica, Napoleone era avaro: non ne conce-

211

deva nemmeno ai suoi più fidati vicari, come Eugenio a Milano e Giuseppe a Napoli. Ma ai suoi «funzionari» non lesinava onori e prebende. Salvo il Piemonte e un po' Napoli, l'Italia non aveva mai conosciuto la religione del servizio di Stato perché lo Stato era un Principe straniero, si confondeva con la sua persona e quindi lo si poteva servire solo da cortigiani. Fu Napoleone a introdurla, e i suoi effetti si videro soprattutto a Milano. Molte delle più importanti cariche erano occupate da francesi. Ma molte altre furono aperte ai figli dell'aristocrazia e della borghesia, che per la prima volta sentirono l'orgoglio del pubblico servizio e ci trovarono il loro tornaconto. Un capodivisione era un personaggio importante, che poteva contare su un lauto stipendio e sugl'inviti ai ricevimenti di Corte. Un magistrato era quasi un intoccabile. Il sogno del giovane laureato in ingegneria era l'assunzione nei ranghi del Genio Civile, indaffaratissimo a costruire strade e canali. I Verri di questo tempo non avevano bisogno di fondare *Il Caffè* per propugnare le loro riforme; si arruolavano, per realizzarle, nel Ministero di Prina. Il premio di queste carriere era il Senato. I suoi poteri erano soltanto consultivi, cioè poteva esprimere dei pareri, non prendere decisioni. Però era ambitissimo sia perché riuniva il meglio della società, sia per il prestigio che conferiva, sia per la prebenda che procurava: 24.000 lire l'anno.

Non dappertutto le cose erano andate allo stesso modo. A Napoli una classe legata allo Stato c'era già prima che arrivassero i francesi, le cui inframettenze provocarono soltanto – come abbiamo detto – gravi conflitti. In Toscana non ci fu il tempo di formarla. A Roma ne mancò l'occasione, un po' perché gli Stati pontifici furono ridotti a semplici dipartimenti francesi, un po' per la renitenza della borghesia, irriducibile nella sua fedeltà alla Curia di cui era abituata a vivere. Alla collaborazione si mostrò molto più docile l'aristocrazia, uno dei cui massimi esponenti, il principe Borghese, aveva sposato la sorella di Napoleone, Paolina, l'unica Bonaparte che preferiva l'amore al potere e lo faceva con tutti, qualche volta anche col marito.

Ma insomma, anche là dove prima non c'era – Lombardia, Veneto, Emilia – le amministrazioni napoleoniche avevano gettato il seme di quel sacerdozio laico ch'è il servizio civile. E anche questa era una delle tante rivoluzioni provocate da Napoleone.

Un'altra fu la coscrizione obbligatoria, che merita un discorso a parte, anche perché ci sembra che la nostra storiografia ne trascuri i decisivi riflessi sociali e morali.

Oltre ai tributi in denaro, Napoleone esigeva dalle terre conquistate quelli in uomini. Non lo faceva soltanto per ingrossare i suoi eserciti, ma anche per fondere i popoli soggetti: non c'è nulla che unisca più dello «spirito di corpo» e che affratelli più della «naja». Anche in Italia i giovani di leva vennero recensiti e ricevettero la cartolina-precetto.

In Piemonte la cosa non suscitò reazioni. C'erano abituati. Da secoli il Piemonte era uno Stato e aveva un esercito. Qualcuno in cuor suo avrà obbiettato che una cosa era servire l'esercito piemontese, un'altra quello francese, e avrà anche disertato. Ma l'abitudine al servizio l'aveva. Suo padre, suo nonno e suo bisnonno lo avevano assolto. Faceva parte dei suoi doveri di suddito. Anche nel Reame era pressappoco così. L'esercito napoletano non valeva quello piemontese. Però anche a Napoli un esercito c'era perché c'era uno Stato, e quindi c'era anche la coscrizione.

Ma in tutto il resto della penisola, no. Fin dal Trecento, le sue varie Repubbliche e Principati avevano appaltato la propria difesa alle milizie mercenarie straniere, e per questo l'Italia si era ridotta a una galassia coloniale di Stati satelliti alla mercé di qualsiasi invasore, come lucidamente aveva previsto Machiavelli. «Gl'italiani non hanno virtù militari perché non hanno patria» scriveva Madame De Staël dimenticando solo di aggiungere un «e viceversa». Foscolo la rimbeccò furiosamente, ma di lì a poco non solo le dette ragione, ma rincarò la dose. Se non sapete combattere, disse agl'italiani in un suo celebre discorso, «siate servi e tacete».

La cartolina-precetto provocò tra loro il finimondo, soprattutto negli Stati pontifici. Dei 450 giovani che la ricevettero (450 in tutto, meno di un battaglione), se ne presentò meno della metà, seguiti da mamme e sorelle che si strappavano i capelli, e accompagnati dai parroci che li esorcizzavano con segni di croce. Gli altri disertarono e si dettero alla macchia preferendo arruolarsi nelle bande dei fuorilegge che infestavano l'interno. Perfino l'aristocrazia, che in tutte le altre parti del mondo si atteggia a depositaria della tradizione e delle virtù militari, quando una settantina di suoi giovani rampolli vennero precettati, si vestì a lutto e sprangò le porte dei suoi palazzi. Il conte Patrizi, piuttosto che consegnare i suoi figlioli, preferì addirittura farsi gettare in prigione. Non erano «obbiezioni di coscienza», o lo erano solo in pochissimi casi. Era la secolare disabitudine al concetto del «servizio». Gl'italiani consideravano quello delle armi un «mestiere» perché come tale lo praticavano i mercenari a cui si erano sempre affidati. E il vederselo imporre lo consideravano un inaudito sopruso. Il conte Monaldo Leopardi, padre di Giacomo, diceva che la guerra era un dovere per i soldati, ma un disonore per i cittadini. Non era una questione di codardia: i disertori, quando s'imbrancavano coi banditi, mostravano un coraggio che spesso rasentava la temerità. Era – come diceva Madame De Staël, che gl'italiani li aveva capiti meglio di quanto pensassero Foscolo e gli altri – «la totale mancanza delle idee di onore e di dignità» su cui si reggono non soltanto gli eserciti, ma i popoli.

Le medesime reazioni la coscrizione provocò dapprincipio anche nel Regno. Anche qui, sebbene essa non colpisse che un giovane su tre, fu considerata un'angheria, e casi di diserzione ce ne furono parecchi. Ma poi questa renitenza si attenuò, e sempre più docilmente i coscritti affluirono nelle caserme. Dai 23 mila uomini del 1804, quando era ancora Repubblica Cisalpina, l'esercito italico salì ai 90 mila del 1813. E, cosa ancora più importante, non erano affatto un'armata brancaleone, come gli avvenimenti stavano per dimostrare. Erano, al contrario, reparti disciplinati, addestrati e ben comandati, specialmente quelli speciali dei «Véliti» e della «Guardia».

Questa trasformazione era visibile soprattutto negli ufficiali, sfornati dalle scuole militari di Modena per l'artiglieria, di Lodi per la cavalleria, di Pavia e Bologna per la fanteria. Fra di essi allignavano alcuni fra i più bei nomi della nobiltà e della borghesia, su cui la carriera militare cominciava per la prima volta a esercitare un notevole fascino. Fosse la smania di gloria o il semplice desiderio dell'evasione dalla vita quotidiana o l'attrattiva della bella uniforme, fatto sta che questi giovani dall'aria marziale «costituivano – dice Pingaud – un fatto del tutto nuovo nelle città lombarde, emiliane e venete», fin qui abituate ai cicisbei e agli abatini. Fra di essi c'era anche Ugo Foscolo che, dopo aver abbandonato la divisa per la penna, nel 1812 tornò ad abbandonare la penna per la divisa, trovandola molto più consona alla sua vocazione d'italiano. La camerateria del reggimento spegneva le differenze e i meschini campanilismi della vecchia Italia per accendere lo spirito di corpo e l'ansia di emulazione. A mensa, i dialetti erano fuori legge: tutti erano tenuti a parlare italiano, possibilmente con un accento toscano.

Tutto questo diede avvìo a uno «snobismo» militare, che non si limitò alla retorica e alle apparenze. Quando Napoleone li chiamò a combattere in Spagna, gl'italiani vi accorsero in trentamila e ce ne persero ventimila. Altri venticinquemila caddero nelle steppe russe. Leopardi pianse e rimpianse nei suoi versi («Oh, misero colui che in guerra è spento – non per li patri lidi...») questo sacrificio di sangue, considerandolo inutile. Ma sbagliava. È vero ch'esso aveva privato l'Italia della sua gioventù migliore, ma aveva lasciato un seme che non doveva andare perduto. Furono infatti i reduci di queste ultime avventure napoleoniche, messi per castigo in congedo dai regimi della Restaurazione o rimasti in servizio da «sorvegliati speciali», ad alimentare i focolai insurrezionali accesi dalla Carboneria e dalla «Giovane Italia». Scrisse Stendhal: «Il colonnello di un reggimento del Papa, che in passato era un lacché, oggi è il colonnello della Moscova e di Montmirail» e – aggiungiamo noi – non si rassegnava a ridiventare un lacché.

Erano troppo pochi per trasformare l'Italia in una nazione guerriera. Ma furono abbastanza per farle capire ch'era imbelle e che per questo era divisa e schiava. Fu da loro che gl'italiani disposti a imparare qualcosa impararono che il servizio militare non è che una delle tante espressioni dell'impegno civile, e cioè che un cittadino è tenuto anche a fare il soldato, e anche a morire, quando la patria lo richiede. Il Risorgimento, cui le masse restarono cospicuamente estranee, quando non addirittura ostili, doveva dimostrare che ad approfittare di questa lezione era stata solo un'esigua minoranza. Ma se un Risorgimento ci fu, lo si deve soprattutto a questi uomini e al loro «inutile» sacrificio.

Ma forse lo sconvolgimento più grosso e decisivo fu quello sopravvenuto nel campo della cultura.

L'irrequieto Angeloni, che trascorse la vita a ordire congiure contro di lui, accusava Napoleone di coartare il pensiero italiano e di voler perfino «corrompere la nostra lingua dolcissima». Ma è un'accusa recisamente smentita dai fatti. Come tutti i dittatori, Napoleone considerava la cultura – non soltanto quella italiana, ma anche quella francese – un *instrumentum regni*, uno strumento del potere. Ma in Italia non ebbe bisogno di fare sforzi per piegare a questo scopo una cultura, che non era mai stata altro. I poeti non si fecero pregare per sciogliere inni al Conquistatore. La sfilza delle *Napoleonie* e delle *Napoleonidi* pubblicate nel ventennio è interminabile. Ce n'è anche una di Foscolo, la *Ode a Bonaparte liberatore*, che però ha il suo alibi: a ispirarla era una speranza sincera, non la piaggeria. Della piaggeria, il grande campione fu Vincenzo Monti che ne fece una proficua industria. A furia di omaggi e di elogi, diventò «assessore» del governo di Milano, storiografo ufficiale e poeta aulico del Regno, ricevette una cospicua pensione e le insegne della Legion d'Onore e della Corona di Ferro, si fece stampare tutte le opere a spese dello Stato, ed Elisa gli pagò in gioielli le sonanti quartine ch'egli le aveva dedicato. Questo non gl'impedì, quando Napoleone cadde, di spiegare a stormo le sue argentee campane per il ritorno degli austriaci. E nessuno se ne scandalizzò; i poeti italiani da secoli non facevano che questo: sciogliere inni al padrone di turno perché, non avendo un pubblico, solo del padrone e dei suoi favori vivevano. Una simile letteratura non si poteva corrompere: era già corrotta di suo. Il caso di Alfieri, che si rifiutò di ricevere il ministro francese a Firenze, e quello di Foscolo che, pur vestendo la divisa di ufficiale napoleonico, attacca nelle sue odi Napoleone e addirittura saluta con giubilo la vittoria di Orazio Nelson a Trafalgar, sono del tutto eccezionali.

In realtà, sia pure per meglio controllarla, Napoleone fece parecchio per la cultura italiana, specialmente quella accademica. Le Università vennero potenziate e riorganizzate sul modello di quelle francesi, certamente superiore a quello tradizionale italiano. I loro uomini più insigni ricevettero cariche e distinzioni. Alessandro Volta fu nominato conte, Barnaba Oriani senatore, Mascheroni divenne il consulente dell'Imperatore che, quando veniva a Milano, se lo teneva a Corte per discutere con lui di matematica, la scienza che più lo appassionava, e anzi fu proprio sotto la sua guida ch'egli risolse il problema detto appunto «di Bonaparte» (dato un circolo, trovarne col compasso il centro): successo che lo inorgogliva quasi quanto quelli riportati sui campi di battaglia.

Per meglio cattivarsi i favori della cultura – e assicurarsene la complicità –, Napoleone fondò anche l'Istituto Nazionale, che avrebbe dovuto essere il corrispettivo italiano dell'Accademia francese. Funzionò male perché, per mancanza di un centro come Parigi, dovette sparpagliarsi in succursali regionali. Ma il compito principale lo assolse: quello di distribuire stipendi ai suoi membri, che soprattutto di questo erano ghiotti.

Anche la lingua, che Angeloni rimproverava ai francesi di voler corrompere, fu invece oggetto di varie provvidenze. Nel 1809 lo stesso Napoleone decreta che, «i popoli dei nostri dipartimenti toscani essendo fra tutti i popoli italiani, quelli che usano la lingua più pura e che importa alla gloria del nostro Impero e a quella delle lettere che questa lingua elegante e feconda si trasmetta nella sua purezza», è a questa che si deve ricorrere negli atti pubblici e nell'insegnamento. Perciò i dialetti vengono severamente banditi dalle scuole e l'Accademia della Crusca viene riorganizzata per assolvere ancora meglio i suoi compiti di roccaforte del purismo.

In questo senso si battevano anche molti degli stessi letterati francesi, tutt'altro che smaniosi di colonizzare l'Italia. Ginguené denunziava con parole di fuoco la boria e il pregiudizio nazionalistico dei suoi compatrioti: «Sarebbe – scriveva – un triste risultato della nostra influenza se questa giungesse a cancellare a poco a poco dal novero delle lingue vive quella che tutti riconoscono come la più bella, la più ricca, la più feconda di capolavori di tutti i generi». Fauriel lo spalleggiava. E Madame De Staël prestava alle loro tesi tutta la sua autorità di grande impresaria e ispiratrice di talenti.

Queste ansie per la nostra lingua non erano affatto infondate. Ma i pericoli ch'essa correva non derivavano dalla volontà sopraffattrice dei francesi. Derivavano dalla sua propria arcaicità e inadeguatezza ai concetti e agl'istituti moderni. La stessa lingua francese era stata messa a soqquadro dalla Rivoluzione che aveva scatenato «una tempesta d'idee in un lessico strettamente fissato». Figuriamoci quanto dovett'esserne sconvolta quella italiana, molto più accademica e stantia. Tutta la terminologia militare e amministrativa, per esempio, dovett'essere presa in blocco a prestito da quella francese perché l'Italia non aveva mai avuto né un esercito né una vera amministrazione. L'Italia per esempio non sapeva cosa fossero una *burocrazia* e un *ispettore* e, non avendo nel suo vocabolario queste parole, le prese dal francese.

Il fenomeno non si limitava alla lingua. Coinvolgeva tutta la cultura, anche nei suoi contenuti. Ma anche qui bisogna intenderci. I francesi non fecero nulla per imporre agl'italiani il loro pensiero, i loro testi, i loro autori. Si limitarono a farglieli conoscere. Il fatto è che quando gl'italiani che sapevano leggere cominciarono a leggere Voltaire, smisero di leggere Metastasio, e quando sentirono Molière, smisero di andare a sentire Goldoni. Era insomma la schiacciante superiorità della letteratura, della saggistica, del teatro francesi che metteva in crisi la cultura italiana, sottrattasi fino allora, grazie alla censura dei vecchi regimi, al confronto pubblico e diretto con quelle straniere. Era fatale che l'irruzione dei Diderot, dei D'Alembert, dei Lesage, dei Dorat nel Paese dei pastorelli dell'Arcadia vi provocasse lo scompiglio.

La reazione fu goffa. Minacciata da questa terribile concorrenza che smascherava tutte le sue magagne – l'accademismo parruccone, la boria aulica, le iperboli cortigianesche, la disabitudine ad affrontare i problemi concreti della società, il retorico trionfalismo al servizio del potere –, la cultura italiana assunse atteggiamenti di disdegnoso spregio. «Bestia francese» chiamò il Monti, che inondava l'Italia d'inni ai francesi, l'abate Guillon, che aveva osato muovere qualche critica alla poesia italiana. «Testa non italiana», «di stirpe e formazione straniera» si diceva e si scriveva di tutti quei francesi che osavano pronunciare giudizi su cose italiane. Sembrava, a leggere questi scampoli polemici, che la cultura italiana fosse ancora, come lo era stata fra il Tre e il Cinquecento, il faro dell'Europa, mentre ne reggeva soltanto il fanalino di coda. Foscolo ch'era l'unico vero e serio antifrancese, capì tutta la ridicolaggine di questo starnazzìo di pedanti e gli dette il nome che meritava: *eunucomachia*.

Ma il fenomeno aveva anche un aspetto positivo. Per la prima volta, di fronte alla minaccia della cultura francese, quella italiana si era sentita italiana. Di appelli all'Italia, nelle pagine dei nostri scrittori e poeti, ce n'erano sempre stati. Ma non erano che vuota e tronfia retorica, un'esigenza di rituale. Stavolta, no. Pur negandola, gl'intellettuali italiani avevano capito che la superiorità della cultura francese derivava dal fatto ch'essa aveva alle spalle una patria e una società di cui finalmente avvertirono la mancanza. La furiosa lotta ch'essi impegnarono contro i «gallicismi», cioè contro le contaminazioni della lingua, non fu che l'aspetto più pedantesco di questa reazione, che ne ebbe degli altri molto più sostanziosi.

Il dominio francese funzionò insomma da reagente. Per paura che Napoleone gliela togliesse, la cultura italiana ritrovò la propria anima e serrò i ranghi in sua difesa con una compattezza che non aveva mai conosciuto prima di allora. Non avendo da contrapporre a quella francese

nulla o quasi nulla di valido in senso moderno, si mise a ri-
cercare e a rinverdire i propri blasoni di nobiltà disseppellendoli
dal sottosuolo, e non soltanto in senso figurato:
si propaga la febbre archeologica, si scopre la civiltà etru-
sca, cui viene frettolosamente attribuito, a danno della
Grecia e di Roma, un ruolo di «grande madre» nei confronti di quella europea, si «lancia» Dante, o meglio lo si
rilancia, ma in grande stile, facendolo «padre» di tutto:
della lingua, della poesia, del pensiero, della democrazia,
della patria.

Questa patria era ancora un concetto astratto e retorico, ma lo era molto meno di prima. I tromboni alla Monti seguitavano a farne oggetto solo di quartine (e di quattrini). Ma i giovani intellettuali cresciuti nel clima di Napoleone cominciavano ad accorgersi che solo un'Italia nazionale avrebbe potuto ritrovare il suo posto e il suo rango anche nella cultura.

Ma stiamo attenti a non perdere, come spesso si fa, il
senso delle misure. Ad averne coscienza non era neanche
tutta la cultura, ma solo una sua sparuta minoranza, che
purtroppo non si rese conto del proprio isolamento e non
fece nulla, o fece troppo poco per romperlo. Per quanto
infinitamente migliori dei loro padri e nonni, gl'intellettuali che nei successivi decenni salirono sulle forche e po-
polarono le galere, ne portavano ancora nel sangue il vizio: quello di parlare soltanto fra loro come dentro le mura di un'Accademia. Un'opera di apostolato popolare non
la svolsero: non ne avevano l'abitudine, non ne avevano il
linguaggio, non ne avevano l'umiltà. Per questo tutta la
loro vita non sarà che un seguito di tragiche delusioni. Nel
'21, nel '31, nel '48, li vedremo insorgere lanciando appelli al popolo, nella certezza di esserne seguiti; e il popolo non si muoverà o addirittura li consegnerà agli sbirri. È
logico. Ad esso nessuno aveva parlato. Il discorso seguitava a svolgersi fra «iniziati», anche quando verteva sulla

«democrazia» (e tuttora è così). Alla cultura italiana seguitava a mancare ciò che mancava alla burocrazia, all'esercito, a tutto, cioè il senso, la religione del «servizio pubblico». Alle masse non volle o non seppe rivolgersi. Intrisa di clericalismo – anche quando faceva professione di fede anticlericale – le considerava «gregge», come faceva la Chiesa. Così condannò se stessa e la propria opera – il Risorgimento – a restare un fatto di *élite* e, non riuscendo a dargli un contenuto popolare, dovette cederne l'iniziativa alla monarchia sabauda.

PARTE SECONDA

LA RESTAURAZIONE

CAPITOLO VENTESIMO

IL BALLETTO DI MURAT

Di tutti i problemi italiani che i rappresentanti delle Grandi Potenze dovettero affrontare per dare all'Europa una sistemazione che rispondesse ai loro princìpi e soprattutto ai loro interessi, e che va sotto il nome di *Restaurazione*, il più complicato fu quello del Reame, cioè delle Due Sicilie.

Abbiamo lasciato Murat, alla vigilia della campagna di Russia, intento a tessere la sua tela, combattuto fra la paura di Napoleone e l'ambizione di affrancarsi dalla sua tutela per diventare un vero Re, e non soltanto di Napoli. Con la sua consueta leggerezza aveva condotto le cose talmente male che ora si trovava quasi esautorato e sotto la stretta sorveglianza dei fiduciari del suo imperiale e prepotente cognato. Temeva di essere estromesso dal trono, e per stornare questa minaccia mandò a Parigi Carolina. Costei si vantò in seguito di avere riconciliato marito e fratello, e forse lo credeva sul serio. In realtà a compiere il miracolo non era stata la sua diplomazia, ma la situazione internazionale. Napoleone si era definitivamente persuaso che il conflitto con la Russia era inevitabile, e in quel repentaglio non voleva storie con Murat, di cui anzi desiderava la collaborazione. Con lui avrebbe regolato i conti a campagna conclusa.

Murat fu informato delle sue intenzioni di guerra solo quando, nell'aprile del 1812, ricevette l'ordine di raccogliere le sue migliori truppe, di affidarne il comando a un generale di sua scelta e di assumere egli stesso quello di tutta la cavalleria francese. Napoleone lo voleva al suo

fianco non solo perché a cavallo lo considerava insostituibile, ma anche perché non si fidava di lasciarlo a Napoli.

Gioacchino partì contro voglia. Per quanto di testa piuttosto debole, capiva benissimo che un Napoleone vittorio-
so gli avrebbe tolto il trono o gliel'avrebbe lasciato in posizione più subalterna di prima. Per di più, doveva affidare
lo Stato a sua moglie e temeva che costei, smaniosa com'e-
ra di potere personale, ne approfittasse per mandare in
fumo quel partito *italico* su cui egli fondava tutte le sue
ambizioni.

La sua condotta in Russia fu condizionata da questi
crucci. Alla testa dei suoi cavalieri si batté bene, come sempre. Ma quando, dopo la disastrosa ritirata, Napoleone gli
affidò il comando di tutto l'esercito per accorrere a Parigi
a reprimervi un colpo di Stato, egli contravvenne agli ordini rinunziando a qualsiasi resistenza anche sulle posizioni che vi si prestavano, trasformando la ritirata in una vera e propria rotta, e finalmente cedendo a sua volta il suo
posto a Eugenio di Beauharnais, per rientrare precipitosamente a Napoli. Ci arrivò ai primi del '13, accolto da fiori e applausi. Apparve sorridente e sicuro di sé, ma non lo
era affatto. Come avrebbe reagito alla sua diserzione il cognato, che non era più in grado di garantirgli il trono, ma
era ancora in grado di toglierglielo?

Il cognato reagì con due lettere. Una, a Carolina, diceva: «Vostro marito e un gran brav'uomo sul campo di battaglia, ma è più debole di una donna o di un frate quando
non è davanti al nemico. Manca completamente di coraggio
gio morale». L'altra, a lui, conteneva queste frasi: «Spero
che non siate di quelli che pensano che il leone è morto. Il
titolo di Re vi ha fatto girar la testa. Se questa testa volete salvarla, comportatevi bene».

Per quanto ferito nell'orgoglio, Gioacchino respirò: se
l'era cavata con un «cicchetto», e quel «comportatevi bene» implicava la concessione di una prova d'appello. Ma

c'era anche un'altra constatazione da fare, e i suoi consiglieri la fecero subito: per mostrarsi così arrendevole, voleva dire che Napoleone era proprio allo stremo. Bisognava approfittarne, manovrando in modo da procurarsi qualche controassicurazione per il futuro.

La Potenza più disposta a darla era l'Austria, tuttora neutrale, ma pronta a gettarsi anch'essa sul vinto per partecipare alla spartizione del bottino. Metternich però voleva fare il giuoco suo, non quello della Russia che già aveva steso le mani sulla Polonia, e della Prussia che già reclamava la Sassonia. Era in Germania ch'egli voleva la guerra per sottrarla a questi due famelici concorrenti, ed era lì che contava quindi di concentrare tutte le sue forze. Per l'Italia, bastava neutralizzare Eugenio o Gioacchino, o tutt'e due, staccandoli da Napoleone. E questo era compito della diplomazia.

Con Eugenio, Metternich non poté trattare per tre motivi. Prima di tutto perché il Viceré era rimasto disciplinatamente al comando dei brandelli della Grande Armata, aveva raggiunto l'Imperatore a Parigi, e solo nel maggio questi lo rimandò a Milano. Secondo, perché sarebbe occorso dargli qualche garanzia di permanenza sul trono del Lombardo-Veneto cui l'Austria non intendeva assolutamente rinunciare. Terzo, perché fu subito chiaro che Eugenio non tradiva. Motivi ne avrebbe avuti: dopo avergliela formalmente promessa, Napoleone gli aveva sempre rifiutato la corona d'Italia e non gli aveva mai concesso un minimo di autonomia. E, ne avrebbe avuto anche i mezzi: suo suocero, Re di Baviera, gli aveva già offerto la sua mediazione presso Vienna. Ma Eugenio l'aveva respinta. Come motto si era scelto: «Onore e fedeltà», e non vi contravvenne.

Il Regno di Napoli non rivestiva, agli occhi di Metternich, la stessa importanza. Una volta restaurato il predominio austriaco sull'Italia, che su quel trono sedesse un Borbone o un Murat, avrebbe comunque dovuto accettare il patronato di Vienna. E per di più l'ambasciatore austriaco Mier riferiva che Gioacchino era trattabile. Metternich lo sapeva già perché, prima ancora di rientrare a Napoli, Murat gli aveva mandato un messo, Cariati, a sondare le sue intenzioni. Erano così allettanti che Murat si affrettò a rispedire a Vienna l'intermediario che, a quanto sembra, invece di limitarsi ad ascoltare come Gioacchino gli aveva ordinato, parlò, e anzi parlò troppo sino a proporre una vera alleanza militare in cambio di una garanzia per la corona del suo sovrano.

La transazione restò a mezz'aria per vari motivi. Anzitutto, occorreva l'avallo degl'inglesi che ormai esercitavano una specie di tutela sulle Due Sicilie, e gl'inglesi non erano d'accordo nemmeno tra loro. A Londra il Primo Ministro Castlereagh, preoccupato anche lui del rafforzamento russo e prussiano, voleva in tutti i modi secondare l'Austria per consentirle di fare da contrappeso. Ma l'inglese di Palermo, cioè Bentinck, aveva tutt'altre idee. «Questo grande popolo – scriveva (bontà sua) degl'italiani – non deve diventare lo strumento di un soldato tiranno o di qualche altro oscuro personaggio, ma una formidabile barriera alzata sia contro l'Austria che contro la Francia.» Secondo lui insomma si doveva buttare a mare sia Murat che i Borbone per puntare su un'Italia unita e indipendente. Questo inglese autoritario e generoso precorreva il Risorgimento, ma di troppi decenni.

Quando ricevette l'ordine di prendere contatti con Gioacchino, li eseguì, ma a modo suo. Andò a Ponza, che la sua flotta aveva occupato con un colpo a sorpresa, e di lì mandò ambascerie a Murat invitandolo a rompere con Napoleone, ma senza dargli nessuna garanzia per il futuro, anzi reclamando la consegna di Gaeta, pilastro di tutto il sistema difensivo napoletano. Murat replicò chiedendo, oltre Napoli, gli Stati pontifici: anche lui voleva un'Italia unita, ma sotto la propria corona.

Napoleone era informato di tutto, e le sue lettere al cognato si facevano sempre più violente. Fece pubblicare sul giornale ufficiale la notizia che i napoletani, cioè Murat, avevano «venduto» Ponza agl'inglesi, impose il ritiro di Cariati da Vienna, e chiese otto battaglioni napoletani con contorno di artiglieria e di cavalleria per le successive operazioni in Germania. Gioacchino tergiversò finché poté. Ma alla notizia delle vittorie riportate dal cognato a Dresda e a Lützen, s'impaurì, piantò a mezzo le trattative con Metternich e Bentinck, e accorse anche lui per partecipare alla battaglia decisiva.

Il rovesciamento di fronte sembrava scongiurato, ma a ricucirlo fu Carolina, rimasta a Napoli. Essa conosceva molto bene Metternich perché ne era stata l'amante, e col suo femminile intuito aveva capito che la stella del fratello era ormai tramontata e i suoi successi non avrebbero avuto domani. Il giorno stesso in cui suo fratello e suo marito scendevano in campo a Lipsia, essa convocò Mier e si disse disposta a concludere la trattativa schierandosi in guerra a fianco dell'Austria, quando questa vi fosse entrata, purché a lei e a suo marito fosse garantito il trono di Napoli. Murat ne fu informato dopo la battaglia che si era risolta in una completa sconfitta. Non poteva aver più nulla da eccepire. Abbandonò l'esercito e il cognato al loro destino, accorse precipitosamente a Napoli, chiamò Mier, e gli disse ch'era pronto a mettere a disposizione degli Alleati 30 mila uomini per marciare contro il Regno Italico. Ma poneva la solita condizione: gli Stati della Chiesa, e anzi ne aggiungeva un'altra: Corfù.

Per stringere la trattativa, alla fine dell'anno Vienna inviò il conte Neipperg. La controfferta era questa: Gioacchino avrebbe fornito 30 mila uomini in appoggio ai 60 mila che l'Austria avrebbe mandato in Italia, e in compenso sarebbe stato confermato «nei suoi Stati attuali». Neipperg vi aggiunse di suo l'impegno, che non impegnava a nulla, di adoperarsi per assicurargli «una frontiera migliore».

Subito dopo aver accettato le deludenti proposte, Gioacchino scriveva a Napoleone: «Sire, eccomi nel momento più doloroso della mia vita. Si tratta, per me, di scegliere tra la perdita dei miei Stati, della mia famiglia e della mia gloria, ed il mio inalterabile affetto per la Francia... Voi non m'avete dato alcun potere sul paese da me occupato, non m'avete neppur parlato della garanzia dei miei Stati...» Otto giorni dopo firmò l'accordo con gli austriaci, ne iniziò un altro, più difficile, con l'inviato di Bentinck, e riscrisse a Napoleone: «Sire, colui che ha combattuto a lungo vicino a Voi, vostro cognato, vostro amico, ha firmato un atto che sembra fargli assumere un atteggiamento ostile nei vostri confronti... Ho dovuto farlo, ma il mio cuore è sempre lo stesso. Ho bisogno di sapere che Voi mi amate ancora perché io vi amerò sempre...» Quasi contemporaneamente scriveva all'Imperatore d'Austria: «Prego Vostra Maestà di essere persuasa della mia sincera amicizia e riconoscenza...» Molti biografi di Murat si chiedono se questi mentisse più a Napoleone o agli Alleati. Forse, nel momento in cui scriveva, era sincero con l'uno come lo era con gli altri: voleva bene a tutti e voleva che tutti gli volessero bene.

Bentinck, che aveva ricevuto l'ordine di aprire il negoziato con lui, stava facendo il possibile per mandarlo a monte, e quando da Londra gl'ingiunsero di concluderlo s'impegnò alla cessazione delle ostilità fra Napoli e l'Inghilterra, ma senza fornire nessuna garanzia sul futuro del Regno. E ora bisognava agire. Alla testa dei suoi uomini, Gioacchino varcò il confine pontificio ed entrò in Roma. Il generale Miollis, non avendo forze da opporgli, si chiuse in Castel S. Angelo. Evitando di attaccare le truppe francesi, Murat proseguì per Bologna, e da Ancona lanciò un proclama ai soldati in cui, nel tentativo di giustificare il proprio voltafaccia, denunciava «la folle ambizione di Napoleone», e per la prima volta si firmava col solo nome italianizzato *Gioacchino*. Come una volta aveva cambiato il Murat in Marat, così ora voleva farlo dimenticare per meglio accreditarsi come Re indigeno, perché questo era ormai il suo giuoco: mettere tutti, amici e nemici (sebbene ancora non sapesse chiaramente chi fossero gli uni e gli altri) dinanzi al fatto compiuto di un'Italia unificata sotto il suo scettro.

«La condotta del Re di Napoli che spara contro i francesi è infame e quella della Regina inqualificabile. Spero di vivere abbastanza a lungo per vendicare me e la Francia d'una ingratitudine così spaventosa» scrisse Napoleone che stava tentando un'ultima disperata resistenza all'invasione alleata. In realtà fin allora Gioacchino aveva sparato solo parole. Ma i movimenti delle sue truppe, creando una minaccia alle spalle di Eugenio, avevano costretto quest'ultimo ad abbandonare le difese dell'Adige aprendo così la strada agli austriaci in marcia sulla Padania. Gioacchino, in preda a un delirio di attivismo, nelle pause dei suoi continui trasferimenti scriveva a tutti i potenti della terra per professargli il suo amore e guadagnarli alla causa del Regno Italico. Scrisse anche a Ferdinando VII di Spagna, ch'era fuori del giuoco. Scrisse perfino a Luigi XVIII dicendosi pieno di «venerazione per il sangue di Enrico IV e di San Luigi». Aveva sguinzagliato i suoi fiduciari in tutta la penisola a suscitarvi adesioni e domande di arruolamento nel suo esercito. Ma uno di essi, Gabriele Pepe, sebbene fra i più entusiasti, annotava nel suo diario: «Il Re manca di coraggio politico. Gli alleati, che non hanno potuto ancora constatarlo, non tarderanno ad accorgersene e non mancheranno di approfittarne».

Il 1° marzo (sempre del '14), Gioacchino scrisse ancora

a Napoleone, sebbene ormai fosse con lui in guerra guerreggiata: «Sire, Vostra Maestà corre pericolo. La Francia è minacciata nella sua capitale. Sire, dite una parola, e sacrifico la mia famiglia e i miei sudditi. Questa lettera vi rende interamente padrone della mia sorte. La mia vita vi appartiene. Amatemi. Mai fui più degno della vostra tenerezza. Fino alla morte vostro amico». Cos'era accaduto? Era accaduto che Napoleone aveva riportato qualche piccolo successo, mentre il comandante austriaco aveva lanciato a sua volta un proclama in cui annunciava agl'italiani il proposito di ricostituire i vecchi Stati «che hanno assicurato così a lungo la loro felicità e la loro gloria». Vedendo sfumare il suo sogno di Regno Italico, Gioacchino era pronto a un ennesimo rovesciamento di fronte, ma le sorti della guerra non gliene dettero il tempo: il 6 aprile (1814) Napoleone era costretto ad abdicare e pochi giorni dopo partiva per l'Elba.

Napoli riservò le solite grandi accoglienze a Gioacchino che se ne finse pago. Non si sa cos'avvenne nell'intimità fra lui e la moglie, ma non dovett'essere un facile incontro. Napoleone diceva che Carolina «portava la testa d'un uomo di Stato sulle spalle d'una bella donna». Molto più realistica del marito, essa aveva capito fin dapprincipio che il Regno Italico era una chimera, che conservare il trono di Napoli sarebbe già stata una manna e che, di tutti gli Alleati, solo sull'Austria si poteva fare qualche affidamento. Perciò, non essendo riuscita ad accreditare dei rappresentanti ufficiali al Congresso di Vienna, vi teneva due «osservatori» e privatamente scriveva a Metternich per rassicurarlo: la dinastia Murat si sarebbe legata strettamente all'Austria e avrebbe montato buona guardia contro i rivoluzionari. Era il capovolgimento di tutta la politica di suo marito.

Questi sapeva tuttavia che Metternich era sempre più isolato fra le altre Potenze che volevano riportare i Borbone sul trono di Napoli, ed aveva ripreso ad armeggiare. Alla fine di febbraio ricevette una lettera di Napoleone dall'Elba: «Caro Murat, vi ringrazio di quello che avete fatto per la contessa Walewska. Ve la raccomando, e vi raccomando suo figlio (*che era figlio di Napoleone*). Colonna vi dirà cose gravi e importanti. Conto su di voi». Questo messaggio era il risultato di una complessa manovra di riavvicinamento condotta da Gioacchino, all'insaputa di sua moglie, attraverso la cognata Paolina e il cardinale Fesch. Evidentemente lo avevano informato delle intenzioni di Napoleone e, vedendosi abbandonato dagli Alleati, puntava nuovamente su di lui che, freddo calcolatore, lo riaccoglieva nel proprio giuoco.

Pochi giorni dopo il prigioniero dell'Elba fuggì, sbarcò a Fréjus, e sulle ali dell'entusiasmo popolare volò a Parigi, dove lo raggiunse una lettera di Murat: «Sire, non ho mai cessato d'essere vostro amico. Attendevo solo un'occasione favorevole. Tutto il mio esercito è in movimento e alla fine del mese sarò sul Po». In quell'esercito erano affluiti da tutta Italia i veterani delle guerre di Spagna e di Russia, ma solo quelli dal grado di colonnello in su. Di subalterni, sottufficiali e soldati, nessuno. E il particolare ha il suo significato: il patriottismo in Italia restava la prerogativa di coloro che ad esso legavano un rango e uno stipendio. Sugli altri, non esercitava nessun fascino. Quasi tutti gli storici dicono che questa renitenza fu colpa di Murat che, contro il parere dei suoi consiglieri e luogotenenti, deluse le due più grandi aspirazioni del popolo: l'adozione della bandiera tricolore e di una Costituzione liberale. Ma noi ci crediamo poco. Queste due misure gli avrebbero attirato qualche simpatia in più; ma il popolo sarebbe rimasto ugualmente inerte perché quegl'ideali di nazione e di libertà gli erano del tutto estranei. Pietro Colletta, che Gioacchino aveva nominato capo di Stato Maggiore e comandante del genio, lo disse chiaramente: «Un filone d'uomini colti si abbandonerà a questa idea lusinghiera, ma la massa degl'italiani o la spregerà, o la riguarderà con indifferenza, o si armerà per combatterla...»

Il 22 marzo Gioacchino, ormai deciso a puntare tutto sulla carta di Napoleone, partì alla testa del suo esercito, e il 30 lanciò da Rimini il famoso proclama, impastato di retorica e di ambiguità: «...Ottantamila italiani degli Stati di Napoli marciano comandati dal loro Re, e giurano di non domandare riposo se non dopo la liberazione d'Italia... Io chiamo d'intorno a me tutti i bravi per combattere...» Questo enfatico appello riuscì a ispirare a Manzoni alcuni dei suoi più brutti versi, che sono quasi tutti brutti. Ma di veri bravi per combattere ne accorsero cinquecento in tutto.

Gli animi non si scaldarono nemmeno alla notizia dei primi successi di Murat. Presi di contropiede, gli austriaci abbandonarono Modena e Bologna e si fecero battere sul Panaro. Ma l'indomani, a Occhiobello, respinsero un assalto, sebbene condotto personalmente da Gioacchino col suo impeto consueto. Perdite fra gli italiani ce ne furono poche, ma diserzioni a centinaia.

A metà aprile gli austriaci iniziarono la controffensiva. Gioacchino si ritirò per attenderli fra Macerata e Tolentino. Abituato ai ferrei e disciplinati reparti francesi, non riusciva a dominare quel raccogliticcio esercito dove ogni generale faceva ciò che voleva e voleva sempre il contrario di ciò che faceva l'altro. Pepe e Carascosa si odiavano. Pignatelli qualificava Colletta «un mozzorecchi». Ciò malgrado la battaglia iniziata ai primi di maggio sembrava volgere al meglio, quando giunse la notizia che una seconda colonna austriaca aveva sfondato in Abruzzo e una terza scendeva da Roma su Gaeta. Rinunziando a un successo che pareva a portata di mano, Gioacchino ripiegò in furia e, abbandonato il comando ai suoi luogotenenti, accorse a Napoli. La folla di Via Chiaia lo portò in trionfo (non si capisce di che) a palazzo reale. Ma nei «bassi» si cantava: «Tra Macerata e Tolentino – è finito Re Gioacchino. – Tra il Chienti e il Potenza – finì l'indipendenza!», e si preparavano luminarie per il ritorno dei Borbone. A Carolina disse: «Tutto è perduto fuorché la vita, non sono riuscito a morire», le affidò i pieni poteri, e s'imbarcò per Cannes. Oramai doppi giuochi non poteva più farne. L'unica sua speranza era Napoleone.

Napoleone, che se ne rendeva conto, fu duro. Attraverso un messo, gli chiese spiegazioni sulla sua condotta dell'anno prima e respinse la sua domanda di arruolamento nell'esercito che intanto stava allestendo per l'ultima battaglia. Scriverà nelle sue *Memorie:* «Non mi sentivo abbastanza forte da imporre ai soldati francesi un traditore come quello. Eppure, a Waterloo, forse Murat mi avrebbe dato la vittoria».

Confinato in una casa di campagna presso Grenoble, Gioacchino trascorreva quella febbrile vigilia a piangersi addosso in lunghe lettere a tutti. Il 19 giugno ne scrisse una anche a Napoleone: «Non ho più nulla da chiedere a Vostra Maestà. Ella può ormai pronunziarsi tranquillamente sulla mia sorte, le sue volontà saranno eseguite: felice d'essermi perduto per voi, nessun lamento uscirà dalla mia bocca. Che i vostri ministri mi facciano conoscere il luogo del mio esilio...» Ma neanche Napoleone aveva più nulla da fargli conoscere. Era lui che, definitivamente sconfitto il giorno prima, aspettava di conoscere il luogo del suo esilio.

A Napoli, Carolina aveva trasmesso i suoi poteri agl'inglesi che vi erano sbarcati alla fine di maggio e che l'accolsero su una loro nave per istradarla a Trieste e consegnarla agli austriaci. Portò via tutto quel che poteva, perfino una mucca che aveva un corno solo e si chiamava come lei, Carolina, in modo che durante la traversata i bambini avessero il latte fresco. Dopo pochi giorni di navigazione, la nave incrociò lungo le coste càlabre quella che riportava a Napoli Ferdinando. Il comandante si scusò con la Regina di dover sparare ventun colpi di cannone a salve. «Lo prescrive il regolamento» disse in tono mortificato.

DA FERDINANDO IV A FERDINANDO I

Sulla nave che lo riportava a Napoli e che aveva incrociato quella che ne conduceva via Carolina Bonaparte, re
Ferdinando era allegrissimo, e i motivi non gli mancavano. Il ministro inglese a Palermo A' Court gli aveva praticamente lasciato carta bianca sulla Costituzione che il suo
predecessore Bentinck aveva imposto, e Ferdinando ne
aveva approfittato per apportarvi delle riforme che praticamente l'annullavano. Poi, siccome il parlamento non si
decideva a stanziare i «sussidi» richiesti dalla Corona, lo
aveva sciolto. E ora si considerava libero da tutti gl'impegni che con esso aveva contratto, compreso quello di non
lasciare la Sicilia senza la sua autorizzazione.

Ma c'era di più. Pochi mesi prima, a Vienna, era morta
Maria Carolina, che per Ferdinando rappresentava un
peso ancora più opprimente della Costituzione. Egli fece
celebrare in suo suffragio un'infinità di messe, ordinò la
chiusura dei teatri, indisse sei mesi di stretto lutto, e alla fine del secondo lo infranse sposando la signora Migliaccio,
promossa per l'occasione Duchessa di Floridia, «donna –
dice Colletta – di nobile stirpe, di volgare ingegno e per
antiche libidini famosa». Dicono che il figlio Francesco
tentò di opporsi alle nozze rivelando al padre gli scabrosi
precedenti di quella signora, e che Ferdinando rispose:
«Pienza a màmmeta, figlio mio, pienza a màmmeta!» Anche se non è vero, potrebbe esserlo. Ora, secondo Lady
Morgan, il Re andava ripetendo a tutti: «Che bellezza! Ho
una moglie che mi lascia fare quel che voglio, e un ministro che non mi lascia niente da fare!»

Il ministro era Medici. Ferdinando non lo amava, anzi lo detestava, ma ne riconosceva l'efficienza. Era stato lui che aveva ideato le manovre per liquidare Costituzione e Parlamento e preparato il grande ritorno a Napoli senza bisogno di chiedere permessi a nessuno. Il Re si era imbarcato in giugno (del '15, si capisce) facendosi precedere da un proclama che diceva fra l'altro: «Napoletani, ritornate fra le mie braccia, io sono nato tra voi» e si chiudeva con la solenne promessa «della moderazione, della bontà, della reciproca fiducia».

De Nicola racconta che, sbarcando a Portici, il Re sembrava in stato di ubriachezza, tanto era eccitato e felice. Straparlava mezzo ridendo, mezzo singhiozzando, e di questo suo stato d'animo Medici approfittò largamente per indurlo a mantenere il suo impegno di moderazione e di bontà. In realtà una repressione tipo '99 sarebbe stata impossibile: il regime francese era durato un decennio e tutti, di buona o di malavoglia, vi avevano collaborato. Di epurazioni quindi non ce ne furono, o si ridussero a ben poco. Forse Ferdinando avrebbe voluto almeno allontanare dall'esercito gli ufficiali che vi avevano fatto carriera sotto le bandiere di Murat. Ma un clamoroso episodio sopravvenne a dimostrargli che non c'era motivo di diffidarne.

Abbiamo lasciato Gioacchino al momento in cui, fuggiasco da Napoli, riparava in Francia. Non ci si trovò bene. Inviso a tutti, nostalgici del vecchio e fautori del nuovo regime, viveva in semiclandestinità girovagando fra Marsiglia, Tolone e Lione. Attraverso Fouché, Metternich gli fece sapere che l'Austria era pronta a dargli asilo, a riconoscergli il titolo di Conte e a concedergli una decorosa pensione purché facesse atto di solenne rinuncia al trono di Napoli. Ma mentre si svolgevano questi negoziati, Gioacchino seppe che a Parigi era stato spiccato contro di lui mandato di cattura e per sottrarvisi riparò, dopo varie peripezie, in Corsica. Anche qui la gendarmeria voleva arrestarlo, ma i veterani della Grande Armata insorsero in sua difesa.

Forse fu questo episodio a trarlo in inganno, facendogli credere che il suo prestigio e la sua popolarità erano ancora intatti. Spedì emissari a Napoli per saggiarne gli umori, e quelli tornarono con notizie incoraggianti, che poi si rivelarono del tutto infondate: la popolazione lo rimpiangeva e soprattutto l'esercito sperava in un suo ritorno. Superficiale ed entusiasta com'era, e viziato dalla fortuna, fece presto a convincersi che il suo sbarco laggiù sarebbe stato come quello di Napoleone in Francia al ritorno dall'Elba coi soldati che, dopo avergli mirato al petto, avrebbero abbassato i fucili per sollevarlo in trionfo. Alcune teste calde italiane e francesi che gli si erano raccolte intorno gliela davano per fatta. Col loro aiuto noleggiò sei tartane, e su di esse il 28 settembre (del '15) prese il largo. In tutti erano duecentocinquanta.

Buono dapprincipio, il tempo si mise al brutto, e una violenta tempesta scompaginò la flottiglia. Due dei sei legni furono trascinati verso la Sicilia, due su Policastro. Uno solo riuscì a restare in contatto con quello di Gioacchino spinto nel Golfo di Sant'Eufemia. Scoraggiato dalla malasorte, Gioacchino chiese al capitano, un ex-corsaro maltese, di proseguire il viaggio attraverso lo stretto di Messina e l'Adriatico fino a Trieste. Il capitano rispose che in tal caso doveva scendere a terra per far incetta di viveri. Murat, che forse diffidava di lui, rifiutò, e ne seguì un lungo alterco, cui alla fine Gioacchino tagliò corto con una brusca decisione: scialuppe in acqua, e via all'avventura coi trenta compagni rimastigli. Era l'8 ottobre.

Per la grande scena che aveva immaginato e che doveva concludersi con la marcia trionfale su Napoli, Gioacchino si era confezionata una divisa apposta con un cappello guarnito di un fiocco tricolore appuntato con fermagli di diamanti, spada con l'elsa dorata e un cinturone grondante di pistole. Alla testa del suo piccolo drappello, salì verso il paese ch'era Pizzo di Calabria, e ne trovò la piazza affollata di gente perché era giorno di mercato. Il canonico Masdea, che si trovò presente alla scena, racconta che tutti rimasero a bocca aperta e senza fiato all'apparizione di quegli uomini forse scambiandoli per banditi, ma quando questi l'invitarono a gridare: «Viva re Gioacchino!», voltarono le spalle, si diedero a precipitosa fuga, e di colpo la piazza fu vuota.

Gioacchino si guardò intorno interdetto, vide poco distante una compagnia di reclute che facevano le loro esercitazioni, si diresse verso di loro e li apostrofò in tono militaresco: «Voi siete miei soldati, ubbiditemi. Andate su quella torre, ammainate la bandiera, e al suo posto metteteci questa tricolore del vostro re Gioacchino». Anche quelli lo guardarono a bocca aperta e senza fiato, poi fecero ciò che avevano fatto i villici in piazza: voltarono le spalle e si diedero a precipitosa fuga.

In quel momento Murat dovette capire che né lui era Napoleone, né l'Italia era la Francia. Ma ormai non aveva più scelta: bisognava andare avanti. Avanti c'era il capoluogo del circondario, Monteleone, dove forse poteva trovare dei seguaci, e vi si avviò di buon passo. Ma intanto a Pizzo la notizia della sua comparsa, volando di casa in casa, giunse all'orecchio di un capitano Trentacapilli, borbonico arrabbiato e arrivista di pochi scrupoli, che ci vide subito la grande occasione di uno scatto di grado. Alla testa di una banda di paesani armati di schioppi e forconi, si lanciò all'inseguimento della pattuglia murattiana, la raggiunse e l'assalì. Sotto una gragnuòla di pallottole, Gioacchino e i suoi si gettarono per balzi e dirupi verso il mare nella speranza di raggiungere i canotti e con essi la tartana. I canotti c'erano, ma la tartana era già scomparsa al largo. Molti morirono sotto la fucileria, altri cercarono a nuoto scampo sugli scogli, e Gioacchino si trovò solo di fronte alla turba inferocita. Per aver salva la vita, offrì i suoi gioielli, ma quelli non capirono perché dovevano mercanteggiarli, visto che potevano strapparglieli, come fecero, lasciandolo seminudo e coperto di ecchimosi e di sputi: perfino i baffi gli avevano portato via. Poi a calci e spintoni lo ritrascinarono in paese e lo chiusero nel sotterraneo del castello negandogli anche l'acqua. Solo quando sopravvenne da Reggio il generale Nunziante, al prigioniero fu concessa una stanza decente e un trattamento umano.

A Napoli la notizia non giunse inaspettata. I servizi d'informazione avevano già saputo dei preparativi di Gioacchino, ma ignoravano dove e quando sarebbe sbarcato e soprattutto come sarebbe stato accolto. Perciò la città era in stato di preallarme e i comandi militari sotto controllo per prevenire sollevazioni e ammutinamenti. Ma i timori si rivelarono del tutto infondati. Nessuno mosse un dito, non ci furono nemmeno degli appelli alla clemenza. Il Re ordinò a Nunziante di riunire seduta stante un tribunale di guerra che giudicasse il prigioniero come pubblico nemico. Non suggeriva quale dovesse essere la sentenza, ma ingiungeva ch'essa fosse eseguita entro un quarto d'ora dalla sua lettura. Cosa intendesse, era chiaro.

Gioacchino non se l'aspettava. Anzi, nei suoi colloqui con Nunziante aveva detto ch'era pronto a mettersi d'accordo con Ferdinando riconoscendo tutti i suoi diritti sulla Sicilia purché Ferdinando riconoscesse a lui quelli su Napoli: il che dimostra quanto fosse fuori della realtà. Pure, quando la benda gli fu strappata dagli occhi, quegli occhi non batterono ciglio. Si rifiutò di comparire e di difendersi di fronte al tribunale perché, disse, un Re non può essere giudicato dai suoi sudditi; scrisse una lettera di addio, commossa, ma senza enfasi, alla moglie e ai figli, e dopo aver ricevuto la comunione da padre Masdea, si avviò dicendo: «Andiamo a fare la volontà di Dio». Davanti al plotone di esecuzione, rifiutò la benda, si denudò il petto e pregò i soldati di mirare al cuore risparmiando la faccia. Più che coraggio, sarà stata magari spavalderia e teatralità. Ma quella morte salvò la leggenda del «Re cavalleresco e sventurato». Croce racconta che fino al '60 e oltre, «era dato incontrare vecchi napoletani che usavano portare come reliquia, nel taschino, una moneta di quel Re, e la traevano fuori per contemplarla e la baciavano sospirando».

Con la sua abituale insensibilità, Ferdinando non capì che, graziando Murat e mandandolo a fare il pensionato in Austria, avrebbe più facilmente debellato il murattismo. Egli si finse dispiaciuto di aver dovuto sacrificare la sua vittima alla ragion di Stato, ma in realtà tripudiava per quella ch'egli riteneva una dimostrazione di lealtà da parte del popolo; e di questo Medici approfittò per portare avanti la sua cosiddetta politica «di amalgama», cioè di distensione. Il codice napoleonico fu sottoposto a una commissione di giuristi per i necessari adattamenti alle esigenze locali, ma per il momento venne confermato con la sola revoca del divorzio che del resto nessuno voleva.

Il grosso problema era la Sicilia, che seguitava a reclamare la sua autonomia nel rispetto della Costituzione del '12, secondo la quale, se il Re fosse tornato a Napoli, avrebbe dovuto insediare sul trono di Palermo il figlio primogenito. In realtà, formalmente, le due corone erano sempre state divise, tant'è vero che Ferdinando si chiamava «Re delle Due Sicilie», ed era IV a Napoli e III a Palermo. Ma su questo punto Medici, da buon illuminista fautore di un potere accentrato, la pensava come il suo Sovrano, che di deleghe e divisioni non voleva sentir parlare. Con un tratto di penna, cui le Grandi Potenze non mossero obbiezioni, il Re delle Due Sicilie diventò «Re del Regno delle Due Sicilie», e di questo Stato giuridicamente nuovo si proclamò titolare col nome di Ferdinando I. Non era una questione soltanto di parole. Ciò significava che il Regno era unico con una unica capitale, Napoli, e un unico regime, quello di Napoli, dove di Costituzioni non se n'erano mai promulgate.

A Palermo reagirono i baroni e i loro clienti; ma non certo le masse, che dall'autonomia non avevano mai tratto alcun beneficio. Essi si rivolsero all'Inghilterra ch'era stata la madrina delle loro libertà costituzionali. Ma l'Inghilterra aveva in quel momento un governo conservatore e per di più legatissimo all'Austria, l'alta patrona dell'assolutismo. Ferdinando poté quindi procedere in tutta tranquillità anche perché l'unificazione del Regno era caldeggiata dagli stessi quadri militari e amministrativi murattiani, formatisi nel culto francese del centralismo. Anzi, Ferdinando ebbe anche il destro di prendersi una rivincita personale sul suo arcinemico Bentinck, che gli aveva fatto inghiottire tante umiliazioni, e che proprio in quel momento ebbe la cattiva idea di fare una visita a Napoli. Il Re, sapendolo ormai in disgrazia presso il suo governo, gli fece dire che non si azzardasse. Bentinck, col suo caratteraccio, non se ne dette per inteso e si presentò ugualmente, a bordo di una nave. La polizia consentì a sua moglie di andare a uno spettacolo del San Carlo, e ve la scortò. Ma a lui non permise di metter piede a terra.

Tutto dunque sembrava procedere nel migliore dei modi per il vecchio Re che aveva ripreso le sue abitudini «lazzarone», convinto che il Decennio non fosse stato che un brutto sogno ormai dileguato. Viceversa non tutto era così roseo come lui lo immaginava. L'opera distensiva di Medici trovava un grosso ostacolo nel Principe di Canosa che, come ministro della polizia, sfogava i suoi ùzzoli reazionari in una lotta a coltello contro la Carboneria. Per meglio colpirla, le contrapponeva un'altra società segreta, quella dei Calderari, «atroce avanzo dei sanfedisti del '99», come la chiamava Medici che, fedele alle proprie vecchie ricette, non voleva persecuzioni. Canosa non badava ai mezzi per discreditare il suo avversario. Ritirò fuori la storia delle sue collusioni coi giacobini, intercettava la sua corrispondenza, ispirava libelli contro di lui, e poteva contare sulla benevolenza del Re che, di temperamento, propendeva più per i suoi criteri spicciativi e forcaioli che per quelli di Medici. Questi però aveva dalla sua la Duchessa di Floridia, che sia pure con metodi molto più sottili e sfumati di quelli di Maria Carolina, ma appunto per questo più efficaci, esercitava su Ferdinando un forte ascendente. Fra i due ministri ci fu aperta rottura che scoppiò in piena riunione di Gabinetto alla presenza del Re. Canosa dette a Medici di doppiogiuochista e Medici rispose dandogli di protettore degli assassini. Bisognava scegliere: o la politica dell'uno, o quella dell'altro. Ferdinando ci pensò sopra un mese, poi scelse quella di Medici, ma a malincuore. Canosa si trasferì a Pisa dove pose mano a un trattato in tre volumi dal titolo: *Perché il sacerdozio dei nostri tempi e la moderna nobiltà non siansi dimostrati egualmente generosi ed interessati come gli antichi per la causa della Monarchia e dei Re*. Era un inno all'Inquisizione, ai roghi e alla tortura.

Liberato da quell'ottuso oppositore, Medici ne incontrò tuttavia degli altri a ostacolare il suo lavoro di amalgama. Specie nelle forze armate la pressione e i raggiri dei vecchi elementi borbonici si facevano sentire. Per sventarli, fu nominata una commissione presieduta dal principe Leopoldo, secondogenito del Re, e formata da due generali della vecchia guardia e da due murattiani. Ma i primi, più vicini alla Corte anche perché nobili, riuscirono a introdurre discriminazioni facendo di una nuova decorazione che andava solo ai fedelissimi per «Costante Attaccamento» un titolo di preferenza negli scatti di grado. Questa infelice trovata acuì a tal punto la tensione fra gli uni e gli altri che per impedirle di scoppiare il comando supremo fu affidato a un Generale austriaco, Nugent. Ma il rimedio si rivelò peggiore del male perché entrambe le parti ci videro un affronto all'onore nazionale.

Un altro grosso malanno era il brigantaggio, che aveva ripreso più virulento di prima nelle province dell'interno. Anche per combattere questa piaga, si preferì darne l'appalto a un generale straniero, l'inglese Church, che un certo ordine lo riportò, ma a prezzo di carneficine. Il regime insomma, malgrado gli sforzi di Medici, seguitava ad essere quello ch'era sempre stato: un regime di polizia, basato sulla pazienza e la rassegnazione dei sudditi, non sul loro consenso e partecipazione. La sua unica vera garanzia restava il trattato stipulato con l'Austria che s'impegnava a mantenerlo anche con le baionette. Qualsiasi moto liberale o costituzionale sarebbe stato una provocazione alla Potenza protettrice e un invito al suo intervento.

LA FINE DEL REGNO ITALICO

Alcuni storici dicono che se Gioacchino perse il trono per il suo doppio giuoco, Eugenio lo perse per la sua fedeltà. Ci permettiamo di dubitarne, anzi crediamo che lo avrebbe perso comunque.

Il Viceré era rientrato dalla campagna di Russia nel maggio del '13, dopo aver esercitato per qualche tempo il comando supremo disertato da Murat. Napoleone lo aveva rimandato in tutta fretta a Milano a preparare la difesa del Lombardo-Veneto dall'attacco dell'Austria che ormai si profilava imminente: un compito che la situazione politica rendeva molto difficile. Del disastro di Russia la gente sapeva poco perché le notizie a quei tempi viaggiavano lente e la censura vigilava. Ma, abituati da secoli a fiutare il vento prima che soffiasse, gl'italiani avevano capito ch'esso era girato: lo diceva, se non altro, il mancato ritorno dei loro soldati. Di 27 mila che n'erano partiti, n'erano rientrati solo un migliaio, e i loro brandelli e i loro racconti non lasciavano dubbi. Questi reduci erano ciò che restava di un esercito la cui formazione era costata una dura lotta contro la secolare renitenza degl'italiani alla coscrizione. I pochi cui si era riusciti a istillare una certa coscienza militare erano stati sperperati nelle gelate steppe russe. E ora che si trattava di sostituirli, i coscritti rispondevano con la diserzione in massa. Gl'italiani non si battevano volentieri nemmeno sotto le bandiere del vincitore; figuriamoci se volevano arruolarsi sotto quelle del vinto. Quelli che accorsero al bando cercarono di compensare i vuoti col coraggio individuale. Ma erano pochi, i soliti pochi di tutte le guerre italiane.

Per non restare in trappola fra le due colonne austriache che scendevano dall'Est e dal Nord, Eugenio concentrò le proprie truppe sull'Adige, abbandonando naturalmente Istria, Dalmazia, Trentino, Friuli e quasi tutto il Veneto compresa Venezia, che per sei mesi resisté per conto suo all'assedio dentro la cintura delle sue lagune. In quel momento al Viceré si presentò il destro di contrattare il proprio trono. Suo suocero, il Re di Baviera, che frattanto era passato nel campo degli Alleati, gli mandò un messo per invitarlo a fare altrettanto promettendogli in compenso la corona di Re, che Napoleone gli aveva sempre negato. Rispose Eugenio: «Credo che anche Voi preferiate un genero senza corona a un genero senza onore». Non che alla corona avesse ormai rinunziato. Quando l'Imperatore gli ordinò di accorrere col suo esercito in Francia dove stava tentando l'ultima resistenza, il Viceré nicchiò appunto per affermare i suoi diritti sul Regno Italico; ma si rifiutò di comprarli col tradimento.

Il voltafaccia di Gioacchino che sopraggiungeva da Sud col suo esercito, l'obbligò a retrocedere ancora sulla linea del Mincio; ma qui gli austriaci ricevettero una secca batosta, e a infliggergliela furono soprattutto i reparti italiani, comandati dal generale Zucchi. Era il momento (febbraio del '14) in cui anche Napoleone riportava i suoi ultimi successi. Sembrava che la fortuna stesse per cambiare nuovamente cavallo. Sebbene ufficialmente in guerra con la Francia, Gioacchino non si muoveva dalla linea del Po, anzi mandava lettere piene di devozione all'Imperatore e di affetto a Eugenio, assicurandolo che non avrebbe mai attaccato.

Ma a Milano sentivano tuonare il cannone, e il cannone in Italia trova sempre un partito disposto a fargli eco. Quello austriacante, di cui negli ultimi anni s'era perso ogni traccia, risultò improvvisamente fortissimo. Dalla sua aveva non solo i buoni ricordi della seria, onesta, efficiente burocrazia di Vienna, ma anche la litigiosità degli avversari, divisi fra quelli che volevano la conferma del Regno Italico sotto la corona di Eugenio, quelli che preferivano un Principe indigeno come Francesco di Lorena-Este (il futuro Francesco IV di Modena) ch'era nato a Milano, e quelli che pensavano addirittura a un Regno più vasto e di carattere nazionale sotto lo scettro di Murat.

Costui nel mese di aprile rompeva gl'indugi attaccando da sud l'esercito franco-italiano. Sebbene ancora non sapesse che Napoleone aveva abdicato, lo aveva intuito e voleva guadagnarsi benemerenze presso gli Alleati. Per Eugenio non c'era scampo. Il 15 aprile concluse un armistizio col generale austriaco Bellegarde, che autorizzava ufficiali e soldati francesi a rientrare in patria, mentre gl'italiani sarebbero rimasti nelle loro fortezze e guarnigioni. Le truppe austriache avevano libero passo, ma senza diritto di occupazione, nei territori del Regno, la cui sorte sarebbe stata decisa dagli Alleati a Parigi, dove i milanesi potevano mandare una delegazione per esprimere i loro desideri.

Di questi desideri cercò di farsi interprete Melzi d'Eril. Era ancora il miglior cervello politico, anzi l'unico, di cui Milano disponesse. Con l'istituzione del Regno, non era più stato in primo piano, ma aveva seguitato a esercitare una forte influenza come presidente del Senato. Egli la usava con la discrezione del gran signore, ma appunto per questo il suo consiglio pesava, specie nelle emergenze. Il 17 convocò il Senato, e sebbene non potesse intervirvi per un attacco di gotta, mandò un messaggio con la proposta d'inviare subito a Parigi la delegazione per chiedere l'indipendenza e l'integrità del Regno sotto la corona di Eugenio. Ma il Senato non fu d'accordo e preferì imboccare una di quelle «mezze vie» che sono sempre state la specialità del piccolo machiavellismo italiano. Esso decise di mandare a Mantova una commissione per esprimere al Viceré «i sentimenti di ammirazione per le sue virtù e di gratitudine per il suo governo», ma senza nessun impegno di difendere la sua causa a Parigi.

Disorientata da voci contrastanti e aizzata da improvvisati tribuni, la città tumultuava. Annusando odore di saccheggio, molta gente vi era accorsa dal contado, carica di odio verso le cosiddette «marsine ricamate», cioè in parole povere gli esponenti del regime. Il 20 una folla inferocita non si sa bene contro cosa irruppe dentro il Senato e lo devastò, poi s'incolonnò in corteo verso la casa di Melzi. Ma per strada cambiò idea e si diresse invece verso l'abitazione di Prina, di cui si diceva che nascondesse favolose ricchezze. Non era vero: Prina non aveva un soldo, ma aveva montato una macchina fiscale rigorosa ed efficiente, di cui tutti, dal più al meno, erano stati vittime.

Gli amici gli avevano consigliato di prendere il largo. Ma il ministro non aveva voluto saperne. Vedendosi assalito, si nascose in soffitta e tentò di ecclissarsi vestito da prete. Ma lo riconobbero, lo trascinarono per strada e cominciarono a dilaniarlo. Alcuni coraggiosi passanti lo spinsero dentro il portone di un'altra casa, e fra di essi c'era anche Foscolo che arringò gli aggressori per persuaderli a desistere. Ma fu travolto anche lui e Prina, non volendo esporre a rappresaglie i suoi soccorritori, si riconsegnò di propria volontà ai manigoldi che lo sottoposero a un coscienzioso linciaggio strappandogli occhi, denti e lingua.

Quando Eugenio seppe di quell'orrendo delitto, scrisse al generale Pino che comandava la guarnigione di Milano: «Fate sapere al popolo che se non si acquieta, compromette la sua esistenza politica e l'indipendenza avvenire». Ma il popolo a tutto pensava fuorché all'indipendenza; e i dirigenti, atterriti dall'esempio del Prina, spedirono emissari al quartier generale austriaco per supplicare l'invio di truppe che ristabilissero l'ordine. Tale era l'abitudine a fidare soltanto nello straniero e a chiamarlo arbitro nelle contese italiane che a nessuno venne in testa di chiamare in soccorso i reparti italiani tuttora concentrati a Mantova. E questa rinuncia alla propria difesa era anche la rinuncia alla propria indipendenza.

Per Metternich fu la manna. Egli aveva già avuto dagli Alleati solidi affidamenti circa il recupero del Lombardo-Veneto. Ma la faccenda non era stata ancora regolata, e in sede di trattative potevano nascere complicazioni. L'appello della Reggenza milanese creava il fatto compiuto e lo giustificava dimostrando che il Regno non aveva nemmeno la forza di garantire il proprio ordine interno. Eugenio ne trasse le sue conclusioni. Scrisse a Melzi: «Tutti i miei doveri sono finiti, io non ho più ordini da dare», e la mattina del 27, con la moglie e i figli, si avviò attraverso il Brennero alla volta di Monaco di Baviera, la capitale di suo suocero.

A insorgere contro la Reggenza furono gli ufficiali dell'esercito che se ne sentirono traditi. Alcuni di essi corsero a Milano per indurre il loro comandante, generale Pino, a bandire la resistenza a oltranza. Ma Pino diplomaticamente declinò. Allora bruciarono le bandiere sotto cui avevano combattuto in Russia salvandone soltanto gli stemmi che vennero affidati al generale Lechi, il quale visse abbastanza per farne omaggio a Carlo Alberto nel '48.

Alla fine del mese le truppe austriache fecero il loro ingresso a Milano, dove si erano riuniti i collegi elettorali, ma della sola Lombardia, perché ormai Veneto ed Emilia erano dati per persi. Li presiedeva il conte Giovio che, dopo aver innalzato per anni elogi alla Francia, concluse così la sua orazione: «Possano le Alpi, le une sopra le altre ammassate, separarci da quella nazione che sempre portò l'infortunio e la desolazione nella patria nostra». E quell'ammasso di Alpi dimostrava che questi Italici valevano poco anche come rétori.

Solo ora che l'occupazione austriaca era cosa fatta, si decisero a mandare a Parigi la famosa delegazione, il cui capo più autorevole era il conte Confalonieri. Poco dopo l'arrivo, egli scrisse ai colleghi di Milano: «Tardi siam giunti, e ciò per inesplicabile imbecillità di chi ordì la propria e la nostra rovina», completamente dimentico di essere stato proprio lui ad avversare e ritardare fin allora quella missione per odio contro Eugenio. L'imperatore Francesco d'Austria gli aveva detto chiaro e tondo: «Voi mi appartenete per diritto di cessione e per diritto di conquista». E il primo ministro inglese Castlereagh lo avvertì che considerava l'Italia una riserva di caccia austriaca. Quando, di ritorno a Londra, proprio per questo fu attaccato in parlamento, Castlereagh rispose: «Che ha dunque fatto l'Italia per meritarsi di meglio?»

Il non aver fatto nulla non impedì agl'italiani, quando conobbero il trattato di Fontainebleau che faceva del Lombardo-Veneto una provincia austriaca, di sentirsi le vittime di un tradimento. Subito cominciarono a complottare; ma, come al solito, invece di affidarsi alle proprie forze cercarono di evocarne qualcuna dal di fuori che venisse a trarli d'impaccio. E siccome nessuna delle Grandi Potenze ne aveva l'intenzione, eccoli rivolgersi al prigioniero dell'Elba. Fra le molte lettere che questi cominciò a ricevere appena arrivato nell'isola, le più pressanti erano proprio quelle degl'italiani raccolti in gruppi e circoli dai nomi immaginosi: *Gli avvoltoi di Bonaparte*, *Lo spillo nero*, *I Cavalieri del Sole* ecc. Dicevano: «Vasta congiura ferve per tutta Italia... Sire, un sol grido vostro, un sol passo, basteranno a far sorgere la nazione intera...» Era l'anticipo della grande illusione di cui si sarebbe nutrito tutto il Risorgimento.

Una congiura ci fu, ma tutt'altro che vasta, ed ebbe per

protagonisti un gruppo di ufficiali. Gli austriaci avevano deciso d'incorporarli nel loro esercito, ma dislocandoli in altre province del loro Impero perché di lasciarli in Italia non si fidavano. La ripugnanza a questo trasferimento in contrade remote di cui non conoscevano nemmeno la lingua, oltre che quella a servire sotto una bandiera diversa dal tricolore, spinse alcuni di loro a cercare contatti con gl'inglesi. A far sperare in un loro aiuto era Bentinck che si trovava tuttora in Italia e che, come al solito, seguitava a svolgere una politica personale in contrasto con quella del suo governo. Tra i fautori di questa iniziativa ci fu anche Foscolo ch'era rimasto sotto le armi col grado di maggiore e che prese contatti col generale Macfarlane. Questi fu esplicito nel rifiutare qualsiasi collaborazione. Ma nemmeno questo valse a smontare gli animi. Tutti erano convinti che sarebbe successo qualcosa, che qualcuno sarebbe venuto in aiuto, e il barone von Hügel annotava nel suo diario: «Aspettano un Messia, che ristabilisca il Regno di Dio in Italia».

Perfettamente al corrente di queste tresche, gli austriaci allontanarono Foscolo facendogli affidare dalla Reggenza una vaga missione militare a Bologna e accelerarono i tempi dell'integrazione dei due eserciti. Fu in questo momento che nacque la vera e propria congiura. Essa partì dai colonnelli, coinvolse alcuni civili, ma non trovò nessun generale in attività di servizio disposto ad assumerne la guida e la responsabilità. Il più autorevole, Zucchi, accettò di esserne informato, ma rispose che non credeva alla disponibilità della truppa né alla partecipazione popolare che i congiurati davano per scontate. Lo stesso Foscolo rifiutò la sua adesione. «L'Italia è cadavere – scrisse –, che non va tocco né smosso per non provocare più tristo il fetore», e si augurava che i venti ne disperdessero le ceneri.

Il Maresciallo austriaco Bellegarde non prendeva sul serio questo tramestio. Fu la polizia che l'obbligò ad agire

in seguito alla denuncia d'un delatore francese, insinuato-
si fra i cospiratori. Sulla fine dell'anno i maggiori responsabili furono tratti in arresto e trascinati davanti a un tribunale speciale sotto accusa di tradimento. Ma le condanne furono miti: nessuna superò i due anni di carcere. Zucchi, che già aveva assunto il suo comando in Moravia, fu
messo agli arresti in fortezza, ma poco dopo reintegrato
nelle sue funzioni. La collocazione a riposo la chiese egli
stesso, comprendendo che la sua carriera era comunque
finita. Più spietato del tribunale, Foscolo scrisse che i protagonisti di quella vicenda ne uscivano coperti non di
eroismo, ma di ridicolo. Forse a ispirargli tanta severità
era anche il rimorso di non avervi partecipato. Ma tutti i
torti non aveva: quel tentativo era stato velleitario, dilet-
tantesco e fuori tempo. La grande occasione, gl'Italiani di
Milano l'avevano persa quando, invece di unirsi a difesa
della propria indipendenza, si erano divisi di fronte agli
avanzanti eserciti austriaci, anzi li avevano chiamati a ristabilire l'ordine, e ora non facevano che rinfacciarsi le
colpe gli uni agli altri approfondendo e moltiplicando le
proprie divergenze.

Gli effetti si videro quando la guerra tornò a divampare in seguito alla fuga di Napoleone dall'Elba. Nemmeno
la comparsa in Emilia di Murat e il suo proclama di Rimini suscitarono in Lombardia alcuna eco. In tutta tranquillità l'Austria poté condurre a termine la sua opera d'integrazione che poi, dopo Waterloo, il Congresso di Vienna
sanzionò. Il Lombardo-Veneto fu eretto in Regno, ma solo *pro forma*. I due Governatorati che lo componevano –
quello della Lombardia con sede a Milano, e quello del
Veneto con sede a Venezia – dipendevano direttamente
dalla Cancelleria austriaca. Molto più intelligente dei Savoia e del Papa, Metternich non pretese tirare un colpo di
spugna su tutto l'ordinamento amministrativo e legislativo francese. Molte cose le mantenne, e se altre ne riformò,

fu per introdurre al loro posto le regolamentazioni austriache ch'erano anch'esse fra le più avanzate d'Europa. Tuttavia alcune conquiste andarono perdute. Per esempio, venne restaurato il fedecommesso e altre consuetudini feudali che consentirono alla nobiltà di riprendere il passo sulla borghesia. Fu abolita la pubblicità dei processi ch'era la più solida garanzia del cittadino contro i soprusi della polizia e gli arbitrî della magistratura. Fu confermata la coscrizione, ma le reclute andavano a servire fuori d'Italia sotto una bandiera che non era il tricolore, ma quella giallo-nera dell'Austria ch'era anche la bandiera del Regno. L'ordinamento tributario, che con Prina aveva dato eccellenti prove di funzionalità, rimase. Quanto a quello scolastico, fu migliorato, ma anche sottoposto a un controllo molto più severo. «Sappiate, signori – disse l'Imperatore ai professori dell'Università di Pavia, quando venne a prender possesso delle province lombarde – che io non voglio letterati; voglio solo sudditi fedeli a me e alla mia Casa.»

Bellegarde, che dapprincipio esercitò i pieni poteri, non ne abusò, anzi. D'origine savoiarda e quindi mezzo italiano, fece del suo meglio per togliere al nuovo regime ogni carattere repressivo. Ma l'ostacolo più grosso lo trovò nella stessa popolazione. La sua scrivania era ingombra di lettere anonime scritte da italiani contro altri italiani per farli licenziare e occuparne il posto: un vizio di antica data, destinato a restare nel sangue del nostro Paese. Quando l'arciduca Giovanni venne a Milano a insediarsi nella carica di Viceré, dovette mettercela tutta per frenare lo zelo di nobili e preti austriacanti che volevano far epurare perfino gli affreschi dipinti dall'Appiani in palazzo Reale.

Nelle sue mani, Bellegarde aveva rimesso i propri poteri e gl'italiani giurarono «di essere fedeli e obbedienti a Sua Maestà». Il Viceré contava poco: i suoi compiti erano puramente rappresentativi. Ma il Monti, che tanti inni aveva sciolto a Napoleone e a Eugenio, ne sciolse uno grondante d'iperboli anche a lui. Foscolo, cui sarebbe bastata una quartina per «inserirsi», non solo tacque, ma rifiutò la direzione d'un giornale letterario che gli austriaci gli avevano offerto per adescarlo, e prese la via dell'esilio. Non avrebbe mai più rivisto la sua patria.

IL RITORNO DEI SAVOIA

Il 20 maggio 1814, Torino si era parata a festa per accogliere il Re sabaudo che tornava sul trono. Napoleone in quel momento era all'Elba, e doveva ancora giuocare la sua ultima carta. Ma il Congresso di Vienna aveva già deciso di restituire il Piemonte al suo legittimo Sovrano e anzi di aggiungere alla sua corona la Repubblica di Genova per indennizzarlo di Nizza e della Savoia che il ministro degli esteri francese Talleyrand era riuscito a conservare – per il momento – al proprio Paese.

Vittorio Emanuele I aveva cinquantacinque anni, ma ne dimostrava molti di più. Era il secondogenito di Vittorio Amedeo III che, scomparso nel '96 quando la bufera napoleonica si abbatteva sui suoi Stati, aveva avuto sul letto di morte una sola consolazione: quella di vedersi circondato da ben cinque figli maschi che sembravano garantire la continuità della dinastia. A succedergli era stato il primogenito Carlo Emanuele, che purtroppo era il meno qualificato a fare il Re, specie in un momento come quello. Turbato da scrupoli religiosi cui si aggiungevano forti crisi depressive, aveva anche avuto la disgrazia di sposare una principessa spagnola ancora più bacchettona e timida di lui. Il matrimonio era andato benissimo perché ognuno dei due cercava e trovava nell'altro uno scampo alle proprie angosce; ma non aveva dato eredi.

La situazione che Carlo Emanuele aveva ereditato era catastrofica. La pace di Cherasco dettata da Napoleone nel '96 faceva praticamente del Piemonte un protettorato della Francia, che solo per comodità vi aveva lasciato la vecchia dinastia. Ma tre anni dopo il Direttorio decise di liquidare anche quella. Il Re partì di notte con la Regina, suo unico conforto. Ma quando essa morì, non ebbe più la forza di continuare a portare da solo il peso di quelle tremende responsabilità, e abdicò in favore del fratello per ritirarsi in un monastero prima di Firenze, poi di Roma, dove tuttora viveva, mezzo cieco.

Vittorio Emanuele, che con gli altri fratelli aveva dovuto seguirlo nell'esilio, non aveva molta più stoffa e vocazione di lui. Nella speranza che Napoleone fosse finalmente sconfitto dalle coalizioni che continuamente gli si annodavano contro, aveva girovagato fra Roma e Napoli per tenersi in contatto con le altre Potenze e richiamar loro alla memoria i suoi diritti sul Piemonte. Solo dopo che il Bonaparte si fu annessa tutta la penisola scacciando dai loro troni anche il Papa e i Borbone, si decise a rifugiarsi nell'unico Stato rimastogli, la Sardegna, dove già si era istallato il resto della famiglia, e di cui aveva affidato il governo al fratello Carlo Felice.

Furono anni di afflizioni, anche finanziarie. I Savoia non avevano mai guazzato nell'oro, e poco c'era da spremerne in quell'isola arretrata, semideserta e infestata dalla malaria, le cui uniche risorse erano la pastorizia e un po' d'agricoltura. Per quanto abituata alla parsimonia, la Corte dovette fare parecchi sacrifici. Ma alle difficoltà materiali si aggiungevano le preoccupazioni politiche: Napoleone seguitava a vincere e il suo secondo matrimonio con Maria Luigia, che creava un legame di parentela fra le dinastie imperiali di Francia e Austria, toglieva ogni prospettiva di rinascita allo Stato piemontese vissuto sempre sulla rivalità fra quelle due potenze. E infine si profilava un altro pericolo, proprio quello da cui Vittorio Amedeo si era creduto al sicuro: la mancanza di un successore. Dei cinque figli ch'egli aveva lasciato, due nel frattempo erano morti; Carlo Emanuele non aveva avuto eredi, Vittorio

Emanuele ne aveva avuti tre, ma due erano femmine, il maschio era morto in fasce e la regina Maria Teresa, figlia d'un Arciduca d'Austria e di una Este di Modena, non riusciva più a concepire. Restava, ultima speranza, l'altro fratello, Carlo Felice che, pur non avendone punta voglia, dovette decidersi al matrimonio, ma scelse male. La sposa, figlia di Ferdinando e di Maria Carolina di Napoli, era piena di virtù, ma sterile. Insomma, di tutta la dinastia Savoia, così frondosa fino all'ultima generazione, non restava che un lontano cugino del ramo cadetto Carignano: un ragazzo di nome Carlo Alberto, di cui si erano un po' perse le tracce perché suo padre, arruolatosi nell'esercito napoleonico, lo aveva condotto e allevato in Francia.

Nel 1812, la maggiore delle due figlie di Vittorio Emanuele, Maria Beatrice, andò sposa a Francesco di Lorena-Este, fratello della Regina e quindi zio della Principessa, e la voce corse che il Re si disponesse a nominarla erede al trono. Non era così. Nel contratto matrimoniale anzi era specificamente detto che Maria Beatrice giurava di rinunciare a qualsiasi pretesa sugli Stati del padre. Ma il problema si era posto ed era stato discusso. Se lo si era risolto in quel senso, era perché la legge salica che vigeva in casa Savoia escludeva la successione in linea femminile, e per infrangerla sarebbe occorso il consenso delle altre monarchie europee, che Dio sa di quale mercato ne avrebbero fatto oggetto. Tuttavia lo stesso contratto aggiungeva che, in mancanza *assoluta* di eredi maschi – cioè nel caso in cui anche Carlo Alberto fosse venuto meno per qualche ragione –, l'impegno non avrebbe avuto effetto. Restava quindi uno spiraglio alla successione di Maria Beatrice, donna ambiziosa e moglie di un marito ambiziosissimo. E questo spiraglio era destinato a pesare sui successivi avvenimenti.

Il matrimonio era avvenuto proprio nel momento in cui Napoleone partiva per la catastrofica spedizione in

Russia. Dopo pochi mesi rientrava con l'esercito in brandelli, e le Grandi Potenze, nuovamente coalizzate, lo battevano a Lipsia. Vittorio Emanuele, che invano aveva cercato di mettere insieme un po' d'esercito per partecipare all'ultima fase di quella campagna, appena poté s'imbarcò per Genova, affidando la Sardegna alla moglie e a Carlo Felice. E Massimo D'Azeglio, che vi si trovò presente, così descrive la sua ricomparsa a Torino nella carrozza prestatagli da suo padre:

«In questo cocchio il buon Re, con quella sua faccia, via diciamolo, un po' di babbeo, ma altrettanto di galantuomo, girò fino al tocco dopo mezzanotte passo passo le vie, fra gli evviva della folla, distribuendo sorrisi e saluti a diritta e a sinistra; il che portava, per meccanica conseguenza, un incessante spazzolare da sinistra a destra di quella sua coda, tanto curiosa ormai pei giovani della mia età». Era infatti vestito all'uso antico con parrucca incipriata, e intorno a lui era tutto un frusciare di zimarre settecentesche e tonache fratesche.

Quale senso letterale egli desse alla parola *restaurazione* lo dimostrò il decreto emanato l'indomani, che richiamava in vigore tutte le leggi e costituzioni del '96 facendo tabula rasa di quelle degli ultimi tre lustri. Nobili e preti riacquistavano tutti i loro privilegi ai danni della borghesia che perdeva molti dei suoi più sudati diritti. E l'applicazione di questa norma venne affidata a funzionari come il Bellosio che progettò addirittura di far saltare il ponte sul Po perché era stato costruito dai francesi, e dovette rinunciarvi solo perché a uno dei suoi capi c'era una villa della Regina. Ma se ne rivalse chiudendo il valico del Moncenisio perché ad aprirlo era stato Napoleone e istradando il traffico sulla disselciata e tortuosa strada della Novalesa. Gli alti quadri dell'amministrazione vennero epurati per fare posto a coloro che li avevano occupati prima del '98 e, se frattanto erano morti, ai loro figli e nipoti.

Gli ufficiali che avevano servito sotto la bandiera francese e vi avevano guadagnato medaglie ed esperienza, vennero retrocessi di un grado, mentre gli alti comandi venivano affidati a vecchi ufficiali in ritiro da quindici anni. L'Università venne meticolosamente purgata dei suoi migliori docenti, i Gesuiti riebbero l'esclusiva dell'istruzione, e il mercato del lavoro ricadde in mano alle resuscitate corporazioni, rigide custodi d'interessi monopolistici.

Eterna dannazione di tutte le Restaurazioni, gli ex-fuorusciti erano tornati in massa, pieni di rancore e convinti di poter ripristinare il vecchio regime assolutista, in tutta la sua feudalesca impalcatura. Si giunse fino a negare al creditore plebeo il diritto di citare in giudizio il debitore nobile.

Mentre il Re era intento a rimettere indietro di quindici anni la lancetta del suo orologio, gli giunse una lettera di Carlo Alberto, studente in un collegio di Bourges, che metteva «ai suoi piedi l'omaggio della sua sottomissione». E subito dopo la lettera, arrivò lui stesso. Vittorio Emanuele accolse paternamente quel giovanotto altissimo e magrissimo, e scrisse al fratello di averne ritratto l'impressione di «un ragazzo di buon cuore e di buona volontà, ma di cui c'è da rifare tutta l'educazione». Non ci voleva molto perché l'educazione di Carlo Alberto era poca cosa. Ma quella poca era per metà francese, cioè giacobina, e per l'altra metà svizzera, cioè protestante: che, in una Corte retriva e bigotta come quella, era considerata farina del diavolo. Per far di lui un buon Savoia, il Re gli dette come tutore il conte Grimani, che ai Savoia rimproverava di non aver restaurato l'Inquisizione, la tortura e i roghi.

Finalmente, dopo tanti uragani, sembrava che nel cielo del Piemonte il sole fosse tornato a brillare. La fuga di Napoleone dall'Elba aveva costretto il Congresso di Vienna ad aggiornare le sue decisioni per dar modo alle Potenze di riprendere la lotta contro il «brigante còrso». Pur con un esercito in crisi di ricostituzione, Vittorio Emanuele riuscì ad agganciarsi all'alleanza e, anche se non poté esser presente a Waterloo, fu in grado di sparare qualche cannonata contro i francesi a Grenoble. Questo gli valse, quando il Congresso tornò a riunirsi, una posizione di cobelligerante, che a sua volta gli fruttò la restituzione di Nizza e della Savoia.

Così, da tutto quel trambusto di guerre e di occupazioni, il Regno usciva non soltanto reintegrato nei suoi vecchi Stati, ma maggiorato della Liguria. E non era poco.

Ma non altrettanto favorevole era la situazione interna.

Com'era logico attendersi, sbolliti i primi entusiasmi per il ritorno della vecchia dinastia cui la popolazione era sinceramente affezionata, cominciò a farsi sentire la reazione degl'interessi lesi da quell'insensato ritorno al passato. L'epicentro della scontentezza era Genova, entrata a malincuore a far parte di uno Stato che aveva sempre considerato nemico, e ancora attaccata alle proprie istituzioni repubblicane. Qui le incompatibilità non erano soltanto politiche e ideologiche; erano anche economiche. Come tutti i grandi porti, Genova viveva di traffici, cioè di libero scambio; e ora si trovava invece prigioniera di un sistema vincolistico, che aveva ripristinato perfino le dogane interne fra provincia e provincia. Per di più vedeva affidate tutte le cariche amministrative a piemontesi, che di mare, di navi e di noli non sapevano e non capivano nulla. Il risentimento era condiviso da tutti: dagli scaricatori alle grandi famiglie, che si chiusero sdegnosamente nei loro palazzi rifiutando ogni contatto coi proconsoli di Torino.

In Piemonte la cosa era diversa. Contadina e montanara, la massa della popolazione aveva visto con favore quel ritorno all'antico. Ma erano le borghesie cittadine che non vi si rassegnavano perché erano esse a farne le spese. Sotto l'amministrazione napoleonica erano cresciute di nu-

261

mero e di potenza per le grandi occasioni che gli avevano offerto le forniture militari, la vivacità degli scambi con la Francia e la Svizzera, la facilità di accesso alle più alte funzioni militari e civili. Era logico che non si rassegnassero a un regime che le escludeva dal potere, le colpiva nel portafogli e le squalificava socialmente.

Il loro scontento trovava eco in quella frangia della nobiltà che, pur devota alla dinastia, nutriva sentimenti liberali, aveva in qualche modo collaborato con le autorità francesi, e per questo era stata allontanata dalla Corte e dalle cariche. Alcuni suoi rappresentanti, e fra i più illustri, strinsero rapporti sempre più stretti con gl'intellettuali di estrazione borghese. Di questi ultimi i più vivaci, come il Di Breme e il Pellico, preferirono emigrare a Milano, dove almeno avevano un giornale cui far capo: *Il conciliatore*. Gli altri si riunirono in un'Accademia, i *Concordi*, che tuttavia poté fare ben poco, sottoposta com'era a una censura puntigliosa e ottusa.

In questa statica e asfissiante atmosfera, in questo ambiente meschino e senza orizzonti, era fatale che soprattutto i giovani si volgessero alle società segrete che schiudevano, se non altro, prospettive di lotta e d'impegno. Ce n'erano già due, gli *Adelfi* e i *Filadelfi* che nel '18, a quanto pare, si fusero nel corso di un segreto convegno tenutosi ad Alessandria, o per meglio dire passarono sotto il controllo di una nuova organizzazione, i *Sublimi Maestri Perfetti*, fondata e diretta da un rivoluzionario italiano ormai naturalizzato francese, di cui dovremo riparlare: Filippo Buonarroti.

Ma queste società portavano nel sangue un vizio d'origine che ne annullava le capacità di proselitismo: erano d'importazione. Infatti si erano costituite sul modello di quelle francesi, di cui condividevano anche le finalità: abbattere il regime napoleonico per restituire alla Rivoluzione il suo slancio repubblicano, democratico ed egalitario.

Tutto questo aveva un senso finché Napoleone era stato sul trono e il Piemonte un dipartimento francese. Ma ora queste condizioni non sussistevano più. Le vecchie società cercarono di adeguarsi a quelle nuove; ma Buonarroti, lontano dall'Italia, e i suoi fiduciari erano troppo legati alle loro vecchie premesse ideologiche per poter capire le nuove esigenze e adattarvisi. Ai loro ordini non rimasero che i pochi sopravvissuti matusa delle cospirazioni del '92 e del '96. Le forze giovani si organizzarono in una nuova formazione che in poco tempo fu assoluta padrona del campo: la *Federazione italiana*.

I suoi quadri erano formati da uomini che provenivano da quei ceti borghesi e aristocratici di cui abbiamo detto, e che appunto per questo non miravano alla sovversione del sistema, ma soltanto alla sua correzione in senso patriottico e liberale. Non contestavano la monarchia, cui anzi erano tutti o quasi tutti sinceramente affezionati. Volevano soltanto che ripudiasse l'assolutismo, concedesse la Costituzione e assumesse risolutamente la guida del movimento nazionale e unitario italiano contro l'Austria: cioè anticipavano di qualche decennio quello che poi sarebbe diventato il programma del Piemonte sabaudo.

Ecco perché la Federazione poté svilupparsi e far proseliti senza troppa difficoltà: l'affiliazione non implicava una slealtà nei confronti del Sovrano, e quindi potevano aderirvi anche uomini fedeli allo Stato e alla dinastia, come gli ufficiali dell'esercito che infatti le dettero molte reclute. Ed ecco anche perché i loro sguardi cominciarono ad appuntarsi su Carlo Alberto, unico Principe di Casa Savoia ch'essi potevano sperare di trarre dalla loro parte, visto che sul retrivo Vittorio Emanuele e su suo fratello Carlo Felice, ancora più retrivo di lui, non c'era da fare assegnamento.

A far da tramite fra Carlo Alberto e i Federati fu il Collegno, un ufficiale che aveva servito nell'esercito napoleonico e per un momento aveva avuto la tentazione di farsi francese. Il Principe lo aveva nominato suo scudiere, e lui ne approfittò per introdurre a palazzo Carignano Santorre di Santarosa e altri suoi amici – Provana, Vidua, Cesare Balbo – che subito ne diventarono abituali frequentatori. Sebbene il Re gli dimostrasse molta benevolenza e lo avesse nominato Gran Maestro, cioè comandante in capo dell'Artiglieria, il Principe non nascondeva la sua insofferenza per le grettezze e il misoneismo della Corte. Si era ribellato al Grimani, e ora recalcitrava al matrimonio che gli avevano imposto con Maria Teresa, figlia del Granduca di Toscana e nipote dell'Imperatore d'Austria. Quando andò a Firenze per il matrimonio, fece sosta ad Arquà e a Ravenna per inginocchiarsi sulle tombe di Petrarca e di Dante, e a Firenze si legò di stretta amicizia con Gino Capponi con cui a lungo parlò della sua voglia «di mandar via i tedeschi dall'Italia». Tutto questo fece presto a essere risaputo anche negli ambienti liberali delle altre città. Vincenzo Monti scrisse a un piemontese: «Beati voi che avete il Principe di Carignano», il Giordani lo definiva «un Messia», e perfino un incallito repubblicano come l'Angeloni ne parlava come di «un astro che maestosamente s'erge sull'alpino lembo dell'orizzonte nostro».

Tutto questo offriva a Santorre e ai suoi compagni un fertile terreno, ed essi vi seminarono a piene mani. Influenzabile com'era, il Principe soggiacque alle loro suggestioni, si affezionò alla parte di Eroe della «gioventù dorata» torinese, e s'inebriò della popolarità che gliene derivava. Ciò non significa ch'egli fingesse. Il suo fremito d'italianità era sincero, anche se mescolato con un'ambizione sproporzionata ai mezzi suoi e a quelli del Piemonte. I discorsi dei suoi amici, che già lo vedevano alla testa di una crociata per la liberazione nazionale, lo entusiasmavano. Lo entusiasmavano al punto da fargli commettere parecchie imprudenze. Tanto che Capponi si sentì in obbligo di scrivergli per raccomandargli di «non promettere quelle cose che non potrebbe mantenere». Ma Carlo Alberto ne fece poco conto anche perché il Re, nella sua bonomia, non ne faceva alcuno dei rapporti che gli pervenivano sulle pericolose frequentazioni del Principe. Questi, dopo il matrimonio, gli aveva dato la più grande delle gioie: un bel maschietto ch'era stato battezzato con lo stesso suo nome: Vittorio Emanuele.

Sia pure per un ramo collaterale, il vecchio tronco dei Savoia aveva germogliato un nuovo pollone, e la dinastia era salva.

LA VITTORIA DEGLI «ZELANTI»

Di tutti i Sovrani spodestati da Napoleone, il Papa fu senza dubbio quello che ricevette, al suo ritorno, l'accoglienza più calorosa. Dalle Alpi a Roma, il suo viaggio fu una marcia trionfale. Alle porte dell'Urbe i nobili staccarono i cavalli dal cocchio per condurlo a braccia fino a San Pietro fendendo a fatica una mareggiata di folla osannante. Vestite di bianco, le ragazze gli rovesciavano addosso ghirlande di fiori. Era il 24 maggio del 1814.

Era stato Napoleone stesso ad anticipare il suo ritorno, al termine di un duello di cui abbiamo ricapitolato soltanto la prima parte. Il lettore ci scusi se torniamo un po' indietro per ricostruirne il seguito: esso esercitò un peso decisivo sui successivi atteggiamenti assunti dalla Chiesa sia in campo spirituale che in campo temporale.

Poco dopo l'internamento del Papa a Savona, nel 1810, e mentre in tutta l'Italia fioccavano le deportazioni di sacerdoti e di laici che si rifiutavano di prestare giuramento all'Imperatore, questi aveva ripudiato Giuseppina per impalmare la principessa austriaca Maria Luigia. Ma a Vienna reclamavano il matrimonio religioso che presupponeva l'annullamento di quello precedente. Nel clero francese Napoleone trovò dei prelati abbastanza compiacenti per pronunciare quella sentenza. Ma tredici Cardinali invitati alle nozze, che lo sposo voleva splendide e solenni, si rifiutarono d'intervenire. Napoleone ne fu talmente irritato che in piena cerimonia sbottò a gridare: «Questi pazzi! Vogliono rovinare la mia dinastia reclamandone in dubbio la legittimità! Gliela farò vedere!» L'indomani li convocò, e dopo avergli imposto una inutile anticamera, li fece ributtare sulla strada donde aveva fatto allontanare le carrozze. Dopodiché gli tolse gli emolumenti, gl'ingiunse di vestire come semplici preti, per cui d'allora in poi vennero chiamati «Cardinali neri», e ne mandò alcuni in esilio, fra cui Pacca, il più duro.

Subito dopo convocò un concilio di Vescovi per fargli dichiarare che il Papa agiva contro i veri interessi della religione; ma i Vescovi, anche in assenza di Pacca, rinnovarono il loro giuramento di fedeltà al Papa, e non vollero avallare le nomine fatte da Napoleone nelle sedi episcopali rimaste vacanti. L'Imperatore mandò a Savona una commissione di Cardinali rossi, cioè docili ai suoi ordini, per convincere il prigioniero, tenuto rigorosamente all'oscuro di tutto, a scendere a un accordo: se nello spazio di sei mesi egli non avesse disapprovato le nomine fatte, queste sarebbero state ritenute regolari. Il Papa accettò, ma a modo suo, cioè diramando contemporaneamente una «lettera ai Vescovi dell'Impero» in cui ribadiva che tutte le Chiese nazionali restavano sottomesse a quella di Roma, «loro Madre e Signora». Stavolta fu Napoleone a rifiutare. Pretendeva che il Papa riconoscesse il primato del Concilio dei Vescovi di Parigi e si sottomettesse ai suoi deliberati. Più tardi scrisse nelle *Memorie*: «Volevo che i Concili *della mia Chiesa* fossero considerati i legittimi interpreti di tutta la cristianità e che il Papa ne diventasse il *portavoce*. Sarei stato io ad aprire e chiudere le sue sessioni e ad approvare e rendere obbligatori i suoi deliberati, come avevano fatto Costantino e Carlomagno». Forse Talleyrand non faceva un paradosso quando si chiedeva se il cervello di Napoleone era del tutto in ordine. Al principio del '12 l'Imperatore scrisse al Papa invitandolo a dimettersi, come un prefetto, eppoi ordinò che venisse trasferito a Fontainebleau, presso Parigi, per poterlo meglio controllare.

Per il fragile vecchio, quel viaggio fu un calvario, che

per poco non gli costò la vita. Al passaggio del Moncenisio aveva la febbre alta, bisognò sistemare una lettiga dentro la carrozza, e invano il medico che lo accompagnava chiese una sosta. Negli abitati i cavalli venivano messi al galoppo per non dar tempo alla popolazione di riconoscere il viaggiatore e di rendergli omaggio, e le scosse mettevano a dura prova le residue forze del malato. A Fontainebleau giunse più morto che vivo, e stentò parecchio a riprendersi, ma si trovò più isolato di prima e ancora più all'oscuro di ciò che succedeva. Ai primi di gennaio (del '13) all'improvviso, gli annunziarono una visita dell'Imperatore.

Questi era appena rientrato, sconfitto, dalla Russia, si preparava a bandire la leva in massa per l'ultima battaglia, e quindi aveva bisogno di ricreare intorno a sé l'unanimità della nazione che il conflitto con la Chiesa aveva pericolosamente incrinato. Non c'era che un mezzo: la riconciliazione col Papa. Ma prima di tentarla gli mandò, a saggiarne le intenzioni, una delegazione di Cardinali rossi con un elenco di nuove proposte, una più insensata dell'altra: che il Papato si trasferisse a Parigi, che i Cardinali venissero designati per due terzi dai loro rispettivi Sovrani, cioè da Napoleone, e che i Cardinali neri venissero castigati. Il Papa si disse sgomento – e doveva esserlo – che dei prelati gli sottoponessero simili richieste, e le respinse nettamente.

Poi venne Napoleone. Il colloquio si svolse a quattr'occhi, si prolungò per sei giorni, e non n'è rimasta nessuna testuale documentazione. Anche in seguito il Papa si rifiutò di darne esatto conto e solo casualmente ne lasciò trapelare qualche episodio. Napoleone, disse, non aveva alzato la mano contro di lui, come si era raccontato in giro; ma una volta, dopo aver frantumato parecchie porcellane, lo aveva afferrato per il lembo della sottana e trascinato qua e là per la stanza. Alla fine, dopo una settimana di queste scenate e scenette, aveva riconvocato i Cardinali rossi alla cui presenza aveva fatto firmare al Papa un accordo di massima che impegnava i contraenti a cercare un compromesso. Poi, contravvenendo all'intesa, presentò quel documento come un vero e proprio concordato; ma, per addolcire la pillola, rilasciò i Cardinali neri e gli permise di raggiungere il Papa.

Pacca raccontò in seguito che aveva trovato un uomo pallido, incurvito e come trasognato, che con una voce d'oltre tomba rotta dai singhiozzi gli aveva raccontato di essere stato trascinato al tavolo «da quei Cardinali» (i Cardinali rossi) e costretto a firmare. Ma ora che aveva ritrovato i suoi, si affrettò a far sapere che il foglio firmato non aveva nessun valore prima di tutto perché era soltanto un documento preparatorio, eppoi perché la firma gli era stata estorta. Di questa protesta però l'opinione pubblica non seppe nulla. Vedendo che i Cardinali neri erano stati rilasciati e si erano riuniti al Papa, tutti pensarono che questi ormai non fosse più prigioniero, né ebbero tempo di ricredersi sotto l'incalzare di nuovi e più drammatici avvenimenti. Sconfitto a Lipsia, Napoleone non era più in grado di fermare gli Alleati in marcia su Parigi. Un po' perché non voleva che costoro si attribuissero il merito di aver «liberato» il Papa, un po' per vendicarsi di Murat che, come abbiamo già raccontato, aveva invaso gli Stati pontifici nella speranza di annetterseli, rispedì in Italia quell'imbarazzante e irriducibile prigioniero.

In quel momento l'autorità morale di Pio toccò il suo apogeo. Anche gli anticlericali più arrabbiati dovevano inchinarsi al coraggio, alla tenacia, alla forza d'animo con cui quel fragile vegliardo aveva difeso gl'interessi di una Causa che non era soltanto quella della Chiesa, ma anche della libertà e della dignità dell'uomo. E di questa unanimità di consensi dovettero tener conto anche i plenipotenziari che a Vienna stavano decidendo le sorti dell'Italia.

Qui nessuno metteva in discussione il diritto del Papa a riprendere possesso dei suoi Stati. Ma c'era il problema delle Legazioni (Bologna, Ferrara e la Romagna) che, annesse prima alla Cisalpina, poi al Regno Italico del Lombardo-Veneto, e ora presidiate dalle truppe austriache, non mostravano nessuna voglia di tornare sotto il governo di Roma. Metternich cercava di sfruttare la loro agitazione per rendere permanente l'occupazione e confermare l'unione di quelle province al Lombardo-Veneto, di cui l'Austria era ridiventata padrona.

Per parare la sua mossa, il Papa aveva mandato a Vienna l'elemento migliore di cui la Chiesa disponeva: il cardinale Consalvi, segretario di Stato, un uomo di formazione illuminista, fermamente avverso a ogni ideologia che avesse qualche parentela con quelle della Rivoluzione, ma altrettanto ostile a un puro e semplice ritorno al passato. Egli sventò la manovra del Cancelliere austriaco e ottenne la restituzione delle Legazioni, ma solo al termine di una spossante lotta non tanto contro la volpina abilità di Metternich quanto contro l'ottusità del suo proprio governo.

Partito infatti Consalvi per la sua missione, la Curia era rimasta in mano agli *Zelanti*, cioè a quel gruppo di Cardinali che, per essersi distinti nella resistenza a Napoleone, ora tenevano banco e dettavano legge. I loro maggiori esponenti erano Pacca e Rivarola, uomini senza dubbio coraggiosi e risoluti, ma di cui la persecuzione aveva acuito l'odio verso ogni novità fino a renderlo patologico. Appena rientrati a Roma al seguito di Pio, si erano messi a cancellare tutto ciò che avevano fatto i francesi che avevano fatto anche molte cose buone. Al posto delle leggi semplici e chiare ch'essi avevano introdotto sia nel campo penale che in quello civile e amministrativo, reintrodussero quella jungla di norme contraddittorie e di fòri privilegiati che lasciavano il cittadino all'oscuro dei propri diritti e che avevano sempre fatto di quello pontificio lo Stato italiano più disordinato, inefficiente e arbitrario. Lo stesso D'Azeglio, che in quel momento si trovava a Roma e che non si può certo tacciare di giacobinismo, annotava scandalizzato: «Tutto fu rimesso com'era *temporibus illis*. Vidi tornato il Bargello colla corte, i birri, il cavalletto ecc. ecc. con tutto quel che gli s'assomiglia».

Invano Consalvi riferiva da Vienna nei suoi rapporti che di queste dissennate misure Metternich si faceva forte per persuadere gli altri soci del Congresso che il governo pontificio con la sua retriva ottusità avrebbe finito per sollevare le violente reazioni dei sudditi rivelandosi così una fonte di perturbazione più che una garanzia di stabilità, e quindi era meglio ridurne i territori. Pacca e compagni persistevano nella loro opera. Tutto, specialmente nelle province dette di «primo recupero» (Lazio e Umbria) fu ricostituito come prima e peggio di prima, cioè nell'esclusivo interesse di un ristretto gruppo di prelati che, come poi scrisse il Farini, «tengono lo Stato come un grande beneficio ecclesiastico, un predio da usufruttuarsi dagli uomini di Chiesa».

Quando, al termine della sua missione, Consalvi tornò da Vienna con le Legazioni in tasca, mise a frutto il successo per riprendere in mano il potere e governarlo in maniera più ragionevole. Egli capì che quelle province, dette «di seconda recupera» non si potevano trattare come le altre, dato il loro superiore livello economico e sociale e gli consentì di conservare in gran parte gl'istituti giuridici e amministrativi introdotti da Napoleone, ai cui benefici esse si erano ormai affezionate. Poi ottenne dal Papa un *motu proprio* che, col pretesto della unificazione legislativa, estendeva questo criterio a tutti gli Stati. Così la dissennata opera degli *Zelanti* venne bloccata e in certi campi addirittura capovolta. Per esempio vennero riconosciute le alienazioni dei beni ecclesiastici compiute nel periodo francese, venne mantenuta la revoca delle giurisdizioni baronali, cioè del diritto dei nobili a istituire loro propri tribunali, e venne abolita la tortura.

Erano sensibili progressi nei confronti dello Stato pontificio di prima della Rivoluzione. Ma nemmeno Consalvi, malgrado i suoi sforzi, riuscì a impedire il solito strapotere di una polizia ciacciona e oppressiva, il ritorno alle inframettenze del potere esecutivo in quello giudiziario, il ripristino di un sistema doganale asfissiante che condannava l'economia pontificia a un totale ristagno e di una censura ottusa come sono tutte le censure e specialmente quelle dei preti, il ristabilimento dell'assoluto monopolio ecclesiastico sull'istruzione, sempre considerata un pericoloso veicolo d'infezione. E soprattutto non riuscì a laicizzare gl'ingranaggi amministrativi su cui parroci e monsignori montavano ringhiosa guardia e in cui portavano la loro tradizionale incompetenza.

Successe ciò ch'era inevitabile che succedesse: e cioè che specialmente nelle province di seconda recupera, cioè le Legazioni, vissute per molti anni nel giro di un mondo più libero e moderno qual era il Vicereame del Lombardo-Veneto, il malcontento determinò immediatamente gravi tensioni. La carestia del '16 acuì la crisi. Secondo calcoli del Candeloro, su una popolazione complessiva di due milioni e mezzo di abitanti, lo Stato pontificio contava mezzo milione di accattoni, uno su cinque. Era il risultato dell'amministrazione clericale. Essa non riusciva a rendersi conto che la relativa libertà dei traffici, le forniture militari, le vendite dei beni ecclesiastici e demaniali avvenute nell'ultimo ventennio avevano profondamente alterato il tessuto sociale dando l'àire a una borghesia di funzionari, professionisti, mercanti, ex-fittavoli diventati proprietari, che non si rassegnavano più a quel regime di *lager* e alla propria esclusione dal potere e dagli uffici.

Già nel '17 la polizia scoprì un complotto per una sollevazione popolare a Macerata. Ci furono un centinaio di arresti, e un processo che si concluse con undici condanne a morte. Consalvi ebbe il suo daffare per commutarle in carcere a vita. Irritati dalla sua clemenza, gli *Zelanti* passarono al contrattacco istituendo anch'essi una società segreta di squadristi manganellatori, la *Santa unione*, detta anche, senza alcun sottinteso umoristico, *I pacifici*. Era una riedizione del Sanfedismo di Ruffo. Così Consalvi si trovò preso fra due estremismi.

Egli non aveva più altro appoggio che il Papa. Ma Pio VII era ormai alla fine. Oltre ai triboli della vecchiaia, doveva affliggerlo la sensazione di essersi sopravvissuto troppo a lungo. Fosse morto a Fontainebleau, sarebbe passato alla Storia come un Gregorio VII, e tale infatti era apparso ai cattolici di tutto il mondo quando era trionfalmente tornato a Roma. Di tutto quel capitale di prestigio accumulato nell'emergenza, dopo sei anni di ordinaria amministrazione non gli restava neanche una briciola. L'uomo che aveva saputo sfidare i fulmini di Napoleone e affrontare coraggiosamente deportazione ed esilio, non riusciva a sottrarsi al «sistema» e ne era restato prigioniero.

Secondo le figurazioni allegoriche del tempo, Ferdinando III di Lorena rientrò a Firenze togato e cinto d'alloro, su un carro trainato da un leone e da un agnello. L'agnello andava bene, ma il leone no. Il mite e affabile Granduca, che non aveva mai voluto dichiarar guerra a Napoleone e anzi lo aveva invitato a cena quando era passato da Firenze, non gli serbava nessun rancore nemmeno del fatto di esserne stato scacciato. Tuttora gli scriveva all'Elba lettere affettuose per dargli notizie della moglie Maria Luigia, sua propria nipote. Sicché quando alcuni vecchi nobili, andatigli incontro a porgergli il ben tornato, si vantarono di non aver mai collaborato coi francesi, rispose: «Faceste male. Se l'ho servito io, potevate servirlo anche voi». E con questa battuta tagliò corto a ogni velleità di epurazioni.

La sua restaurazione non era stata esente da difficoltà. Come forse il lettore ricorda, la Toscana era stata oggetto di un baratto fra Napoleone e i Borbone di Spagna, che se l'erano accaparrata per la loro *infanta* Maria Luisa cedendo in cambio il Ducato di Parma. Poi Napoleone aveva cacciato via anche costei per assegnare il Granducato alla propria sorella Elisa. Al Congresso di Vienna la Spagna, che aveva dato un contributo determinante alla lotta antinapoleonica, era tornata ad avanzare i suoi diritti chiedendo la restituzione di uno dei due principati. Ma Metternich era riuscito ad assicurarseli entrambi riportando Ferdinando, fratello dell'imperatore Francesco, a Firenze, e facendo assegnare Parma a Maria Luigia con l'intesa che alla sua morte il Ducato sarebbe ritornato ai Borbone.

Quando ci arrivò nella primavera del '14, i fiorentini accolsero Ferdinando sventolando le tube al posto dei tricorni perché ormai vestivano «alla francese» con lunghi pantaloni attillati e alti colletti a sbuffo mentre le donne avevano smesso la parrucca e portavano la vita sotto il petto. Ma al Granduca anche la nuova moda piacque, perché in quel momento gli piaceva tutto. Unica ombra nella sua felicità di ritrovarsi a Firenze era il fatto di averci dovuto tornare da solo perché sua moglie era morta durante l'esilio in Germania, e lui non era mai riuscito a consolarsene. Ma subito dopo lo raggiunsero le due figlie e poi anche il figlio, Leopoldo, che i fiorentini, appena lo videro, battezzarono immediatamente «Canapino» per il colore biondo sbiadito dei capelli. Il ragazzo, ch'era nato anche lui a Firenze, non prometteva, quanto a salute, granché. Infatti subito dopo l'arrivo si ammalò, e i medici gli prescrissero una strana cura a base di latte di donna. «L'hanno rimandato a balia» dissero i fiorentini e quando, guarito, il giovane ricomparve per le sue abituali passeggiate a cavallo alle Cascine, lo fermavano e gli chiedevano: «Che s'è divezzato, Altezza?»

Il riordinamento dello Stato si svolse in quest'atmosfera di familiarità. Invece che a qualche vecchio nobile incarognito nelle nostalgie dell'antico regime, Ferdinando lo aveva appaltato a un borghese ex-collaborazionista, l'ingegnere aretino Vittorio Fossombroni, che aveva servito l'amministrazione francese e che Napoleone chiamava «un gigante nel mezzanino». La revisione del codice napoleonico si ridusse a ben poco. Fu abolito il divorzio, che nessuno d'altronde reclamava. Furono ristabilite le decime parrocchiali e ristrette le autonomie municipali, ma fu conservata la pubblicità dei processi e, sebbene alla polizia venissero concessi ampi poteri, essi furono usati in tale maniera che la Toscana diventò lo Stato italiano di gran lunga più libero e la Mecca di tutti i perseguitati politici. Quando Metternich cominciò a lamentarsi del fatto che la censura non faceva il proprio dovere, Ferdinando gli rispose: «Ma il dovere della censura è quello di non farlo».

Le innovazioni si ridussero al campo economico, e non furono innovazioni perché si trattò di un ritorno ai saggi criteri liberistici di Pietro Leopoldo. Appena finita la carestia che in questi anni si era abbattuta sull'Italia e che costrinse anche la Toscana a calmieri e contingentamenti, Fossombroni spalancò le frontiere alle importazioni, facendo piazza pulita di dazi e gabelle. Industria e agricoltura dilatarono i polmoni, e lo si vide dal bilancio. Per sedici milioni di spese annue, ce n'erano diciannove di entrate, e il Ministro ne approfittò per dare avvìo a una serie di lavori pubblici o, come oggi si chiamano, di «infrastrutture» che contribuirono moltissimo al riequilibrio del Paese. Fu aperta una strada per la valle tiberina, un'altra da Volterra a Siena, un'altra ancora da Siena ad Arezzo che trasse la Valdichiana dal suo secolare isolamento. Ma gli sforzi maggiori furono rivolti alla Maremma per guarirla dalla malaria e metterla a cultura. Molti criticarono questa impresa considerandola sproporzionata alle forze del Granducato. «Per la smania d'eternarsi asciuga-tasche e maremme» scriveva il Giusti di Baldasseroni, il giovane tecnocrate livornese che dirigeva questo assalto contro brughiere e acquitrini. E infatti l'opera richiese il sacrificio di parecchie generazioni. Ma non sarebbe mai arrivata al traguardo senza questo pionierismo, che fu anche la scuola delle migliori energie imprenditoriali toscane nel campo dell'agricoltura.

Dove Fossombroni si rivelò inflessibile fu nella difesa dello Stato dalle interferenze ecclesiastiche. Non volle riammettere nel Granducato i Gesuiti, di cui il Papa aveva ricostituito l'Ordine e si era fatto l'alto patrono, e fu un vigile guardiano del costume di tolleranza che il Granduca aveva istaurato. Gli stranieri avevano scoperto Firenze, ci venivano sempre più numerosi, e molti ci restavano. Questo ne faceva una finestra spalancata sul mondo moderno, un punto d'incontro, una tappa d'obbligo, specie per gl'intellettuali della penisola, messi in fuga dall'asfissiante atmosfera degli altri Stati. Il suo primato culturale cominciava a delinearsi.

Le più grosse preoccupazioni di Ferdinando furono di ordine matrimoniale. La prima ad andare sposa fu la figlia Maria Teresa con un giovanotto sul quale correvano voci contraddittorie. Si chiamava Carlo Alberto di Savoia Carignano, e sembrava destinato a salire sul trono del Piemonte, ma non era del tutto sicuro perché contro questa successione per via collaterale manovrava Francesco IV di Modena, genero del Re in carica. Quando il Principe venne a Firenze a conoscere la fidanzata, i fiorentini lo trovarono «di leggiadro aspetto e di maniere assai civili», ma «più lungo e malinconico d'una quaresima». E il Principe, dal canto suo, confidò a Gino Capponi, di cui era diventato subito grande amico, che Maria Teresa era, sì, molto graziosa, ma «terribilmente austriaca». Sbagliava perché questa austriaca fu poi la più italiana delle regine, sposò in pieno la politica di suo marito, ne condivise i drammi e l'esilio, e quando tornò vedova a Firenze non volle più metter piede a palazzo Pitti perché c'erano di guardia i soldati austriaci.

A Leopoldo fu data in moglie una principessa di Sassonia, Maria Anna Carolina, che fece ai fiorentini la migliore impressione, ma non dette eredi maschi. Assillato dalla paura di un'estinzione della dinastia, Ferdinando dovette decidersi a riprender moglie a cinquantadue anni, e per non correre avventure fuori casa se la scelse nella sorella di sua nuora, il che lo rese cognato di suo figlio. Ma erano cose che succedevano spesso, in questi matrimoni dinastici. Purtroppo nemmeno lui riuscì a mettere al mondo un successore, e quando morì, ucciso proprio dalla malaria maremmana che aveva cercato di debellare, temette che l'imperatore Francesco suo fratello ne approfittasse per sopprimere, in caso di morte di Leopoldo, il Granducato e ridurre la Toscana come il Lombardo-Veneto. Era le mille miglia dall'immaginare che a cacciare dal trono «Canapino» diventato frattanto «Canapone», sarebbe stato un certo Vittorio Emanuele, figlio di sua figlia Maria Teresa e del «giovane di leggiadro aspetto».

A Lucca si era installata Maria Luisa di Borbone, colei a cui Napoleone aveva concesso di regnare per alcuni anni sulla Toscana, e che poi aveva costretto a cedere il posto alla propria sorella Elisa Baciocchi. Il patto stabilito al Congresso di Vienna era, ripetiamo, che i Borbone sarebbero rimasti Principi di Lucca finché non avessero recuperato il loro vecchio Ducato di Parma e Piacenza, assegnato a titolo vitalizio all'altra Maria Luigia, la moglie di Napoleone; e che a quella scadenza, Lucca sarebbe stata annessa al Granducato di Toscana.

Maria Luisa era rimasta la spagnola di sempre, sussiegosa, bigotta e profondamente avversa alle idee liberali, tanto che si era preso come consigliere Canosa, l'ex-ministro della polizia di Napoli. Emanò una legge con cui faceva obbligo ai funzionari civili e militari di andare a messa e ai genitori di mandare i figli a Dottrina, pena l'esclusione dai pubblici impieghi. Era ossessionata dalla paura dei Carbonari, che a Lucca non c'erano, e tutta la sua politica estera consistette in accordi di polizia con gli Stati vicini per il coordinamento dello spionaggio e l'estradizione dei colpevoli. Il problema che più l'assillò fu di dare una buona moglie a suo figlio Carlo Ludovico e, come spesso capita alle mamme troppo ciaccione, la sbagliò.

Maria Teresa di Savoia, secondogenita di Vittorio Emanuele I (la primogenita Beatrice era andata sposa, come ricorderete, a Francesco IV di Modena) aveva diciassette anni, era appena uscita di convento e pare che fosse stata innamorata di Carlo Alberto. Aveva abbastanza riserve sentimentali per innamorarsi anche di Carlo Ludovico, ma fu lui che non s'innamorò di lei. In comune ebbero un figlio, il futuro Duca di Parma, ma niente altro. Carlo Ludovico era stato talmente oppresso dalla madre che sognava di disfare tutto ciò ch'essa aveva fatto, compreso il proprio matrimonio; e quando le successe nel '24, introdusse anche, per buona fortuna dei lucchesi, metodi di governo diametralmente opposti a quelli di lei. Ridusse l'appannaggio che Maria Luisa esigeva per alimentare i suoi fasti spagnoleschi, liberalizzò i commerci, e alla fine si convertì addirittura al luteranesimo, mentre sua moglie diventava Terziaria domenicana. Fu un cattivo marito, ma non un cattivo sovrano. E Lucca, sotto di lui, respirò.

A Parma, Maria Luigia giunse tardi, soltanto nel '16, e non fu bene accolta. I parmensi consideravano la moglie di Napoleone un personaggio sproporzionato a un ducato che si estendeva solo fino a Piacenza e a Guastalla. Ma cambiarono opinione quando la Duchessa ordinò che le somme raccolte per i festeggiamenti del suo arrivo fossero devolute alla beneficienza.

Maria Luigia non aveva la stoffa dell'eroina. Malvolentieri era andata sposa all'uomo più potente della terra, non lo aveva mai amato, né mai si era sentita compenetrata della sua grandezza. Per puro senso del dovere, aveva pensato di restare accanto al marito anche nella disfatta e di accompagnarlo all'Elba, ma se n'era lasciata facilmente dissuadere da suo padre e da Metternich, anche perché già allora era innamorata del conte Neipperg, che il Cancelliere le aveva messo al fianco, e a una cosa sola aspirava: a una vita tranquilla con lui, lontano dalla Corte di Vienna, dove quella «relazione» avrebbe certamente incontrato degli ostacoli. Per questo aveva insistito per Parma: era una città di provincia, ma piena di fascino, e con un suo rango di capitale. Per averla, aveva consentito a lasciare a Vienna anche il figlioletto avuto da Napoleone, il piccolo Re di Roma, che Metternich voleva allevare da austriaco per sottrarlo alle suggestioni della gloria paterna.

Con una benda nera a copertura dell'occhio perso in combattimento, Neipperg non era soltanto un bell'uomo e un prode soldato. Era anche un politico di mente aperta e di notevole accortezza, che seppe esercitare molto bene i pieni poteri conferitigli dalla Duchessa. Anzi, la vera Duchessa fu lui, anche se lo fece con molta discrezione.

Parma non aveva grossi problemi da risolvere. Subito dopo la caduta di Napoleone nel '14, il suo governo era stato affidato dall'Austria prima a Marescalchi col titolo di Commissario Imperiale, poi al conte Magawly-Cerati, un irlandese naturalizzato, che si era rivelato un eccellente amministratore. Neipperg non apportò nessuna variante al suo sistema e spinse avanti i lavori ch'egli aveva iniziato: il grande ponte sul Taro, la riorganizzazione dell'Università che diventò una delle migliori d'Italia, e la riforma legislativa che salvò il meglio dei codici napoleonici. Sulla censura, Neipperg condivideva l'opinione del Granduca: che ci doveva essere, ma non farsi sentire. E infatti il Ducato godette di una relativa libertà, che andò a vantaggio soprattutto del suo sviluppo culturale. Sebbene ufficiale di carriera, Neipperg si contentò di un esercito di tremila uomini, e ciò che risparmiava in caserme, lo spese per le scuole, il Museo, l'Accademia, i teatri, e anche lui difese con tenacia lo Stato dalle interferenze ecclesiastiche. Anche dopo che, rimasta vedova per la morte di Napoleone, Maria Luigia l'ebbe morganaticamente sposato, egli rimase discretamente nell'ombra, lasciando che tutto il merito di quel buon governo andasse a lei e giovasse alla sua popolarità, che fu ed è ancora grande.

A Modena si era istallato Francesco IV, figlio dell'arciduca Ferdinando, a sua volta fratello dell'Imperatore.

Francesco aveva ereditato il Ducato di Modena, che comprendeva anche Reggio, dalla madre Ricciarda, ultima della casa d'Este. E un po' per questa ascendenza materna, un po' perché era nato a Milano, veniva considerato un Principe italiano, il che contribuì ad alimentare sul suo conto parecchi equivoci. Era un giovanotto tutt'altro che sprovveduto, a cominciare dai mezzi. Una serie di fortunate coincidenze lo avevano reso erede di molti cospicui patrimoni: quelli dei Cybo, dei Pico, dei Malaspina, il che faceva di lui uno dei più ricchi Principi d'Europa. Fra poco gli sarebbe toccato anche il Ducato di Massa e Carrara, che per il momento era stato assegnato a sua madre a titolo vitalizio. Ma alle viste c'era anche un boccone più grosso: il Piemonte, del cui re Vittorio Emanuele I egli aveva sposato la figlia primogenita. Abbiamo già detto che costei, nel contratto di matrimonio, aveva già fatto solenne rinunzia agli Stati del padre, destinati a Carlo Alberto. Ma Francesco non era rassegnato e, se non proprio al Piemonte, almeno alla Sardegna ci pensava: tant'è vero che seguitava ad agitarsi per ottenere La Spezia per assicurarsi le comunicazioni con l'isola.

Subito dopo la catastrofe di Napoleone, a Francesco avevano guardato molti patrioti lombardi nella speranza che, essendo egli un Principe della sua dinastia, l'Austria gli affidasse il Regno Italico e che poi, italianizzandosi sempre più, egli realizzasse sotto il suo scettro l'unità nazionale. Ma sarebbero occorse due cose: che Metternich fosse d'accordo, e invece non lo era, appunto perché prevedeva con chiarezza quello sviluppo di situazione; e che Francesco andasse in qualche modo incontro alle generali aspirazioni di libertà, e invece fece proprio il contrario. Il suo programma di governo si compendiava nelle parole che più tardi pronunciò al congresso di Lubiana: «Il pareggiamento di tutti in faccia alle leggi, la soverchia spartizione delle ricchezze, la libertà di stampa, la via delle carriere aperta a chiunque, l'eccessiva considerazione accordata agli scienziati e agli uomini di lettere, la diffusione delle scuole, il libero passo accordato a tutti d'imparare a leggere e a scrivere: ecco i cattivi semi da cui germogliano le rivoluzioni».

A questi princìpi aveva intonato i suoi criteri di governo. Tutta la legislazione napoleonica venne revocata e al suo posto ripristinata quella estense di prima del '97. Dell'ordinamento francese venne mantenuto solo il sistema tributario perché il contribuente lo sapeva spolpare. Gli ordini religiosi furono richiamati, compresi i Gesuiti. Fu istituito un esercito di settemila uomini assolutamente sproporzionato al peso politico del Ducato e alle sue esigenze.

Francesco si rivelò un eccellente amministratore anche perché non distingueva fra finanze pubbliche e private, cioè considerava private anche quelle pubbliche. Fra le altre cose affidò il monopolio dell'industria più sviluppata nel Paese, la concia delle pelli, a una società di cui poi si scoprì che il titolare era lui. Non si può dire che l'economia di Modena ne soffrisse. Anzi, tutto il suo apparato produttivo e commerciale funzionò bene perché Francesco aveva il culto dell'efficienza e come *manager* era abbastanza dotato. Ma il Ducato diventò una prigione, in cui incubavano soltanto analfabetismo e ribellioni.

Qui finisce il panorama dell'Italia «restaurata». Alfredo Oriani doveva scrivere più tardi ch'essa non corrispondeva più alla realtà del Paese perché «l'Italia dei cicisbei, addormentata nelle riforme, stupidamente devota ai propri Re, adorante il Papa come un semidio, sferzata da Parini, schiaffeggiata da Alfieri, non esisteva più». Ma sbagliava. Quest'Italia esisteva, eccome. Solo, ce n'era ormai anche un'altra: quella di coloro che non l'accettavano più. Facciamo un rapido sopralluogo nei loro rifugi: le «vendite» carbonare.

CAPITOLO VENTISEIESIMO
I CARBONARI

Giovanni Ruffini, che fu dei loro, racconta come entrò in contatto coi Carbonari. Era la sera di un martedì grasso, e suo fratello Jacopo gli aveva dato appuntamento in una piazza gremita di maschere. Due di queste gli si avvicinarono e gli chiesero se stesse aspettando una donna. Giovanni annuì, uno dei due interlocutori gli mormorò all'orecchio: «L'ora è suonata!» ch'era la parola d'ordine già datagli da Jacopo, e lo invitò a seguirli. Arrivati in un vicolo scuro lo bendarono, gli trassero il bavero del mantello fin sulla bocca, lo presero a braccetto e gli fecero fare un lungo percorso a giravolte in modo da disorientarlo. Con una chiave aprirono una porta e, quando gli tolsero la benda, Giovanni si trovò in una stanza rischiarata solo dal fuoco che ardeva nel camino, col piancito coperto d'un tappeto rosso sangue e un globo d'alabastro in mezzo. Oltre agli accompagnatori, c'erano altri due domini anch'essi mascherati. Uno di loro gli chiese le generalità e se aveva intenzione di far parte dei Buoni Cugini. Giovanni confermò.

«Hai un'idea – disse l'altro – dei terribili doveri che t'incombono? Sai tu che, appena prestato il solenne giuramento, il tuo braccio, le tue sostanze, la tua vita, tutto te stesso insomma non apparterranno più a te, ma all'Ordine? Sei tu pronto a morire mille volte anziché rivelare i suoi segreti? Sei pronto a obbedire ciecamente e a rinunziare alla tua volontà dinanzi a quella delle gerarchie dell'Ordine?»

Finito l'interrogatorio, al neofita fu imposto di pronunciare, inginocchiato e con un pugnale in mano, la formula del giuramento: «Giuro e prometto sopra gli stabilimenti dell'Ordine in generale e su questo ferro punitore degli spergiuri, di custodire gelosamente tutti i segreti della rispettabile Carboneria, di non scrivere o incidere o disegnare cosa alcuna senz'averne ottenuto per iscritto il permesso dall'Alta Vendita. Giuro di soccorrere i miei Buoni Cugini per quanto comportano le mie facoltà, e di non attentare all'onore delle loro famiglie. Se divengo spergiuro, sono contento che il mio corpo sia fatto a pezzi, indi bruciato e le mie ceneri sparse al vento affinché il mio nome sia esecrato da tutti i Buoni Cugini sparsi sulla terra. Così Dio mi aiuti!»

Dopodiché il domino assegnò all'iniziato un nome convenzionale, gl'insegnò alcuni cenni e parole per farsi riconoscere dai confratelli, ma raccomandandogli di farne il meno uso possibile. Poi gli disse: «Tu appartieni da ora al primo grado dell'Ordine, che è soltanto una fase di prova. Non hai alcun diritto, nemmeno quello di presentare nuovi aspiranti; hai però dei doveri, che ti sarà facile adempiere. Custodisci religiosamente il tuo segreto, attendi con pazienza, fede e sommissione, e tieni pronto ad agire nel momento opportuno. A suo tempo saprai il nome della *Vendita* cui apparterrai e del capo da cui riceverai gli ordini. Se frattanto dovremo dartene qualcuno, ti sarà comunicato dal Cugino che ti presentò. L'Ordine ha occhi e orecchi ovunque, e da questo istante ti vigila ovunque tu sia e qualunque cosa tu faccia».

Questo avveniva a Genova. Ma a Napoli stando alle *Memorie sulle Società segrete* stampate anonime in Inghilterra, la cerimonia dell'iniziazione era molto più complicata e tenebrosa. L'aspirante, chiamato *pagano*, veniva prima condotto bendato nel bosco e sospinto attraverso una barriera di fuoco, «simbolo di quella fiamma di carità che deve ardere sempre nel vostro cuore per distruggere i germi dei sette peccati capitali». Poi gli si mostrava la testa recisa o la mano mozza di un traditore, ed era su questi trofei che gli si faceva pronunciare il giuramento. Quindi il *maestro* vibrava tre colpi di scure su un tronco, comunicava al neofita il nome e i segni convenzionali, vibrava altri tre colpi, e dichiarava chiusi «i sacri travagli» con un duplice evviva al Grande Maestro divino e umano Gesù Cristo e a San Teobaldo.

Come si vede, neanche in questo più complesso rituale c'erano accenni ai fini della società, cioè alla sua ideologia. Ed è naturale perché questa fu sempre molto composita e incerta, come composita e incerta era l'origine della setta. La Carboneria era infatti un derivato, un amalgama di molte altre sètte, ognuna delle quali ci aveva portato del suo, spesso in contraddizione con quello delle altre. La loro storia è estremamente arruffata e forse nessuno riuscirà mai a dipanarla in maniera esauriente anche perché ne mancano le impronte digitali, cioè i documenti, che la segretezza imponeva di distruggere. Noi ci limiteremo quindi a ricostruirne il filone principale, ma senza impegno di assoluta esattezza.

La grande madre di tutte era stata certamente la Massoneria, di cui abbiamo già disegnato la vicenda. Per non ripeterci, ci limiteremo a ricordare che di segreto, per lungo tempo, essa non aveva avuto che la liturgia. I suoi aderenti, quasi tutti «illuministi», non perseguivano scopi rivoluzionari e quindi non avevano motivo di nascondersi. Lungi dal perseguitarli, molti governi li proteggevano, e fra di essi militavano anche dei Re: Giuseppe II d'Austria, Caterina di Russia, perfino Maria Carolina di Napoli ne fecero parte.

Le cose cambiarono con la rivoluzione francese, che mise anche i massoni alla scelta: o col vecchio regime, o col nuovo. La spaccatura fu profonda, e non si è mai più sanata. Per il nuovo regime e al servizio delle idee democratiche fu certamente la massoneria di rito scozzese, che tutti ritengono, per questa sua qualifica, di origine inglese. Errore. Si chiamò così perché i suoi aderenti sostennero per qualche tempo le pretese al trono d'Inghilterra degli scozzesi Stuart – che oltre a tutto erano fior di reazionari –, ma erano francesi. Essi si convertirono ben presto all'ideologia rivoluzionaria, e le loro *logge* ne diventarono fra i più efficaci strumenti di propaganda all'estero. Ma ce ne furono delle altre che invece questa ideologia la rifiutarono e anzi passarono all'estremo opposto. Per strano che possa sembrare a qualche lettore abituato a considerare la Massoneria come la roccaforte dell'anticlericalismo più arrabbiato, fra la fine del Sette e i primi dell'Ottocento ce ne fu anche una dominata dai nostalgici del vecchio regime assolutistico e dai Gesuiti al contrattacco dopo la soppressione del loro Ordine.

Lungi dal combatterla, Napoleone cercò di asservire la Massoneria e, anche se non del tutto, ci riuscì. Anche in Italia i regimi ch'egli v'instaurò ebbero l'appoggio delle logge, che infatti furono protette sia da Eugenio a Milano che da Murat a Napoli. E fu proprio per questo loro atteggiamento collaborazionistico che i dissenzienti se ne separarono per dare avvio ad altre società molto più segrete di quanto non fosse la Massoneria perché in dissenso con l'ordine costituito che il dissenso lo perseguitava come sovversione.

La prima ad attecchire in Italia fu, a quanto pare, una *Lega nera*, di cui avrebbero fatto parte uomini di varie tendenze, ma accomunati dal proposito di liberare l'Italia dallo straniero, austriaco o francese che fosse. La cita nella sua *Storia d'Italia* il Botta che, senza darne altri ragguagli, nel seguito della sua – molto confusa – narrazione, attribuisce gli stessi connotati a un'altra società, quella dei *Raggi*, fra i cui più importanti affiliati spicca il nome di Lahoz.

Non si riesce a capire se le due organizzazioni facessero tutt'uno o fossero in concorrenza. Si è appurato soltanto che i *Raggi* si chiamavano così perché si diffondevano a raggera dalla casa-madre centrale di Bologna, che la loro fioritura risale al periodo della Repubblica Cisalpina, cioè fra il '96 e il 1804, e che in ogni capoluogo c'era una succursale formata di cinque «patrioti» sotto la guida di un «capo-colonna». Secondo un rapporto della polizia napoleonica, la setta aveva messo radici anche in Piemonte, dove perfino alcuni membri del governo provvisorio ne facevano parte. Essi erano in stretti rapporti coi giacobini di Parigi perché di questo appunto si trattava: di una ripresa di giacobinismo dopo la liquidazione di Robespierre e contro la politica di un Direttorio, sempre più dominato dai militari e soprattutto da Napoleone.

Tutto lascia credere che i *Raggi* siano stati al massimo qualche centinaio di persone. Ma la loro presenza è importante perché segna una rottura del fronte patriottico destinata ad approfondirsi sempre più lungo il Risorgimento: da una parte i «democratici», di cui i *Raggi* rappresentavano l'avanguardia, e che la liberazione dell'Italia volevano affidarla all'iniziativa popolare, cioè a un moto rivoluzionario dal basso; dall'altra i cosiddetti «moderati» che, non credendo a questa iniziativa e non volendola per timore dei disordini sociali ch'essa avrebbe comportato, cercavano di addossarla a qualche potere costituito e alla fine lo trovarono nella monarchia piemontese dei Savoia.

Nel '99 ci fu nel Monferrato una piccola insurrezione contro il regime instaurato dai francesi, che la polizia addebitò ai *Raggi*. Ma gli studi più recenti hanno dimostrato che l'attribuzione era arbitraria. La rivolta era scoppiata per autocombustione, cioè dal malcontento dei contadini per i soprusi e le requisizioni delle truppe francesi. I *Raggi* cercarono di appropriarsela e di darle un contenuto politico distribuendo opuscoli di propaganda e ritratti dei grandi capi giacobini di Parigi. Ma gl'insorti, quasi tutti contadini, gli opuscoli non li lessero perché erano analfabeti e i ritratti dei capi giacobini li scambiarono per immagini di Santi. Il loro programma politico era l'incolumità del pollaio, niente altro.

I *Raggi* non ressero alla repressione poliziesca di cui poi finirono per fare le spese: tant'è vero che, dal 1802, della loro setta non si trova più traccia. Ma da essa ne pullularono infinite altre, di cui sarebbe vana impresa cercar di ricostruire i dati anagrafici e ideologici. Una delle più importanti fu l'*Adelfia*, versione indigena della *Filadelfia* francese d'ispirazione giacobina. Ma ce ne furono anche di tendenza diametralmente opposta, cioè reazionaria, come i *Trinitari* e i *Calderari* a Napoli, diretti discendenti dei *Sanfedisti* del cardinale Ruffo, che cospiravano per il ritorno dei Borbone; come l'*Amicizia cattolica* e l'*Amicizia cristiana* a Torino, dominata dai Gesuiti e dai nostalgici dei Savoia; e come la *Società del Cuore di Gesù* in Lombardia, organo del partito austriacante.

I motivi di questo improvviso pullulìo di sètte sono evidenti. Alla base, naturalmente, c'erano le scontentezze provocate dai regimi napoleonici. Ma questo non spiega nulla perché di regimi stranieri e sopraffattori gl'italiani soffrivano da secoli, senza che ciò li avesse mai spinti a cospirare. L'unica loro manifestazione di protesta erano stati i tumulti e il brigantaggio. Di qualcosa che assomigliasse a una lotta politica organizzata non erano mai stati capaci. Cominciavano ad esserlo ora grazie all'invasione francese che aveva acceso non soltanto molte speranze, ma anche molte ambizioni.

Le sètte pescavano i loro adepti soprattutto nei ceti medi. Abituati da secoli a restare esclusi dal potere, essi avevano visto nella rivoluzione la grande occasione per inserirvisi e diventarne i protagonisti, come appunto era avvenuto in Francia; e perciò erano corsi incontro al conquistatore che la incarnava. Ma Napoleone aveva in gran parte deluso le loro aspettative. All'Italia egli chiedeva soldati, ufficiali, magistrati, funzionari, insomma manodopera e tecnici. Politici, no. La politica era privativa sua e dei suoi. Ci fu chi si contentò di diventare colonnello o magistrato. Ma ci furono anche quelli che non si contentarono. E furono costoro i primi militanti delle società segrete d'ispirazione democratica. Ma poco dopo sopraggiunse una seconda e più massiccia ondata: quella dei colonnelli e dei magistrati epurati per collaborazionismo col despota, quando questi cadde. Infatti la grande fioritura delle sètte comincia proprio con la restaurazione, la quale mise sul lastrico tutta una categoria di «notabili» borghesi che, dopo avere morso l'inebriante pomo del potere, non intendevano restarne a digiuno. C'era di mezzo anche una questione di pane. In un Paese economicamente depresso e culturalmente arretrato come l'Italia, dove il «posto» rappresentava la più ambita delle grazie, la politica appariva la più promettente di tutte le «carriere».

Con ciò non vogliamo dire che gli adepti delle società segrete fossero soltanto degli ambiziosi carrieristi. Fra loro c'era di tutto, e di tutto forse c'era in ognuno di loro, salvi i casi eccezionali di puro idealismo e di puro arrivismo. Vogliamo soltanto dire che non c'è materiale più esplosivo e quindi più disponibile alla cospirazione di una classe messa al bando dal potere dopo averlo assaggiato ed esserne stata, sia pure in avara misura, compartecipe. Fu essa infatti a fornire le reclute della Carboneria.

Era la più giovane di tutte le sètte, almeno in Italia. E perché prevalse su tutte le altre che l'avevano preceduta, è difficile dire. Ma, per quanto ancora molto discusso, a noi sembra che il suo albero genealogico sia abbastanza chiaro.

A fondarla, o per meglio dire a trapiantarla nel nostro Paese fu un commissario politico francese, Briot, venuto a Napoli al seguito di Giuseppe Bonaparte nel 1806, e mandato in qualità d'intendente, cioè pressappoco di prefetto, prima a Chieti eppoi a Cosenza dove nacquero infatti le prime *vendite*. Briot era un ex-deputato giacobino che nel '99 aveva pronunciato nel parlamento di Parigi un violento discorso in favore dell'unità italiana contro la politica del Direttorio che l'avversava. Originario della Franca Contea, faceva parte di un vecchio *compagnonnage* – o confraternita – locale di boscaioli, cacciatori e contrabbandieri che si chiamavano *charbonniers*, carbonai. Fra loro si davano di *cugini* o *buoni cugini*, e dicevano di risalire ai tempi medievali di una leggendaria regina Isabella che coi suoi soprusi li aveva costretti a rifugiarsi nella foresta. Qui si erano imbattuti in un eremita, Teobaldo, che poi era diventato il loro Santo protettore e li aveva miracolati facendogli incontrare e trarre a salvamento il Re smarritosi durante una caccia che per ringraziarli si fece anche lui carbonaio.

A parte questa mitologia, era una società di mutuo soccorso, che non aveva mai avuto contenuto politico. Lo acquistò con la rivoluzione, forse per opera dello stesso Briot che, essendo dei suoi, la convertì ai propri ideali democratici e repubblicani. Quando questi ideali furono accantonati e contraddetti dal Direttorio, i Carbonari passarono all'opposizione e, siccome l'opposizione non era tollerata, si rifugiarono nella clandestinità, diventando una vera e propria setta.

Che da questa discendesse la Carboneria italiana, lo prova non solo l'identità del nome, ma anche la qualifica di Buoni Cugini che si attribuivano gli adepti, l'organizzazione per *Vendite*, *Alte vendite* e *Vendite madri*, la gerarchia dei gradi – *apprendista*, *maestro*, *gran maestro* –, il riconoscimento di Teobaldo come Santo protettore. L'unica differenza era forse il contenuto ideologico. E non già perché quello italiano differisse da quello francese; ma perché la Carboneria italiana, a differenza di quella francese, un contenuto ideologico preciso non l'aveva, o per lo meno non lo formulava chiaramente; e questa fu forse la ragione del suo prevalere sulle altre sètte.

Queste erano morte non tanto di persecuzione, quanto di asfissia, cioè per mancanza di seguito e di eco in una popolazione troppo ignorante e arretrata per capire, o comunque per condividere, certi ideali. La Carboneria non volle ripetere questo errore. E per evitarlo, non c'era che un modo: adeguarsi agli umori della pubblica opinione e soprattutto ai suoi malumori, che variavano secondo il momento, la latitudine e le circostanze. Nel Sud, al tempo di Murat, le *Vendite* cercarono di sfruttare il sentimento cattolico offeso dalla politica anticlericale del regime e raccattarono proseliti perfino diffondendo una falsa «bolla» di Pio VII che consacrava la Carboneria e invitava i fedeli ad aderirvi. In Romagna, dove arrivarono più tardi, esse furono rigorosamente democratiche e repubblicane. In Piemonte, dopo la Restaurazione, fecero fronte con la *Federazione* monarchica, o addirittura vi si fusero. Ecco perché nelle iniziazioni non si faceva cenno al suo programma.

Questa sua elasticità fu uno dei motivi che contribuirono al rapido diffondersi della setta. Un altro furono i suoi lati ciarlataneschi. Essa si giovò moltissimo dell'alone di truculento mistero che seppe creare intorno a sé e delle leggende a cui diede avvìo. Si raccontava di spergiuri rinvenuti pugnalati nel letto accanto alla moglie ignara, di altri trovati crocefissi nel bosco con una corona di spine in testa, di altri fulminati da veleni inesplorabili. E l'impressione che tutto questo suscitava, insieme con la lugubre simbologia, esercitava sugli adepti un gran fascino.

In seguito Mazzini denunziò questo scialo di pugnali, di

veleno, di croci, di scuri, di parole d'ordine, tutta questa messinscena di formule, di sigle, di segni di riconoscimento, di cenni, di ammiccamenti, tutto questo tenebrore di appuntamenti nel bosco, di bende, di baveri rialzati, dicendo che molto spesso erano fine a se stessi, un giuoco per darsela da bere a vicenda e credersi importanti e pericolosi. Infatti l'arrosto non era in proporzione al fumo. Alla prova dei fatti, risultò che questi grandi cospiratori non riuscivano a sventare l'infiltrazione delle spie di cui le *Vendite* erano sempre piene, né i tradimenti degli spergiuri contro cui il castigo si riduceva quasi sempre a innocui «bruciamenti in effigie», né le confessioni sotto gl'interrogatori. Però anche Mazzini, da giovanissimo, aveva appartenuto alla setta, anzi vi aveva fatto carriera fino al grado di Maestro. Ed era logico: fino alla «Giovane Italia», la Carboneria fu l'unico strumento di milizia rivoluzionaria, tutti i patrioti ci passarono, e molti di loro furono autentici martiri. Resta solo da vedere se il suo tirocinio fu tutto positivo per i valori ch'essa intendeva propugnare.

Come abbiamo detto, l'organizzazione era rigidamente gerarchica. Ogni *Vendita* o *Baracca* era costituita da venti Buoni Cugini. Uno solo, il Maestro, conosceva il parigrado delle altre diciannove Vendite che componevano la Vendita Centrale, la quale con lo stesso metodo comunicava – solo oralmente, mai per iscritto – con la *Vendita Suprema*. Questo organigramma, come oggi si dice, era imposto dalle condizioni di clandestinità in cui la setta doveva agire. Ma introduceva, o meglio ribadiva, un criterio autoritario che purtroppo in Italia trovava il più congeniale dei terreni. Tutto veniva dall'alto. Gli Apprendisti, che poi erano la massa di manovra, non partecipavano minimamente alla formazione della volontà politica, e ne erano tenuti completamente all'oscuro. Nelle *Vendite* non c'era un dibattito ideologico. Questo era riservato agli alti dignitari della *Vendita Suprema*, che considerava la rivoluzione una sua privativa, amministrandone i princìpi come altrettante verità rivelate di cui essa restava l'unica depositaria. Ciò ne faceva, nel migliore dei casi, una casta sacerdotale coi suoi alti problemi ideologici; nel peggiore, una consorteria coi suoi interessi corporativi che contrapponeva a un'Italia autoritaria e «di vertice» un'Italia altrettanto autoritaria e «di vertice» sostituendo a una mafia di nobili una mafia di borghesi. Infatti la Carboneria fu a volte l'una, a volte l'altra cosa, strumento – secondo gli uomini che l'amministravano – di alti ideali, o di arrivismi, e anche di basse vendette. Comunque, non fu certo una scuola di educazione politica, e probabilmente è anche al suo esempio e modello che sono dovute le malformazioni della nostra democrazia e la sua intrinseca debolezza. Figli e nipoti dei Carbonari furono quei «notabili» che governarono l'Italia fino alla prima guerra mondiale e che, insieme a innegabili virtù, ebbero anche il vizio di considerare il Paese una «clientela» di Apprendisti esclusi dai «sacri travagli». E anche la democrazia attuale seguita ad essere profondamente carbonara nei suoi partiti organizzati come *Supreme Vendite* e gestiti da ristretti gruppi di professionisti che agiscono non da «delegati» del popolo, ma da «pastori» del «gregge».

Questo fu il vero lato negativo della Carboneria che più tardi indusse Mazzini a divorziarne e a combatterla. E risaliva all'insegnamento e all'esempio di un uomo che ne fu insieme il grande ispiratore e il grande corruttore: Filippo Buonarroti.

BUONARROTI

Quello che Bakunin ha chiamato «il più grande cospiratore del secolo» fino a pochi anni fa era conosciuto quasi esclusivamente come uno dei protagonisti del complotto e del processo di Babeuf. Oggi esiste su di lui un intero scaffale di opere, fra cui fanno spicco quelle del Saitta e di Galante Garrone.

Apparteneva alla famiglia fiorentina di Michelangelo, ma era nato a Pisa nel 1761, e lì fece i suoi studi che a quanto pare furono piuttosto disordinati perché andavano dalla matematica alla musica, di cui fu per tutta la vita un appassionato cultore. Tuttavia una laurea in legge la prese, sposò una ragazza nobile di Firenze, entrò come paggio alla Corte del granduca Pietro Leopoldo, fu fatto cavaliere di Santo Stefano, e insomma sembrava avviato a occupare un posto di tutto comodo e rispetto in quella piccola ma civile società di provincia. Anche la sua iscrizione alla Massoneria non aveva nulla di rivoluzionario: la Massoneria era lo strumento dell'Illuminismo, di cui lo stesso Sovrano era un adepto.

Ma lì fece conoscenza con le opere di Rousseau, che agirono su di lui come un trauma. Alla loro luce Pietro Leopoldo, che aveva abolito la tortura e la pena di morte e che tutta la cultura europea salutava come il monarca più progressista d'Europa, gli apparve «un despota» e il suo regime un'infamia. Per combatterli in nome della Democrazia e dell'Eguaglianza, fondò una *Gazzetta universale* che fece molto rumore, ma suscitò poca eco. La polizia del «despota» si limitò a qualche perquisizione. Ma quando da Parigi giunsero le notizie della Bastiglia, Buonarroti non ebbe esitazioni: piantò la moglie e le quattro figlie ch'essa gli aveva dato per trasferirsi in Corsica e mettersi al servizio della Rivoluzione. Il gesto era rivelatore di una certa scelta: Buonarroti si sentiva legato a un'idea più che a una patria, e per tutta la vita seguiterà a considerare la patria uno strumento dell'idea.

A Bastia il suo zelo rivoluzionario gli valse un posto di dirigente, ma anche l'ostilità dei benpensanti che alla fine insorsero contro di lui e lo costrinsero alla fuga. A Livorno, dove riparò a bordo d'un peschereccio, la polizia lo arrestò per espatrio clandestino, ma il «despota» lo fece subito liberare per restituirlo alle autorità còrse che lo reclamavano tra loro. Probabilmente ricevette l'incarico di costituire delle «cellule» rivoluzionarie in Toscana perché, malgrado l'incidente, poco dopo tornò di nascosto a Firenze, dove fu di nuovo arrestato. Ma evase, scampò a Genova, ne fu espulso e tornò in Corsica a riprendervi il suo posto di agitatore.

Questo periodo fu per lui molto importante per due ragioni. Anzitutto perché le sue mansioni lo misero in contatto coi Bonaparte e con Saliceti. Eppoi perché in quell'ambiente sottosviluppato le sue idee assunsero un indirizzo massimalista che di lì a poco lo avrebbe messo in contrasto con la politica del regime. Fu qui ch'egli elaborò la sua utopia di una società egalitaria e dispotica molto più vicina al modello di Sparta e degli Esseni che a quello borghese perseguito dai Girondini allora al potere.

Quando questi caddero nel '93, Buonarroti era a Parigi per sollecitare la naturalizzazione. La sua intimità con Robespierre fa parte più del mito di Buonarroti che della sua storia. Ma che frequentasse i circoli giacobini, vi fosse considerato di casa e tripudiasse del loro trionfo, è certo. Furono essi a dargli la cittadinanza e a mandarlo in qualità di «commissario» a Oneglia che le truppe francesi avevano strappato al Piemonte. Vi trovò molti rivoluzionari italiani in fuga dai loro rispettivi Stati e stabilì con loro dei rapporti che ebbero il loro peso sulla nascita delle prime società segrete nel nostro Paese e sul loro iniziale orientamento ideologico. Ma come politico non diede buona prova a causa del suo estremismo. Come già a Bastia, istaurò il terrore provocando anche la reazione dei simpatizzanti. E finché il Terrore vinceva anche a Parigi, gli andò bene. Ma quando Robespierre cadde, fu denunziato per abuso di potere e – come oggi si direbbe – «deviazionismo di sinistra», richiamato nella capitale e rinchiuso in prigione.

Fu qui che incontrò Babeuf, il rivoluzionario francese che portava le idee rousseauiane fino alle loro estreme conseguenze comuniste. Buonarroti non arrivava alle medesime conclusioni: egli restava fermo al Vangelo giacobino. Ma anche se divergevano sul piano ideologico, i due uomini saldarono su quello umano un vero e proprio gemellaggio. Entrambi consideravano l'attività rivoluzionaria l'unica compatibile con la dignità dell'uomo, un sacerdozio che comportava il sacrificio di qualsiasi interesse e diletto personale. Nelle loro utopie la Virtù doveva essere la gruccia della Giustizia.

Quando furono rimessi in libertà, Buonarroti s'iscrisse al «Pantheon», la società segreta che Babeuf aveva costituito per rovesciare il regime, sempre più borghese e conservatore, del Direttorio, e anzi ne diventò uno dei principali esponenti. Sciolto dalla polizia, il gruppo si riformò clandestinamente per sfociare più tardi nella cosiddetta «congiura degli eguali». Ma questo non impedì a Buonarroti di ricevere nel frattempo e svolgere altri incarichi governativi, probabilmente procuratigli dal vecchio amico Saliceti il cui astro cresceva col crescere di quello di Bonaparte. Fra l'altro, ora che questi si disponeva a invadere l'Italia, gli fu affidato il compito di riallacciare i rapporti coi rivoluzionari italiani per farne delle «quinte colonne». Stavolta dovette dar prova di efficienza perché nel '96 il Direttorio lo propose come collaboratore a Cacault, suo agente nella penisola. Ma questi declinò l'offerta. «Buonarroti – scrisse – è ricco d'immaginazione e di talenti letterari e filosofici. Ma di problemi politici concreti non sa nulla.» Non ebbe bisogno d'insistere perché la scoperta della congiura condusse all'arresto di tutti gli «eguali», compreso Buonarroti.

Nell'emergenza ricomparve in scena – e fu, credo, l'ultima volta – sua moglie, che dopo l'espatrio lo aveva raggiunto a Bastia dove gli aveva dato un quinto figlio. Sebbene egli l'avesse rimpiazzata con un'amante, Teresa Poggi, la povera donna fece del suo meglio per procurargli aiuti bussando alla porta dei personaggi più altolocati. E almeno due di essi lo porsero: Napoleone e il capo della polizia Fouché, un po' perché Buonarroti aveva saputo restare in buoni rapporti con loro, un po' forse per alleggerire la posizione di Saliceti ch'era rimasto invischiato nella vicenda per i suoi legami con l'italiano.

Fatto sta che dei tre principali imputati, solo Babeuf e Darthé furono condannati a morte e avviati al patibolo. Buonarroti, che nel processo si era comportato con molto coraggio e dignità, se la cavò con la deportazione in una fortezza davanti a Cherbourg, dove gli consentirono anche di ospitare la sua concubina. Questo trattamento di favore gli valse l'ostilità degli altri «eguali» che non ci vedevano un grande esempio di uguaglianza, ma gli permise di tenersi in corrispondenza coi vecchi amici giacobini di Parigi. Non chiedeva aiuti. Chiedeva soltanto una revisione del processo nella speranza di farne una clamorosa *affaire* che riaccendesse nelle masse lo spirito rivoluzionario. Credeva che ce ne fosse ancora, che bastasse una scintilla per farlo divampare: e questo conferma il giudizio che di lui aveva dato Cacault.

Diventato Primo Console, Napoleone lo fece trasferire come semplice sorvegliato speciale nelle Alpi Marittime, gli assegnò un piccolo sussidio; e finalmente, da Imperatore, gli permise di trasferirsi come libero cittadino a Ginevra, allora ridotta anch'essa a dipartimento francese. Fu mal ripagato perché nel '12 il Prefetto lo informò che Buonarroti aveva montato una congiura contro di lui. Ma Napoleone, o che non ci credesse, o che – com'è più probabile – non lo prendesse molto sul serio, si limitò a farlo trasferire a Grenoble. E stavolta la sua generosità fu compensata. Quando, dopo la parentesi dell'Elba, riprese il potere, Buonarroti gli offrì i suoi servigi. Ma forse la gratitudine non c'entrava. Quasi tutti gli ex-giacobini, sebbene non avessero cessato di complottare contro Napoleone che li aveva messi in disparte, nei Cento Giorni si schierarono con lui: un po' perché, di fronte all'invasione straniera, il sentimento patriottico riprendeva in loro il sopravvento sull'avversione ideologica; un po' perché, per quanto lo esecrassero, essi preferivano l'Impero alla Restaurazione.

Dopo Waterloo, Buonarroti ritornò a Ginevra restituita alla sua patria svizzera, e qui si diede anima e corpo alla tessitura della sua rete rivoluzionaria. Gli specialisti discutono ancora con accanimento a quale delle molte società segrete di allora egli attinse i criteri organizzativi. Sembra che s'ispirasse soprattutto alla loggia massonica degli «Illuminati di Baviera». Ma questo c'interessa poco. C'interessa molto di più vedere come funzionava in concreto la «macchina» che egli montò.

Per la propaganda e il proselitismo, creò una compagnia di «Sublimi Maestri Perfetti» che comportava solo una sommaria iniziazione e l'adesione a princìpi che, essendo di ordine più morale che politico, non esponevano gli affiliati alla persecuzione poliziesca e quindi li attiravano facilmente. Ma essa non era che lo schermo e lo strumento di un piccolo stato maggiore d'intellettuali avvolti nel più fitto segreto e interamente dedicati alla Causa, che si chiamava «Aeròpago», corrispondeva pressappoco al «Pantheon» di Babeuf, e doveva rappresentare un vero e proprio ordine monastico, di cui lo stesso Buonarroti ammetteva il carattere dittatoriale. Solo i suoi membri conoscevano i veri fini della setta, di cui avrebbero guidato l'azione senza rivelarli nemmeno a coloro che la svolgevano. Era il concetto di una rivoluzione diretta da un «vertice» d'Illuminati, di cui le masse dovevano essere gl'inconsapevoli strumenti.

La Carboneria esisteva già, quando Buonarroti si mise all'opera, come esistevano gli Adelfi e tante altre società segrete. Egli cercò di ridurle sotto il suo comando infiltrandovi uomini suoi e stipulando con esse ambigue alleanze. Quanto ci riuscisse, è controverso. Secondo Saitta, il suo prestigio era immenso e lo rendeva, se non onnipotente, almeno onnipresente. Ma Galante Garrone, che ridimensiona alquanto la sua influenza, ci persuade di più. Comunque, egli incorse presto in un incidente che, oltre a buttare all'aria tutta la sua opera, non depone molto a favore della sua oculatezza ed efficienza.

Fra gli altri giovani che riuscì a irretire, ci fu un certo Andryane che, venuto da lui per imparar l'italiano, si lasciò iniziare alla politica sebbene vi fosse del tutto allergico. Buonarroti lo spedì a Milano con una valigia piena «di documenti uno più inutile e pericoloso dell'altro, ma tali da compromettere mezza Italia», fra i quali c'erano anche le regole e gli statuti della società, i segni di riconoscimento e le parole d'ordine tra affiliati. Inesperto ed emotivo, il ragazzo cadde subito nei tranelli della polizia ed espiò la sua storditaggine nella cupa prigione dello Spielberg, dove lo ritroveremo insieme a Pellico, Maroncelli, Confalonieri e tanti altri patrioti italiani. Ma la leggerezza con cui Buonarroti aveva mandato allo sbaraglio quel poveraccio si concilia male con la sua fama di «mago dei complotti» e ha fatto sorgere il dubbio, speriamo infondato, ch'egli volesse quel disastro per attirare l'attenzione sulla sua società e provocare una repressione che gli fornisse nuovi adepti. Altra cosa curiosa è che, sebbene identificato come mandante, non ebbe noie dalla polizia. Solo per precauzione si trasferì da Ginevra a Losanna, e alla fine prese stabile dimora a Bruxelles.

Bruxelles era il luogo di raccolta di quegli ultimi giacobini, che non potevano rimpatriare perché nel '93 avevano condannato a morte il Re. C'erano Cambon, Levasseur, Sieyès, Cambacérès e tanti altri che si riunivano la sera al «Caffè delle Mille Colonne». Come tutti i fuorusciti, si odiavano come fratelli e passavano il tempo a scrivere memoriali per rinfacciarsi gli uni agli altri il fallimento della rivoluzione. Buonarroti s'imbrancò con loro, ma disprezzandoli dall'alto della sua ortodossia robespierriana. Per lui la Rivoluzione era stata il Terrore; tutto ciò ch'era venuto dopo non n'era stato che il tradimento. E fu al lume di questa tesi che compose quella che passa per la sua opera capitale: *La cospirazione per l'uguaglianza detta di Babeuf*.

Come pezzo polemico contro i regimi restaurati, questa esaltazione degli eroici ideali che avevano ispirato gli uomini della Costituente e della Convenzione esercitò sui contemporanei una notevole influenza. Ma come scampolo ideologico, è ben povera cosa: un rimasticamento del pensiero di Rousseau condito con la retorica e la demagogia di Robespierre. Vi s'invoca «il dispotismo della libertà contro quello della tirannia», il dovere di render libero l'uomo anche contro la sua volontà, il culto di un vago Essere Supremo eccetera. È un ritorno alle origini del giacobinismo più rozzo e arcaico, che dà ragione a Talmon quando allinea Buonarroti fra i precursori di quella «democrazia totalitaria» che nel nostro secolo doveva incarnarsi nel comunismo e nel fascismo. Perfino il linguaggio è il medesimo. Buonarroti qualifica «tradimento» ciò che oggi si chiama «deviazionismo» e pronuncia il termine «hébertista» o «dantonista» come i fascisti di ieri pronunciavano quello di «demopluto» e i comunisti di oggi quelli di «trotzkista» e «bucharinista». Il richiamo che questo libro esercitò sui contemporanei fu dovuto solo alla sua forza, diciamo così, di contrappunto. Era il momento in cui il ministro Guizot lanciava ai francesi la famosa parola d'ordine: «Arricchitevi!» Era logico che a un invito così prosaico gli uomini della nuova generazione romantica preferissero quello di Buonarroti a un eroico rilancio rivoluzionario.

Siccome l'affare Andryane aveva sconvolto tutta la rete dei Sublimi Maestri, Buonarroti si diede a tesserne un'altra sotto una nuova sigla: *Le Monde*, il Mondo, che tuttavia s'ispirava ai medesimi criteri organizzativi. Anch'essa aveva due facce: quella pubblica che si atteneva a un programma riformista, che anche i regimi moderati avrebbero potuto adottare; e quella segreta dei soliti «iniziati», pronti a impadronirsi del movimento per i loro fini rivoluzionari. Ancora una volta Buonarroti cercò d'influenzare i Carbonari, gli Adelfi, gli Apofasimeni e tutte le altre società segrete italiane col solito sistema delle alleanze e delle infiltrazioni. Saitta dice che quest'influenza fu tale da far di lui il vero padre del Risorgimento. Ma non ci convince per un motivo molto preciso: e cioè che il Risorgimento si veniva sempre più ispirando a un'idea di patria, cui Buonarroti era sordo. È vero che a suo tempo aveva detto ai patrioti di Oneglia: «Spicciatevi a fare l'unità nazionale». Ma poi aveva aggiunto: «È la condizione per istaurare in tutta la penisola una democrazia egalitaria». Il suo traguardo restava quest'ultima; l'unità ne rappresentava solo lo strumento e la scorciatoia. La Francia lo interessava molto più dell'Italia, era convinto che solo da essa potesse venire la rigenerazione del mondo, e per questo non aveva esitato a prenderne la nazionalità. Come tanti suoi contemporanei, anche lui pensava che «l'Europa starnuta quando Parigi prende il raffreddore», e che qui dunque la battaglia andasse combattuta.

Ora, tutto questo per l'Italia aveva un senso finché l'Italia fu francese e quindi al regime francese era direttamente interessata. Ma dopo la restaurazione dei vecchi Stati, per i patrioti italiani l'unità e l'indipendenza non furono più il mezzo, ma il fine. Buonarroti non ebbe né poteva avere più presa su di loro, e lo si era visto in Piemonte, dove la Federazione si era completamente sottratta alla sua influenza. Da allora non riuscì più a esercitarne; e definitivamente gliela strapperà di mano Mazzini, che interpretava questo «nuovo corso» con più impegno e anche – riconosciamolo – con più ingegno e coerenza e altezza morale di lui.

In una sola cosa Buonarroti rimase precursore e maestro: nel conio di quell'archetipo umano che la Eisenstein chiama «il rivoluzionario professionista». In questo, anche Mazzini dovette qualcosa alla sua lezione, come molto gli devono anche gli altri grandi rivoluzionari dell'Otto e del primo Novecento da Nechaev a Bakunin a Malatesta a Lenin. Si parla, ripeto, di archetipo umano, non di contenuto ideologico.

Ecco perché di tutti i suoi scritti il più significativo è, caso mai, quello che non ebbe il tempo – e forse neanche l'intenzione – di diventare un libro. Si tratta di una specie di taccuino di appunti, scoperto di recente e pubblicato dal Saitta, che rappresenta una specie di catechismo per gli «iniziati» al sacerdozio rivoluzionario. Esso esige, secondo Buonarroti, doti di carattere e regole di vita rigorosissime. L'iniziato dev'essere uomo di grande coraggio, ma riflessivo e prudente, nonché paziente e perseverante. Deve tenere nel debito conto la liturgia dell'organizzazio-

302

ne partecipando alle sue cerimonie allegoriche, rispettandone i riti, le formalità e le gerarchie. Deve osservare scrupolosamente il segreto e rifiutare qualsiasi ostentazione. Deve parlare poco e mantenersi sobrio in tutto, specialmente in amore.

Di alcune di queste virtù, non si può dire ch'egli fornisse un grande esempio. Le testimonianze dei contemporanei concordano nel presentarcelo come un personaggio estroverso e bollente, che colpiva l'occhio non solo per la bizzarria dei suoi acconciamenti, ma anche per lo smalto della sua conversazione infiorata di paradossi. Un giovane francese che andò da lui a prendere lezioni d'italiano, lo trovò che «suonava il piano improvvisando e cavando dal suo strumento girandole di fuoco». Invece che alla lingua, volle a tutti i costi iniziare al canto l'allievo, sebbene questi non avesse né voce né orecchio, «e credo che ci sarebbe riuscito grazie al suo musicale ardore e indomabile energia». Si ammantava di mistero, ma facendo in modo che tutti se ne accorgessero e incuriosissero. C'era insomma in lui anche un lato ciarlatanesco che gli attirava in ugual misura simpatie e diffidenze. Aveva la passione degli pseudonimi, dei documenti falsi, dei rifugi clandestini, dei segni di riconoscimento stregoneschi. Quanto all'amore, fu tutt'altro che astinente. Dopo aver abbandonato la moglie per l'amante lasciandole a carico cinque figli di cui più non si curò – buon allievo anche in questo del maestro Rousseau che i figli suoi li aveva messi all'ospizio –, lasciò anche l'amante perché costei si rifiutava di prendergli in casa un'altra amante. Il carteggio fra lui e queste due donne non è privo di comicità non solo perché si svolgeva fra protagonisti che avevano tutti superato la sessantina, ma anche per il candore con cui Buonarroti sosteneva la perfetta regolarità del *ménage* a tre. «Mio caro – gli scrisse un amico che agiva da paciere fra loro –, tu pretenderesti che una signora educata secondo le regole dell'Europa contemporanea accettasse di vivere come una mussulmana del sesto secolo». La conclusione fu che Buonarroti dovette contentarsi della terza amante che lo seguì a Parigi, pur restando con la seconda in rapporti epistolari fino alla fine dei suoi giorni, che scadde nel '37.

Il rilancio ideologico di Buonarroti, a cui abbiamo assistito in questo dopoguerra, si può capirlo. Egli è stato un assertore di quelle istanze sociali che oggi, specie in Italia, hanno preso un netto sopravvento su quelle nazionali screditate dal fascismo. Ma il tentativo di farlo apparire come un grande innovatore e anzi un precursore del marxismo, è goffo e ridicolo. Buonarroti è sempre rimasto al '93, e non se ne mosse più, convinto che la Storia si fosse fermata lì, a Robespierre. Di Robespierre aveva un tale culto, che firmava i suoi scritti col nome di lui, Massimiliano. Ma non gli somigliava affatto, anzi ne rappresentava l'antitesi umana. Era esattamente il contrario del gelido asceta della ghigliottina che chiedeva agli altri di diventare. Come tutte le creature umanamente ricche, lo era anche di contraddizioni. Il suo sangue si accendeva per le sofferenze dell'umanità, ma quelle dei singoli, anche se amici suoi, lo lasciavano indifferente. Sebbene Blanc gli attribuisca una «augusta malinconia», era rimasto giovane anche da vecchio, imparzialmente pronto all'entusiasmo e alla collera. È curioso che molti lo descrivano d'imponente presenza. Risulta invece che misurava poco più d'un metro e sessanta. Ma portava la testa leonina con tale piglio e maestà da sembrare un gigante.

Quando morì, l'influsso ch'egli aveva esercitato sulle società segrete italiane era finito, come del resto era logico: egli non aveva rappresentato che un momento della storia francese, che poteva interessare solo l'Italia di Napoleone e le sue sopravvivenze. Però aveva creato una pedagogia rivoluzionaria, e non delle migliori. Proprio a lui la Carboneria doveva i vizi che l'afflissero – la spregiudicatezza morale, gli atteggiamenti mafiosi, le strutture antidemocratiche, le buffonesche messinscene – cui Mazzini più tardi si ribellerà. Il paragone fra i due uomini non regge. Anzi, non si pone nemmeno.

I COSTITUZIONALI DI NAPOLI

I moti italiani del '21 cominciarono in Spagna. Qui, dopo la parentesi napoleonica, il trono era tornato ai Borbone, e su di esso sedeva Ferdinando VII che, oltre ad essere nipote dell'altro Ferdinando, quello di Napoli, ne era anche genero perché ne aveva sposato la figlia. Per lui, la Spagna si era dissanguata e aveva dissanguato Napoleone. E Ferdinando se ne sdebitò revocando la Costituzione che i francesi le avevano concesso. Nel gennaio del '20 egli dovette mandare un corpo di spedizione nell'America del Sud, ch'era ancora dominio in gran parte spagnolo. Le truppe concentrate a Cadice si ammutinarono chiedendo la revoca della revoca, e la rivolta si propagò di colpo a tutto il Paese. Le Potenze della Santa Alleanza minacciarono d'intervenire. Ma per questo occorreva alle loro forze libero transito attraverso la Francia che lo rifiutò, e Ferdinando dovette acconciarsi alla limitazione dei propri poteri.

L'Italia rimase contagiata dall'esempio perché da quando era diventata una galassia di Stati coloniali, si era abituata a vivere di riporto. Incapace di elaborare qualcosa di suo, non faceva che copiare i modelli stranieri. Quello spagnolo era il più congeniale alle popolazioni delle Due Sicilie un po' per gli strettissimi vincoli che univano le due dinastie borboniche, un po' per similarità di condizioni semifeudali, un po' perché la rivolta di Cadice aveva una venatura anarcoide che si confaceva perfettamente agli umori del nostro Sud. Fu Napoli infatti a dare il segnale.

Vediamola un po' da vicino questa rivolta, poiché essa

illumina come meglio non si potrebbe la fragilità dei regimi restaurati, ma anche i limiti, le insufficienze e la confusione mentale delle forze rivoluzionarie italiane.

Nella notte fra il 1° e il 2 luglio del 1820, un piccolo reparto di cavalleria di stanza a Nola e comandato da un tenente Morelli, scese in piazza al grido: «Viva la libertà e la Costituzione!» e si mise in marcia su Avellino. Morelli era un carbonaro, ma aveva agito per conto suo, stanco di aspettare dalla sua setta degli ordini che non venivano. Dapprima nessuno si mosse al suo appello. Ma ad Avellino qualche centinaio di «cugini» si unirono al suo plotone appuntando sui cappelli la coccarda azzurra, nera e rossa della Carboneria.

Morelli aveva scelto come meta quella città perché lì aveva il suo comando il generale Guglielmo Pepe. Pepe non era carbonaro. Ma era la personalità più in vista di quegli ufficiali formatisi nell'esercito di Murat che, sebbene rimasti nei quadri grazie alla politica di «amalgama» del Medici, vi si trovavano a disagio. Egli aveva sempre avuto contatti con la Carboneria, e negli ultimi mesi aveva anzi cercato di concertare con essa un piano d'azione comune sul tipo di quello spagnolo. Non c'era riuscito perché la Carboneria non aveva né un capo né un'organizzazione capaci di una vera volontà politica. Come abbiamo già detto, sul suo originario tronco giacobino, si era innestato un po' di tutto, trasformandola in un deposito di scontentezze senza una precisa ideologia e soprattutto senza quadri dirigenti. Il maggior contributo glielo dava infatti un ceto piccolo-borghese di ufficiali subalterni, sottufficiali, artigiani, mercanti, professionisti di provincia e preti di campagna (ce n'erano parecchi), tra i quali non emergeva nessuna personalità di rilievo. Ecco perché, tratto il dado, Morelli si rivolgeva a Pepe. Cercava un capo.

Pepe non c'era: era a Napoli. Morelli parlò dunque col colonnello De Concilj che lo sostituiva, murattiano anche lui. Non sapendo che pesci prendere, De Concilj lo invitò a restar fuori della città in attesa del ritorno del Generale. Ma l'indomani Morelli vi entrò e gli affidò pubblicamente il comando dei suoi uomini, come se si trattasse di cosa già concordata. Dopo aver provocato la rivolta, il carbonaro ne affidava la direzione al murattiano riluttante che forse lo avrebbe messo agli arresti, se le truppe della guarnigione non si fossero mostrate totalmente solidali con gl'insorti.

Sorpreso dagli avvenimenti, il generale austriaco Nugent, che comandava l'esercito borbonico, spedì contro i ribelli un corpo d'armata al comando di Carascosa. Ma anche Carascosa era murattiano, e si limitò a prender posizione, ma senza attaccare. Il colpo di grazia lo dette Pepe che, messo alla scelta fra sconfessare la rivolta o diventarne il protagonista, preferì la seconda alternativa, mobilitò alcuni reggimenti della capitale, e alla loro testa marciò su Avellino per unirsi a De Concilj e Morelli.

Anche re Ferdinando dovette scegliere: o la guerra civile, o la Costituzione. Seguendo l'esempio del suo omonimo e nipote di Madrid, scelse la Costituzione, cioè s'impegnò a concederla entro otto giorni. Gl'insorti risposero che la scadenza era troppo lunga, visto che si trattava di adottare il testo spagnolo, già bell'e pronto. E il Re cedette anche su questo controfirmando il decreto di suo figlio Francesco, cui frattanto aveva riaffidato poteri di Vicario. Il bello è che, da quanto risulta, quella famosa Costituzione spagnola non l'avevano mai letta né lui né gli altri. Tutti sapevano soltanto ch'era considerata la più democratica fra quante ne fossero state fin allora redatte.

Il 9 luglio i *Costituzionali*, come ormai gl'insorti si chiamavano, sfilarono per le vie di Napoli fra bande e bandiere. Apriva il corteo lo squadrone di Nola, ribattezzato «battaglione sacro». A cavallo seguiva Pepe coi suoi reggimenti. In coda si affollava una marea di civili con la coccarda azzurra, nera e rossa: gli stessi carbonari dovettero essere stupiti di quella loro improvvisa moltiplicazione. Fra i nuovi iscritti c'era lo stesso Vicario che, con tutti i Principi reali, assisteva alla sfilata da un balcone della Reggia agitando il cappello con la coccarda. Ferdinando si era dato malato, ma ricevette Pepe e gli altri capi del movimento.

La rapidità e facilità di questo successo che non era costato una goccia di sangue, fece dire agli osservatori stranieri nei loro rapporti ch'esso era dovuto a una unanimità popolare d'intenti, di cui il *pronunciamiento* militare era stato solo lo strumento. Tutto infatti sembrava andare per il meglio. Fu costituito un nuovo governo, nuovo per modo di dire perché vi figuravano tutti i vecchi nomi, meno quello di Medici: il solito Gallo, il solito Zurlo, il solito Ricciardi, il solito Campochiaro. I nuovi erano solo quello di Carascosa, ministro della Guerra, e di Pepe, comandante dell'esercito. Tradotta in italiano, la Costituzione spagnola venne adottata senza modifiche, e il Re giurò sul Vangelo di rispettarla. Ma proprio a questo punto cominciarono i guai.

Alla notizia della vittoria riportata dagl'insorti napoletani, anche Palermo esplose, ma per tutt'altri motivi. La città non si era rassegnata all'abolizione dell'autonomia siciliana e alla perdita del suo rango di capitale che non coinvolgeva soltanto l'orgoglio di campanile, ma si traduceva anche in crisi economica e disoccupazione. Protagoniste della rivolta furono infatti non la Carboneria, ma le *maestranze*, come già era accaduto nel '73. Per placarne la violenza, che immerse la città in un bagno di sangue, il generale Naselli, luogotenente del Re, si affrettò a concedere la Costituzione. Ma questo non disarmò affatto gl'insorti che anzi l'obbligarono a reimbarcarsi dopo aver debellato e scacciato la guarnigione.

Fino a questo momento c'era stata tra loro una certa concordia perché il malcontento verso Napoli era condiviso da nobiltà, borghesia e proletariato. Ma ora che si trattava di scegliere un programma politico, si accorgevano che i loro fini erano assai diversi e difficilmente conciliabili. La Costituzione che volevano i nobili era quella siciliana del '12 che ribadiva i loro privilegi e li rendeva padroni dell'isola. La Costituzione che volevano le *maestranze* era quella spagnola, che i privilegi li aboliva e il potere lo affidava alla volontà popolare. Di questo conflitto, la borghesia avrebbe potuto diventare l'arbitra. Ma, impaurita dalle violenze di piazza e abituata da sempre a vivere agli stipendi e al rimorchio dei baroni, tentò di far fronte con loro in una Giunta provvisoria di governo. Le *maestranze* scesero di nuovo per le strade, massacrarono due dei nobili più influenti, e istituirono una nuova Giunta composta di nove aristocratici e nove borghesi, ma posti sotto il controllo dei propri *Consoli*. A differenza di quella di Napoli, la rivolta di Palermo era dunque di marca popolare con forti venature di radicalismo giacobino. Ma, per mancanza di quadri, era costretta ad affidarsi a uomini di altri ceti.

A questo motivo di debolezza, se ne aggiunse subito un secondo: la renitenza delle altre città siciliane. Con la sola eccezione di Girgenti, non solo esse rimasero sorde all'appello di Palermo, ma vi si mostrarono ostili. Questo dissenso era dovuto anzitutto al fatto che in queste città, e specialmente a Catania e a Messina, il ceto borghese era molto più forte che a Palermo e non si sentiva solidale con una rivoluzione che non era opera sua e non lo vedeva protagonista; eppoi alla rivalità di campanile. Nessuna di esse potendo aspirare al rango di capitale, tutte preferivano che questa restasse a Napoli.

A domarne la resistenza, Palermo inviò delle «squadracce» che riuscirono a penetrare a Caltanissetta e la misero a sacco. Ma Trapani e Siracusa le respinsero, mentre nel contado si accendeva la guerriglia. In quest'emergenza, la Giunta spedì a Napoli una deputazione che si chiamava siciliana, ma che in realtà era soltanto palermitana, composta pariteticamente di nobili, borghesi e maestranze, per trattare un accordo, mentre Napoli spediva a Palermo un nuovo Luogotenente, il principe Ruffo, e un Generale, Florestano Pepe, fratello di Guglielmo, che mosse su Palermo alla testa delle sue truppe. La Giunta decise di negoziare con lui, ma il popolino scese in armi per le strade, e Pepe dovette aprirsi la strada a suon di cannonate. Nel frattempo a Napoli la delegazione trattava, e alla fine raggiunse un accordo: il governo centrale riconosceva a Palermo il diritto di eleggere un parlamento separato che però avrebbe esercitato i suoi poteri solo se la sua autonomia fosse stata approvata dalle altre città e comuni siciliani. Nobiltà e borghesia palermitane accettarono questi termini. Le maestranze, rimaste sole, rinunziarono alla lotta. E il 6 ottobre Pepe poté fare il suo ingresso in città.

Cinque giorni prima a Napoli si era inaugurato il primo parlamento di tipo moderno, cioè autenticamente «rappresentativo», che l'Italia abbia avuto. Gli eletti erano ottantanove, di cui i nobili non raggiungevano la diecina. Il grosso era formato da professionisti, intellettuali, magistrati, possidenti e preti, cioè da borghesi. Quanti fossero iscritti alla Carboneria, non si sa. Ma si trattava, dice Croce, «di vecchi o uomini maturi, che avevano cospirato tra il '92 e il '99, partecipato alla Repubblica, guerreggiato e amministrato nel Decennio di Murat, e ora procuravano di mantenere quanto s'era acquistato, non solo dal proprio paese, ma dalle proprie persone». Di rivoluzionario quindi avevano poco, e lo dimostrarono quando si trattò di ratificare l'accordo raggiunto coi siciliani. Sicuri che Palermo era ormai isolata rispetto alle altre città isolane e che anche le Maestranze avevano perso il mordente, lo respinsero, richiamarono Pepe e al suo posto mandarono un «duro», Pietro Colletta, con altre truppe di rinforzo. La resistenza palermitana s'illanguidì. Ma s'illanguidì anche lo slancio rivoluzionario di tutto il Mezzogiorno, che aveva sperato di rompere il centralismo dello Stato assoluto. Assoluto, lo Stato nuovo non lo era più. Ma il centralismo restava.

A Vienna, Metternich aveva seguito lo svolgimento di queste vicende con molta inquietudine. Ciò che lo preoccupava non erano gli atteggiamenti del nuovo regime napoletano, di cui aveva capito benissimo il carattere «moderato», ma la forza di contagio ch'esso poteva sviluppare sugli altri Stati italiani. Una volta impiantata a Napoli, una Costituzione liberale non vi si sarebbe fermata: l'avrebbero voluta anche a Milano, a Torino, a Firenze; e sarebbe stata la fine del dominio austriaco sulla penisola. Bisognava quindi estirpare quella pianta velenosa con un pronto intervento. Questo era legittimato dai trattati del '15 che riconoscevano all'Austria una specie di tutela sugli Stati italiani. Ma sul piano pratico l'operazione presentava parecchie difficoltà.

Anzitutto, quelle di politica estera. La Francia, che oramai aveva riacquistato il suo rango di grande Potenza, non era favorevole al regime costituzionale di Napoli, ma lo era ancora meno al rafforzamento dell'influenza austriaca in Italia. Altrettanto ostile, per gli stessi motivi, era la Russia. Per l'intervento era invece l'Inghilterra, o per meglio dire il suo Primo Ministro Castlereagh, conservatore arrabbiato. Ma poi bisognava fare i conti anche con gli Stati italiani, e soprattutto con quello Pontificio che avrebbe dovuto concedere libero transito alle truppe austriache. Naturalmente anche il governo papalino paventava il movimento costituzionale da cui si sentiva esso stesso minacciato. Ma non paventava di meno l'Austria che al Congresso di Vienna aveva cercato di strappargli le Legazioni e poteva profittare di quella spedizione punitiva su Napoli per rioccuparle. Insomma, le opposizioni non mancavano. Per metterle a tacere, non c'era che un modo: far sì che fosse la stessa Napoli, cioè il suo legittimo sovrano – visto che i regimi restaurati non riconoscevano altra rappresentanza – a richiedere l'intervento per motivi di ordine interno.

Questa richiesta, Metternich non ebbe neanche bisogno di sollecitarla. Ferdinando gli aveva già segretamente scritto che non vedeva l'ora di rinnegare la Costituzione e per farlo chiedeva l'aiuto delle baionette austriache. Il Cancelliere convocò d'urgenza per il 27 ottobre (1820) i rappresentanti delle maggiori Potenze a Lubiana. Ci furono lunghe contrattazioni dovute alle solite reciproche diffidenze e gelosie. Ma alla fine prevalse la tesi austriaca secondo cui l'intervento era legittimo là dove si compivano riforme «illegali» (cioè contro l'ordine costituito degli Stati assoluti) e che questo era proprio il caso delle Due Sicilie (un'anticipazione, come si vede, del principio di «sovranità limitata» che oggi l'Unione Sovietica applica ai suoi Stati satelliti). E Ferdinando venne invitato a presentarsi a Lubiana per chiarire se la situazione del suo Regno rispondesse al caso previsto.

Governo e parlamento napoletani si trovarono di fronte a una scelta in realtà assai difficile. Non avevano combinato molto, in quei mesi, né come politica estera, né come politica interna. In un rapporto dell'ambasciatore inglese sta scritto: «Si occupano di tutto, fuorché del necessario. La settimana scorsa vi fu una lunga discussione, risoltasi in disputa, per giudicare se Dio fosse o no il legislatore dell'universo». Altri problemi aspramente dibattuti erano se Napoli dovesse essere ribattezzata Partenope e il Parlamento non fosse da chiamare *Cortes* come in Spagna. Come sempre, come anche oggi, le sole rivoluzioni che gl'italiani sanno fare sono quelle dei nomi. Ora però si trattava di decidere ben altro. Concedere al Re il passaporto per Lubiana significava rimettersi nelle sue mani perché solo alla sua parola le Potenze avrebbero creduto. Negarglielo significava la guerra con esse.

Su Ferdinando, nessuno si faceva illusioni. La sua avversione a qualsiasi istituto costituzionale era nota, come lo era la sua infedeltà a qualsiasi giuramento. Ma non c'era alternativa: o fingere di credergli, o battersi. Ferdinando, già deciso al tradimento, mandò al Parlamento un messaggio con cui s'impegnava a difendere presso le Potenze la causa di una «Costituzione saggia e liberale», ma senza dire quale. Il Parlamento gli chiese di precisare. E il Re precisò che alludeva alla Costituzione vigente, cioè a quella spagnola. I Carbonari non erano persuasi, proponevano di rifiutargli il passaporto, e quando questo invece gli fu accordato, gli mandarono una deputazione fin sulla nave che doveva condurlo a Trieste per ricordargli la promessa. «Pur acca' me véneno a romp'e bballe!» brontolò in dialetto il Re lazzarone. E appena arrivato da Livorno a Firenze, gettò la maschera rilasciando una dichiarazione in cui diceva che la Costituzione gli era stata estorta con la violenza e pertanto egli la sconfessava.

Per Metternich, quella dichiarazione giungeva a buon punto. Francesi e russi ricominciavano a muovere obbiezioni all'intervento, e il governo pontificio cercava a tutti i costi di sventarlo. Ma il Re lo legittimava col suo tradimento. Metternich se ne avvalse per lanciare al governo napoletano l'invito a sottomettersi senza condizioni ai voleri del Sovrano, sul quale tuttavia nemmeno lui si faceva illusioni. «È la terza volta – scriveva – che rimetto in piedi Ferdinando, il quale ha il malvezzo di ricadere sempre. Nel 1821 egli seguita a credere che il trono sia un seggiolone su cui potersi sdraiare e dormire.» Nemmeno in quei frangenti il Re lazzarone aveva mutato parere. Le uniche sue preoccupazioni anche a Lubiana, erano la caccia di giorno e il «picchetto» a carte la sera. Non si curava neppure di sapere cosa succedeva a Napoli.

In realtà non vi succedeva granché. All'arrivo del ministro Gallo, latore del messaggio di Metternich, i Carbonari proposero la lotta a oltranza, ma l'ebbero vinta soltanto a parole. Il Principe Vicario dichiarò che suo padre era stato certamente costretto a rinnegare la Costituzione, ma che lui l'avrebbe difesa anche con le armi, e impartì l'ordine di mobilitazione. Ma si vide subito ch'esso cadeva nel vuoto. Il Parlamento sentiva di non «rappresentare» nulla: la grande massa della popolazione era rimasta del tutto estranea al movimento costituzionale, come del resto era logico, visto che i ceti medi che ne avevano assunto l'iniziativa avevano mirato a una cosa sola: a costituirsi in gruppo di potere e casta privilegiata al posto della vecchia aristocrazia. Come nel '99, neanche stavolta niente era stato fatto per dare al nuovo regime un contenuto popolare e autenticamente democratico. L'emergenza portava a galla tutte le contraddizioni che lo minavano dalla nascita, e soprattutto quella fra il centralismo della capitale e l'autonomismo della provincia. La Costituzione aveva coperto tutti questi contrasti sociali e municipali, ma senza punto risolverli, e quindi non poteva contare su nessuna concordia di voleri.

Questa condizione si rifletteva automaticamente sull'esercito. L'azione dei Carbonari ne aveva minato la disciplina ed era servita soltanto ad allontanare la truppa dagli ufficiali, quasi tutti murattiani. A questo si erano aggiunte le rivalità personali. Filangieri scrisse al generale Carascosa: «I generali napoletani non possono morire che per mano dei loro soldati perché siamo arrivati a tal punto che gli ufficiali, qualunque grado abbiano, non riusciranno mai a vedere il nemico, neanche con un cannocchiale».

Ma Carascosa non se ne diede per inteso perché il suo vero nemico non erano gli austriaci, ma Pepe che aveva assunto il comando delle milizie provinciali reclutate per l'occasione.

Ciascuno di questi due generali redasse il suo piano all'insaputa e in concorrenza con l'altro. Carascosa assunse una posizione difensiva schierando prima sul Garigliano e poi sul Volturno un esercito mutilato dei suoi migliori reparti, precedentemente mandati di guarnigione in Sicilia. Pepe, uomo di scarso carattere ma di fervida fantasia, prese l'iniziativa muovendo incontro al generale Frimont che scendeva dalla Lombardia alla testa delle sue solide truppe e perseguendo il grandioso programma di raggiungere la Romagna, sollevarla e accendere la guerra in tutta l'Italia settentrionale. O per lo meno così scrisse nelle sue *Memorie*. Ma già a Rieti fu bloccato dalle avanguardie austriache che con pochi colpi di fucile misero in fuga i suoi raccogliticci reparti. Tentò la resistenza ad Antrodoco, ma senza migliori risultati. Carascosa, dal canto suo, per evitare la disfatta, evitò il combattimento. E il 20 marzo gli austriaci entrarono a Capua quasi senza colpo ferire.

Il giorno prima il Parlamento, contagiato a sua volta dalla diserzione e ridotto a ventisei deputati, votò la protesta redatta da Poerio contro il ripudio della Costituzione e decise il proprio aggiornamento, soave eufemismo di scioglimento. I lazzaroni appesero sulla porta un cartello con la scritta «Affittasi», e corsero in piazza ad acclamare le truppe austriache che entrarono in città il 23.

I FEDERATI DI TORINO

Quando Metternich decise a Lubiana la spedizione punitiva contro Napoli, si preoccupò del Piemonte. Per quell'impresa, le truppe austriache avrebbero sguarnito la Lombardia, e questo poteva rappresentare per Torino una grossa tentazione. Non che diffidasse di Vittorio Emanuele che sapeva di sentimenti antiaustriaci, ma legato corpo e anima alla causa legittimista di cui l'Austria era l'alta patrona. Ma anche a lui poteva succedere ciò ch'era successo a Ferdinando: di trovarsi prigioniero di un movimento patriottico e libertario.

Ricevette informazioni rassicuranti, ma sbagliate. Il moto costituzionale napoletano aveva acceso grandi entusiasmi fra i Federati che smaniavano d'imitare i Costituzionali napoletani e di correre in loro aiuto occupando la Val Padana e prendendo gli austriaci fra due fuochi. I patrioti milanesi, con cui avevano strettissimi contatti, si dicevano pronti a insorgere per far causa comune con loro.

La prima avvisaglia dell'uragano fu del tutto casuale. La sera dell'11 gennaio (1821), molti studenti affollavano il teatro in cui recitava Carlotta Marchionni, una delle più famose attrici del tempo che ritroveremo mescolata alla vicenda di Silvio Pellico. Quattro di essi portavano berretti rossi con fiocco nero, i colori della Carboneria. All'uscita, la polizia li fermò. I giovani resistettero, altri ne accorsero, e ne nacque un grosso tafferuglio che si concluse con alcuni feriti e parecchi arresti.

L'indomani tutti gli studenti di Torino e molti professori espressero il loro sdegno per l'accaduto, reclamarono

317

l'immediata scarcerazione dei fermati e, non avendola ottenuta nemmeno con l'intercessione del ministro dell'istruzione Balbo – il padre di Cesare –, chiusero l'Università e vi si barricarono. Per sloggiarli, bisognò mandare la truppa all'assalto dell'edificio. Morti non ce ne furono perché gli ufficiali avevano saggiamente fatto scaricare i fucili; ma le corsie dell'ospedale si riempirono di feriti.

La polizia era ricorsa a quella dura repressione perché era convinta che gli studenti avessero agito, d'accordo coi patrioti, in base a un piano rivoluzionario ben definito. Non era vero. Fra gli uni e gli altri non c'era nessuna collusione, ma l'episodio la creò e contribuì a precipitare gli avvenimenti. Nei confronti delle vittime ci furono molte manifestazioni di simpatia, e la più vistosa fu quella di Carlo Alberto che mandò loro dolci e denaro e anzi, stando a Brofferio, andò addirittura a visitarli.

Tra i Federati, i pareri erano divisi. I più prudenti, come Balbo e Sclopis, sostenevano che non valeva la pena ricorrere all'insurrezione: prima di tutto perché difficilmente sarebbe riuscita; eppoi perché, anche se fosse riuscita, avrebbe messo in crisi lo Stato rendendogli impossibile quella guerra all'Austria che tutti invocavano. Fra poco, dicevano, Carlo Alberto sarebbe salito automaticamente sul trono, e quella rivoluzione l'avrebbe fatta lui, nell'ordine.

Leali monarchici, Santarosa e i suoi amici non erano insensibili a questi argomenti, ma nello stesso tempo non volevano perdere la grande occasione della spedizione austriaca contro Napoli. Da Milano giungevano appelli sempre più pressanti, e lo stesso Carlo Alberto si mostrava impaziente. Egli si era messo direttamente in contatto coi patrioti di quella città, che gli avevano mandato un loro emissario, il conte Pecchio, per prendere accordi. Non si è mai saputo con precisione quali furono i reciproci impegni; ma che ce ne fossero e che a Milano se ne parlasse abbastanza liberamente, sembra accertato. Comunque, era tutto un susseguirsi d'incontri, un intrecciarsi di progetti, un parlottìo che teneva Torino in stato di tensione e rendeva incomprensibile l'apatia del Re.

Si era ancora in questa fase, quando il caso ci mise lo zampino. Il 3 marzo, in seguito a una delazione, venne arrestato alla frontiera il principe Pozzo della Cisterna, un liberale che si era stabilito a Parigi per sottrarsi all'asfissia della Restaurazione. In tasca gli furono trovati documenti che compromettevano molti Federati con cui era rimasto in contatto e lo stesso Carlo Alberto. La cosa fu subito risaputa e anche i più esitanti, per sottrarsi al pericolo di venire coinvolti in quella faccenda che si annunziava clamorosa, si decisero all'azione.

La sera del 6, Santarosa, Collegno, San Marzano e Lisio andarono a palazzo Carignano, dove li aspettava Roberto D'Azeglio. Al Principe che li ricevette nella sua biblioteca, i congiurati dissero che, fatta salva l'incolumità personale del Re e della sua famiglia che non era nemmeno in discussione, l'indomani (o il dopodomani) avrebbero sollevato i reggimenti di artiglieria e di cavalleria di stanza a Fossano, alla loro testa avrebbero marciato su Moncalieri dove il Re si trovava con la Corte e che, approfittando anche dell'assenza di Carlo Felice, molto più duro e risoluto del fratello, ma che in quei giorni si trovava con la moglie a Modena, avrebbero imposto a Vittorio Emanuele la Costituzione e la dichiarazione di guerra all'Austria.

Sulla risposta del Principe, la polemica non è ancora finita fra gli storici del Risorgimento. Secondo Santarosa, egli approvò il progetto e si dichiarò pronto a secondarlo. Secondo Carlo Alberto e i suoi agiografi, egli dichiarò in tono indignato che non solo se ne dissociava, ma era fermamente deciso a schiacciare con le sue truppe la ribellione, visto che di altro non si trattava.

Fra le due versioni, è molto più attendibile la prima,

che gli altri quattro partecipanti non smentirono mai e che fu resa da Santarosa quando era già all'estero e fuor di pericolo, mentre Carlo Alberto rese la sua nei panni dell'imputato, quando il Re lo accusò di fellonìa. Ma forse il referto più esatto è quello che si trova negli appunti di Santarosa, stesi subito dopo l'intervista, e in cui è detto che il Principe «si riservò, come il compito più adatto al suo rango, quello di mediatore fra gl'insorti e il Re». Questo non smentisce il suo consenso, ma lo sfuma e anche per questo somiglia molto di più al personaggio. Ch'egli avesse disapprovato, come poi pretese e i suoi agiografi seguitano a pretendere, lo smentisce il seguito dei fatti.

Rimasto solo e resosi conto della terribile responsabilità che aveva assunto, fu colto dallo sgomento, trascorse una notte insonne, e l'indomani chiamò il Collegno e il San Marzano per dirgli che ritirava la sua parola (che dunque aveva dato) e ingiungergli di revocare gli ordini. Poi si pentì del pentimento, si lamentò che i congiurati lo avessero preso sul serio e richiamò Santarosa e San Marzano. Costoro gli confermarono il piano della sollevazione ma, avendo capito con che tipo avevano a che fare, gliene tennero nascosta la data dicendo che non l'avevano ancora stabilita. Invece l'avevano già fissata al 10; ma, viste le contraddizioni del Principe, decisero di rimandare.

Anche stavolta il caso fu più forte delle loro intenzioni. La mattina del 10 giunse la notizia che il colonnello Morozzo di San Michele, non avendo ricevuto il contrordine, era partito da Fossano alla testa del suo reggimento. Non era vero. Morozzo stava per farlo, quando ricevette il contrordine, ed era rimasto in caserma. Ma Santarosa e i suoi amici, credendolo ormai per strada, si sentirono moralmente impegnati a non lasciarlo solo, e diedero il via. Alessandria, capitale della rivolta, issò sulla cittadella la bandiera tricolore e insediò una «Giunta di Governo», mentre Lisio e San Marzano sollevavano le guarnigioni di Pinerolo e di Vercelli.

Secondo i patti, Carlo Alberto avrebbe dovuto essere a Moncalieri per svolgervi la sua parte di mediatore. E infatti c'era, ma prosternato ai piedi del Re per confessargli la sua tresca coi ribelli e chiedergliene perdono. Disorientato e atterrito, il Re rientrò precipitosamente a Torino, dove lo attendevano notizie peggiori: alle porte della capitale era già attestato un battaglione che sventolava una bandiera coi colori carbonari e la scritta: «Viva il Re, guerra all'Austria!» Il Re adunò un Consiglio che si mostrò più irresoluto di lui. Ma, dopo parecchie ore di tentennamenti e sotto l'incalzare di rapporti sempre più allarmanti dalla provincia, si delineò una maggioranza favorevole alla concessione della Costituzione. E il Re stava per decidervisi quando sopraggiunse, di ritorno da Lubiana, il ministro degli esteri, con l'annunzio che le Potenze alleate avevano affidato all'Austria il mandato di ristabilire l'ordine, cioè il regime assolutistico in qualunque Stato italiano esso si trovasse in pericolo. La Costituzione quindi significava guerra all'Austria, e ciò la rendeva impossibile.

Disperatamente, il Re cercò un accordo coi ribelli, che dal canto loro vi si rifiutavano, convinti di avere la partita in pugno. Il moto si era propagato per contagio e le truppe costituzionali erano ormai padrone di Vercelli, di Biella, d'Ivrea, di Vigevano. Eppure, c'era qualcosa che avrebbe dovuto metterli sull'avviso: la latitanza delle masse operaie e contadine. Gli entusiasmi libertari erano condivisi solo dalla borghesia di città. Le fabbriche e le campagne vi restavano indifferenti, quando non addirittura ostili.

Tuttavia il moto, fra le truppe, si estendeva sotto l'impulso degli ufficiali, specie da capitano in giù. Il 12 due di essi, di stanza nella cittadella di Torino, ne sollevarono la guarnigione, uccidendo il comandante che opponeva resistenza. Anche sulla massiccia roccaforte dei Savoia sventolò il tricolore. Smarrito, il Re mandò a parlamentare con gl'insorti lo stesso Carlo Alberto, ora pieno di zelo assolutistico. Ma gl'insorti gli chiusero la porta in faccia, facendogli capire che ormai non avevano più in lui nessuna fiducia.

Sopraffatto dagli avvenimenti, Vittorio Emanuele riconvocò il Consiglio e gli annunziò che intendeva abdicare in favore del fratello tuttora a Modena, lasciando la Reggenza a Carlo Alberto. Questi lo supplicò piangendo di recedere dalla sua decisione: la Reggenza in quei frangenti lo sgomentava, e forse ancora di più era atterrito dalla prospettiva di trovarsi a tuppertù con Carlo Felice, di cui conosceva la durezza. Ma tutto fu inutile. È probabile che all'abdicazione Vittorio Emanuele, che il Re non lo aveva mai fatto con entusiasmo, pensasse da un pezzo e che gli ultimi avvenimenti fossero stati solo la spinta decisiva. Comunque, diede ordine di preparar subito bagagli e carrozze, e sul far della notte si avviò alla volta di Nizza. Prima però volle rivedere il bambinello che portava il suo nome, lo prese in braccio e disse alla madre: «Spero che sia più fortunato di me». I vecchi gentiluomini, inginocchiati, gli baciavano la mano inondandogliela di lacrime, e non avevano tutti i torti. Di poca intelligenza, di punta cultura, di scarsa personalità, Vittorio Emanuele non era stato un gran Re. Ma un gran galantuomo, sì. Aveva assunto la corona senza desiderarla, l'aveva portata come un pesante fardello, ligio ai doveri che gliene derivavano e che avevano fatto della sua vita una perpetua quaresima. Era stato, come quasi tutti i Savoia, un Re malinconico, ma che si era onestamente proposto il bene dei suoi sudditi, o per meglio dire quello ch'egli riteneva che fosse il loro bene, e ora se n'andava appunto per non fargli del male o scatenando contro di loro una repressione violenta o ingannandoli con una Costituzione che non avrebbe potuto mantenere. Alla bassezza cui era sceso Ferdinando di fingere di largirla per poi affidarne la revoca all'Austria, si rifiutò di arrivare. Santarosa, che tanto lo aveva criticato, scrisse: «I nostri cuori identificavano trono e patria, anzi Vittorio Emanuele e patria. E i giovani promotori della rivolta avevano ripetutamente esclamato. "Ci perdonerà bene di averlo fatto Re di sei milioni d'italiani!"»

Per la rivolta quell'abdicazione era un colpo mortale. Essa apriva una crisi dinastica di cui le Potenze non potevano disinteressarsi e gettava lo scompiglio del rimorso in molte coscienze soprattutto degli ufficiali, ch'erano i veri protagonisti del movimento. Il primo a risentirne fu lo stesso Carlo Alberto che ora, come Reggente, avrebbe potuto fare ciò che aveva sempre rimproverato a Vittorio Emanuele di non fare. Ai congiurati che lo assediavano badava a dire che non ne aveva i poteri. In realtà non ne aveva il coraggio. La notizia della partenza del Re aveva richiamato davanti a palazzo Carignano una gran folla che reclamava la Costituzione forse senza ben sapere di cosa si trattasse. E siccome il Principe rispondeva che ci voleva un voto formalmente espresso, a fargliene esplicita richiesta vennero i Decurioni che corrispondevano pressappoco agli assessori del Comune. Carlo Alberto chiamò a consulto i vecchi dignitari della Corona non tanto per udire la loro opinione quanto per condividere con essi, legatissimi alla Corte, le proprie responsabilità. Ma tutti convennero che bisognava inchinarsi alla volontà popolare.

La sera del 13 Carlo Alberto firmò la carta costituzionale, e due giorni dopo pronunziò su di essa il suo giuramento davanti a un'improvvisata Giunta Nazionale. Costituì anche un governo in cui Santarosa entrò come ministro della guerra. Ma di guerra si rifiutò di discutere anche con gli emissari dei patrioti milanesi che subito erano accorsi per concertare un'azione comune. Essi trovarono un uomo assai diverso da quello, infiammabile e gàrrulo, che avevano conosciuto fino a pochi mesi prima, si sentirono dire che con un Paese diviso e un esercito in pezzi alle guerre non c'era neanche da pensare, e furono bruscamente congedati. Il Principe era in preda a un profondo scoraggiamento, e Metternich dice di aver saputo che, quando era solo, era colto da crisi di pianto. Viveva nel terrore di Carlo Felice, a cui aveva scritto una lunga lettera per informarlo degli avvenimenti e dargliene una versione che metteva in risalto la sua innocenza. Ma, conoscendo l'uomo, non si faceva illusioni.

Dei cinque figli di Vittorio Amedeo, Carlo Felice era forse quello che più aveva stoffa di Re, ma nemmeno lui aveva mai aspirato a diventarlo. La sua lealtà nei confronti dei due fratelli che lo avevano preceduto sul trono era stata assoluta. A quattr'occhi con loro e nel ristretto cerchio di famiglia, li aveva spesso criticati perché li trovava troppo arrendevoli, ma aveva sempre scrupolosamente obbedito ai loro ordini, anche quando gli andavano contraggenio. Nel governo della Sardegna, che Vittorio Emanuele gli aveva affidato, aveva spiegato un tratto ruvido, ma anche una notevole efficienza. Nel suo assolutismo manicheo, non c'era posto per sfumature: per lui chi non era suddito era fellone, e come tale andava trattato. Nella repressione del brigantaggio sardo, aveva avuto la mano pesante; ma molto più pesante avrebbe voluto averla coi piemontesi che avevano solidarizzato con la Francia. Verso di essi nutriva un rancore profondo, che diventava addirittura ossessivo nei confronti degl'intellettuali. «Tutti quelli che hanno studiato all'Università sono corrotti» scriveva al fratello nel suo francese lardellato di pittoreschi oltraggi all'ortografia e alla sintassi. «I cattivi sono tutti persone colte, e i buoni son tutti ignoranti». Aveva preso in uggia anche De Maistre, il fedelissimo savoiardo, perché – diceva – «ha la testa confusa da troppe idee». Inflessibile con tutti, a cominciare da se stesso, aveva avuto una sola debolezza sentimentale: quella per il suo più giovane fratello, il Conte di Moriana, per il quale nutriva un trepido amore paterno. La morte del ragazzo, ucciso dalla malaria in Sardegna, era stata per lui una tragedia, di cui le sue sgrammaticate lettere forniscono un patetico documento. Al matrimonio con Maria Cristina di Borbone, figlia del Re di Napoli, si era piegato perché gliel'avevano imposto nella speranza – poi delusa – di fornire un continuatore alla dinastia; ma un po' di resistenza l'aveva fatta dicendo che non aveva soldi per mantenere una famiglia, ed era vero. Non aveva soldi anche perché non li desiderava: i suoi gusti erano quelli di un fattore di campagna o di un guardacaccia, ma per fortuna Maria Cristina li condivideva, e questo fu il cemento della loro felice unione. Quando tornarono a Torino ci vissero appartati un po' per allergia alla vita di Corte e alle sue cerimonie, ma forse ancora di più per il rancore che Carlo Felice seguitava a nutrire nei confronti di un mondo che, salvo rare eccezioni, si era macchiato del delitto, ai suoi occhi inespiabile, di collaborazionismo coi francesi.

È facile capire quale avversione provasse per Carlo Alberto, che il collaborazionismo lo aveva nel sangue a titolo, diciamo così, ereditario, come figlio di un Principe che aveva rinnegato le proprie ascendenze sabaude fino al punto di arruolarsi sotto le bandiere del nemico della dinastia. E il contegno del ragazzo non era stato certamente tale da smontare le sue prevenzioni. Da un uomo educato in collegi svizzeri e francesi e che preferiva gl'intellettuali ai sergenti e ai marescialli d'alloggio, non c'era da aspettarsi nulla di buono. E forse il vero motivo della sua partenza da Torino alla vigilia della rivolta non era stato il desiderio d'incontrare a Modena il suocero Ferdinando che tornava da Lubiana, ma quello di allontanarsi da una Corte in cui il suo naso avvertiva sempre più un gran puzzo di zolfo liberale. Se fosse al corrente di ciò che si preparava, non si sa. Ma che qualcosa si preparasse doveva averlo sentito, e non voleva trovarcisi mescolato.

Ora i fatti gli davano ragione. Egli ne sapeva già abbastanza, quando lo scudiere Costa venne a recapitargli la lettera di Carlo Alberto. Dopo averla letta, Carlo Felice gliela lanciò sul viso ingiungendogli di non chiamarlo «Maestà» perché l'abdicazione di suo fratello, disse, essendo stata estorta con la violenza, era da considerare nulla. Poi aggiunse: «Riferite al Principe che, se nelle sue vene c'è ancora una goccia del nostro sangue reale, parta subito per Novara e attenda là i miei ordini». Come risposta alla sua lettera, stilò un proclama ai sudditi in cui diceva che la Reggenza non aveva fondamento in quanto il Re era tuttora in carica. Ma da Modena non si mosse.

Nel leggere quel bando, Carlo Alberto fece al povero Costa la stessa scenata che poco prima gli aveva fatto Carlo Felice. Il Principe imprecò contro il Re, minacciò di passare nel campo dei ribelli; ma poi, come sempre gli capitava, si lasciò soverchiare dallo scoramento, e decise di obbedire, ma con la consueta doppiezza. Tenne nascosti agl'insorti i preparativi per la partenza, anzi convocò per l'indomani un consiglio dei ministri, e durante la notte, alla testa di un reggimento di cavalleria, si avviò verso Novara, una città destinata a segnare le tappe più drammatiche della sua carriera. Di lì emanò un proclama con cui rinunziava alla Reggenza, invitava tutti a sottomettersi senza riserve al nuovo Re, e ne dette l'esempio partendo per Firenze, dove frattanto Carlo Felice gli aveva ingiunto di ritirarsi. Passando da Modena, chiese di vedere il Re, ma questi si rifiutò di riceverlo. In quel momento sembrava che mai più egli sarebbe salito sul trono dei Savoia.

A Torino, la diserzione di Carlo Alberto aveva gettato lo sgomento tra i Federati, che frattanto avevano costituita una Giunta. L'unico a reagirvi era Santarosa con energia e coraggio ammirevoli. L'insurrezione dava ancora segni di vitalità. A Genova il popolo tumultuante aveva cacciato il Governatore e istallato un nuovo governo. Perfino la conservatrice e fedelissima Savoia si muoveva. Ma a raggelare questi entusiasmi giunsero le catastrofiche notizie di Napoli: l'esercito in rotta, il regime costituzionale abbattuto, l'assolutismo ripristinato. E c'era anche di peggio: il generale de la Tour, cui Carlo Felice aveva conferito i pieni poteri, stava raccogliendo a Novara i reparti fedeli.

Nemmeno questo bastò a scoraggiare Santarosa, che all'offerta fattagli di un certo numero di passaporti per lui e i suoi compagni più compromessi, rispose adunando a sua volta le truppe federate, pronto anche alla guerra civile. Egli ignorava che Carlo Felice aveva fatto appello agl'Imperatori d'Austria e di Russia perché, dopo Napoli, venissero a rimettere l'ordine anche a Torino: non credeva che un Savoia potesse scendere al livello di un Borbone.

Le truppe federate avanzarono su Novara col fucile in spalla perché Santarosa aveva ordinato di fare il possibile per evitare il sangue. Stavano per occupare pacificamente San Martino, quando si videro piombare addosso la cavalleria austriaca. La sorpresa si trasformò in panico, e il panico in rotta.

Il 9 aprile Santarosa riunì per l'ultima volta la Giunta e le propose il trasferimento a Genova per tentarvi l'ultima resistenza. Ma la Giunta si rifiutò e preferì sciogliersi. I promotori della rivolta cercarono scampo sui valichi alpini, chi verso la Svizzera, chi verso la Francia. I più preferirono passare l'Appennino nella speranza che Genova fosse ancora nelle mani dei loro amici. Invece la città aveva già rinunziato alla lotta e pregato il Governatore di riprendere il suo posto. Costui si mostrò comprensivo verso i profughi e rilasciò loro i passaporti per emigrare. Anche la popolazione indisse questue per aiutarli. A dare il suo obolo ci fu anche un ragazzo dal volto pallido e dallo sguardo triste: Giuseppe Mazzini.

In Piemonte gli austriaci dilagavano, e il Re non si faceva vedere. Era rimasto a Modena di dove aveva mandato un proclama minaccioso e arrogante: «Nessuna indulgenza per le cose passate, nessuna speranza di meglio per l'avvenire, e guai a quel suddito che si permetta pur soltanto di mormorare». Gli stessi austriaci ne furono costernati, proibirono ai loro giornali di riprodurre quel bando e fecero pressioni su Vittorio Emanuele, rifugiatosi a Nizza, perché tornasse sul trono. Anche Carlo Alberto gli scrisse in questo senso, ma Vittorio Emanuele fu irremovibile e confermò l'abdicazione.

Carlo Felice aveva delegato tutti i poteri al conte Thaon di Revel e affidato il castigo a un tribunale speciale, che in trenta tornate pronunciò settanta condanne a morte – di cui due sole eseguite perché gli altri erano già in salvo –, e molte altre alla prigione. Oltre trecento ufficiali e altrettanti funzionari civili vennero epurati, le Università di Torino e Genova chiuse per un anno, molte cattedre abolite. Il Re era talmente indignato che non voleva nemmeno rientrare a Torino. Vi tornò controvoglia solo a metà ottobre, ma né allora né mai volle più mettere piede nell'appartamento reale, dove si era compiuto «l'orribile crimine» dell'attentato alla «piena possanza» del Re, e ai Decurioni che gli porgevano il ben tornato rispose che i torinesi si preparassero «a riparare col loro perfetto sudditizio attaccamento e col loro zelo per il servizio del Re allo scandalo che purtroppo un numero di scellerati hanno commesso fra le sue mura». Dopodiché partì per Genova e vi si trattenne tanto da far correre la voce che intendesse trasferirvi la capitale.

Con Carlo Alberto non volle aver più rapporti. Non rispose alle sue imploranti lettere e propose a Metternich di escluderlo dalla successione, designandovi direttamente il figlioletto. Sembra che questo disegno gli sia stato suggerito dal Duca di Modena che, come marito della figlia di Vittorio Emanuele, non aveva mai cessato di aspirare al trono di Torino e forse sperava di trovare con una Reggenza la strada per arrivarci. Ma Metternich che di Francesco, per quanto di sangue austriaco, diffidava più che di Carlo Alberto, forse perché lo sapeva più intelligente e spregiudicato, declinò. Al Congresso di Verona, dove le grandi Potenze tornarono a riunirsi l'anno dopo, furono decisi il ritiro delle truppe austriache dal Piemonte e la conferma dei diritti di Carlo Alberto alla successione.

Pochi mesi prima, Napoleone era morto a S. Elena.

QUELLI DELLO SPIELBERG

Sullo scorcio del '20, quando la polizia del Lombardo-Veneto abbandonò i criteri di tolleranza che aveva fin allora seguito, un nome cominciò a circolare su tutte le bocche, pronunciato con un misto di rispetto, di paura e di odio: quello dell'Inquisitore Antonio Salvotti. I patrioti lo dipingevano come un rinnegato senza scrupoli, che sottoponeva gl'imputati a ogni sorta di torture per strappargli le confessioni al solo scopo di mettersi in buona luce presso il governo imperiale e di far carriera.

I documenti non lasciano dubbi sull'infondatezza di queste voci. Salvotti era un magistrato trentino che si era messo al servizio dell'Austria perché nell'Austria ci credeva, cioè credeva nel sistema politico di cui l'Austria rappresentava il puntello e la garanzia. Secondo qualcuno vi spiegò zelo per farsi perdonare di essere stato massone. Ma Salvotti aveva appartenuto alla Massoneria quando questa era guardata con favore anche dai regimi assolutisti, molti dei loro coronati titolari vi erano iscritti, e come costoro l'aveva abbandonata quando era diventata strumento delle ideologie rivoluzionarie. Il suo vero torto era di assolvere i suoi compiti con grandissima competenza e accortezza; il che tuttavia non gl'impediva di mostrare i denti anche ai suoi colleghi e superiori austriaci quando cadevano in qualche eccesso o arbitrio. Bell'uomo, gran signore e dotato di poderose armi dialettiche, non rinunziava a dire il fatto suo a chiunque, anche all'Imperatore, quando gli capitava a tiro. Molte delle sue stesse vittime gli testimoniarono la loro ammirazione rimanendo dal carcere in affettuosi rapporti epistolari con lui.

Il processo che lo mise in luce fu quello a carico di trentaquattro carbonari, fra cui alcuni nobili e tre sacerdoti, arrestati nel '19. A fare i loro nomi era stato il capo della *vendita* a cui appartenevano, Villa. Costui non era un traditore; lo diventò per debolezza sotto l'interrogatorio, in cui spiattellò tutto e giunse perfino a offrirsi come informatore della polizia. Dal carcere in cui si trovarono rinchiusi, ma da cui potevano comunicare con l'esterno, gli altri riuscirono a fabbricarsi degli alibi con lettere retrodatate. Ma Salvotti glieli smontò, e li condusse uno per uno alla confessione. Non si può infierire contro questi uomini che pagarono con la galera le loro colpe. Ma non si può nemmeno dissentire dal giudizio poco benevolo che, forse anche per aiutarli, ne dette il Salvotti scrivendo nel suo rapporto finale che di quei congiurati lì non c'era ragione di aver paura. Il tribunale tuttavia non ne tenne conto e pronunciò ben otto condanne a morte, che poi l'Imperatore commutò in carcere duro. Pochi mesi dopo, un decreto proclamò l'appartenenza alla Carboneria reato di alto tradimento passibile della pena capitale.

Nell'ottobre di quello stesso anno 1820, la polizia trasse in arresto un altro indiziato, lo studente di musica Pietro Maroncelli. Costui aveva già conosciuto la prigione nella sua Forlì che apparteneva agli Stati della Chiesa, e se l'era cavata con l'esilio perché le autorità papaline si erano fatte di lui la stessa opinione che Salvotti si era fatta di Villa e compagni. Sebbene traumatizzato da quell'avventura, appena arrivato a Milano non solo si era rimesso a cospirare, ma aveva attratto nella Carboneria anche un altro giovane di cui era diventato grande amico: Silvio Pellico.

Silvio Pellico era un intellettuale piemontese che aveva abbandonato Torino per sottrarsi alla sua asfissiante atmosfera. A Milano aveva conosciuto Foscolo, di cui era da

sempre un fervente ammiratore e n'era diventato praticamente il segretario. Un giorno gli aveva dato in visione il
testo di una sua tragedia, la *Francesca da Rimini*, in cui c'e-
rano anche, stivatici un po' a forza, degli altisonanti appelli alla patria. Foscolo li aveva apprezzati, ma non aveva
apprezzato tutto il resto, e gli aveva consigliato di mettere
quel dramma nel cassetto e di non pensarci più.

Mortificato nelle sue ambizioni, ch'erano sproporzionate ai suoi talenti, e convinto di aver scritto un capolavoro,
Pellico vi aveva apportato qualche ritocco e poi lo aveva
dato in lettura alla più grande attrice del tempo, Carlotta
Marchionni, che lo aveva rappresentato. Contrariamente
alle previsioni di Foscolo, ma senza che questo infirmi il
suo giudizio, era stato un grande successo, che aveva dato
all'autore un'improvvisa notorietà.

Carlotta conviveva con una cugina, Teresa, che per
questo tutti credevano sua sorella e che era corteggiata da
Pellico, mentre Carlotta era corteggiata da Maroncelli. Fu
così che i due s'incontrarono e l'uno attrasse l'altro nella
cospirazione. Pellico, che vi era predisposto dalla sua fede
patriottica e democratica, vi si buttò a capofitto con piena
fiducia nel suo iniziatore che non ne meritava molta: non
già per la sua disonestà – anche se in seguito gliene fu at-
tribuita –, ma per la sua avventatezza e faciloneria. Lo dimostra il fatto che, quando lo arrestarono, gli trovarono
addosso delle carte che compromettevano irreparabilmente parecchie altre persone, fra cui anche il Pellico.

Questi, nei primi interrogatori, si difese bene. Ammise
di conoscere Maroncelli, ma negò di aver parlato con lui
di politica. Quando gli chiesero perché fra loro si chiamavano «cugini», ch'era la qualifica con cui ci si riconosceva
tra carbonari, rispose che si trattava di un anticipo di parentela, visto che intendevano sposare due cugine. Purtroppo, dal canto suo, Maroncelli aveva ceduto e confessato la sua affiliazione alla setta, imperniando la propria

difesa sul fatto che la Carboneria romagnola non solo non era ostile all'Austria, ma anzi auspicava l'annessione della Romagna al Lombardo-Veneto austriaco.

Tuttavia, grazie alla sua ferma condotta, Pellico stava per cavarsela, quando l'Imperatore, che quelle vicende le seguiva di persona, ordinò che l'istruttoria fosse affidata a Salvotti. In due interrogatori, questi fece capitolare Maroncelli che finì con l'ammettere tutte le proprie colpe coinvolgendovi un certo Canova che, a sua volta interrogato, confermò la complicità del Pellico. Costui, messo di fronte alle deposizioni firmate dagli altri due, si perse d'animo, riconobbe di aver agito da emissario della setta in Liguria, e fece anche altri nomi. Fu una frana. Maroncelli, nel leggere quelle dichiarazioni, ve ne aggiunse di nuove. Sicché, in men che non si dica, Salvotti ebbe in mano tutti gli esponenti della cospirazione. Alcuni, avvertiti in tempo, si misero in salvo con la fuga, come il conte Porro Lambertenghi, grande amico e protettore di Pellico che fino all'ultimo ne tacque il nome. Ma tutti gli altri vennero arrestati, fra cui, nonostante il suo alto prestigio e la veneranda età, il più grande giurista del tempo, Domenico Romagnosi. Questi tuttavia, appunto perché giurista e nonostante gli acciacchi, fu l'unico che seppe tener testa a Salvotti negando tutto e opponendo argomento ad argomento. Siccome a denunziarlo era stato il Pellico, chiese un confronto con questo «chiacchierone autore di cattive tragedie». E Pellico, inorridito all'idea di trovarsi di fronte alla sua vittima, ritrattò. Un altro che riuscì a cavarsela fu l'Arrivabene, nel cui cassetto era stata trovata una lettera che diceva: «Monti ha scritto un inno per l'Imperatore, che è sotto i torchi. Bada bene: è sotto i torchi l'inno, non l'Imperatore, per nostra sventura».

Il processo si concluse con la condanna a morte del Pellico, del Maroncelli e del Canova, con quella al carcere perpetuo di altri due imputati e con l'assoluzione del Romagnosi e dell'Arrivabene. Poi, come al solito, intervenne la grazia e la pena capitale fu commutata nel carcere a vita nella fortezza dello Spielberg. Prima del trasferimento, Maroncelli invocò da Salvotti un attestato che lo dichiarasse «puro d'ogni infamia», e Salvotti glielo rilasciò «per quanto v'è di più sacrosanto». Voleva giustificarsi presso i compagni che lo consideravano uno spregevole delatore. E Pellico, ch'era quello che più aveva di che dolersi di lui, diede l'esempio del perdono anche perché aveva anch'egli parecchie cose da farsi perdonare.

Fra le pieghe di questo processo era comparso a un certo punto, in qualità di agente provocatore, un certo Carlo Castillia che, oltre alle attività carbonare, aveva segnalato in un suo rapporto alla polizia quelle dei patrioti lombardi che nel '21 avevano sollecitato l'intervento piemontese in Lombardia. Fra i denunziati c'era anche il fratello del denunziatore, Gaetano.

A quel rapporto lì per lì le autorità austriache non avevano dato molta importanza forse perché ne conoscevano l'autore e, pur servendosene, lo disprezzavano. Ma poi dovettero esserci altre segnalazioni che condussero all'arresto di Gaetano. Forse su di lui non pendevano che generiche accuse di liberalismo. Ma il marchese Pallavicino-Trivulzio, suo grande amico, si precipitò alla polizia e, per scagionare il Castillia, dichiarò ch'era stato lui a condurlo seco nella sua missione in Piemonte per recapitare a Carlo Alberto la lettera del conte Confalonieri.

Impetuoso, avventato e anche un po' esibizionista, è probabile che Pallavicino avesse agito così solo per generosità e cavalleria. Ma il suo odio per Confalonieri può anche autorizzare ipotesi meno benevole. Comunque, le sue dichiarazioni fornirono alla polizia il bandolo di una matassa che fin allora si era sforzata invano di dipanare. Dei rapporti fra i patrioti lombardi e piemontesi e delle loro collusioni nei moti del '21, essa aveva subodorato qualcosa, e proprio su Confalonieri i suoi sospetti si appuntavano; ma non era mai riuscita ad appurare nulla di preciso. La spontanea confessione di Pallavicino le offriva una insperata traccia.

Lasciato libero lì per lì, Pallavicino fu arrestato la sera dopo a teatro, e sotto gl'interrogatori si dimostrò uomo ben diverso da come si era presentato con quella spavalda autoaccusa. Crollò subito, disse tutto quel che sapeva, e purtroppo sapeva molto. In due giorni l'inquirente poté ricostruire tutta la trama della cospirazione, di cui da mesi ricercava inutilmente le fila. E queste fila riconducevano tutte allo stesso protagonista: Federico Confalonieri.

Confalonieri apparteneva a quell'aristocrazia milanese che da tempo si era alleata alla borghesia condividendone lo spirito imprenditoriale. Insieme a Porro Lambertenghi, aveva dato avvìo ad alcune fra le migliori iniziative agricole e industriali lombarde, e si era dimostrato anche un abilissimo uomo d'affari. Politicamente, era sempre stato d'idee avanzate ma piuttosto instabili e talvolta avventurose. I nemici lo accusavano di aver istigato la folla al massacro di Prina, tanto ch'egli si era visto costretto a scrivere un memoriale in propria difesa. In realtà si trattava di responsabilità indiretta. Confalonieri aveva capeggiato i disordini contro il viceré Eugenio con cui non aveva mai voluto collaborare: sperava di conservare il Regno Italico senza di lui, era andato a Parigi a perorare questa causa presso i rappresentanti delle Grandi Potenze, e quando si era accorto che questa era ormai pregiudicata, se l'era ripresa con coloro che avevano ritardato la missione, dimenticandosi che a boicottarla era stato proprio lui per timore che andasse a profitto del Viceré. Malgrado il gran nome, la bella presenza e le alte qualità intellettuali, non era amato. Gli rimproveravano un carattere altezzoso, una lingua tagliente e un'ambizione smodata. Ad amarlo riusciva soltanto sua moglie, Teresa Casati, ch'egli trascurava per correr dietro alle sue avventure galanti. Forse ai cangevoli umori che rendevano difficili i rapporti con lui contribuiva anche il male da cui era affetto fin dalla nascita: l'epilessia.

Dei sospetti che gravavano su di lui e dei pericoli che correva, lo avevano avvertito. La sera che precedette il suo arresto, il Feldmaresciallo austriaco Bubna, incontrandolo per strada, gli disse: «Conte Confalonieri, avevo sognato che foste in Svizzera». Ma Federico si era rifiutato di mettersi in salvo considerando la fuga un gesto indegno di un uomo come lui. La tentò solo quando i gendarmi bussarono alla sua porta, ma ormai era troppo tardi.

Fin dal primo interrogatorio capì che Pallavicino e Castillia avevano ormai fornito tutti gli elementi della congiura ordita coi Federati piemontesi, molto più grave di quelle carbonare. Ma negò tutto con sdegnosa fermezza dicendo che Castillia era «plagiato» da Pallavicino, che a sua volta era soltanto un visionario irresponsabile. E grazie a questo fermo contegno, l'istruttoria s'insabbiò. Ma a questo punto l'Imperatore, che come al solito seguiva il caso di persona e si era convinto ch'esso «fosse per diffondere sui moti rivoluzionari in Italia una luce ben maggiore di quanto avevano fatto le inconcludenti inquisizioni delle autorità piemontesi», affidò il prigioniero a Salvotti. E le cose presero subito una diversa piega.

Dalla negativa assoluta, Confalonieri passò alle ammissioni che in questi casi sono come le ciliegie: una tira l'altra. Dalla sua bocca cominciarono a uscire i nomi di alcune persone, che naturalmente vennero subito arrestate, si trovarono fra loro in flagrante contraddizione e fecero a loro volta altri nomi. Fra tutta questa gente ci fu chi seppe tacere, come il Mompiani e il Felber. Ma ce ne furono anche che, in preda al terrore, vuotarono il sacco e fornirono all'abilissimo inquisitore tutte le connessioni di una tresca che aveva messo profonde radici anche a Brescia e a Mantova.

L'atteggiamento di Confalonieri lascia perplessi. Forse nel timore che altri lo avesse già detto, confessò di aver rivolto a Carlo Alberto l'invito d'intervenire a Milano e anzi fornì tutti i dettagli dei colloqui che aveva avuto con San Marzano. Cercò di spiegare che lo aveva fatto non per scacciare gli austriaci, ma anzi per dar loro una mano a ristabilire l'ordine. Ma intanto lo ammise, coinvolgendo nelle sue rivelazioni una tal massa di persone – il fior fiore della nobiltà e della borghesia lombarde – che a un certo punto lo stesso Salvotti si preoccupò delle dimensioni che la faccenda stava prendendo e propose all'Imperatore di porvi un fermo restringendo l'accusa ai maggiori indiziati e liberando gli altri con un atto di clemenza. E, come al solito, il suo consiglio fu accolto.

Proprio allora cadde nelle reti della polizia un altro personaggio che per un momento parve dare ai fatti già accertati un tutt'altro risvolto e significato. Si trattava di quell'Andryane, di cui abbiamo già detto a proposito di Buonarroti. La polizia lì per lì credette che i nomi e gl'indirizzi di cui il malcapitato era in possesso fossero di Federati, e ne dedusse che costoro fossero collegati coi Sublimi Maestri Perfetti di cui Andryane era emissario. Ma Salvotti, nelle cui grinfie anche l'Andryane capitò, fece presto a rendersi conto che il giovane non diceva nulla dei Federati per il semplice motivo che non aveva nulla da dire, non ne conosceva neanche i nomi, come non li conosceva neppure il suo mandante Buonarroti. Gl'indirizzi che costui gli aveva dato erano quelli di cospiratori di vent'anni prima, per la maggior parte affiliati a una setta di cui ormai non restava quasi più traccia, l'Adelfia. E ciò dimostra quanto Buonarroti ormai fosse fuori del giuoco. Questo non salvò il povero Andryane dallo Spielberg, ma smentisce l'accusa che alcuni storici gli hanno fatto di aver aggravato con le sue rivelazioni la sorte degli altri imputati. Sia pure per ignoranza, Andryane non fece altri nomi che quelli che gli avevano trovato addosso e che con la Federazione avevano ben poco a che fare, e solo per casuale coincidenza si trovò coinvolto in quel processo.

La sentenza fu dura. Dei sedici condannati a morte, nove erano contumaci. Gli altri sette erano: Confalonieri, Andryane, Borsieri, Castillia, Arese, Tonelli e quel Pallavicino che con la sua inutile spavalderia aveva messo in moto l'ingranaggio. La moglie e il padre di Federico si precipitarono a Vienna per impetrare grazia. Con l'aiuto di Bubna, Teresa ottenne un colloquio con l'Imperatrice che, commossa dal suo dolore, le promise aiuto e glielo diede. In suo favore anche Maria Luigia scrisse da Parma al padre, che tuttavia parve irremovibile. Teresa rientrò a Milano a briglia sciolta col timore di non fare in tempo a rivedere il marito. Mandò a Vienna una petizione con centinaia di firme. L'Imperatore aveva chiesto ai suoi fiduciari che effetto avevano fatto le condanne sulla pubblica opinione. Il governatore Strassoldo gli aveva risposto che la costernazione era generale e tutti attendevano la grazia. L'Imperatore la concesse.

Il 21 gennaio del '24, mentre a Brescia continuava il processo a carico degli altri imputati, mettendo in luce il coraggio di alcuni – il Moretti, il Mompiani, il Mazzoldi – e la fragilità morale di altri, i condannati furono condotti su un palco e legati con le catene al muro del palazzo di Giustizia per la lettura della sentenza. «Il Confalonieri – scrive D'Ancona – scorse nella folla molti volti amici e occhi pieni di lacrime, e insieme sorrisi e ghigni.» Andryane, che lo vedeva per la prima volta, scrisse più tardi: «Avevo ben visto re e grandi della terra; ma la pompa che li circondava, ma i prestigi della gloria e del regale diadema non avevano mai prodotto in me un'impressione così profonda di stupore e di ammirazione come quel martire della libertà». Ed è un fatto che tutti gli altri condannati, meno il Pallavicino, gli cedevano il passo e lo trattavano come il loro capo.

Prima di essere avviato con loro oltre confine, gli permisero di riabbracciare il padre e la moglie. In viaggio ebbe una delle sue crisi che l'obbligò a una sosta di dieci giorni. Poi, inaspettatamente, si vide dirottato a Vienna. Fu ospitato in gran segreto nella direzione di Polizia, e qui una sera venne a trovarlo Metternich in persona. Su questo colloquio, quando lo si riseppe, fu costruito tutto un romanzo. Si disse che il Cancelliere aveva chiesto al condannato altri dettagli sui suoi rapporti con Carlo Alberto per completare un *dossier* di accuse contro il Principe, scartarlo dalla successione al trono e innalzarvi al suo posto Francesco di Modena.

Fatti e documenti dimostrano che il Cancelliere non carezzò mai questo progetto, e quindi non c'è motivo di dubitare del resoconto ch'egli stesso dette di quello strano incontro. In un salotto splendidamente addobbato e sorseggiando il tè in squisite porcellane, il Cancelliere disse al patrizio lombardo che l'Imperatore era pronto a riceverlo, se aveva qualche confidenza da fargli, ma che in ogni caso egli non era lì per estorcergliene. Voleva soltanto conoscere le sue opinioni sui movimenti liberali non nella sola Milano, ma in tutt'Europa e come si potevano conciliare con l'ordine costituito della Restaurazione. Questa assicurazione aveva recato «un evidente sollievo» al Conte che «molto difficilmente avrebbe accondisceso a rivelare colpe e responsabilità altrui» e che, durante tutto il colloquio durato oltre due ore, non pronunciò parola in propria difesa né chiese mitigazioni di pena. Alla fine il Cancelliere disse: «Be', ora debbo andare a un ballo». E Confalonieri andò allo Spielberg.

Lo Spielberg era una vecchia e tetra fortezza appollaiata in vetta a un'altura che domina Brno. A popolarla per primi erano stati i condannati del processo di Villa: Foresti, Solera, Oroboni, Fortini, Munari, Bacchiega. Poco dopo vi erano giunti Maroncelli e Pellico, cui dobbiamo la minuta descrizione di quel plumbeo carcere. Le celle erano antri sotterranei, stillanti umidità e senz'altro mobilio che un tavolaccio e una brocca d'acqua. Regola e dieta erano così dure che, se i guardiani avessero dovuto applicarle alla lettera, nessun prigioniero vi avrebbe sopravvissuto. Per fortuna erano gente del posto, buoni diavoli che in fondo simpatizzavano con le loro vittime e il poco che potevano per alleviargli la pena e arrotondargli il rancio, lo facevano. I detenuti li secondavano arrangiandosi, da buoni italiani, in mille modi. Alcuni si specializzarono in lavori di maglieria per ripararsi alla meglio dal freddo. Maroncelli riuscì a ricavare materiale per scrivere ingommando con mollica di pane sciolta nell'acqua i fogli di carta igienica, fabbricando pennini con lische di pesce e inchiostro con residui di medicinali.

Dapprincipio i prigionieri vennero tenuti in stretto isolamento, senza contatti fra loro. Ma poi furono messi due a due per mancanza di spazio. Confalonieri ebbe un trattamento speciale: gli furono concesse due celle, le migliori, e il diritto di sceglersi il compagno. Scelse Andryane forse perché aveva bisogno di ammirazione e quel giovane non gliene lesinava. Come capita spesso fra reclusi, i rapporti non erano sempre di affettuosa fratellanza e solidarietà. L'odio di Pallavicino per Confalonieri non si era attenuato. Foresti era detestato da tutti per il contegno tenuto al processo in cui si era offerto come agente provocatore. Moretti, che invece si era condotto con magnifico coraggio, ora dava segni di squilibrio, in tutti vedeva traditori e delatori, e ogni poco piombava in cupe crisi di disperazione. Col mondo esterno, nessuno aveva rapporti. Solo a Confalonieri la moglie riusciva, grazie ai suoi soldi e alle sue aderenze, a far arrivare qualche lettera. Le giornate si sgranavano vuote e uguali: a riempirle c'era solo la disperata lotta per sopravvivere alla fame e al freddo. Ma non tutti ci riuscirono: dopo soli tre anni, Oroboni e Villa morirono.

Alla fine del '27, si accese un raggio di speranza: Fortini, Solera e Ducco erano stati graziati, e tutti pensarono che uno alla volta sarebbe venuto anche il loro turno. Ma non fu così. Pellico e Maroncelli furono liberati solo dopo nove anni, quando ormai erano ridotti a rottami. L'ultimo a lasciare lo Spielberg fu Confalonieri cui l'Imperatore non perdonava «di aver guastato lo spirito della classe più elevata». Teresa, che per lui aveva compiuto autentici eroismi, era morta.

NEGLI STATI CENTRALI

Nel dire a Salvotti che la Carboneria romagnola cui era affiliato avrebbe preferito un governo austriaco a quello papalino, Maroncelli aveva un po' esagerato, ma non mentito. Effettivamente c'era nelle *Vendite* romagnole una corrente favorevole a questa tesi, e Salvotti lo sapeva, e lo sapeva anche Metternich. A tal punto d'impopolarità era giunto il regime pontificio.

Il cardinale Consalvi aveva fatto del suo meglio per dargli un minimo di efficienza, e Pio VII aveva cercato di secondarlo. Ma entrambi avevano urtato nella resistenza degli *Zelanti* che dominavano la Curia. Vecchio e malandato, il Papa che aveva affrontato Napoleone non aveva più abbastanza energia per sostenere Consalvi ch'era sostenuto solo da lui. E il risultato era un «comandare assoluto, cieco e variabile a capriccio» di parroci e monsignori avidi e incompetenti che si comportavano come feudatari del più buio Medio Evo. Lo scontento era generale, ma le sue manifestazioni variavano da regione a regione. In quelle più depresse, Lazio e Umbria, la reazione era il banditismo. Intere zone erano sotto il controllo di briganti che spingevano la loro audacia fino a prendere come ostaggi interi collegi di seminaristi, come fecero a Terracina, per farsene pagare il riscatto con una grossa taglia. Agivano insomma come *tupamaros* avanti lettera, e una volta sequestrarono persino un colonnello austriaco. Non avevano programmi politici. Era solo la protesta contro la fame e i soprusi che li spingeva al saccheggio. Nelle loro bande militavano anche dei preti che dopo le razzie celebravano *Te*

Deum di ringraziamento cui i predoni facevano coro biasciando preghiere.

In Romagna la rivolta aveva un contenuto ideologico ed era condotta dalle società segrete, fra cui naturalmente spiccava la Carboneria, cui il regime opponeva altre società segrete d'ispirazione sanfedista. Dall'una parte e dall'altra si moriva di pugnale, e nessuno parlava, neanche i gendarmi, per paura delle rappresaglie. Per mettere fine a questo stillicidio di cadaveri, furono mandati due Cardinali-Legati, come si chiamavano i governatori, Rusconi a Ravenna, e Sanseverino a Forlì, i quali non seppero far altro che retate alla cieca. Alcuni prigionieri accusati di Carboneria furono consegnati a Salvotti, che cercava di ricostruire il mosaico dei moti del '21 in tutta Italia. Risultò che fra le congiure del Lombardo-Veneto e quelle degli Stati pontifici, alcune connessioni c'erano, ma poche. Il piano d'azione nazionale che Metternich paventava, non esisteva, o comunque non operava. In ogni regione le *Vendite* agivano per conto proprio, e spesso in contraddizione fra loro. Accanto a quelle che auspicavano il passaggio della Romagna all'Austria, c'erano quelle che auspicavano la sua annessione al Granducato di Toscana. Con le consorelle napoletane e i loro moti costituzionali, collegamenti non ce n'erano stati o risultavano molto aleatori.

In questa esplosiva situazione, volgeva al termine il pontificato di Pio VII, che comunque un po' di prestigio personale tuttora lo conservava E con lui, che morì nel luglio del '23, finiva anche il potere di Consalvi, immediatamente accantonato. Il Conclave rimase a lungo incerto ma alla fine si risolse in favore del Della Genga che salì al Soglio come Leone XII e, dice l'Anelli, «rinnovò i vituperi che il Consalvi aveva saviamente frenati, e pose lo Stato in mano del Caleffi, del Pacca, del Cavalchini e del Rivarola, prelati di vecchia infamia». Fu un diluvio di leggi e regolamenti, uno più oltraggioso dell'altro: proibizione assoluta dell'insegnamento laico, obbligo del precetto pasquale, divieto delle vesti femminili attillate e dell'uso della lingua italiana nei tribunali, abolito il diritto di proprietà per gli ebrei che vennero ricacciati nei ghetti, considerata reato la vaccinazione che aveva salvato tanta gente dal vaiolo. In compenso fu bandito un Giubileo straordinario per il 1825, che portò a Roma quattrocentomila pellegrini con gran sollievo dell'erario sempre più dissestato, ma anche dei briganti che imposero robusti pedaggi nelle zone di loro competenza.

A Ravenna, con poteri straordinari, venne mandato il Rivarola con largo seguito di gendarmi e predicatori. Il regime ch'egli istaurò era di stato d'assedio: chiusura anticipata delle taverne, proibizione di qualsiasi giuoco di carte o di dadi, divieto di circolazione dopo il tramonto senza salvacondotto della polizia, incoraggiamento alle denunzie anonime. Con questi metodi fu istruito un colossale processo contro oltre cinquecento indiziati, di cui, dice Farini, «trenta nobili, centocinquantasei possidenti o commercianti, due preti, settantaquattro impiegati, trentotto militari, sessantadue fra medici, avvocati, ingegneri e uomini di lettere, il resto artigiani». Questi ultimi rappresentavano una significativa novità. Fin allora la cospirazione politica era rimasta un'esclusiva della nobiltà e della borghesia. Per la prima volta faceva capolino il popolo. Ma secondo il carbonaro Laderchi, si trattava solo di una «turba» di accoltellatori assoldati dai caporioni perché non andassero a ingrossare la fazione opposta.

Il verdetto fu duro. Ci furono sette condanne a morte, anche se due colpivano imputati contumaci e le altre cinque – fra cui quella del Laderchi – furono commutate nel carcere a vita; cinquantaquattro ai lavori forzati per periodi dai vent'anni in giù; altri cinquanta alla prigione in fortezza, perpetua per sei; duecentotrenta al domicilio coatto con obbligo di confessione e di esercizi spirituali. Sicuro di aver dato prova di clemenza, il Cardinale volle completarla con un'opera di distensione imponendo d'autorità alcuni matrimoni fra giovani e ragazze delle opposte fazioni e contribuendo perfino di tasca sua, cioè di tasca dello Stato, alle doti delle spose. Questi erano i criteri con cui la Chiesa credeva di riportare il suddito sulla retta via: obbligandolo ad andare in chiesa anche se non credeva e dandogli perfino la moglie di propria scelta. Inutile dire che quei matrimoni forzosi, invece di unire, divisero ancora di più i «cani» – come i codini chiamavano i liberali – dai «gatti» – come i liberali chiamavano i codini – aggiungendo ai contrasti ideologici quelli familiari.

Al tempo di Consalvi, Goethe aveva definito il governo papalino con una frase del cardinale Albani: «A meno che voi non montiate su una sedia in piazza di Spagna per dire che il Papa è l'anticristo, potete fare e dire quel che volete». Era il ritratto di un dispotismo stanco che spesso è la migliore garanzia di liberalismo. Ma ora non era più così. Con gli *Zelanti*, il dispotismo aveva perduto la stanchezza senz'acquistare l'efficienza. «Quel vestire di toga l'inquisitore e il giudice di cocolla – scriveva Farini –, quel mescolare la religione alla politica, gli ecclesiastici coi birri, e quel collocare il trono sopra l'altare, rendevano odioso il governo e il partito clericale.» Lo stesso Metternich si preoccupava del suo autoritarismo mescolato d'insipienza.

Questo era il regime papalino: un regime in cui la repressione rappresentava non l'emergenza, ma la regola.

Da Parma, erano sempre arrivate a Vienna notizie rassicuranti. «Il paese e gli abitanti sono tranquillissimi, quanto a società segrete, non ne abbiamo traccia, e oserei aggiungere che non ne ammetto la possibilità neanche nel resto d'Italia, dove credo per lunga esperienza che niuna cosa possa restar segreta per molto tempo: le genti sono soverchiamente inclinate a discorrere, e i caffè e i luoghi di ritrovo sono pubblici parlatori, dove tutto si dice e tutto si sa», scriveva Neipperg, dando prova della sua perspicacia.

A governare era sempre stato lui. Ma se prima doveva contentarsi di farlo sotto banco, ora poteva farlo anche ufficialmente perché dopo la morte di Napoleone – «il Serenissimo Consorte dell'Augusta Sovrana» l'aveva chiamato con squisito tatto *La Gazzetta di Parma* nel dare notizia della sua scomparsa a Sant'Elena nel maggio del '21 – aveva sposato Maria Luigia, che già gli aveva dato una figlia ed era di nuovo incinta. Pur seguitando a restare nell'ombra, Neipperg conduceva la barca con mano ferma dentro il guanto di velluto. Aveva portato a termine molte importanti opere pubbliche, altre ne aveva messe in cantiere, si dimostrava un oculato amministratore e non aveva sentito il bisogno di appesantire i controlli polizieschi nemmeno dopo i moti di Napoli e di Torino e la scoperta delle congiure carbonare nel Lombardo-Veneto.

Furono le denunce di Francesco IV di Modena che l'obbligarono a misure repressive. Questi aveva segnalato a Vienna una rete di Sublimi Maestri Perfetti che dal suo Ducato si diramava in quello di Parma, e ne dava anche i nominativi. Vienna trasmise l'elenco a Neipperg, che ne fu molto contrariato. A quanto pare, egli sapeva benissimo di queste conventicole, ma non le prendeva sul serio considerandole un'accademia di dilettanti della politica destinata a esaurirsi in chiacchiere. Non potendo opporsi agli ordini di Metternich che gl'ingiungeva un energico intervento, fece discretamente avvertire i maggiori indiziati perché prendessero il largo, tanto che in seguito qualcuno l'accusò di cercare i favori dei settari per rafforzare il suo Stato e ingrandirlo: il che risulta assolutamente infondato. Ma è sintomatico che gl'indiziati trascurassero l'avvertimento e si lasciassero tranquillamente arrestare.

Al processo, che fu condotto nel pieno rispetto di tutte le formalità e garanzie legali, risultò che effettivamente a Parma c'era stata una *chiesa* di Sublimi Maestri buonarrotiani, la quale aveva cercato di stabilire collegamenti con le *Vendite* carbonare emiliane per un'azione armata in appoggio ai Costituzionali di Napoli, che poi però si era risolta nella stampa e nel lancio di alcuni manifesti in latino da distribuire alle truppe austriache e ungheresi di passaggio nella zona per la spedizione contro il Reame.

Il Presidente del tribúnale si rifiutò di leggere la sentenza perché gli parve troppo dura, e bisognò chiamare il ministro della guerra. C'erano due condanne a morte: una contro l'ispiratore della tresca, Micali, e l'altra contro un certo Martini che vi aveva partecipato non già per sovvertire lo Stato, ma per impadronirsi della Duchessa di cui s'era innamorato quando la serviva come guardia d'onore. A lui Neipperg non voleva perdonare, ma gli perdonò con femminile indulgenza Maria Luigia commutando sia a lui che a Micali la pena capitale in quella del carcere a vita.

Pagato questo tributo al delirio repressivo che si era impadronito di Vienna, Parma tornò al suo abituale regime di relativa tolleranza. Come la descrive Lamartine, Maria Luigia «era una bella figlia del Tirolo, dagli occhi cilestri, dai capelli biondi, dal volto che rifletteva la bianchezza delle nevi e le rose delle sue vallate, dall'atteggiamento languido e stanco di quelle tedesche che sembrano aver bisogno di appoggiarsi sul cuore di un uomo». Infatti quando Neipperg morì, nel '29, si affrettò a sostituirlo con un altro perché senza uomo non sapeva stare: era l'unica cosa che la interessasse. Il suo liberalismo veniva dalla disappetenza del potere che a sua volta veniva dall'appagamento dei suoi sensi e sentimenti di donna. A Parma c'è ancora chi rimpiange questa Sovrana affettuosa e materna che ispirava ai rivoluzionari il proposito di rovesciarla dal trono, ma solo per rovesciarla sul letto e che, invece che perseguitare i suoi sudditi, avrebbe preferito allattarli.

È molto probabile che Francesco IV avesse sfoggiato tanto zelo nel denunciare anche i cospiratori di Parma per fare buona impressione su Carlo Felice, zio di sua moglie e in quel momento suo ospite a Modena. Abbiamo già detto che alla speranza di accaparrarsi il trono sabaudo o almeno la Sardegna non rinunciava, anche se nel contratto di matrimonio era specificato che la figlia di Vittorio Emanuele I non aveva diritti da avanzare sugli Stati del padre, che ora stavano appunto per toccare a Carlo Felice. Per contrapporre la propria severità ai cedimenti di Carlo Alberto, si era addirittura scatenato contro le «sètte infernali» che volevano sovvertire l'ordine costituito dell'assolutismo di cui si ergeva a inflessibile campione. E i suoi tribunali erano già all'opera.

Il corpo del reato era, come a Parma, un volantino in latino distribuito ai soldati ungheresi di passaggio nel Ducato per la spedizione su Napoli, che li esortava a far causa comune con gl'insorti. È molto dubbio che i destinatari il latino lo capissero. Ma il tentativo di sovversione c'era, e quindi doveva esserci anche il castigo. Il capo della polizia modenese non era un Salvotti. Era soltanto un certo Besini, efficiente solo come seviziatore. Procedette alla cieca contro tutti i sospetti oppositori, e ce n'erano. I più sospetti di tutti erano i reduci del Regno Italico, ai cui quadri dirigenti i modenesi avevano dato un fortissimo contributo di uomini: Luosi, Venturi, Tassoni all'amministrazione; Zucchi, Fontanelli, Manaresi all'esercito, per limitarci a pochi nomi. Era logico che costoro si sentissero a disagio e guardassero con disprezzo il regime retrivo di quel piccolo Ducato che la pretendeva a mosca cocchiera dell'assolutismo reazionario. Di una loro cospirazione non c'era altra traccia che l'incauta lettera di un giovane, Manzini. Ma bastò a determinare l'arresto di tutti coloro che non fecero in tempo a fuggire, seguito da brutali interrogatori.

Pochi giorni dopo il Besini fu raccolto per strada in fin di vita per un colpo di stiletto infertogli da un passante; e invece che un giorno di lutto, fu per Modena un giorno di festa. Ma l'istruttoria del processo rimase in mano a uomini ligi ai voleri del Duca, che non voleva giustizia, ma vendetta contro «questi nemici di Dio e della religione», fra cui c'era anche un giovane e dotto prete, Andreoli. Fu condannato a morte, e il Duca respinse la sua domanda di grazia il giorno stesso in cui la concedeva a un parricida per dimostrare ch'egli considerava l'anelito di libertà un delitto più grave di qualsiasi assassinio.

Nei suoi rapporti a Vienna, Francesco si vantò di aver «sradicato la mala pianta». Era vero perché tutti coloro che non erano finiti in galera avevano dovuto cercare scampo nella fuga, e rappresentavano quanto c'era di meglio nel Ducato, che ne rimase irreparabilmente impoverito. Anche Metternich lo capì, e non ne fu punto grato a quel suo zelante vassallo.

DA FERDINANDO A FRANCESCO

Dopo aver tradito a Lubiana l'impegno preso col suo governo chiamando gli austriaci, Ferdinando non mostrava nessuna fretta di tornare a Napoli. Vi mandò soltanto la lista dei nuovi ministri, e A' Court, quando la vide, esclamò costernato: «Non ce n'è uno che abbia meno di settant'anni e la capacità di governare un villaggio!» Medici ne era stato depennato, e il suo allontanamento aveva consentito al Re di reinsediare nel ministero di polizia il Canosa, la cui furia vendicatrice si abbatté anzitutto sui suoi stessi funzionari. Gran parte di essi, rei di essere rimasti ai loro posti nell'intermezzo costituzionale, vennero epurati e sostituiti con capi-camorra e «picciuotti di sgarro» illustratisi con delazioni e violenze.

Furono istituite «giunte di scrutinio», nuova edizione di quelle «d'inconfidenza» per la caccia al «costituzionale», sinonimo di «giacobino», e i castighi fioccarono. A morte furono condannati i generali Pepe e Rossaroll, per fortuna già fuggiti. Altri sei generali – Colletta, Pedrinelli, Colonna, Costa, Arcovito, Russo – finirono in carcere a far compagnia ai deputati più in vista, Poerio, Borrelli, Gabriele Pepe. Contro i minori esponenti, Canosa escogitò punizioni più raffinate intese soprattutto a discreditarli. Li faceva sfilare per via Toledo a bordo di asini e vestiti da pagliacci sotto gli sberleffi e gli sputi della plebaglia.

Gli stessi austriaci si mettevano le mani nei capelli, e avevano ragione perché quei trattamenti non facevano che spingere alla disperazione e alla rivolta. Piuttosto che rassegnarvisi, parecchi ufficiali fino al grado di colonnello preferirono buttarsi alla macchia e darsi al brigantaggio, che infatti ebbe immediatamente un notevole rilancio. Fra i protagonisti della guerriglia ci fu quel tenente Morelli, che a Nola aveva dato avvìo alla rivolta costituzionale e che ora cercava di rianimarne il fuoco. Dopo la distruzione della sua banda, riuscì a raggiungere l'Adriatico e a imbarcarsi per la Grecia. Ma una tempesta lo sospinse invece sulle coste albanesi. Gli austriaci che lo catturarono, e ai quali aveva detto di essere un suddito papalino, lo spedirono a Ancona dove, riconosciuto, fu consegnato ai borbonici. Fuggì ancora, arrivò in Puglia, fu di nuovo riconosciuto e arrestato, e finì sulla forca. Ma intanto altri ufficiali, il colonnello Valiante, il maggiore Poerio, i capitani Corrado e Venite, assaltavano paesi, tentavano agguati e vi cadevano. Un grosso contributo a questa guerriglia, lo dava il clero. In una sola diocesi, centoventiquattro preti risultarono iscritti alla Carboneria.

Finalmente il 15 maggio (del '21), il Re si decise a tornare, e i napoletani lo accolsero con bande e luminarie, come se fosse reduce da chissà quale gloriosa impresa. Canosa gli fece subito un dettagliato resoconto delle purghe che aveva inflitto, ma anche delle difficoltà che incontrava presso gli austriaci, i quali pretendevano fermargli la mano e reclamavano un'amnistia. Il Re, dopo averli chiamati, trovò che «questi tedeschi si vogliono intromettere e prendere ingerenza in tutto», e non esitò a mettersi in urto col loro ambasciatore quando questi gli dimostrò, documenti alla mano, che Canosa appaltava gran parte delle sue vendette non alla polizia e ai tribunali, ma a quell'associazione a delinquere ch'erano i Calderari, da lui apposta rianimata.

Gli austriaci però avevano il coltello dalla parte del manico. Per avere l'aiuto del loro esercito, Ferdinando a Lubiana si era impegnato a mantenerlo. Ed esso costava caro perché erano circa cinquantamila uomini. Per far fronte a quella spesa, aveva dovuto contrattare un prestito con Rothschildt, ch'era venuto anche lui a Napoli insieme al generale Frimont. Ora quel prestito bisognava rinnovarlo perché lo Stato non era assolutamente in grado di rimborsarlo. Rothschildt vi si mostrò disposto, ma a una condizione: che fosse richiamato Medici, unico ministro che forniva garanzia di un riassestamento del bilancio. E Medici significava l'estromissione di Canosa. Il Re rifiutò, e seguitò a farlo finché poté, ma non lo poté a lungo perché aveva l'acqua alla gola. Alla fine dovette arrendersi e licenziare il suo zelante poliziotto, che per la seconda volta abbandonò il Reame, unico esule per amor di tirannide in quell'Italia di esuli per amor di libertà.

Con la consueta accortezza, ma in una situazione gravemente deteriorata, Medici cercava di tamponare le falle di quella sconquassata barca. Coi costi dell'occupazione, il debito pubblico saliva vertiginosamente, e l'epurazione aveva buttato sul lastrico torme di funzionari e ufficiali. Questi ultimi erano stati radiati anche perché il Re aveva deciso di sciogliere gran parte dell'esercito di cui più non si fidava, per sostituirlo con truppe mercenarie straniere, soprattutto svizzere. Al Congresso di Verona egli ottenne che l'Austria richiamasse parte di quelle sue. Ma il grosso dovette continuare a tenerlo e a mantenerlo fino al '26.

Ferdinando non fece in tempo a vederne lo sgombero perché morì l'anno prima. Fino all'antivigilia era andato a caccia, come sempre, con gran disperazione di sua moglie che poi era costretta a mangiar la selvaggina, catastrofica per il suo fegato. Il 3 gennaio dovette restarsene a casa per un forte raffreddore, e il medico, notando che aveva il volto congestionato e la parola inceppata, gli propose un salasso, ma il Re rifiutò. La mattina dopo lo trovarono cadavere, fulminato da un colpo apoplettico, come Maria Carolina. Aveva settantasei anni e ne aveva regnati sessantacinque.

Tutte le testimonianze, anche quelle a lui più ostili, concordano nel dire che il cordoglio fu grande da parte del popolo, che per tre giorni affollò il palazzo per rendere l'estremo omaggio al *Re lazzarone*. «Era certamente un gran buon uomo» scrisse Lady Blessington. Questo buon uomo aveva sulla coscienza la vita di migliaia d'infelici, morti sulla forca e nelle galere solo per aver voluto un po' di libertà. Era stato spergiuro. Non aveva conosciuto che disfatte e fughe ignominiose di fronte al nemico. Politicamente, era rimasto fermo alla concezione settecentesca del più retrivo assolutismo. Non aveva fatto che i propri interessi, e più ancora i propri comodi, della regalità prendendosi soltanto i piaceri. Non aveva saputo incrementare che l'ignoranza, di cui era egli stesso un campione. Eppure, il cordoglio popolare per la sua morte non ci stupisce, perché un dono lo aveva avuto: la genuinità. Questo Re fellone e fannullone non aveva mai cercato di apparire diverso da quel che era: uno scugnizzo dei «bassi», prepotente, ridanciano e sboccato, nato per caso con una corona in testa, e che aveva sempre concepito la sua parte come quella di un buon capo-camorra. Non aveva interpretato che i caratteri deteriori del popolo napoletano, ma anche i più appariscenti e riconoscibili.

Il successore Francesco era forse un po' meglio di lui, ma più opaco. Ridusse di parecchio le pene inflitte ai condannati politici, ed ebbe il buon senso di secondare l'opera distensiva di Medici. Ma in tutto il resto fu figlio di suo padre. Come lui era neghittoso, sordo a ogni richiamo di libertà, e grossolano. Uno dei suoi divertimenti preferiti era di sgocciolare la cera delle candele sul naso del suo cameriere che, prestandosi a questi scherzi, riuscì ad acquistare su di lui un'influenza decisiva e la usò per distribuire cariche e impieghi. Bacchettone e dominato da una moglie spagnola più bacchettona di lui, diede ai preti il monopolio della scuola e bandì una crociata senza quartiere contro ogni forma di cultura laica: proibì persino le opere del Beccaria, le tragedie dell'Alfieri e le poesie del Foscolo.

Ora che con la partenza delle truppe austriache Medici poteva ricucire alla meglio le dissestate finanze, il problema più grosso restava quello del banditismo. Gasparone in Abruzzo aveva un vero e proprio esercito. Ma più che dal numero dei seguaci, la forza dei briganti veniva dalla loro aureola di campioni della giustizia e di vindici del sopruso. «S'intitolavano amici dei poveri – dice Nisco –, digiunavano il mercoledì, portavano al collo lo scapolare della Madonna, pronunziavano orrende bestemmie, ma la sera recitavano il rosario». Secondata dal basso clero che faceva da tramite, la Carboneria cercava di strumentalizzarli, e in molti casi ci riuscì, anche a costo di poco onorevoli compromessi. Per non screditare il proprio nome, essa assunse vari pseudonimi, i *Pellegrini bianchi*, i *Sette dormienti*, la *Gioventù ravveduta*, i *Veri patrioti*. Era uno stillicidio di azioni guerrigliere in cui era difficile distinguere il movente politico da quello del saccheggio.

Nel '28 queste sparpagliate iniziative si fusero in una vera e propria congiura che ebbe il suo epicentro nel Cilento, la zona collinosa che si stende fra il golfo di Salerno e quello di Policastro, e il suo animatore nel canonico De Luca, ch'era forse l'ultimo rappresentante di quella vecchia società Filadelfia di cui da un pezzo non si sentiva più parlare. Ma i quadri glieli prestò la Carboneria, che raccolse circa settecento uomini, fra cui anche vari ufficiali. Il moto doveva coincidere con l'attacco dell'esercito francese a quello austriaco in Italia, di cui non si sa come si era sparso l'annunzio. Si diceva anche ch'erano in arrivo, per appoggiare i ribelli, diecimila russi. E il credito che riscuotevano queste panzane dimostra quanto poco informati e immaturi fossero i dirigenti.

Come al solito, in mezzo ai congiurati c'era la spia, il

prete Moccia, che riferì alla polizia tutto il piano. Alla vigilia dell'insurrezione, i capi vennero arrestati alla chetichella, meno De Luca ch'era riuscito a sfuggire alla cattura, e che coi pochi rimasti decise ugualmente di agire con la collaborazione di alcuni briganti che l'avevano offerta. Riuscirono a impadronirsi del forte di Palinuro in cui speravano di trovare armi e munizioni. Invece non ci trovarono quasi nulla.

Contro di loro, ridotti a centotrenta, marciava un intero corpo d'armata, comandato da Del Carretto, un ex-costituzionale che si era guadagnato la conferma nel grado abiurando e ora smaniava di riabilitarsi completamente con una prova di zelo. Non riuscendo ad annientare gl'insorti che si erano dileguati nei boschi, il generale rase al suolo il villaggio di Bosco perché aveva solidarizzato con loro e ne deportò gli abitanti perché non lo ricostruissero. Di questa prodezza fu ricompensato col titolo di marchese.

Ad uno ad uno, i congiurati finirono nelle reti della polizia. I primi a cadere sotto il plotone di esecuzione furono De Luca, un suo nipote anche lui parroco, e otto loro compagni, le cui teste mozze furono infisse su pilastri ad ammonimento della popolazione. Un altro gruppo ricevette lo stesso trattamento a Salerno, un altro a Napoli. Gli unici che riuscirono a cavarsela furono i briganti che, molto più allenati alla caccia all'uomo, trovarono il modo di scivolare tra le maglie dei gendarmi e di raggiungere gli Stati pontifici, la Toscana e infine la Corsica. Ma non trovando pace neanche qui perché la polizia francese voleva arrestarli e riconsegnarli a quella borbonica, ritornarono avventurosamente nel Cilento, dove caddero combattendo o fucilati. Uno solo, che non era un bandito, ma un vero rivoluzionario, il Gallotti, rimase in Corsica, lasciandosi catturare ed estradare a Napoli. Ma il deputato liberale Constant denunziò il fatto nel parlamento di Parigi facendone un caso clamoroso, che costrinse il governo a intervenire su quello di Napoli perché il prigioniero avesse salva la vita. E così fu. Anzi, per levarselo di torno, gli dettero un foglio di via.

Liquidata anche quella rivolta, «nient'altro si vide che fiera e bassa tirannide, sempre operoso il governo per uccisioni e castighi, sempre immobile il popolo nella paura». Così scriveva il Colletta che, dopo alcuni mesi di prigione, era stato scarcerato insieme agli altri esponenti del regime costituzionale – il Borrelli, il Poerio ecc. –, ma anche lui aveva avuto come gli altri il foglio di via, e dopo molto girovagare aveva trovato stabile rifugio a Firenze, la Mecca di tutti i perseguitati.

IL «PAESE DI BENGODI»

Dall'ondata di repressioni un solo Stato rimase immune per il semplice motivo che lo era stato anche dalle congiure e dai conati insurrezionali: la Toscana.

Abbiamo lasciato il granduca Ferdinando alle prese coi problemi della successione dinastica, gli unici di cui aveva qualche ragione di essere preoccupato. Gli era andata male. Risposatosi contro voglia a cinquantadue anni con la sorella di sua nuora, non aveva avuto l'erede che suo figlio aveva cercato invano di dargli con la collaborazione della prima moglie, e non fece in tempo a vedere quello che gli avrebbe dato con la seconda. Quando morì, nel '24, ucciso dalla malaria che aveva cercato di debellare con la bonifica della Maremma, i fiorentini piansero sinceramente il «dolce sovrano», titolo che si era pienamente meritato.

Il Tommaseo, gran linguaccia, scrisse ch'era stato «un uomo corto, che nel suo gabinetto di studio trovava agio a contare le stelle del soppalco». È probabile. Ma di tutti i Sovrani della Restaurazione era stato di gran lunga il migliore, il più liberale e umano, il più alieno da vendette e rancori. Non aveva rivelato grandi qualità di uomo di Stato, ma aveva saputo scegliere un collaboratore che ne aveva: il Fossombroni. Giuseppe Montanelli rimproverava a questo Ministro un certo spirito conservatore dovuto, secondo lui, a un fondamentale scetticismo nei confronti delle grandi idee e dei grandi programmi. C'è del vero. Spirito pragmatico di formazione illuminista, Fossombroni diffidava dei vasti piani di riforma, ma fu un eccellente amministratore. In quello stesso anno 1824, nonostante i

357

capitali che la Maremma seguitava ad assorbire, il bilancio segnava un avanzo netto di trenta milioni – cifra ragguardevole, per quei tempi – e il censimento diede, per tutto il Granducato, una popolazione di un milione e 250 mila abitanti con un incremento di oltre il 7 per cento negli ultimi dieci anni. Ma oltre a queste statistiche che documentavano il benessere materiale, ce n'era un'altra che documentava quello morale: quella dei processi politici. Non ce n'erano stati quasi punti. Quelli fiorentini erano gli unici tribunali disoccupati d'Italia, e le galere non ospitavano che comuni malfattori.

L'unica città che dava qualche grattacapo alla polizia era Livorno, nonostante il suo *boom* economico, o forse proprio per questo. Livorno era passata quasi d'un balzo da quaranta a settantamila abitanti, grazie al ripristinato regime liberistico che aveva rilanciato il porto facendovi fiorire «banchi» non soltanto toscani e italiani, ma francesi, inglesi, greci, ebrei. Era proprio questo ambiente cosmopolita che faceva di Livorno una città vivacissima anche culturalmente, sebbene di questo parere non fosse il suo figlio più illustre, Domenico Guerrazzi, che scagliava invettive roventi contro i suoi compatrioti, «gente alla quale mai è brillata una luce di bellezza e di sapere, che ha avvoltolato il corpo e lo spirito nei turpi piaceri del senso, nella lussuria, nell'avarizia, nel sangue». Ma proprio in queste intemperanze polemiche Guerrazzi si mostrava anche lui buon livornese e legittimo interprete di una città turbolenta che la violenza l'ha nel sangue, commista alla generosità. Essa non avrà avuto «luce di sapere», ma intanto dava alimento a ben nove tipografie che, in un Paese di analfabeti come l'Italia, dovevano rappresentare un primato nazionale o poco meno, e tra poco, per iniziativa dello stesso Guerrazzi, avrebbe dato avvio a uno dei più importanti e battaglieri giornali della penisola, *L'Indicatore livornese*.

Naturalmente Guerrazzi condivideva l'opinione di Tommaseo che «in Toscana si sbadigliava». Ma non la condivideva Metternich che nella Toscana vedeva, al contrario, una pericolosa centrale d'idee rivoluzionarie, non si stancava di far pressioni sul governo perché inasprisse i controlli della censura e della polizia, e quando Ferdinando morì fece, attraverso il suo ambasciatore a Firenze, un tentativo per legare più strettamente il successore Leopoldo al carro di Vienna. Ma Fossombroni capì al volo la manovra e la bloccò, mandando il nuovo Sovrano a piangere il padre in campagna e dicendo all'ambasciatore che l'orfano era troppo turbato per poterlo ricevere.

Leopoldo, dal canto suo, era fermamente deciso a difendere la propria autonomia. I fiorentini, che da ragazzo lo avevano chiamato «Canapino» e che più tardi lo avrebbero chiamato «Canapone» sempre per il colore dei capelli, ora gli avevano appioppato il soprannome di «Broncio» per via della sua aria malinconica e scontrosa, sottolineata dal labbro inferiore péndulo sul mento. Neanche lui, come suo padre, aveva gran stoffa di uomo di Stato. Preferiva starsene ad armeggiare nel suo laboratorio di artigiano, dove si divertiva a costruire ogni sorta di aggeggi. Ma, anche se lasciava fare ai suoi Ministri, ai propri compiti di supervisione non rinunciava e voleva esercitarli in piena indipendenza. Dell'etichetta si curava poco, e le cerimonie l'annoiavano. Alle poche cui era d'obbligo la sua partecipazione, non nascondeva il suo impaccio, specie con le signore, cui rivolgeva sempre la stessa domanda: quanti figli avevano, e gli sembravano sempre troppo pochi. Una sera, dice Bargellini, lo chiese due volte alla stessa dama perché, miope com'era, non l'aveva riconosciuta. «Gli stessi di prima – rispose costei –: non ho avuto il tempo di farne altri!»

Forse questa ossessione dei figli gli derivava dal fatto di non averne. Le tre bambine che gli aveva dato la prima moglie gli erano morte una dopo l'altra. E per la povera Granduchessa era stato un tale struggimento che ne morì anche lei, di etisia. Leopoldo la pianse disperatamente, ma il dovere dinastico lo costrinse a rimpiazzarla. La prescelta fu un'ennesima Borbone di Napoli della inesauribile nidiata di Ferdinando e Maria Carolina. Maria Antonia colpì i fiorentini per la sua bellezza e per la sua ignoranza, ugualmente spropositate; ma seppe anche conquistarli con la sua vivacità e naturalezza. E i suoi compiti li assolse dando al marito il sospirato erede che si chiamò, come il nonno, Ferdinando, ma che era destinato a non ereditare nulla perché il trono lo perse prima ancora di salirvi.

Ferdinando Martini chiamò il Granducato di Leopoldo «il paese di Bengodi», e il letterato Giordani, che vi si accasò, datava le sue lettere «Dal paradiso terrestre», sebbene provenisse dal Ducato di Parma, che non era poi l'inferno. Neanche a Firenze, si capisce, la libertà trionfava. Ma la tolleranza, sì. La città era diventata la Mecca dei perseguitati politici della penisola che vi trovavano non soltanto rifugio, ma anche occasioni di lavoro. «Bastava non gridar troppo forte, ma con un po' di prudenza si poteva dir tutto»; tutto quello, ben inteso, che non si poteva in nessun'altra parte d'Italia.

Il centro di raccolta degl'intellettuali sbanditi e sbandati era il *Gabinetto scientifico-letterario*, fondato da Giampietro Vieusseux, il vero erede del *Caffè* di Verri e Beccaria. Vieusseux era un ligure di origine svizzera che, dopo lunghi soggiorni all'estero, nel '19 si era trasferito a Firenze, dove trovava l'aria più congeniale ai suoi polmoni. Forse non possedeva un grande talento, ma aveva il dono di capire i talenti altrui e le doti di autorità e di equilibrio necessarie a dirigerli e a orchestrarli. Rilevò la vecchia *Antologia* che fin allora era stata soltanto una rassegna di scritti già comparsi in altri giornali e ne fece la palestra delle intelligenze italiane. «Sarebbe tempo – scrisse – che gli autori si persuadessero essere i giornali fatti per il pubblico e non per loro.» Sembrerebbe una banalità, ed era invece un'autentica rivoluzione per una pubblicistica come quella italiana, tutta fatta per «loro» e non già per il pubblico. «Sarà nostra cura – scrisse anche – che le voci *umanità, amor di patria, gloria* non siano negli scritti dell'*Antologia* pubblicati, vuoti nomi e retoriche superfluità.» E anche questa era un'autentica rivoluzione per una pubblicistica come quella italiana, marcia di enfasi e di trombonesca solennità. Naturalmente neanche Vieusseux riuscì a guarirla di questi orrendi difetti, che tuttora le avvelenano il sangue. Ma fu il primo a dichiarargli guerra e a fargliela, tenendo sotto costante controllo i suoi collaboratori.

Riuscì a riunire quanto in Italia c'era di meglio: da Leopardi a Capponi, da Salvagnoli a Romagnosi, da Guerrazzi a Montanelli, da Niccolini a Mazzini, da Lambruschini a Mayer a Giordani a Rosellini, e qualcuno addirittura ne inventò come Pietro Colletta che fin allora aveva fatto soltanto l'ingegnere e il generale e che, giunto esule da Napoli, nell'*Antologia* si rivelò come storico di vaglia. Vieusseux era un parsimonioso amministratore; ma quando scopriva un cervello, non esitava ad assoldarlo. Chiamò a far parte della redazione un giovane dalmata allora quasi del tutto sconosciuto, Tommaseo, dandogli un mensile di centoventi lire, e dodici scudi assegnò a un altro transfuga napoletano, Gabriele Pepe.

L'*Antologia*, il cui credito cresceva di giorno in giorno, era per Metternich un prune negli occhi. Ma Vieusseux riuscì a tirarla avanti grazie al suo senso della misura. Non era per mancanza di coraggio e per considerazioni di contingente opportunità, come qualcuno ha detto, ch'egli smussava le punte eccessivamente polemiche di certi suoi collaboratori; ma perché, uomo di formazione illuminista, alla rivoluzione non ci credeva. Come ha scritto il suo biografo Prunas, «non pensava eccitare il popolo alle armi per un'idea che non capiva e alla quale non era per anco né maturo né preparato; ma senza bisogno di mascherarsi o di mettersi al sicuro da' pericoli delle polizie, voleva di giorno in giorno renderlo più sempre cosciente de' suoi interessi e de' suoi doveri, perché meglio intendesse i suoi diritti». A differenza di molti suoi colleghi che dell'Italia avevano un'idea astratta e retorica e la vedevano com'essi avrebbero voluto che fosse, Vieusseux la vedeva senz'illusioni com'era: un Paese di poveri analfabeti insensibili a qualunque sollecitazione ideologica finché non avessero avuto gli strumenti per capirla e reagirvi, cioè un minimo di cultura; su cui galleggiava una piccola *élite* d'intellettuali, in gran parte chiusi nei loro accademismi e incapaci di parlare alle masse. Glielo confermavano le modeste dimensioni del suo stesso successo. L'*Antologia* era, e per molti anni doveva rimanere, la rivista di gran lunga più influente e autorevole d'Italia. Eppure, la sua circolazione non superò mai le settecentocinquanta copie per l'intera penisola. Nel Lombardo-Veneto non se ne vendevano più di cinquanta, sessanta in Piemonte, venti nelle Due Sicilie. Sebbene Vieusseux facesse un giornale per il pubblico, questo pubblico rimaneva poche centinaia di persone perché tutti gli altri non sapevano leggere. Tutto il segreto del Risorgimento, cioè della sua incapacità di tradursi in rivoluzione popolare, è in queste cifre, più istruttive di qualsiasi esegesi sociologica.

Nel '26 comparve sull'*Antologia* uno scritto di Pepe che sembrava uno dei tanti elogi di Dante, ma che nel finale conteneva, senza nominarlo, un'allusione a Lamartine, il quale in due versi famosi aveva detto che in Italia non c'erano uomini, ma soltanto «polvere umana». La censura non aveva capito, ma capì benissimo Lamartine, giunto da poco a Firenze come segretario dell'Ambasciata francese.

Andò da Pepe e lo sfidò a duello. La polizia, che coi diplomatici stranieri non voleva storie, convocò Pepe per l'indomani alle undici. Pepe lo comunicò a Lamartine con cui si accordò per battersi alle sei in modo da prevenire il divieto. Fu una gara di cavalleria. Per non esporre degli amici a rappresaglie, Pepe accettò come padrini quelli francesi del suo stesso avversario e, siccome le due spade erano di lunghezza disuguale, scelse per sé la più corta. Ferì ugualmente Lamartine, gli fasciò il taglio col proprio fazzoletto, e andò a prendersi il rabbuffo della polizia. Ma il ministro francese non solo chiese che il governo si astenesse da qualsiasi rappresaglia, ma mandò a Pepe la sua carrozza e lo invitò a cena.

L'episodio ebbe una risonanza che raggiunse vette di melodrammatica comicità. Da Milano, da Roma, da Napoli, Pepe ricevette lettere di questo tenore: «Vendetta è fatta... L'onore è salvo... Siamo tutti ai tuoi piedi...» Si può sorriderne, e credo che Vieusseux ne abbia infatti molto sorriso. Ma erano le reazioni abnormi di un Paese abituato alle umiliazioni.

L'anno dopo, palazzo Buondelmonti, dove il *Gabinetto* e l'*Antologia* avevano la loro sede, si parò a festa per il ricevimento a un ospite d'eccezione: Alessandro Manzoni che veniva a Firenze per risciacquare in Arno i panni dei suoi *Promessi sposi*, il romanzo che aveva messo in subbuglio l'Italia. C'erano tutti, anche Leopardi. E anche questo avvenimento fece epoca. Sempre più l'Italia si abituava a guardare a Firenze come alla sua piccola Atene e a prenderne il *la*. Nel '29 Niccolini, altro puledro di Vieusseux, vi fece rappresentare la sua tragedia *Giovanni da Procida*, che rievocava i Vespri Siciliani. Montanelli scrisse che il Niccolini, pur non avendo «né la vigorìa dell'Alfieri né l'estro lirico del Manzoni, l'uno e l'altro superò in ricchezza di armonie e di colore». Invece li superava soltanto in bolsaggine e ciarpame retorico. Ma il lavoro ebbe ugualmente un immenso successo per il significato patriottico che imprestava ai Vespri, i quali invece non ne avevano avuto nessuno. L'ambasciatore francese protestò per le violente invettive che vi risuonavano contro la Francia. Ma il suo collega austriaco lo calmò. «Queste invettive – gli disse – sono indirizzate a voi, ma rivolte a noi.» Ed era vero. Neanche a Firenze si poteva sproloquiare direttamente contro l'Austria. Lo si faceva indirettamente, fingendo di parlare di un altro Paese; ma lo si faceva.

Per questo, sclo per questo, Firenze era diventata e sarebbe per un pezzo rimasta la «capitale morale» d'Italia: per la sua libertà.

FRA CARLO FELICE E CARLO ALBERTO

Carlo Felice, i contemporanei lo chiamarono *Carlo Feroce*, ma in realtà la sua ferocia si sfogò più a parole che a fatti. A giudicarlo dalle lettere, nessuno aveva la forca più facile di lui. Quando era in Sardegna, scriveva al fratello nel suo sgrammaticatissimo francese: «Ammazza, ammazza, per il bene del genere umano». Dopo i moti del '21, ordinò un castigo esemplare, ma ne affidò coi pieni poteri l'esecuzione a Thaon di Revel notoriamente portato alla mitezza. Delle settanta condanne a morte si compiacque, e lo disse; ma forse altrettanto si compiacque, sebbene non lo dicesse, che sessantotto di quei condannati fossero al sicuro oltre frontiera, né mosse rimproveri al governatore di Genova che aveva dato il passaporto ai fuggiaschi.

A Torino, il Re ci stava poco. L'unica cosa che ve lo richiamava o tratteneva era il teatro. Non perdeva uno spettacolo, sia di musica che di prosa, e una sera che D'Azeglio e alcuni suoi amici chiacchieravano come al solito nel loro palco, si videro arrivare un ufficiale delle guardie che gli disse: «D'incarico di Sua Maestà, l'invito a tacere». Così Carlo Felice concepiva e praticava il suo mestiere di Re: che i sudditi si tenessero quieti e si astenessero dal seccarlo anche a teatro. Secondo D'Azeglio, il suo regime era «un dispotismo pieno di rette e oneste intenzioni, ma del quale erano rappresentanti ed arbitri quattro vecchi ciambellani, quattro vecchie dame d'onore, con un formicaio di frati, preti, monache, gesuiti».

Per istaurarlo, cioè per restaurarlo, Carlo Felice non aveva esitato a chiamare gli austriaci, e ora doveva fare i conti con loro che occupavano tutto il Paese e non mostravano punta voglia d'andarsene. Solo dopo molte proteste, egli ottenne che le guarnigioni fossero ridotte, ma per il loro totale ritiro dovette aspettare la fine del '23. Ma più che questo, il motivo dei suoi dissapori con Metternich fu il problema della successione, da cui voleva a tutti i costi escludere Carlo Alberto. L'odiava a morte, lo chiamava «pollone degenere della nostra famiglia», e tutto questo ora faceva credere ch'egli complottasse col Cancelliere austriaco per mettere sul trono, alla propria morte, la nipote Beatrice, allora moglie del duca Francesco IV di Modena.

La voce era completamente falsa. Metternich non pensava minimamente a Francesco di cui, sebbene austriaco e di concezioni solidamente reazionarie, diffidava più che di Carlo Alberto, e temeva che costui, in caso di estromissione, sarebbe diventato «il Re dei Carbonari», protetto e aiutato dalla Francia. Ma nemmeno Carlo Felice pensò mai a Francesco. Il suo progetto era quello di promuovere direttamente al trono il figlio di Carlo Alberto, Vittorio Emanuele, sotto una Reggenza destinata a durare per la sua minore età. Ma Metternich respinse anche questa soluzione, vedendovi una fonte d'incertezze e instabilità. Al Congresso di Verona, che le Potenze della Santa Alleanza tennero alla fine del '22, fu definitivamente stabilito che il continuatore della dinastia sabauda sarebbe stato Carlo Alberto.

Costui era a Firenze, ospite del Granduca suo suocero, che gli aveva dato un appartamento in palazzo Pitti. Aveva rischiato di perdere il figlio in un incendio ch'era costato la vita, per salvarlo, alla sua nutrice, e ne aveva avuto un altro, Ferdinando. Non stava dando una gran prova di carattere. Malgrado il rassicurante verdetto di Verona, si disperava per l'ostracismo cui era condannato, e non faceva che scrivere supplici lettere a Carlo Felice, che non gli rispondeva. Gli mandò anche un lungo memoriale in cui, per scagionarsi, accusava tutti i ministri e dignitari, attirandosene addosso l'ira e le maldicenze. Accennò all'idea di chiedere un comando nell'esercito russo o di emigrare in America previa rinuncia al trono; ma Capponi lo dissuase. Scrisse al Papa per ottenere la sua intercessione, e il Papa scrisse a Carlo Felice. Questi gli rispose che il ravvedimento del Principe sarebbe stato la sua più grande consolazione; ma che se il Signore aveva realmente compiuto miracolo, ora doveva compierne uno molto più difficile: quello di persuadere lui che il miracolo si era avverato.

Carlo Alberto cercò scampo ai suoi struggimenti nella fede, o almeno fece di tutto per lasciarlo credere. Chiese le fotografie di Carlo Emanuele, il Re abdicatario che da poco aveva concluso la sua vita in monastero, e della sua pia moglie Clotilde, e ne imitò l'esempio dandosi a intense pratiche religiose. Ma Carlo Felice, per quanto anche lui religiosissimo, non abboccò. «È una vipera intorpidita dal freddo – scriveva a suo fratello –. Appena si riscalda, torna a mordere.» E infatti a quella crisi di misticismo erano in pochi a credere, anche perché contrastava con razzolamenti che vi s'intonavano poco. A Firenze si parlava molto delle scappatelle del Principe «dietro tutte le donnicciòle galanti». Successivamente gli agiografi di Carlo Alberto l'hanno smentito. Ma lo stesso Capponi, suo grande amico, scriveva al Tommaseo che «tutti ridevano a vederlo inginocchiato in chiesa», essendo noto che dentro il libro di preghiere teneva la sua corrispondenza amorosa.

Alla fine gli si presentò l'occasione del riscatto. A Verona, le Grandi Potenze avevano deciso l'intervento militare in Spagna per restituire il potere assoluto al re Ferdinando, ormai prigioniero dei Costituzionali e completamente desautorato. Stavolta la Francia non solo non si opponeva al transito della spedizione, ma anzi ne forniva il nerbo e se ne accollava il comando. Carlo Alberto chiese immediatamente di arruolarsi, e Carlo Felice si affrettò a dare il suo assenso. «Così – scrisse il Re al fratello – o si farà accoppare, e ci saremo liberati di lui; o si metterà in condizioni di riparare almeno in parte ai suoi torti. Perché non c'è nulla al mondo che mi ripugni più di lui.»

Carlo Alberto partì nel maggio (del '23), accompagnato da un aiutante di campo incaricato di sorvegliarlo e di riferire. «Mi pare – questi scrisse al Re – che il Principe vorrebbe in un modo purchessia riportare sanguinose ferite», e il Re gli rispose che «se la Provvidenza lo voleva salvo, tanto meglio per lui; ma se una palla gli fracassava la testa, pazienza».

Ci mancò poco che succedesse. All'assalto del Trocadero, Carlo Alberto si buttò a corpo morto e tra i primi sventolando la bandiera, tanto che fu insignito sul campo della massima decorazione e i granatieri francesi della Guardia, ch'egli aveva guidato in quello spericolato assalto, gli offrirono le spalline di caporale. Il Principe ne fu lusingato, ma il premio a cui aspirava era un altro. «Spero che il Re sarà contento di me» disse all'aiutante. L'aiutante riferì, e il Re rispose facendo sopprimere la notizia dell'episodio nei giornali di Torino.

Finita quella campagna in un'orgia d'impiccagioni, il Principe prese la via del ritorno facendo sosta a Parigi. Il re Luigi XVIII lo ricevette e gli dimostrò tutta la sua interessata benevolenza. Lo presentò alla Corte come «l'Eroe del Trocadero», e stavolta esigette attraverso il suo ambasciatore che la notizia fosse data anche dalla stampa piemontese. Dopodiché fece ufficialmente comunicare a Carlo Felice ch'egli trovava estremamente disdicevole che il Principe fosse trattato come un proscritto. Allarmato da questo gesto che rischiava di trasformare «l'erede del trono di Sardegna in un granatiere francese», Metternich chiese a sua volta a Carlo Felice di reintegrare Carlo Alberto in tutti i suoi diritti. Il Re non se ne mostrò punto ansioso, e prima di cedere volle prendere le sue precauzioni. Alla fine dell'anno mandò a Parigi il marchese Alfieri che sottopose alla firma di Carlo Alberto un solenne impegno. Il Principe doveva giurare di rispettare, una volta sul trono, tutte le leggi fondamentali della monarchia, sottomettendosi all'arbitrato d'un Consiglio di Stato formato dai più alti – e perciò dai più reazionari – notabili della Corte e della Chiesa. Sia il Re che Metternich sapevano che quest'impegni contano poco. Ma sapevano anche che, firmandoli, Carlo Alberto forniva nuova materia agli attacchi dei liberali, il che lo avrebbe vieppiù allontanato da loro.

Ora alla fine gli era concesso di rientrare a Torino. Ci arrivò proprio nel momento in cui Federico Confalonieri prendeva la via dello Spielberg, e i liberali non si astennero dal sottolineare la coincidenza. Nei loro scritti lo chiamavano «il traditore», «lo spergiuro», «l'esecrato Carignano». E il Re non lo aiutò di certo a superare l'amarezza di questi attacchi. Gli mandò incontro una staffetta con l'ingiunzione di non entrare in città che a notte fonda e per viuzze traverse, cioè come ne era uscito, da ladro, tre anni prima. L'indomani lo ricevette, ma nessuno assisté al loro colloquio.

Subito dopo il Principe proseguì per Firenze per congedarsi dal Granduca, ringraziarlo dell'ospitalità e riprendersi la moglie e i figli. A Torino non ci fu nessun ricevimento in suo onore. Carlo Felice gli negò il titolo di *Altezza Reale* mentre, per fargli sentire ancora di più l'umiliazione, lo riconobbe a sua moglie, e lo escluse rigorosamente da tutti gli affari di governo. La maggior parte del suo tempo Carlo Alberto la trascorreva nel castello di Racconigi. In città, a palazzo Carignano, ci stava poco, anche perché non ci respirava che astio e rancore con tutti i nemici che si era fatto col suo memoriale. Contribuiva a procurargliene anche la sua propensione alla caricatura. Come tutti gli uomini di scarsa personalità, imitava benissimo quella degli altri e nel rifare il verso alla gente era un maestro. I piemontesi non hanno mai avuto molto umorismo, e specie quelli di Corte ne erano totalmente sprovvisti. Le corbellature l'imbestialivano al punto che Cesare Alfieri di Sostegno supplicò il Principe di astenersene.

Carlo Alberto obbedì. Era diventato docilissimo. Non vedeva che persone d'immacolata fedina reazionaria, che tuttavia, al suo confronto, sembravano quasi rivoluzionari, tanto lui ardeva di zelo assolutistico. Un giorno si presentò furente dal Re per denunziargli un sottotenente del Genio che fin allora gli aveva fatto da paggio e che, deponendone l'uniforme, l'aveva chiamata «livrea da lacché». Quel giovane si chiamava Camillo Benso di Cavour, e questo episodio fu il primo segno della profonda antipatia che sempre divise i due uomini.

La prima cerimonia ufficiale cui Carlo Alberto fu invitato a prendere parte fu il ricevimento all'Imperatore d'Austria, Francesco I, quando nel '25 venne a Genova; e l'invito aveva il suo perché. Carlo Felice sperava che i visitatori gli portassero da Vienna la copia dei documenti del processo Confalonieri che coinvolgevano il Principe per metterglieli sotto il naso e umiliarlo davanti all'Imperatore. Siccome questi non si prestò, il Re esigette che il Principe ribadisse anche di fronte agli austriaci gl'impegni che aveva giurato a Parigi. Metternich racconta che il Principe s'inginocchiò davanti al Re, che per l'ennesima volta gli chiese perdono piangendo, e che il Re gli disse, severamente: «È all'Imperatore, non a me, che dovete la vostra riabilitazione. Non dimenticatelo mai, e non date occasione al vostro protettore di rimpiangere la sua generosità».

Se veramente le pronunciò, queste parole non fanno molto onore a Carlo Felice: nessun Savoia, per nessun motivo al mondo, aveva mai spinto un proprio successore a fare atto di vassallaggio, sia pure morale, a un Sovrano straniero. Egli respinse, come il suo predecessore, la proposta di Metternich di entrare a far parte di una Lega Italica, naturalmente capeggiata dall'Austria; ma non esitò a sollecitare ancora una volta la protezione di Vienna quando di lì a pochi anni la Francia fu nuovamente scossa dai fremiti rivoluzionari che provocarono la caduta dei Borbone e l'innalzamento al trono di Luigi Filippo d'Orléans, il genero di Ferdinando di Napoli. La sua azione di governo si ridusse a ben poca cosa, e a beneficiarne fu soprattutto la Sardegna, cui era rimasto attaccato da vincoli d'affetto. Vi fece costruire un certo numero di opere pubbliche, le dette un corpo di leggi civili e penali più moderne di quelle che vigevano in Piemonte e, per metterla al sicuro dalle incursioni dei pirati barbareschi che continuamente la tribolavano, mandò una spedizione navale che a suon di cannonate ridusse alla ragione il Bey di Tripoli e lo costrinse a firmare un solenne impegno.

Gran parte del tempo seguitava a passarla a Genova e in Riviera, e molti si stupivano di questa sua preferenza per una città e una regione apertamente ostili al dominio e alla dinastia sabauda. Ma Carlo Felice non ne era offeso perché non ci vedeva nessun tradimento: i liguri erano sempre stati repubblicani, ed era logico che seguitassero ad esserlo. Era ai piemontesi che non perdonava il collaborazionismo con la Francia e la ribellione del '21 perché li considerava atti di fellonìa. Egli aveva della lealtà un concetto feudalesco e medievale, e in ogni infrazione vedeva un'empietà. Fin quando suo fratello fu vivo, Carlo Felice non perse occasioni di rendergli omaggio come al vero Re, quasi considerando se stesso un Viceré o Luogotenente. Negli ultimi anni l'impegno che più lo assorbì fu il riattamento di Hautecombe, il mausoleo gotico dei Savoia, vicino a Chambéry. Le sue frequenti e lunghe visite a quel tetro e solenne ossario che si staglia in uno dei più malinconici e funebri angoli delle Alpi, rivela tutto il suo carattere di Sovrano montanaro e paternalista attaccato alle sue valli e alla tradizione di famiglia.

Politicamente, valeva molto meno di Carlo Alberto che, pur con tutte le sue ambiguità, la missione italiana della dinastia l'aveva intravista, anche se per calcolo o codardia era sempre pronto a tradirla. Ma moralmente era molto al di sopra di lui. Per il trono non brigò mai, ebbe un sacro rispetto del pubblico denaro, non concesse nulla alla popolarità, anzi ne rifuggì con orrore, non fece mai una promessa che poi non mantenesse e, pur vergognandosene come di debolezze, ebbe le sue generosità. Da un rapporto del D'Aglié risulta che non smise mai di passare sotto banco dei sussidi agli esuli del '21 ch'egli aveva fatto condannare a morte in contumacia. E il radicale Brofferio, che lo detestava, racconta che quando Carlo Felice seppe che uno di questi sussidi andava ai congiunti di uno dei due giustiziati, ordinò che lo raddoppiassero.

Ed ora interrompiamo il panorama politico per fare posto a quello culturale, esemplificandolo nelle sue più rappresentative figure.

FOSCOLO

La sera del 4 gennaio 1796 si rappresentò a Venezia una tragedia di stile alfieriano, cioè «urlata» dalla prima all'ultima battuta, che s'intitolava *Tieste*. Urlò anche il pubblico, d'un entusiasmo non sappiamo quanto sincero, evocando alla ribalta l'autore, che non si presentò. Si chiamava Ugo Foscolo, e aveva diciannove anni.

Era nato a Zante, figlio di un medico veneziano, che poi era morto. E sua madre aveva portato i figli a Venezia, dove li aveva tirati su con molti sacrifici. Ugo aveva il carattere dei suoi capelli, ch'erano d'un rosso ardente. Aveva cominciato a dar grattacapi fin da bambino con la sua cagionevole salute. Una volta lo curarono col vino, e gliene propinarono tanto che non volle mai più berne. Fu la sua unica astinenza.

Aveva debuttato come capo di squadracce scugnizze dedite a ogni sorta di vandalismi ed era stato il terrore dei suoi maestri di scuola. Poi d'improvviso gli era scoppiata in corpo una gran voglia d'imparare, di leggere e soprattutto di scrivere. A sedici anni buttò giù un piano di lavoro da riempir la vita di dieci letterati longevi: c'era dentro la traduzione di tutto Omero, di tutto Tacito, di tutto Pindaro, saggi critici, alcuni poemi, un cànzoniere. Il suo professore, l'abate Dalmistro, diceva: «Non so se da questo sopraffattore verrà fuori un genio o un avventuriero». Come se fra l'uno e l'altro ci fosse incompatibilità.

Si era innamorato prima ancora di sapere di chi. Il suo cassetto era gremito di lettere appassionate in attesa di destinataria, e occasioni di utilizzarle non gliene mancarono mai. Una signora molto ospitale, Isabella Teotochi Marin, mezzo greca anche lei, e moglie di un grande «notabile» della Serenissima, sentì parlare di questo ragazzo-prodigio, ne lesse alcuni scampoli pubblicati su una rivista locale, e lo invitò nel suo salotto. Privo di qualsiasi «uso di mondo», Ugo vi si sentì impacciato e a disagio. Ma la padrona di casa capì che qualcosa covava sotto quella selvatica scorza e volle scoprirlo: a letto, naturalmente. Fu investita da una colata di lava, sommersa non solo da baci e carezze, ma anche da sfuriate di gelosia, lettere di pentimento, odi e sonetti. Un giorno, accorso al solito appuntamento, Ugo si sentì dire dal cameriere che la signora era partita in viaggio di nozze e gli aveva lasciato una lettera. In essa Isabella gli diceva che, avendo ottenuto il divorzio dal marito, aveva sposato un altro, e terminava con queste parole: «Cogli il favore delle donne come i fiori delle stagioni. Va' mio ragazzo. Te' un bacio: non mi giurar fedeltà, ch'io né credo né lo voglio».

Ugo corse a casa, prese un pugnale, ma lo ripose, come gli capiterà anche altre volte. Si uccise invece un suo compagno di scuola friulano, Jacopo Ortis, senza lasciare una lettera né una parola di spiegazione. Quell'episodio lo colpì profondamente, rendendo ancora più cupa la disperazione in cui era precipitato. Cercò sfogo nella politica, la cui aria in quel momento si metteva a tempesta. Si parlava di un esercito francese in marcia su Milano al comando di un giovanissimo Generale còrso, armato non soltanto di cannoni, ma anche d'idee di libertà e di uguaglianza. Ugo disse subito la sua, ch'era appunto la libertà e l'eguaglianza, e la disse così forte che l'arrestarono e dopo il rilascio gli consigliarono di andare a prender aria altrove. Andò sui colli Euganei, e fu lì che compose il *Tieste*.

Il successo non l'ubriacò. Più che uomo di teatro o di lettere, si sentiva uomo d'azione, e per agire corse là dove si poteva, nella Repubblica cispadana appena formata, per arruolarsi nel suo esercito come cacciatore a cavallo. In tasca aveva, per farne dono alla città di Reggio, l'*Ode a Bonaparte liberatore*, che ora si preparava a liberare anche Venezia. Vi accorse per collaborare all'impresa e assumervi il suo posto, e la sua voce risuonò non soltanto dal palcoscenico su cui si recitava la sua tragedia. Il podio del tribuno conveniva al suo temperamento. Per tutta la sua vita, Foscolo non seppe mai discutere e tantomeno conversare, ma solo predicare, anzi schiamazzare, alternando i toni della perorazione a quelli dell'invettiva. Ne fece le spese anche Alfieri, di cui era stato fin allora il più spericato esaltatore e cui aveva dedicato il *Tieste*, ma che ultimamente aveva chiamato i francesi «pidocchiume». Foscolo chiese che i suoi drammi fossero banditi, che fossero chiusi i circoli dei nobili, che le statue dei Dogi reazionari venissero date alle fiamme. Tutto questo gli valse l'inclusione nella lista dei parlamentari da inviare a Mombello per trattare con Bonaparte, o meglio per riceverne gli ordini. Ci andò trepidando come incontro a un Messia. Ne tornò deluso dal piglio satrapesco del Generale e dall'aria di baldoria che regnava intorno a lui. E gli avvenimenti che seguirono non furono di certo tali da farlo ricredere. Invece di liberarla, Napoleone aveva venduto col trattato di Campoformio Venezia all'Austria, e i reazionari potevano prendersi la loro vendetta.

Per sfuggirvi, a Foscolo non rimase che la fuga a Milano. Vi trovò Monti, che aveva già incontrato e di cui era diventato amico a Venezia. Monti era nei guai. La sua *Bassvilliana*, il carme in cui quattro anni prima aveva esaltato il massacro del diplomatico francese Basseville a Roma, aveva corso l'Italia e lo rendeva inviso al nuovo regime repubblicano e giacobino. Ma in compenso poteva contare su una moglie che, pur riempiendolo di corna, al marito e alla sua carriera ci teneva: Teresa Pikler. Accorta amministratrice dei propri mezzi di seduzione, ch'erano cospicui,

375

si era scelto come amante un colonnello francese destinato alla feluca di Maresciallo, Marmont. Ma a difendere il poeta minacciato di epurazione fu anche Foscolo, e per gli stessi motivi del colonnello. Appena conosciutala, anche lui si era innamorato di Teresa al suo solito modo tempestoso e delirante. Ma Teresa, sebbene un po' somigliasse a Isabella, non ne aveva la vocazione di nave-scuola. Teneva Ugo a mezza cottura coi suoi adescamenti per ripagarlo delle sue perorazioni in favore del marito, ma le grazie le riservava a corteggiatori più altolocati, e quindi più utili, di quel ragazzo ventenne pieno di talento, ma senza arte né parte.

Ugo cercava consolazione nel lavoro e nella compagnia dei letterati. Scriveva nel *Monitore* articoli ispirati a un patriottismo enfatico, ma non privi di qualche lucida intuizione, ed era diventato inseparabile del vecchio Parini, sebbene con lui non avesse proprio nulla in comune. Ma ogni poco tornava da Teresa a ossessionarla con drammatiche suppliche o disperati silenzi. Forse, più che amore, era amor proprio ferito da quell'ostinato rifiuto. Dopo averlo più volte minacciato, arrivò al suicidio ingerendo una dose d'oppio abbastanza forte per addormentarsi, ma non per sempre. Invece di commuoversene, Teresa se ne vantò coi suoi amici che ne fecero oggetto di epigrammi e corbellature. Era troppo. Ugo ruppe con tutto e con tutti, anche con Milano, e si trasferì a Bologna con armi e bagaglio, che si riduceva a un po' di biancheria, a Tacito, a Plutarco e alla sua collezione di lettere d'amore in attesa di destinataria.

Bologna era allora la capitale della Repubblica cispadana non ancora fusa con la Cisalpina. Ugo trovò un piccolo impiego in uno dei tanti uffici in formazione, e si buttò a capofitto nella stesura di un romanzo che aveva già iniziato: *Le ultime lettere di Jacopo Ortis*. Il nome dice quale episodio gliene avesse suggerito l'idea. Ma a fargliela maturare era stata la lettura del *Giovane Werther*, che forniva il modello a quella generazione di romantici «disadattati» cui egli stesso apparteneva, o credeva di appartenere. Nessuno sa per quali motivi il vero Jacopo si fosse ucciso. Ma a Foscolo fu facile attribuirgli i suoi di patriota e di amante deluso. Quel Jacopo, cavaliere errante di un tradito ideale di patria e di giustizia, respinto dall'amore, reietto dalla società, somigliava a lui, o a ciò che lui credeva di essere.

Ma non poté condurre a termine il lavoro, richiamato dall'azione politica e militare. Partito Bonaparte per l'Egitto, gli austriaci erano scesi alla controffensiva e dilagavano in Italia. Il tenente Foscolo tornò a indossare la sua divisa di Cacciatore, combatté in Romagna, cadde prigioniero, fu liberato dai francesi, e li seguì prima a Firenze, poi a Genova, dove essi fecero quadrato e lui con loro. Partecipò con onore ad alcuni combattimenti, fu promosso capitano, ma ritrovò Teresa rifugiatasi lì anche lei insieme al marito, e ci ricascò fino a tentare una seconda volta il suicidio, ma sempre con le solite cautele di dosaggio. Di morire rischiò veramente nello scontro dei Due Fratelli, dove le sue gesta furono citate nell'ordine del giorno dal generale Masséna. Dopo il ritorno di Napoleone a Marengo, riéccolo a Milano addetto allo stato maggiore del generale Pino, che lo spedì in missione a Firenze.

Per lui, Firenze era soprattutto Alfieri che da molti anni vi si era ritirato con la D'Albany, e con cui si era idealmente riconciliato dopo le invettive di Venezia. Andò a rendergli omaggio, ma non fu ricevuto: «irato ai patrii numi», il vate si era chiuso nella più sdegnosa solitudine. Da chiunque altro gli fosse venuto, Foscolo non avrebbe sopportato un simile affronto. Da lui lo accettò, e aveva ragione: Alfieri era il suo vero padre, il capostipite della famiglia a cui apparteneva. Per consolarsi, girovagava fra le tombe di Machiavelli, Michelangelo e Galileo, ma in un intervallo di queste funebri scorribande inciampò in Isabella Roncioni, e fu per lui un'ennesima cotta.

Di famiglia nobile e ricca, Isabella era appena uscita di collegio, sognava l'amore con l'A maiuscola, e nessuno era qualificato a incarnarlo più di questo giovane ufficiale non bello, anzi francamente brutto col suo viso un po' scimmiesco; ma vibrante, intenso, esclamativo e drammatico. Tutto si svolse in un romantico intreccio d'incontri notturni, di muretti scavalcati, di travestimenti, di snervanti attese dentro le siepi del giardino, e si ridusse a qualche bacio furtivo, ma conquistato a tale prezzo da appagare più di un amplesso. Fu con un supremo sforzo che Ugo dovette interporre una pausa per accorrere a Bologna, dove l'editore gli aveva pubblicato a tradimento, dandolo per concluso, l'abbozzo dell'*Ortis*, e in due edizioni diversamente rimaneggiate: una per contentare gli austriaci, quando erano arrivati nel '99, l'altra per contentare i francesi, quando erano tornati dopo Marengo.

Il povero editore si vide irrompere addosso un energumeno con la sciabola sguainata che gl'ingiunse di distruggere seduta stante tutte le copie giacenti in magazzino e di pubblicare nei giornali di Firenze e di Bologna una dichiarazione in cui riconosceva che il romanzo stampato non corrispondeva al testo, rimanipolato «da un prezzolato che convertì le lettere calde, originali, italiane dell'Ortis in un centone di follie romanzesche, di frasi adulterate e di annotazioni vigliacche». Dopodiché, col manoscritto sotto il braccio, Foscolo riprese la via di Firenze, dove lo attendeva la notizia che Isabella era stata fidanzata d'autorità a un conte Bartolommei, molto meno attrezzato di lui alla parte di amante, ma molto di più a quella di marito.

Era un dramma del tutto degno del suo sventurato eroe, con cui egli si sentì ancora più spinto a identificarsi. A Milano, dove tornò subito dopo, si rimise al lavoro sul brogliaccio, lo disfece, lo rifece. Ma bisognava vivere, e gli stipendi di Capitano non arrivavano. La sua protesta fu vibrata: «È infame che colui che contribuì in gran parte alla vittoria dei Due Fratelli, senza di che Genova era perduta né l'Italia forse liberata...», e sembrava insomma che a liberarla fosse stato lui col secondario contributo di Napoleone. Ma gli arretrati li ebbe, e con essi ebbe modo di rientrare nel «giro» e di frequentare la Scala.

Fu qui che vide Antonietta Fagnani Arese, già famosa a ventitré anni non soltanto per la sua bellezza, ma anche per lo sfruttamento intensivo che ne aveva fatto. Probabilmente era una frigida, ma che sapeva recitare la sua parte: tutti i giovani più in vista di Milano cadevano nelle reti di questa Circe, e forse fu anche questo a stimolarlo. Non ebbe pace finché non le fu presentata, e a fargli questa grazia fu Teresa Pikler, forse per risarcirlo. Antonietta gradì l'impetuosa corte di quello spasimante così diverso dagli altri, ma respinse nettamente le sue pretese di monopolio. Ugo la soffocava. Quando non era da lei, era fuori della sua porta a spiare chi la varcava. La bombardava di lettere, fino tre al giorno gliene scriveva: «Un anno, un solo anno di solitudine insieme con te!» Antonietta ne dava pubblica lettura agli amici che l'aiutavano a rispondere perché, in fatto di sintassi, era piuttosto malsicura. Era diventato la favola di Milano, ma non se n'accorgeva, o non glien'importava. Fu in quest'atmosfera del tutto congeniale al suo eroe che maturò la seconda edizione del romanzo che uscì nel 1802, e fu uno strepitoso successo. Da quel momento egli fu, per tutte le donne, Jacopo Ortis, e come Jacopo Ortis era giusto, tutto sommato, che soffrisse.

Antonietta seppe farla durare a lungo, riattizzando continuamente la passione di lui con la gelosia. Ugo era malato, o meglio più malato del solito perché un po' lo era sempre: soffriva di qualcosa ai reni che ogni giorno gli dava la febbre, e forse era anche questo che contribuiva a esasperare i suoi sentimenti e passioni. Anche per distrarsi, giuocava, e quando gli capitava di vincere correva a comprare abiti e cavalli. Data la fama che gli aveva procurato il romanzo, gli ordinarono l'orazione a Bonaparte che i delegati di Milano si ripromettevano di leggere ai Comizi di Lione dove sarebbe stata proclamata la Repubblica italiana. Avevano scelto male. Pur con tutti i suoi difetti, Foscolo non era un Monti pronto a sciogliere inni e a scampanare elogi al padrone di turno. Ci si provò. Impiegò mesi, lui scrittore di vena zampillante e rullante, a redigere quel testo che gli era diventato addirittura un incubo. Ma non riuscì a essere servile. La sua orazione a Lione non fu letta, ma fu letta dai milanesi che se la passavano dall'uno all'altro, e tutti vi riconobbero la mano di un uomo libero, quale Foscolo era, in un Paese di cortigiani. Alla fine, dopo scenate e burrasche, trovò la forza di liberarsi anche di Antonietta. Ad epitaffio, scrisse: «Fu l'amore più laido della mia vita». Ma non aveva che venticinque anni.

Per disincagliarsi da Milano, dove non poteva più vedersi, chiese a Melzi d'Eril un posto di diplomatico a Parigi o a Firenze, ma non l'ottenne. Ottenne solo di esser richiamato come capitano e mandato col contingente italico a Valenciennes, dove Napoleone stava raccogliendo l'esercito per tentare lo sbarco in Inghilterra. Non c'erano molte distrazioni, a Valenciennes. Ma c'era una colonia d'inglesi che, sorpresi in Francia dalla guerra, erano stati confinati lì. Foscolo diventò subito amico di uno di loro, il maggiore Hamilton, titolare di un comodo villino, di una moglie e di una figlia, Fanny. Non era bella, era anzi un po' sbiadita, ma in quei paraggi non c'era di meglio, e Foscolo non era uomo da rinunziare a una donna, specie se si accorgeva di esercitare su di essa del fascino, e su Fanny egli ne esercitava visibilmente moltissimo. Quando di lì a due mesi fu trasferito a Calais, la ragazza gli scrisse ch'era incinta. Ugo rispose, in carattere con la sua magnanimità, che avrebbe fatto fronte, ma poi se ne dimenticò. Fanny riuscì a rimediare trovando un altro marito, e affidando la creatura a sua madre. Foscolo era le mille miglia dall'immaginare che nella sua vita essa avrebbe contato qualcosa.

A Calais e poi a Boulogne ebbe ancora altre avventure con mogli e figlie degli ufficiali francesi. Nessuna donna riusciva a passare accanto a questo brutto uomo senza sentirsi turbata dai suoi veementi monologhi e dai suoi procellosi silenzi. Nel 1806, quando Bonaparte ebbe definitivamente rinunziato a invadere l'Inghilterra, rientrò a Milano carico di lettere e di ciocche di capelli, e corse a Venezia a salutare la madre, che non vedeva da nove anni. Pianse di tenerezza fra le braccia di quella povera donna incanutita, che sopportava con dignitoso coraggio la sua solitudine e povertà. Essa gli disse che Isabella Teotochi, ora contessa Albrizzi, aveva saputo del suo arrivo e voleva rivederlo. Anche lui voleva rivederla, e corse da lei, convinto di trovare un rottame. No. Sebbene avesse già quarantaquattro anni, era ancora bella. Le propose una visita al Terraglio, la fastosa villa di cui il nuovo marito l'aveva fatta padrona. Ci andarono, passeggiarono per i vialetti tenendosi per mano e fecero l'amore come dieci anni prima, su una proda.

Questo poscritto fu l'unico suo amore placido e senza tempeste, e durò due mesi. Poi dovette rientrare a Milano, ben deciso a concentrarsi unicamente sui suoi lavori e a mettervi un po' d'ordine. Pur in mezzo a tutti quei tramestii aveva sempre continuato a produrre, ma in maniera dispersiva e sommaria, mandando avanti parecchie cose alla volta secondo gli estri e gli umori: lavori di erudizione come la *Chioma di Berenice* e il *Didimo Chierico*, di traduzione come il *Viaggio sentimentale* di Sterne, l'abbozzo di un romanzo autobiografico. Foscolo non aveva una preparazione culturale organica e profonda. Le sue letture erano state molte, ma frettolose, e si possono desumere dal suo stile che fin allora le aveva riecheggiate un po' tutte: Plutarco, Petrarca, Ossian, Alfieri sono riconoscibilissimi. Forse egli sentiva che, per diventare se stesso, aveva bisogno di assimilare e decantare tutti questi elementi. Si mise a tavolino, scrisse *I Sepolcri*, e corse a Brescia dallo stampatore Bettoni per pubblicarli.

Quest'uomo disordinato, che scriveva quando e dove gli capitava e spesso perdeva i suoi brogliacci, quando si trattava di stampa era meticoloso fino alla manìa, una vera disperazione per i tipografi. Non aveva tempo per gli amici e gli ammiratori locali che lo avevano festosamente accolto, non ne ebbe nemmeno per accorgersi della contessa Marzia Martinengo, la *star* di Brescia. Ma, tornato a Milano dopo la pubblicazione del carme, ci ripensò. Il lavoro riscosse gran successo perché ribadiva l'immagine ormai accreditata, e allora di gran moda, del magniloquente poeta delle tombe. E sulle ali di questo successo tornò a Brescia per farsi perdonare da Marzia la sua distrazione. Essa non chiedeva di meglio.

Anche questo fu un amore abbastanza placido che non turbò il suo accresciuto impegno di lavoro. Ora gli era nata in corpo una nuova ambizione: la cattedra universitaria, e tanto fece che la ottenne, a Pavia. Convinto che quello fosse il suo definitivo destino («Ho varcato i trent'anni, e bisogna ch'io pensi alla quiete e alle lettere»), s'indebitò fino al collo per mettervi su una casa comoda insieme all'amico Montevecchio, un ricco signore marchigiano che faceva lo studente di professione. Per la prolusione, cui aveva lavorato per mesi, aveva invitato tutte le maggiori personalità di Milano, meno quelle ufficiali. C'era anche Monti, che gli aveva raccomandato: «Aggiungi un cenno che apertamente tocchi le laudi del Principe», cioè di Napoleone e del viceré Eugenio. Ma Foscolo ignorò volutamente l'uno e l'altro, e forse non fu questa l'ultima ragione dell'immenso successo che riportò. Particolarmente entusiasti, i giovani gridarono: «Alle stampe, alle stampe!» E l'autore consentì. «Il Principe, ti raccomando il Principe!» insisté Monti che, da vero letterato italiano, non poteva concepire uno scritto senza cortigianerie. Ma neanche stavolta Foscolo l'ascoltò. Se lo guidasse un amore di libertà o non piuttosto un'orgogliosa e proterva affermazione del proprio *io* di stile alfieriano, è difficile dire. Comunque, poco dopo la cattedra venne soppressa, e lui si ritrovò ancora una volta sul lastrico e con tutte le spese della casa da rifondere ai creditori.

Quei primi mesi del 1809 furono duri, anche sul piano sentimentale. Carezzando vagamente propositi matrimoniali, aveva messo gli occhi addosso alla figlia del conte Giovio, Cecchina, ma nello stesso tempo aveva teso le reti alla bella moglie d'un banchiere, Maddalena Bignami, che ci s'impigliò volentieri. Anche per un poligamo di quella forza, era difficile far fronte contemporaneamente a tanti impegni, molto più che non aveva ancora disdetto quelli con Isabella a Venezia e con Marzia a Brescia. Per tenerle a bada, le inondava di lettere, e non si capisce dove trovasse il tempo di scriverne tante. Forse pescava nel vasto archivio accumulato nella prima adolescenza.

Ma sopravvenne una complicazione, cui Ugo non era abituato. Fin lì, anche se non aveva sempre avuto la mano felice nello scegliersi le amanti, l'aveva avuta sempre felicissima nello scegliersi i mariti delle amanti, che non lo avevano mai importunato. Ma il banchiere trovò da ridirne, e lo disse così forte che Maddalena tentò di suicidarsi. Al dramma sentimentale si aggiunsero quelli letterari. Un diverbio di salotto con Monti sfociò in una violenta polemica sui giornali, in cui Foscolo riuscì a tirarsi addosso tutta la cultura accademica italiana. Al pericoloso attaccabrighe non eran rimasti fedeli che pochi giovani e soprattutto uno venuto apposta da Torino per conoscerlo e fargli gratuitamente da segretario: Silvio Pellico.

L'occasione di sfogarsi, fu Ugo stesso a offrirla ai suoi nemici, mettendo in scena la sua seconda tragedia, *L'Ajace*. L'attesa era tale che il lavoro venne rappresentato alla Scala e migliaia di persone furono respinte per mancanza di posti. C'era tutto il governo, c'era tutto il senato, c'era tutta l'alta società, c'erano le falangi della gioventù foscoliana impazienti di applaudire il loro bardo, ma c'erano anche le sue vittime, Monti alla testa, che speravano in un suo passo falso. E lo aveva fatto. Alla fine dei primi tre atti, i fedeli trascinarono all'applauso la platea. Ma gli altri due, lenti e prolissi, caddero fra sbadigli, risatine e motteggi. A trar dai guai lo sfortunato autore provvidero le autorità vietando ulteriori rappresentazioni, e ne avevano di che: l'unica cosa buona dell'*Ajace* erano le scoperte e poco lusinghiere allusioni a Napoleone impersonato in Agamennone. E così l'autore, bocciato come trageda, si prendeva la sua rivincita come vittima della persecuzione.

Andò a ritemprarsi per qualche mese a Venezia da sua madre e da Isabella, poi si trasferì a Firenze sempre trascinandosi dietro una lunga coda di litigi, di duelli e di debiti. E anche lì le donne gli furono subito intorno come falene a un lume, attratte dalla fama non soltanto dei suoi libri, ma anche delle sue passioni e dei suoi scandali. Stupisce di trovare fra di esse una creatura senza debolezze intellettuali e mondane come Quirina Magiotti Mocenni, una tipica terriera toscana più fattoressa che dama, avvezza a trattar coi contadini di viti e d'olivi. Non era bella, non faceva nulla per sembrarlo, e Foscolo la corteggiò soltanto perché era amica della D'Albany, la vedova di Alfieri. Essa lo amò non perché era Foscolo, ma sebbene lo fosse: fu l'unico uomo della sua vita, e lo fu per sempre.

Firenze rappresentò la sua stagione alcionica, anche come poeta. Fu qui che compose il più e il meglio del suo capolavoro lirico, *Le Grazie*, un canto finalmente sottovoce in cui zampilla la sua vena più sincera, quella che non ha bisogno di forzare i toni e schiamazzare. Era diventato il centro del salotto D'Albany, che a sua volta era il centro della società colta fiorentina e italiana. La prepotente e invadente Contessa aveva preso a proteggerlo ritrovando in lui molto del suo Alfieri. Secondava le sue debolezze di narciso facendolo ritrarre dal pittore Fabre ch'era anche il suo amante e buttandogli fra le braccia le più belle donne di Firenze perché Quirina, naturalmente, non gli bastava. Quirina sopportava senza proteste le sue infedeltà, provvedeva alla sua biancheria, gli pagava i debiti, lo curava quando era malato – e lo era spesso –, subiva i suoi scoppi di collera e le sue crisi d'ipocondria. Ugo non aveva un soldo, ma questo non gl'impediva di tenere casa, servitù, cavallo e uno scelto guardaroba perché, tutto sommato, era un *dandy*. Nelle conversazioni di salotto teneva banco, ma guai a chi disturbava i suoi monologhi. Alla minima contraddizione, dava in escandescenze, strappava il fazzoletto, si mordeva le mani, imprecava, minacciava, se ne andava sbattendo la porta. Ma i fiorentini lo avevano capito, lo lasciavano fare e alle sue provocazioni rispondevano con inviti. Lo lasciava fare anche la granduchessa Elisa Baciocchi, sorella di Napoleone, sebbene egli seguitasse a fare la fronda ai regimi francesi. Ma era Foscolo.

Si precipitò a Milano quando gli giunse notizia che la censura aveva fermato la sua nuova tragedia *Ricciarda*. Era la più brutta delle tre che aveva composto, sebbene anche le altre due valessero poco. Ma lui era convinto che questo fosse il suo capolavoro, e tanto fece che, con qualche taglio, riuscì a farla accettare. L'opera venne data a Bologna, e cadde. Ugo tornò a Firenze immusonito, ma non soltanto del fiasco. Era la fine del '12, e dalla Russia cominciavano ad arrivare le prime notizie del gran disastro. Uno dei suoi più cari amici era caduto a Smolensk e, pur con tutto il suo odio per Napoleone, Foscolo cominciava a sentirsi un imboscato. «Che faccio io qui? come mentirò? con chi mentirò?» scriveva a una delle sue tante amanti col suo abituale accento di sincero bugiardo. E più tardi, a un amico: «La mia Dulcinea è l'Italia, e questa donchisciottesca passione di patria non mi lascia tanto buon senso che basti a ragionar placidamente: ogni passo degli austriaci verso il Regno mi calpesta le ali del cuore».

La D'Albany, che amava Foscolo anche per il suo antinapoleonismo, era indignata di questo «tradimento». Ma Foscolo non l'ascoltava più. L'antinapoleonismo di coloro che, come il Monti, fin allora non avevano fatto che osannare Napoleone trionfante e ora gli sputavano addosso perché lo vedevano sconfitto, lo nauseava. Rispose alla Contessa: «Tiranno era, e sarebbe in ogni evento incorreggibilmente tiranno, questo nostro conquistatore; era, con pensieri sublimi, d'animo volgarissimo; bugiardo inutilmente, gazzettiere e droghiere universale, ciarlatano anche quand'era onnipotente. Ma egli aveva un altissimo merito presso di me: aveva riuniti e educati alla guerra sei milioni d'italiani». E lui era e si sentiva, nel momento del pericolo, uno di questi.

Rientrò di furia a Milano, chiese e ottenne l'onore di rivestire la sua divisa di capitano e, nonostante la sua vecchia antipatia per il viceré Eugenio, spinse i suoi amici a stringersi intorno a lui per l'estrema difesa del Regno Italico. Le manovre, le congiure, le rivalità che disunivano il mondo milanese e ne minavano la volontà di resistenza, lo disgustarono. Il 20 aprile del '14 si trovò coinvolto in una dimostrazione di folla imbestialita. Era quella che dava l'assalto alla casa del ministro Prina. Coraggiosamente, rischiando il linciaggio, cercò di strappare la vittima dalle mani di quei forsennati, e gli andò bene che si limitassero a immobilizzarlo con una corda. Chiamò a raccolta intorno a sé Pellico e gli altri pochi su cui poteva ancora contare per organizzare bande partigiane in Valtellina e nel Bergamasco, visto che il governo, invece di mobilitare l'esercito, lo aveva consegnato nelle caserme per lasciarlo in balìa degli austriaci. Di sua iniziativa, andò a parlare col generale Macfarlane per sollecitarne l'appoggio inglese. Non ottenne nulla. Ottenne solo che il governo provvisorio, per disfarsi di lui, gli affidasse una vaga missione a Bologna, donde lo richiamò a cose fatte, cioè subito dopo la restaurazione del dominio austriaco sul Lombardo-Veneto.

I suoi sogni d'italiano eran finiti: Dulcinea lo aveva tradito. Si trasse in disparte rifugiandosi nella letteratura. Non aveva più voglia di veder nessuno, e nessuno aveva più voglia di veder lui. Nessuno, meno il generale austriaco Ficquelmont, che un giorno lo convocò non soltanto per conoscerlo, ma anche per offrirgli la direzione di un nuovo giornale. Colto di sorpresa, Foscolo chiese tempo per riflettere. Era chiaro che volevano servirsi del suo nome per accreditare il nuovo regime presso la pubblica opinione; ma la proposta era allettante. Rimase in forse quanto gli bastò per accorgersi che già quell'indecisione bastava a farlo passare per traditore agli occhi di molti, fra cui anche Confalonieri. Invece di tornare da Ficquelmont, chiamò Pellico, gli affidò le sue carte, e una notte di marzo del 1815 traversò clandestinamente la frontiera svizzera spingendosi avanti un mulo carico di bagaglio.

In Svizzera, dove naturalmente gl'italiani dissero ch'era stata l'Austria a mandarlo come spia, rimase un anno, lo impiegò a scrivere una satira, *L'Ipercalisse*, che moltiplicò i suoi nemici – e Dio sa se ne aveva bisogno –, e a impazzire dietro una donna ancora più pazza di lui, Veronica Römer, moglie del banchiere italiano Pestalozzi. Brutta e diabolica, essa gli dava in lettura le lettere di un altro suo amante. Foscolo lo sfidò a duello. Poi, esasperato, denunziò la tresca al marito, che non ci credette. Foscolo gli chiese perdono. Lo chiese a Veronica. Poi lo chiese anche a

Quirina, raccontandole per filo e per segno la poco edificante faccenda e foscolianamente concludendo: «La frenetica febbre del mio cieco rimorso durò per l'appunto otto giorni, da una domenica all'altra. Ora sono io, io in tutta la forza naturale: verace e severo giudice di me stesso; non però avvilito: anzi rincuorato a seguire con piede fermo il corso della mia vita».

Questo corso lo conduceva in Inghilterra proprio nel momento in cui dall'Inghilterra partiva per l'Italia il suo vero fratello: Giorgio Byron. I due Paesi si scambiavano se non i loro più grandi poeti, certo i loro più grandi «posatori», che infatti s'incontrarono sul lago di Ginevra, ma non si conobbero né riconobbero. C'era anche, in quei paraggi, la signora De Staël, ma lo scontroso Foscolo non volle vederla e proseguì. Aveva chiesto a Quirina di raggiungerlo e di sposarlo, ma la saggia fattoressa ebbe il buon senso di vincere la tentazione: «Vivi senza inquietudine alcuna, e ad ogni tuo bisogno non ti dimenticare che mi hai chiamata madre, sorella, figlia e amica. Questi titoli fanno la mia gloria: sono sacri al mio cuore e ne vado superba. Addio, mio figlio, mio fratello, mio amico, addio!» Mai smise di scrivergli e di aiutarlo.

A Londra ebbe subito un posto a tavola in casa Holland, il più brillante e cosmopolita convegno di tutto il Gotha politico e culturale. C'era Wellington, il vincitore di Napoleone, c'era il primo ministro Castlereagh, c'erano Greville, Russell, Campbell, Hobhouse. C'era il Manzoni inglese, Walter Scott, che fu l'unico a detestare l'ospite italiano «brutto come un babbuino che, quando parla, sembra un porco a cui taglino la gola». Non aveva tutti i torti perché, tra quei suoi flemmatici e misurati amici, Foscolo si sentì in dovere di accentuare la propria teatralità. Si dimenava, urlava, predicava nel suo pessimo inglese, e una volta per poco non procurò un coccolone al vecchio Wordsworth afferrandolo in una discussione per il collo. Ma gl'inglesi, che da un inglese non avrebbero mai tollerato simili scompostezze, da un italiano le accettavano come nota di «colore». Trovavano quel forsennato «talmente originale che riesce ad esserlo anche quando se lo propone». E naturalmente, come sempre, le più entusiaste erano le donne che però, a differenza delle italiane, si scaldavano al suo fuoco senza lasciarsene incendiare.

Ma bisognava anche vivere, e questo era meno facile. Fin lì, gli aiuti dall'Italia non gli erano mancati. Suo fratello si era ridotto al verde per rifornirlo e anche gli amici più poveri gli avevano mandato il loro obolo. Foscolo non era un parassita, ma non aveva nessun senso del denaro e non si dava nessun pensiero neanche di quello degli altri. «In Inghilterra – scriveva – la povertà è vergogna che nessun merito lava». E lui, per non macchiarsene, arricchiva il guardaroba e si manteneva anche un cavallo con cui rincorreva le carrozze delle signore. Un'importante rivista gli commissionò una serie di lettere, ora conosciuta come *Gazzettino del bel mondo*, uno dei suoi migliori scampoli di prosa per trasparenza e levità. Ma attendeva anche ad opere più serie come i saggi su Dante, Petrarca e Boccaccio e quello sulla letteratura italiana contemporanea, che comparve con la firma di Hobhouse, ma in cui tutti riconobbero la sua furia polemica, i suoi amori e soprattutto i suoi odi, che naturalmente gliene valsero molti anche a lui. Sulle proposte di altri lavori che gli piovvero da tutte le parti, egli non si limitò a costruire un castello di sogni, volle anche realizzarlo affittando addirittura una villa, riempiendola di mobili pregiati e oggetti d'arte, e tenendovi mensa imbandita per tutti gl'italiani di passaggio. Ci venne Capponi, cui Foscolo diede il piano del giornale che avrebbe dovuto fare con Ficquelmont e che poi, portato a Firenze, servì di modello all'*Antologia* di Vieusseux. E ci venne anche

Confalonieri fingendosi pentito dei sospetti nutriti su di lui. In realtà seguitava a detestarlo e, rientrato a Milano, contribuì a diffondere malevoli voci sul suo conto. Il terreno era ricettivo perché, nel suo saggio sulla letteratura contemporanea, Foscolo aveva offeso tutti e specialmente il Monti che lo accusava di «disprezzantropia». Non potendo più dire ch'era al soldo dell'Austria, dicevano che si era venduto al governo inglese, lo attaccavano su tutti i giornali, e Ugo non rispondeva. Aveva da pensare a ben altro: alle cambiali in scadenza.

Fu a questa svolta che s'imbatté in una vecchia signora che viveva in una villetta poco distante dalla sua insieme a una nipotina, e il cui nome gli ricordava qualcosa: Hamilton. Era la madre della ragazza ch'egli aveva lasciato incinta a Valenciennes, e quella nipotina, Floriana, era sua figlia. La nonna che aveva provveduto ad allevarla doveva essere proprio di buon carattere perché non solo non gli tenne il broncio, ma anzi lo accolse affettuosamente e, siccome si sentiva vicina alla fine, accettò la sua proposta di affidargli la bambina con la relativa dote: tremila sterline.

Non era, neanche a quei tempi, un gran capitale. Ma a Foscolo parve immenso. E quando, di lì a poco, ne ebbe la disponibilità, decise di moltiplicarlo con un buon investimento immobiliare. Comprò un terreno in una zona che gli sembrava di sicuro avvenire, e ci costruì non una villa, ma tre: una per viverci con Floriana, le altre due per affittarle. Disse che a lui bastavano tredici stanze e tre cameriste, che furono una dopo l'altra anche sue amanti. Ma ai mobili pregiati e alle opere d'arte non rinunciò. Quando Floriana venne a insediarvisi, trovò la casa già assediata dai creditori.

Cominciò, per Foscolo, una disperata ed eroica lotta contro la miseria. Gli editori, che se n'erano accorti, lo prendevano alla gola ordinandogli le fatiche più ingrate e dimezzandogliene la retribuzione. Per Foscolo, che non aveva mai saputo lavorare su ordinativo, era una dannazione rovinosa per i suoi nervi. A scrivere di cose che non lo interessavano faticava, e si sentiva. Più la sua prosa si faceva rugginosa, più le commissioni si diradavano, più si appesantivano i debiti. Gli portarono via il terreno, le case, i mobili. Riuscì a salvare solo i suoi libri e il pianoforte di Floriana, diventata la sua unica consolazione. La povera ragazza si era affezionata a quel padre tormentato e tormentoso, lo seguiva senza protestare da un trasferimento all'altro in appartamenti sempre più squallidi in quartieri sempre più miserabili. Gl'italiani che venivano a visitarlo dovevano faticare per scovarlo, e spesso lo trovavano a letto o su una poltrona che seguiva con sguardo assente i motivi che Floriana gli suonava. Aveva passato di poco la quarantina, ma già aveva perso quasi tutti i denti, l'oftalmia lo rendeva mezzo cieco, e ai disturbi renali che lo avevano sempre afflitto se n'erano aggiunti altri di fegato e di vescica. Andavano a tenergli compagnia i due protagonisti dei moti del '21, il napoletano Pepe e il torinese Santarosa insieme agli altri scampati: Pecchio, Ugoni, Scalvini. Sebbene tutti in miseria, portavano a Floriana cibi e piccoli sussidi per le medicine. Qualche volta Foscolo non si accorgeva nemmeno della loro presenza, qualche altra li arringava nei soliti toni concitati brandendo, alla minima obbiezione, la pistola che teneva sempre, carica, sul comodino da notte. Quando le forze glielo consentivano, ridiventava prepotente. Trovò modo di sfidare un giornalista inglese a un duello che poteva essere mortale: pistola, venendosi incontro a volontà. Sparò prima il suo avversario, e fallì. Foscolo gli andò sotto il viso, e sparò in aria: un gesto in tutto degno di lui.

Ma coi creditori non poteva fare altrettanto. Dopo una notte passata a tavolino, Floriana lo vedeva partire all'alba coi suoi scartafacci alla ricerca di qualche redazione in cui collocarli. Un giorno non tornò: era finito in prigione per debiti. Gli amici italiani vennero a turno a portare scodelle di minestra alla ragazza, che sfioriva a vista d'occhio. Un altro giorno apparve su un giornale un annunzio pubblicitario: il signor Foscolo offriva lezioni d'italiano, anche fuori Londra, a due scellini l'ora. A questo si era ridotto. Eppure, seguitava a litigare con tutti: anche con Byron, per lettera. Ma quando questi morì in Grecia, Foscolo fu sopraffatto dal rimorso e propose a un editore un saggio apologetico su di lui. Quando ebbe consumato gli ultimi vestiti e le ultime calze di seta, fece perdere a tutti le sue tracce nascondendosi in un tugurio e iscrivendo sulla porta un nome falso.

Trascorse gli ultimi mesi a descrivere a Floriana il meraviglioso viaggio che insieme avrebbero fatto a Venezia, a Firenze, a Zante, e la bella casa che li aspettava in riva al mare, ombrata di pini e di cipressi. Ci sarebbero state camere per tutti gli amici: per Santarosa (ch'era morto in Grecia), per Pellico (che languiva nello Spielberg). Il colpo di grazia glielo dette la proposta, poi ritrattata, di una cattedra d'italiano all'Università. Si mise a letto, e i medici dissero: «Idropisia». Fino all'ultimo seguitò a parlare del meraviglioso viaggio, e quando capì ch'era la fine chiese a Floriana di aprire la finestra per lasciar entrare un raggio di sole. Sulla scrivania c'era un testamento di sei righe: «Cara figlia, il denaro è pagato. Lasciane L. 50 al nostro amico, sig. Roberts, perché rimborsi se stesso e paghi qualche conto dovuto. E conserva il reso per te. Tuo padre». Era il 16 settembre 1827. Foscolo non aveva ancora compiuto cinquant'anni. Della brillante società mondana e intellettuale che lo aveva così festosamente accolto al suo arrivo, nessuno seguì la sua bara che fu sepolta sotto una nuda pietra nel piccolo cimitero di Chiswick. Solo un paio di settimane dopo, la *Litterary chronicle* gli dedicò questa necrologia: «Mentre l'Europa ammira le opere dell'esule, la sua tomba mostri che nel nostro Paese vi sono alcuni che riverivano il suo ingegno, anche se deploravano gli errori della sua vita privata. Ora tali errori non sono più, e solo al suo genio noi intendiamo offrire questo tenue segno di rispetto».

In Italia i segni furono ancora più tenui, tant'è vero che Quirina seppe della morte di Ugo solo dopo qualche mese. Essa aveva sempre continuato a scrivergli, ma lui da anni non le rispondeva. Solo all'ultimo aveva scarabocchiato un biglietto per lei, ma non gliel'aveva mandato. Essa si rivolse al canonico spagnolo Riego, che si era preso cura di Floriana, perché le affidasse la ragazza. Ma anche Floriana era morta, consunta dall'etisìa.

L'oblìo di Foscolo durò quanto la rassegnazione degl'italiani alla situazione, politica e letteraria, contro cui Foscolo si era disordinatamente, ma vigorosamente battuto. La generazione che ridiscese nelle catacombe della congiura per preparare il '48 e il '59, lo riscoprì. Lo riscoprì a modo suo prendendone ciò che più le serviva e che non era di certo il suo meglio: l'enfatiche *Odi*, il melenso e convenzionale *Ortis*, le tragedie alfieriane, insomma lo stentoreo vate, il magniloquente e retorico tribuno. È logico. Era questo il Foscolo di cui gl'italiani avevano bisogno, ed è a questo che Mazzini rese omaggio quando, giunto esule a Londra, corse a inginocchiarsi sulla sua tomba.

Il poeta, per rivivere, dovette aspettare che le passioni decantassero. Esso è tutto o soprattutto nelle *Grazie*, dove il suo urlo si smorza, trattenuto dal pudore. È questo il segreto della loro perfezione tecnica e stilistica. Qui tutti i motivi della sua composita ispirazione, non sempre originali e autentici, trovano una misura perfetta e raggiungono una tersità e castigatezza di linguaggio cui, nelle sue opere giovanili, Foscolo non ci aveva abituato. La sua vera grande lirica comincia dove finiscono le sue «pose».

Quanto al prosatore, Foscolo lascia un solo romanzo, naturalmente autobiografico: l'epistolario. C'è di tutto – l'oro e il similoro, il dramma e il melodramma, il vero e il falso, la sincerità e la ciarlataneria – perché di tutto c'era in Foscolo. Ma Foscolo c'è.

LEOPARDI

«Nacqui di famiglia nobile in una città ignobile» scrisse Leopardi. Oggi questa città ignobile, Recanati, rigurgita di targhe dedicate a lui. Ne hanno messe dovunque sia passato o si sia seduto, e forse in questa postuma devozione c'è anche del rimorso: la provincia italiana prodiga sempre ai figli morti gli omaggi che gli nega da vivi. Finché ci rimase, Leopardi a Recanati fu conosciuto soltanto come «il figlio del Conte», o peggio ancora «il gobbo», anzi «il gobbo fottuto».

I Leopardi appartenevano a quella tipica aristocrazia di paese che faceva del nome e del rango un'autentica religione. Il loro albero genealogico era gremito soprattutto di Vescovi, nessuno dei quali tuttavia diventò Cardinale e tanto meno Papa. Il palazzo in cui nascevano e morivano, gelido e sussiegoso, sacrificava alla «rappresentanza» qualsiasi comodità: stanze solenni e piene di spifferi, servizi igienici rudimentali, niente bagni, niente angoli d'intimità. Di singolare, data l'allergia di questo ceto alla cultura, c'era solo la biblioteca.

Vi sovrintendeva il conte Monaldo, che aveva per i libri una passione sconfinante nella mania. Ne incettava dovunque potesse, mescolando testi classici e cianfrusaglie. Era un tipico nobile del Settecento. Non si era mai mosso da Recanati, e trovava del tutto naturale che fino a diciott'anni non gli avessero mai consentito di uscire di casa da solo. Vestiva ancora in parrucca, codino, polpe e spada. Alla spada teneva moltissimo: diceva che, portandola, si acquista il senso del decoro. Era stato un pessimo amministratore del suo patrimonio, non per dissipazione, ma per incuria. Lasciava andare in malora le sue terre, e la casa era piena di zii arteriosclerotici, di servitori in disarmo e di vecchi preti chiamati come tutori e sopravvissuti ai loro pupilli. Contro la volontà dei suoi, aveva sposato una ragazza della sua stessa condizione, la marchesa Adelaide Antici, che fu per lui «una benedizione divina e un divino castigo».

Quando si accorse in che condizioni la famiglia versava, essa prese tutto in mano desautorando completamente il marito e regolando la casa con ferrea avarizia. Non ci furono licenziamenti perché gl'impegni del rango lo vietavano. Ma quando i contadini le portavano le uova, le misurava con un anello: se ci passavano, le faceva sostituire con altre più grosse. Imponeva a tutti una dieta spartana, calzava scarpe da soldato e portava sempre lo stesso vestito con le tasche gonfie di chiavi perché in dispensa e in cantina c'entrava solo lei. Tutto era misurato e lesinato, anche la legna per il caminetto. Il marito, quando voleva procurarsi un po' di spiccioli, era costretto a rubare e a vendere di soppiatto qualche fiasco di vino o di olio. Non c'erano eccezioni neanche per i figli, che non possedettero mai un balocco e si passavano dall'uno all'altro gli abiti rivoltati. Giacomo scrisse più tardi che, quando uno di essi si ammalava (su dodici, gliene morirono sette), Adelaide era contenta perché pensava di regalare un angelo a Dio. Per uno solo si addolorò perché non aveva fatto in tempo a ricevere il battesimo, e perciò aveva perso il diritto alle ali.

Giacomo nacque nel '98, a sei anni lo vestirono da abatino, e quando lo portarono in chiesa per la prima comunione, sua madre entrò anche lei nel confessionale per condividere col prete i suoi segreti. Come primogenito, egli sedeva a tavola alla destra del padre che gli tagliava il cibo nel piatto e continuò a farlo anche quando Giacomo aveva venticinque anni e l'Italia già lo considerava un grande poeta. Gli aveva dato come tutore quello suo, un gesuita spagnolo, sebbene lo avesse qualificato «assassino dei miei studi». Ma in realtà il vero tutore era lui che, da quando era stato ridotto dalla moglie all'indigenza, non osava più uscir di casa, e passava la sua giornata in biblioteca. Qui crebbe Giacomo, sotto il vigile sguardo di quel padre a suo modo affettuoso, che non dubitò mai di poter e di dover fare di lui un altro se stesso: un pedante erudito, zelante suddito del Papa, insomma un vero conte Leopardi.

Il ragazzo lesse di tutto, avidamente e disordinatamente, anche perché altro non gli era consentito fare: neanche lui, fino alla maggiore età, ebbe il permesso di uscire di casa da solo. Non sapeva nulla di letteratura moderna perché la biblioteca si fermava al primo Settecento. Ma diventò un maestro di metrica latina e greca, sino a comporre perfette imitazioni dei poeti classici. Unici suoi amici erano il fratello Carlo e la sorella Paolina, venuti al mondo subito dopo di lui. Con la madre non aveva che rapporti disciplinari. Essa non s'interessò mai ai suoi studi, che disapprovava, né ai suoi successi che sempre le parvero futili. Quando, dopo la morte di Giacomo, un ammiratore venne a visitarne il palazzo e la complimentò per aver dato alla poesia un tale figlio, essa rispose soltanto: «Dio lo perdoni».

Con le ginocchia coperte da uno scialle di lana per difendersi dal freddo, curvo su un piccolo desco in un angolo buio che metteva a dura prova i suoi occhi, Giacomo cercava nei libri un'evasione. Del mondo esterno, non conosceva che le piccole fette inquadrate dalle finestre di quella casa-prigione. Un giorno ci vide stagliato un volto di ragazza, Nerina; un altro, quello di Silvia. Nerina era probabilmente una piccola popolana che in realtà si chiamava Maria Belardinelli; Silvia era certamente Teresa, la figlia del cocchiere; ed entrambe morirono giovanissime. Ma nessuno in famiglia ebbe il sospetto che quel ragazzo, ormai in là nell'adolescenza, covasse sotto la sua aria mansueta, timorosa e silenziosa, degl'impulsi. La morale delle famiglie alla Leopardi consisteva nell'ignorare le cose disdicevoli o imbarazzanti. Ignorarono anche, pur avendolo tutto il giorno sotto gli occhi, che a furia di stare reclinata sul desco, la spina dorsale del ragazzo si era deformata. E quando lo zio Antici, fratello di Adelaide, scrisse a Monaldo di mandargli Giacomo a Roma per fargli curare la malformazione, Monaldo rispose indignato che il figlio stava benissimo, era un fiore, e con sublime egoismo aggiungeva che, essendo il suo unico amico, non intendeva privarsene.

Fu una traduzione dell'*Eneide* che permise a Giacomo di trovare un contatto col mondo. Ne mandò copia, con ossequiose dediche, a tre dei letterati più in vista. Monti e Mai gli risposero con una degnazione non priva di riserve; Giordani con una lettera piena di calorosi elogi. Giacomo si aggrappò a lui come il naufrago a una zattera, lo sommerse di lettere-fiume, e alla fine lo costrinse a venire a Recanati. Prete contro voglia, di convinzioni liberali, un po' retore, un po' enfatico, ma generoso e pieno di calore umano, Giordani capì subito la tragedia di quel ragazzo, e lo istigò a evadere dal suo sordido ambiente familiare. Più tardi Monaldo accusò Giordani di aver abusato dell'ospitalità «rubandogli» il figlio e lo trattò di «miserabile apostata». Dal suo punto di vista, non aveva tutti i torti. Giordani aveva dischiuso a Giacomo insospettati orizzonti facendogli sentire ancora di più la sua condizione di prigioniero, e lo aveva a tal punto contagiato dei suoi entusiasmi da ispirargli due odi patriottiche: una *All'Italia*, l'altra *Sopra il monumento di Dante*. De Sanctis dice che sotto lo stile artificioso palpita un sentimento genuino, ma noi ci permettiamo di dubitarne: anzitutto perché al sentimento genuino qualsiasi artificio ripugna, eppoi perché al patriottismo Giacomo si era mostrato fin allora refrattario. Anzi, due anni prima aveva composto una dotta orazione sulla «liberazione» delle Marche, cioè sulla restaurazione del dominio papale. Era farina non del sacco suo, ma di Monaldo, d'accordo. Ma, se l'orecchio non ci tradisce, anche queste due odi erano farina non del sacco suo, ma di Giordani. Tuttavia quelle due poesie, pubblicate con l'*imprimatur* del Papa, corsero l'Italia, esaltarono e furono esaltate da tutti, per un pezzo. Carducci dice di esserne stato, da ragazzo, travolto; e i volontari del '59 si arruolavano al grido: «In chiesa col Manzoni, alla guerra con Leopardi». L'unico che di quegli entusiasmi non si entusiasmò fu Monaldo, per il quale l'Italia era una bestemmia.

Il successo rese Giacomo ancora più impaziente. Nel '19 – e aveva ormai ventun anni – scrisse di nascosto a un amico di casa, a Macerata, di procurargli un passaporto. Ma questo fu intercettato da Monaldo, che ne fu quasi più sorpreso che costernato. Non riusciva a capacitarsi come un figlio, a cui seguitava a tagliare la carne nel piatto, desiderasse allontanarsi da lui e – peggio ancora – glielo avesse nascosto. Per sua fortuna, non lesse la lettera che Giacomo aveva già scritto per congedarsi da lui. Condita delle solite formule di ossequio, era una tremenda requisitoria che ci ricorda quella di Kafka contro suo padre.

La delusione lo immerse ancora di più nelle sue mestizie, e una crisi di oftalmia gliele rese ancora più acute impedendogli di cercare scampo nel lavoro. Ma fu proprio in questi mesi di disperazione ch'egli maturò i suoi primi autentici componimenti poetici, gl'*Idilli*. Egli stesso riconosce di averne derivato e filtrato l'ispirazione più dalla letteratura che dall'esperienza diretta, e Tommaseo paragonava velenosamente quelle poesie a palinsesti screpolati e rimanipolati in cui, sotto la scrittura fresca, affiora l'antica. C'è del vero. Dagl'*Idilli* affiora la lirica greca, ma con una tersità e lievità degne di Teocrito. Più tardi Leopardi scrisse che aveva mirato esclusivamente alla semplicità e naturalezza, e lo confermano i tormentatissimi manoscritti che recano i segni di una lotta a oltranza contro il superfluo. Giustamente Momigliano parla della «sublime povertà» del suo vocabolario, ridotto all'essenziale.

Dopo quella prima fioritura, seguì un altro anno di macerazione e di silenzio, ch'egli impiegò a riempire oltre mille pagine dello *Zibaldone*, che ne conta quattromilacinquecento. Credo che siano in pochi ad averle lette tutte senza saltarne nessuna, e noi non siamo di questi. Ma chi non ne conosce almeno le parti essenziali, non può conoscere Leopardi. Più che un diario, lo *Zibaldone* è una specie di magazzino in cui per quindici anni egli stivò di tutto: i piccoli eventi della sua vita povera di eventi, le fantasie, i progetti, i sogni, i commenti critici alle opere sue e altrui, i ricordi, le confessioni, i rimpianti, le cose più grandi e le cose più misere che gli passavano per la testa.

Quando fu pubblicato, i contemporanei ammirarono soprattutto le annotazioni filologiche e filosofiche che lo gremiscono, e ancora una volta a dirigere il coro delle lodi furono i pedanti. Sainte-Beuve, che se n'intendeva un po' di più, vedeva nello *Zibaldone* il documento del «gusto» di Leopardi, e aveva ragione. Leopardi era effettivamente un grande filologo, ma non fu grande perché era filologo. Quanto alla filosofia, non era il suo pane. Il suo pane era la letteratura. E intendiamoci bene: non è che quella dello *Zibaldone* sia tutta di alto interesse e qualità. In questo monumentale bric-à-brac si trovano preziose notazioni, scoperte, frammenti di genio, illuminazioni, scintille, pepite d'oro, ma anche uggiose ripetizioni, lungaggini, argomentazioni rugginose e involute, goffo letteratume, piagnucolii, mal riusciti tentativi di satira. Insomma, ci si trova tutto Leopardi: quello grande dei futuri *Canti* e quello mediocre delle *Operette morali*, che vi son già tutte contenute *in nuce*, e che avrebbe fatto meglio a lasciare a questo stato embrionale.

L'evasione venne alla fine, nel '22, col consenso di Monaldo, che si rassegnò a lasciarlo andare a Roma insieme al cognato Antici. Il viaggio in carrozza durò sei giorni. Era la prima volta che Giacomo usciva da Recanati e poteva vedere quel mondo di cui si sentiva e si mostrava così ansioso. Eppure, non lo guardò. Mai una volta mise la testa fuor del finestrino per scoprire un paesaggio o ammirare una chiesa. La tenne sempre reclinata su un testo greco, di cui andava chiosando le pagine, del tutto sordo al mistico incanto dell'Umbria e alla solennità dell'Agro.

Pochi giorni dopo l'arrivo, scrisse al fratello una lettera intrisa di delusione. Roma non gli piaceva. In realtà era lui che non era piaciuto a Roma, dove aveva sperato di essere accolto a braccia aperte, adottato nei salotti e nelle accademie, e dove invece si era avvisto che pochi lo conoscevano e quei pochi non gli davano molto peso. Voleva incontrar Canova, cui Giordani lo aveva presentato per lettera, ma scoprì ch'era morto pochi giorni prima. Angelo Mai, cui aveva dedicato un'ode, lo accolse con cortesia, ma niente di più. Il più ospitale fu Cancellieri, «il bell'abate» come lo chiamavano, erudito e mondano, che lo invitò alle sue serate, dove il piccolo provinciale timido, impacciato e deforme, senza punto allenamento alla conversazione e alla battuta spiritosa, si sentì e mise tutti a disagio. Egli rimase completamente estraneo alla Roma dei grandi palazzi, delle grandi feste e anche della pittoresca plebe, che descriveva Stendhal, il quale vi si trovava anche lui proprio nello stesso periodo. L'unico amico che vi si fece fu uno straniero, l'ambasciatore di Prussia Niebuhr, il quale a tal punto lo stimava e amava che ne propose l'assunzione alla Corte del Papa. Ma per entrarci bisognava o prendere i voti, o almeno indossare quella cappa clericale che si chiamava *mantelletta*. E Giacomo non ne volle sapere. Forse, tutto sommato, cercava solo un pretesto per tornarsene a Recanati di cui, dopo averla tanto maledetta, ora sentiva la nostalgia: lì, almeno, era pur sempre il conte Leopardi. E infatti, dopo cinque mesi, vi si riaccasò.

Fu allora che scrisse quelle *Operette morali* in cui si sente benissimo lo sforzo di riconsiderare la vita e le sue amarezze con sorridente distacco. Ma appunto perché questo sforzo si sente, non è riuscito. Sorridere, Leopardi non sapeva. Spirito, ironia e scetticismo non sono motivi del suo repertorio; e quando li tenta, ci fa magre figure. Egli non conobbe il suo coetaneo Schopenhauer. Ma Schopenhauer conobbe lui, sia pure da morto, e ne diede la giusta definizione: il poeta del dolore, così come egli stesso ne era il filosofo. Leopardi è tutto lì, e fuori di lì non è nulla.

A Recanati rimase due anni, quanti gli bastarono per rimettersi a covare propositi di evasione. A fornirgliene il pretesto fu il suo editore milanese Stella, che gli propose di curare l'*Opera omnia* di Cicerone. Sebbene il compenso fosse assai modesto, Giacomo accettò subito e per strada si fermò a Bologna, che gli piacque molto per la festosità con cui lo accolsero Giordani e Brighenti. Milano invece non gli piacque punto perché vi trovò la stessa indifferenza che lo aveva ferito a Roma, tanto che persuase Stella a lasciargli continuare il lavoro a Bologna, dove tornò subito dopo. Non sapeva come tirare avanti perché il salario non gli bastava neanche per la pensione, ma ebbe la ventura (una delle poche della sua disavventuratissima vita) di trovare una ex-cameriera di casa sposata a un oste che gli offrì un posto permanente alla loro mensa. Monaldo avrebbe rabbrividito all'idea di un conte Leopardi sfamato dalla cameriera. Ma Giacomo non aveva scelta, e il conto lo saldò componendo per lei una poesia, l'unica poesia di Leopardi scritta, diciamo così, «su ordinazione», e purtroppo andata persa. Per combattere il freddo, lui che il freddo lo soffriva moltissimo, lavorava dentro un sacco imbottito di piume, ma a riscaldarlo era soprattutto il calore umano dei bolognesi. Diede pubblica lettura di un suo poema all'*Accademia dei Felsinei*, e diventò ospite abituale del salotto della contessa Malvezzi, una fiorentina diventata «prima signora» di Bologna non grazie alle sue brutte poesie – com'essa credeva –, ma al nome che portava e alla vivacità della sua conversazione.

Non era bella. Non era più neanche molto giovane. Ma era, alla fine, una donna, cosa per lui assolutamente nuova. Non si sa se ne fu veramente innamorato. Si sa soltanto che spinse la sua galanteria fino a elogiare pubblicamente i suoi poemi. Poi, un giorno, ne fu messo alla porta. Corse voce che si fosse gettato ai piedi della Contessa e che costei avesse chiamato il cameriere per ordinargli un bicchier d'acqua per il signor Conte che si sentiva male. Fatto sta che, tempo dopo, Giacomo scrisse a un amico: «Ho visto il poema della Malvezzi. Povera donna!»

Ancora una volta tornò a Recanati, e ancora una volta ne fuggì, diretto a Firenze, oramai capitale della cultura italiana. Vieusseux, che da un pezzo lo aveva scoperto e invitato a collaborare all'*Antologia*, lo accolse con molta cordialità nel suo *Gabinetto*, dove tutti s'incontravano come in un *club*, senza cerimonie né formalismi.

Ma proprio per questo Giacomo si trovò a disagio anche lì. Non era abituato a questo tipo di rapporti semplici e diretti fra uomini che si comportavano come se si conoscessero da sempre anche se era la prima volta che si vedevano, alle conversazioni franche e aperte, alla schermaglia spiritosa, alle botte e risposte. E per di più c'era fra di essi il suo mortale nemico Tommaseo che non perdeva occasione per mettere a dura prova la sua impacciata timidezza e suscettibilità. Non perdonava a Leopardi le critiche che questi aveva mosso a una sua traduzione di Cicerone quando ne curava le opere da Stella. E ora se ne vendicava accanendosi sulle *Operette morali*, proprio allora pubblicate e che, a dire il vero, ne offrivano materia. Anche dopo morto seguitò a perseguitarlo, coniando per lui questo epitaffio: «Natura con un pugno lo sgobbò – "Canta", gli disse irata; ed ei cantò» che dimostra quanta poca misericordia covasse nel cuore di questo bacchettone. Ma anche gli altri frequentatori del *Gabinetto*, come Capponi e Colletta, lo trovavano poco simpatico e inferiore alla sua fama. Quando venne Manzoni, anche Leopardi fu invitato al ricevimento. Erano i due più grandi geni italiani di quel secolo, ma non si riconobbero e non trovarono nulla da dirsi. Tanti anni dopo, Manzoni confessò a De Sanctis che non riusciva a capire come Leopardi fosse considerato un gran poeta.

Scacciato dalla tramontana e dai sarcasmi di Firenze, Giacomo si trasferì a Pisa dove godette uno dei rari intermezzi di relativa quiete. Il clima era dolce, e per una retta di pochi soldi aveva una camera decente, discreto cibo, e perfino il letto scaldato col «prete». Quella piccola città era molto meglio tagliata sulla sua misura di provinciale, e per di più ci trovò una ragazza, Teresa Lucignani, di punta cultura, ma fresca e allegra, che non gli concesse nulla, salvo la simpatia. Ancora nella sua tardissima età (campò fin oltre i novant'anni), Teresa ricordava con tenerezza quel giovanotto pallido e deforme, sempre vestito di nero, che non si cambiava quasi mai la camicia, se la sbrodolava con la cioccolata, e che solo quando guardava lei riusciva a sorridere. Fu Teresa a ispirargli *Il Risorgimento*, che non ha nulla a che fare con quello dell'Italia. A risorgere era il suo cuore, a contatto di quella creatura piena di gioia di vivere. Sono fra i pochissimi versi non dolorosi di Leopardi, e non valgono molto.

Tornò a Firenze in estate, e vi fece conoscenza di un giovane prete piemontese con cui trovò immediatamente un certo contatto umano: Vincenzo Gioberti. Ripartirono insieme, Gioberti per Torino, lui per Recanati, dove aveva deciso di ristabilirsi, forse per sempre. Ci ritrovò tutto come prima, Monaldo ansioso di recuperarlo Adelaide con le sue chiavi, Paolina nella vana attesa di un marito. Mancava solo quello ch'era stato il suo unico amico, il fratello Carlo, che aveva abbandonato il tetto per fare un matrimonio di sua testa. In compenso, ormai poteva uscir di casa da solo, e ne approfittò per fare lunghe passeggiate sui poggi circostanti. Ma sebbene scegliesse i sentieri solitari, qualcuno che gli gridasse dietro: «Gobbo fottuto!» lo trovava sempre, e alla fine si rifugiò, come prima, fra le solite mura della biblioteca. Anzi, a tal punto di misantropia si era ridotto che preferiva prendere i pasti da solo, salvo a scrivere nello *Zibaldone* che questa abitudine, presso i Greci e i Romani, era considerata segno di «inumanità».

Fu in questo periodo che compose i suoi più bei poemi: *Il passero solitario*, *Le rimembranze*, *Il canto notturno*, *La quiete dopo la tempesta*, *Il sabato del villaggio*, le opere insomma che danno la sua vera misura. Ma il successo seguitava a sperarlo dalle *Operette*, con cui aveva concorso a un premio bandito dalla *Crusca*, che fu invece assegnato a un saggio storico del Botta. In compenso gli giunse da Firenze una lettera di Colletta con una proposta generosa e piena di tatto: era pronto per lui un assegno mensile che gli avrebbe consentito di vivere decentemente. Non avrebbe avuto di che ringraziarne nessuno perché nessuno sapeva da chi veniva, ed egli stesso ne sarebbe stato l'inconsapevole tramite. Giacomo decise di lasciare Recanati, e stavolta per sempre. Suo padre non era sulla porta a salutarlo, come alle altre partenze: aveva capito ch'era un addio, non un arrivederci. Quest'uomo che aveva distrutto suo figlio, era a sua volta distrutto dall'angoscia di perderlo.

A Firenze, oltre l'assegno, trovò Antonio Ranieri, o meglio lo ritrovò, perché già si erano incontrati tre anni prima, ma solo di sfuggita. Ranieri era un giovane napoletano di bella presenza e di buone maniere, garrulo, esuberante, passionale e superficiale, che il governo borbonico aveva mandato in esilio per le sue professioni di fede liberale. Avendo la fortuna di un babbo ricco, ne aveva approfittato per compiere lunghi viaggi in Francia, Svizzera e Inghilterra, frequentarvi gente di cultura e assumerne almeno la pàtina. Le condizioni in cui vide Leopardi, più malandato e disperato di prima, lo commossero al punto che, cedendo a uno dei suoi soliti slanci, decise di metter casa con lui prendendoselo a carico. Così cominciò quella simbiosi che doveva durare fino alla morte del poeta e che diede la stura a molte voci malevole.

Il soccorso di Ranieri arrivava, per Leopardi, in buon punto. L'assegno che Colletta diceva di ricevere per lui da ignoti benefattori, veniva invece dalle sue proprie tasche. Ma egli si aspettava che il poeta almeno un po' se ne sdebitasse aiutandolo a correggere la sua *Storia di Napoli*. Leopardi gliene restituì le bozze senza varianti e dimenticò perfino di mandargli in omaggio una copia dei suoi *Canti* che proprio allora erano stati pubblicati. E Colletta, il quale non aveva di che scialare e oltretutto era seriamente ammalato, cessò il finanziamento. Per Leopardi sarebbe stata una tragedia, se in quel momento non si fosse trovato coinvolto in una tragedia ancora più grossa: l'amore.

A presentarlo a Fanny Targioni Tozzetti era stato un altro esule napoletano, Poerio, il quale diceva in una lettera a Ranieri che solo delle male lingue come i fiorentini potevano prestare a quella signora quattro amanti contemporaneamente, mentre in realtà erano solo due. Questo non impediva a Fanny di essere un'eccellente madre e anche, a suo modo, una buona moglie, che sapeva secondare le fortune del marito, medico e botanico di alto prestigio. Era una donna piacevole, attraente, per nulla intellettuale, ma piena di sesso e di gagliardi appetiti, una femmina vera, insomma. Leopardi ne fu sconvolto al punto da non saper nemmeno reggere il segreto della sua passione, e da darla in pasto alla malignità fiorentina. Carducci dice di aver sentito raccontare, tanti anni dopo la morte del poeta, che questi noleggiava un ragazzo molto somigliante a Fanny, lo vestiva come lei e gli diceva tutto quello che a lei non trovava il coraggio di dire. Fu lei la famosa *Aspasia*. Fu per lei che compose *Il pensiero dominante*, *Amore e morte*, *Consalvo*. Essa si mostrò lusingata più della sua passione che dei suoi versi. Lo aizzava, lo teneva a bada, lo chiamava affettuosamente «il mio gobbetto» e andava a far l'amore con uno dei suoi due o quattro amanti. A quanto pare, lo fece anche con Ranieri, sebbene costui fosse in quel momento innamoratissimo di un'altra donna, un'attrice. Poi, non si sa cosa successe. Forse fu Ranieri che, per trarre l'amico da quello sconvolgimento, gli disse che Fanny si era solo burlata di lui. Forse fu lei che, alla fine annoiata dai pettegolezzi, lo congedò. Certo, è che da un giorno all'altro Leopardi cessò nelle sue lettere di parlar di lei, e alla vicenda pose fine con uno dei suoi più toccanti e concisi poemi: *A se stesso*. Tanti anni dopo una giovane giornalista, Matilde Serao, andò a trovare Fanny, ormai vecchia, e le chiese perché aveva rifiutato l'amore di un così grande poeta. Fanny fece una smorfia e rispose: «Puzzava».

Richiamato a Napoli dal padre, ch'era riuscito a fargli revocare il bando di esilio, Ranieri si condusse appresso il poeta e si accasò con lui e con la propria sorella Paolina prima a palazzo Cammarota, poi a Capodimonte. La convivenza si rivelò ardua. Il vecchio Ranieri, che non l'approvava, stringeva i cordoni della borsa, e Leopardi versava in condizioni di nervi da mettere a dura prova anche l'amico più devoto. Il dramma sentimentale l'aveva definitivamente prostrato. Soffriva d'insonnia, di colite e di asma, e viveva insieme nella speranza e nel terrore della morte. Continuava a far del giorno notte, com'era abituato ormai da tanti anni, prendeva la prima colazione alle cinque del pomeriggio, a buio fuggiva di casa e, siccome non aveva mai fame ma era ghiotto, si riempiva lo stomaco di sfogliatelle e di gelati. Lanciato al suo inseguimento, Ranieri lo trovava in mezzo al popolino dei bassi con cui amava mescolarsi forse perché a Napoli, invece di schernirli, i gobbi li riveriscono come portafortuna. Solo gl'intellettuali lo corbellavano chiamandolo «O ranavuòttolo», il ranocchietto, e appunto perciò non li frequentava. Ebbe rapporti solo col vecchio amico Poerio, anche lui tornato in patria, e col poeta tedesco von Platen.

Nell'estate del '36 andò ospite del cognato di Ranieri nella sua Villa della Ginestra a Torre del Greco. Credette di aver trovato l'Eden, si rimise a lavorare e scrisse i suoi due ultimi grandi poemi, *La ginestra* e *Il tramonto della luna*. Poi, come sempre, prese in uggia i suoi ospiti, cominciò a odiarli, volle ripartire. Rientrò a Napoli proprio quando vi scoppiava il colera. Le scene che vide per le strade, il lugubre grido dei monatti che le percorrevano con le loro carriole: «Chi ha morti, li cavi!», lo atterrirono. L'asma non gli dava tregua. Non si è mai saputo se a procurargliela fosse la deformazione del torace che premeva sui bronchi o una forma di allergia dovuta ai suoi devastati nervi. Ora a tutti questi malanni si aggiungevano un gonfiore di gambe che il medico diagnosticò come idropisia e le cateratte. Ranieri lo convinse a tornare a Torre del Greco. Ma quando la carrozza arrivò, il malato non riuscì ad alzarsi da letto per mancanza di fiato. Il poco che gli restava lo usò per dettare all'orecchio di Ranieri, con quella sua voce ch'era sempre stata un bisbiglio, gli ultimi sei versi del *Tramonto della luna* ancora incompiuto. Poi mormorò: «Non ti vedo più», e il suo cuore cessò di battere. Aveva trentanove anni.

Neanche da morto ebbe pace. Per far fronte all'emergenza di quella spaventosa morìa, l'ordine era di bruciare i cadaveri. Ranieri dovette mettercela tutta per dimostrare che il suo amico non era morto di colera e ottenere il permesso di seppellirlo. I doganieri di Piedigrotta fermarono il funerale, scoperchiarono la bara e, trovando sul corpo due incisioni, aprirono un'inchiesta per assassinio. Solo grazie alla testimonianza del medico e del prete, si poté procedere alla sepoltura. All'inizio del Novecento l'Italia volle dare al poeta una degna tomba, ma scoprì che l'umidità si era mangiata la cassa riducendo in poltiglia legno e ossa. Anche il cranio vi si era sfatto. Anni dopo un padre filippino, Taglialatela, pubblicò un libro in cui diceva che le esequie di Leopardi erano state una macabra farsa inscenata da Ranieri, che il feretro conteneva solo alcuni vecchi vestiti del poeta, il quale prima di morire si era confessato e poi era stato bruciato. Questo è completamente falso. Di confessarsi, Leopardi non aveva avuto il tempo e nemmeno la voglia. Poco tempo prima aveva scritto nello *Zibaldone*: «Dopo la morte, non c'è nulla da sperare».

Ranieri aveva fatto il suo dovere d'amico sino in fondo. Della morte del poeta si era affrettato a dar subito notizia a Fanny, a Capponi, a Giordani e a Monaldo. Fanny gli rispose compiangendo non il morto, ma lui. Di Capponi non conosciamo la replica. Quella di Giordani era piena di commozione e di rimpianto. Quanto a Monaldo, l'annunzio gli giunse nel momento meno opportuno: proprio in quel giorno il figlio Pier Francesco gli era scappato di casa con la figlia del cuoco, e per una settimana non poté pensare ad altro. Poi ordinò dieci messe in sua memoria e fece divieto a tutti di pronunciarne mai più il nome.

Passarono gli anni. E via via che cresceva la fama di Leopardi, cresceva quella di Ranieri, considerato il suo angelo protettore e consolatore. Ma le cose cambiarono quando fu pubblicato tutto l'epistolario del poeta. Le lettere degli ultimi anni da Napoli erano piene di taglienti critiche ai napoletani e allo stesso Ranieri che appariva in tutt'altra luce: fatuo, vanitoso, incapace di affetti profondi. Ranieri, che aveva quasi ottant'anni, rispose infuriato con un libro di memorie sul loro sodalizio, da cui vien fuori un Leopardi odioso: querulo, esigente, ipocrita, ingrato e maligno.

Curiosa fine di un'amicizia che aveva perfino autorizzato sospetti di omosessualità, tanto era stata intima. Ma questo era il destino di Leopardi e la condizione della sua infelicità: di aver spasimato per tutta la vita d'amore e di non trovarne neanche da morto. Il problema s'egli sia stato un classico o un romantico lo lasciamo ai critici, che a quanto pare non lo hanno ancora risolto. Una cosa è certa: che al suo tempo non fu compreso perché era fuori del suo tempo, non ne condivise nulla e in nulla se ne lasciò condizionare. Che il Risorgimento lo strumentalizzasse approfittando delle sue poesie «d'occasione», le uniche brutte del suo repertorio, composte in un vano sforzo di partecipazione, era logico e perfino giusto. Ma ormai quest'inganno non ha più ragione d'essere. Leopardi appartenne al Risorgimento solo per ragioni anagrafiche. La sua fu una costante evasione dalla realtà, una fuga nel cielo, del quale egli fu, dopo Lucrezio, il più grande cantore, e che non ha né patria, né tempo, né storia.

I PROMESSI SPOSI

A ritardare il matrimonio fra Renzo e Lucia non furono soltanto Don Rodrigo e Don Abbondio; fu anche Alessandro Manzoni, che a dare una definitiva conclusione alla loro storia impiegò quasi vent'anni, dal '21 al '40. Nessun romanzo, credo, fu mai tanto tribolato. Ma un motivo c'era. L'autore non dovette inventare soltanto una vicenda. Dovette inventare una lingua. Questo fu il grande dono che Manzoni fece agl'italiani. Ecco perché la pubblicazione del libro fu un grande evento nazionale che trascendeva il puro fatto letterario. Ed ecco perché gli stranieri non sono mai riusciti a comprenderne l'importanza e, anche quando non lo dicono, si stupiscono di quella che noi gli attribuiamo.

Nella vita, Manzoni debuttò con una involontaria bugia. All'anagrafe di Milano, egli venne registrato il 7 marzo 1785 come figlio di Pietro e di Giulia Beccaria. Non poteva essere altrimenti, visto che Pietro e Giulia erano marito e moglie. Ma dalle testimonianze dei contemporanei risulta chiaramente che il suo vero padre era Giovanni Verri, il fratello minore del famoso illuminista, fondatore del *Caffè* insieme a Cesare Beccaria, padre di Giulia. La relazione fra i due giovani datava da prima del matrimonio di lei col conte Manzoni. A quanto pare, essi avevano intenzione di legalizzarla, e sarebbe stata la saldatura di due dinastie già legate da una comunanza di blasone nobiliare, di cultura e d'idee. Ma fu proprio il famoso illuminista, Pietro, che si oppose. Come capo della famiglia, egli si preoccupava che suo fratello, piuttosto scapestrato e

411

pieno di debiti, sposasse soprattutto una buona dote, e quella di Giulia non lo era. Così essa ripiegò sul conte Manzoni, ma senza interrompere i suoi rapporti con Giovanni, e senza che questo provocasse scandalo: la società milanese era piena di tali «combinazioni». Quattr'anni dopo, quando Giulia si fece ritrarre col bambino dal pittore di moda, l'Appiani, il quadro finì nella casa dell'amante, e nessuno trovò da ridirne.

La coppia Manzoni non poteva essere peggio assortita: lui gran galantuomo, ma severo, misantropo, conservatore e bacchettone, succubo del fratello Monsignore e di cinque sorelle zitelle coi quali conviveva; lei socievole, frivola, curiosa del nuovo, tutta femminilità e civetteria. È incerto se Pietro sapesse delle sue infedeltà e della vera paternità del bambino. Comunque, non ne lasciò mai nulla trapelare. Quando morì, sebbene lei avesse da un pezzo abbandonato il tetto coniugale, la ricordò nel testamento con parole affettuose e le lasciò due collane di diamanti «in contrassegno della mia stima e memoria che le porto».

Giulia non lo aveva lasciato per Giovanni, ma per Carlo Imbonati, un ricco, raffinato e colto patrizio milanese, con cui era andata a vivere a Parigi. Non si mostrava molto sollecita del bambino che, dopo una triste infanzia trascorsa quasi tutta in quel di Lecco – cornice del suo futuro romanzo –, fu messo in un collegio di padri somaschi prima a Merate e poi a Lugano. Non dovettero essere anni felici per Alessandro, detto Lisandrino. Sensibilissimo e afflitto da una timidezza che si manifestava in una pronunciata balbuzie, il ragazzo si adattava male alla vita gregaria, alle grossolanità e canaglierie dei suoi compagni. L'unico buon ricordo che serbò di quei tempi fu quello di un insegnante, Padre Soave, che faceva onore al suo nome, contraddicendovi solo quando Lisandrino si ostinava a scrivere con le iniziali minuscole re, imperatore e papa.

Era un riflesso della situazione politica, la cui eco giungeva, sia pure attutita, anche in collegio. Mentre Lisandrino si cimentava, senza troppo brillarvi, con Tacito e Virgilio, Napoleone era entrato a Milano scacciandone gli austriaci. Questi cambiamenti non erano ben visti in casa Manzoni, dove il ragazzo tornò tredicenne nel '98. Ma i giovani ne erano entusiasti, e Lisandrino ne subiva il contagio, pur senza scaldarsi. Finì gli studi secondari presso i padri barnabiti del collegio Longone, e s'iscrisse all'Università di Pavia, ma con poco profitto e senza nulla concludervi.

A vent'anni, Manzoni era un classico «giovin signore» di stampo pariniano. Di media statura, piuttosto fragile, con un volto delicato e un po' cavallino, il suo carattere sembrava scritto negli occhi pallidamente cilestri e freddi. Fredde erano le sue maniere, e freddi erano anche i versi che componeva, come allora era di moda fra i giovani, metricamente ineccepibili, ma in cui c'era più Monti e Parini che Manzoni. A Parini non fece in tempo a mostrarli perché era già morto. Ma a Monti ne mandò uno scampolo, e il maestro se ne compiacque, sia pure con la solita sufficienza. Frequentava il bel mondo accettandone tutte le convenzioni e uniformandosi al suo costume, meno quello della galanteria. Tutti lo credevano un frigido, ed era invece un sensuale represso, che dall'amore si teneva alla larga per paura di esserne travolto. Impegni che potessero comprometterlo con dame della società non ne volle mai. La prima avventura l'ebbe infatti con un'attrice di giro incontrata sulla strada di Pavia, e fu un amico che dovette cacciarlo a spintoni nella camera della ragazza perché lui non osava. La seconda fu una cameriera di casa, di cui divise le grazie con un altro amico, e che rimase incinta non si sa bene di chi. Secondo i suoi apologeti, per Manzoni fu un terribile caso di coscienza da cui sarebbe nato, per espiazione, il poetico personaggio di Lucia. Ma non so da cosa lo deducano. Nei fatti, Manzoni fu ben contento che la ragazza andasse a nozze con un maggiordomo, né risulta che si sia mai curato della creatura ch'essa mise al mondo poco dopo. Era del resto naturale in un'epoca in cui nelle case della buona società le domestiche venivano scritturate anche per rendere servigi di alcova ai figli di papà e divezzarli. Di questa vocazione agli amori ancillari e mercenari, Manzoni fu castigato di lì a poco a Venezia, dove andò da turista con una sua zia e dove contrasse una «ciprigna», cioè una malattia venerea a quei tempi molto diffusa. Apprensivo e salutista com'era, ne fu spaventatissimo; e se non amò mai Venezia, è perché il ricordo gliene rimase pur sempre legato a quello dell'incidente.

Il suo esordio ufficiale di poeta lo fece nel 1802, quando in un'antologia di Lomonaco comparve il suo *Sonetto per la vita di Dante*. Ormai faceva parte dei circoli letterari di cui Milano si era arricchita da quando vi erano piovuti gli esuli di tutte le altre parti d'Italia, ma Alessandro ci stava a modo suo, cioè con una certa riserva, senza lasciarsi coinvolgere dalle rivalità, risse e polemiche che li dividevano. Come in politica, così anche in letteratura, egli riusciva a non parteggiare, e questo gli permetteva di restare buon amico di tutti senza esserlo fino in fondo di nessuno. L'unico con cui spinse più a fondo i rapporti fu Vincenzo Cuoco, cui Melzi aveva affidato la direzione del più importante giornale.

Un giorno del 1805 lo raggiunse una lettera di Carlo Imbonati che lo invitava a Parigi. Alessandro lo aveva visto una volta sola, ma ogni tanto ne riceveva qualche parola affettuosa in calce alle rare lettere di sua madre. La proposta lo mise in stato d'orgasmo. Fin allora aveva sempre vissuto col padre legale che lo trattava, sia pure al suo burbero modo, come un figlio vero. Ma fra quei tetri Manzoni, lui sangue di Verri e Beccaria non si sentiva a suo agio, mentre Parigi gli sorrideva. Disse ch'era Giulia a invitarvelo, e Pietro non mosse obbiezioni. Mentre preparava il bagaglio, ricevette un'altra lettera, stavolta di sua madre, che con frasi sconnesse lo supplicava di far presto: Carlo era improvvisamente morto.

A Parigi trovò una povera donna mezzo impazzita di dolore che gli si aggrappò come il naufrago alla zattera. E fra i due cominciò una strana simbiosi al limite del morboso. Rimasta vedova dell'unico uomo che avesse veramente amato e a un'età che non era ancora la vecchiaia, ma che non era nemmeno più la giovinezza, essa puntò tutto su quel ritrovato figliuolo, che a sua volta scopriva in lei non soltanto la mamma, ma anche la femminilità. «Io non vivo che per la mia Giulia» scrisse a un amico, volle adottarne anche il cognome firmandosi Manzoni Beccaria, e compose l'ode *In morte di Carlo Imbonati*, in cui la commozione prende finalmente il sopravvento sullo scrupolo formale dei precedenti accademici componimenti. Preoccupazioni materiali non ne avevano perché Carlo aveva lasciato a Giulia tutto il suo cospicuo patrimonio, compresa la villa di Brusuglio. I due andarono a prenderne possesso, ma senza metter piede a Milano per non rinfocolare i pettegolezzi che quel testamento aveva suscitato in una società che agli adulteri non dava peso, ma all'eredità sì. E tornarono subito a Parigi.

Fra gli amici che Carlo vi aveva lasciato c'erano persone di tutto rispetto come la vedova Condorcet, il poeta Lebrun, il saggista Fauriel, il filosofo Destutt de Tracy. Essi accolsero con molta cordialità Alessandro e ne apprezzarono l'ingegno. Per il giovane quei salotti e quelle conversazioni, in cui la cultura e il garbo si sposavano perfettamente, furono una scoperta. Con Giulia l'idillio non aveva pause. Non usciva che con lei, non frequentava che le persone che lei frequentava, era a lei che leggeva le sue poesie via via che le componeva. Del padre si era completamente dimenticato. A ricordargliene l'esistenza fu soltanto la notizia ch'era in fin di vita. Alessandro si trovava in quel momento a Brusuglio. Mandò a Pietro una letterina protocollare con gli auguri per la guarigione e la promessa di una visita. Come risposta, ricevette l'annunzio della sua morte. Non andò nemmeno al funerale. E fu il notaio che dovette scomodarsi fino alla villa per leggergli il testamento di Pietro che lo nominava erede universale, salvo un piccolo legato alla superstite sorella.

Anche ad ammogliarlo provvide Giulia. Essa aveva pensato dapprima alla figlia dei Destutt, ma poi ebbe notizia di un «partito» ancora più allettante: una signorina Blondel, figlia di un ricchissimo banchiere ginevrino ch'era stato in rapporti d'affari con Carlo. Era d'estrazione borghese e di religione protestante. Ma la dote era tale da compensare questi difetti e non si esauriva nel conto in banca: la ragazza, che si chiamava Enrichetta e aveva sedici anni, era anche una collezione di virtù. L'incontro fu combinato a Blevio, in una villa della sorella dell'Imbonati. Disciplinatamente, i due giovani s'innamorarono subito, e il fidanzamento non durò che tre mesi.

Stavolta Milano reagì. Che Manzoni non fosse figlio di suo padre, che non fosse andato neanche al suo funerale pur avendone ereditato il patrimonio, che approfittasse di quello lasciato dall'amante di sua madre, passi; ma che sposasse una borghese calvinista secondo il rito evangelico, scegliendosi come testimone un certo Zinammi, ch'era un prete spretato: questo era troppo. Gli sposi evitarono la città che ronzava di chiacchiere come un bugno d'api impazzite, e partirono per il viaggio di nozze prima sul lago di Como, poi a Brusuglio, naturalmente in tre.

Enrichetta lasciò docilmente nelle mani di Giulia la regìa e accettò, senz'ombra di gelosia, ch'essa conservasse il suo primato nel cuore del figlio. Non mosse obbiezioni quando Giulia decise di tornare a Parigi, e non risulta che mai abbia avuto un moto d'impazienza per quel suo compagno che seguitava a sentirsi più figlio di sua madre che marito di sua moglie. Tutto questo è più da donna devota che da donna innamorata. Ma forse per Enrichetta, educata secondo la rigida regola calvinista, l'amore non era che devozione. Una sola volta si ribellò, o per meglio dire avrebbe voluto ribellarsi: e fu quando, dopo la nascita della prima bambina, che naturalmente si chiamò Giulia, questa decise di farla battezzare secondo il rito cattolico. Si rassegnò anche perché suo padre la spinse a non farne un pomo di discordia, ma ne soffrì.

Sui motivi che spinsero Giulia a insistere tanto per quel battesimo, noi abbiamo opinioni un po' diverse da quelle di quasi tutti i biografi del Manzoni, che li attribuiscono a una sua profonda crisi di coscienza. Di profondo, in Giulia non e'era nulla, salvo l'amor materno, che del resto le si era risvegliato in corpo solo quando non ne aveva più avuti altri da coltivare. Ora non vedeva che per gli occhi del figlio, capiva che per curare i suoi interessi non soltanto economici ma anche letterari egli doveva prima o poi tornare a Milano, e voleva prepararglici un ambiente favorevole rimettendolo in pace con la Chiesa. Ma per questo ci volevano la consacrazione cattolica del matrimonio e la conversione di Enrichetta.

Naturalmente Giulia si guardò bene dal dirglielo. Ma si tirò in casa due nuovi amici: una vedova svizzera che si era appunto convertita, Angelica Geymüller, e il suo convertitore, l'abate Degola, particolarmente tagliato alla bisogna in quanto giansenista, cioè abbastanza vicino ai protestanti. Sottoposta a un vero e proprio «lavaggio del cervello», Enrichetta entrò nel loro giuoco senz'avvedersene e ne rimase profondamente turbata. A differenza della suocera, una coscienza religiosa essa l'aveva davvero, da buona calvinista, e l'abiura le pesava. Ma una volta che l'ebbe decisa, essa portò nella nuova fede l'impegno, lo zelo e il rigore morale di quella vecchia. Il matrimonio riparatore fu celebrato quasi contemporaneamente a quello di Napoleone con Maria Luigia d'Austria nel 1810; e come testimone, Giulia volle il Marescalchi, ambasciatore del Regno Italico a Parigi e sicura garanzia che Milano ne sarebbe stata informata. Le pecorelle smarrite rientravano nel gregge.

A tutte queste manovre si direbbe che Alessandro fosse rimasto dapprincipio estraneo, o quasi. Sul problema religioso non aveva mai assunto posizioni definite, che del resto non s'intonavano al suo carattere evasivo. Ma poco alla volta si era lasciato anche lui coinvolgere nelle conversazioni fra sua moglie e il Degola. Costui presentava la Chiesa in una luce assai diversa da quella in cui la presentava monsignor Manzoni, e molto più congeniale a uno spirito antisettario come il suo. Quasi più severe che contro i protestanti, le requisitorie dell'abate giansenista contro i Gesuiti, le loro teorie sul probabilismo e la riserva mentale e le loro capziose distinzioni fra *attritio* e *contritio*, a poco a poco cominciarono a interessarlo e infine a turbarlo. Forse cominciava a sentire la scontentezza di un impegno poetico che si esauriva soltanto in problemi di stile e di metrica. Dico «forse» perché siamo nel campo delle mere supposizioni. Ma sta di fatto che rileggendo il suo ultimo lavoro, l'*Urania*, se ne spazientì e si ripromise di non scrivere mai più versi come quelli, sebbene il suo consulente e confessore letterario, Fauriel, li avesse molto lodati. Fu a questo punto che a sconvolgerlo sopraggiunse un trauma.

Un giorno andò con Enrichetta a vedere uno spettacolo pirotecnico all'*Etoile*. A un certo punto ci fu uno scoppio fuori programma, accompagnato da uno spaventoso boato e da una nuvola di fumo che seminò il panico in mezzo alla folla. Enrichetta che, di nuovo incinta, era in precarie condizioni di salute, fu spazzata via. E Alessandro, anche lui travolto, solo a malapena riuscì a mettersi in salvo dentro una chiesa deserta. Era quella di San Rocco, in cui ora è affissa una lapide che ricorda quell'episodio «provvidenziale» che avrebbe determinato la conversione di Manzoni. Ma siamo di nuovo nel campo delle ipotesi, perché egli non confidò mai a nessuno cosa accadde nel suo animo quando si ritrovò lì dentro, a tuppertù col Crocefisso. Solo molti anni dopo, alla figlia Vittoria che gliene chiedeva con insistenza, rispose: «Fu la grazia del Signore, ch'ebbe pietà di me», ma non volle aggiungere altro. Impressionabile com'era, è molto probabile che in quell'ora di sgomento al Signore si sia rivolto per impetrarne la salvezza di Enrichetta. Ma credo che sarebbe ingiusto e diminutivo attribuire la sua crisi di coscienza a questo incidente, che con tutta probabilità servì solo a precipitarla. Comunque, esso rappresentò, nella sua vita, uno spartiacque.

Da allora, egli abbandonò o trascurò le vecchie amicizie salottiere, meno Fauriel, per sprofondare nella lettura degli autori che Degola gli proponeva: Kemp, Arnaud, Quesnel, Pascal. Manzoni non sapeva molto di filosofia. Credo che di veri filosofi non conoscesse che Kant e Locke. Tuttavia era rimasto influenzato dalle predominanti correnti razionalistiche, e il problema che lo assillava era quello di conciliare la ragione con la fede. Non so se ci sia mai riuscito, e a farmene dubitare è il fatto ch'egli non raggiunse mai la serenità del vero credente. Più che l'amore, si direbbe che lo dominasse il timor di Dio. E se non trovò la fede, trovò di certo una morale, come dimostrano le rigorose regole del catechismo tuttora depositato nella cappella di Brusuglio. E non importa che non le abbia sempre praticate. Importa solo che non smise mai d'ispirarvisi.

Senza sforzo si staccò da Parigi che non gli piaceva più e che soprattutto più non piaceva né a Giulia né a Enrichetta. Non stava bene. Soffriva di una di quelle crisi de-

pressive che per tutta la vita non smisero mai di tribolar-
lo. Gli si manifestavano con forme acute di agorafobia
che lo rendevano titubante davanti all'attraversamento di
una strada o di una piazza, specie se erano bagnate, e gli
facevano desiderare la quiete della campagna. Forse nelle sue vene riciclava un po' il sangue del nonno materno,
Cesare Beccaria. Come lui, era attaccatissimo alle gon-
nelle delle sue donne, casalingo e sensuale: la povera Enrichetta, sebbene fosse uno scricciolo, passava senza in-
terruzione da un allattamento a una gravidanza e ne era
talmente spossata che a un certo punto dovette intervenire il confessore per richiamare Alessandro a un po' di
moderazione.

Sulla via del ritorno la coppia rese visita ai suoceri in
preda a una «smoderatissima collera» per l'abiura della
loro figlia. Ma fu un fallimento. L'accoglienza dei Blondel fu agghiacciante, e ad Alessandro non rivolsero neanche la parola. Poi i due raggiunsero Brusuglio, dove li
avevano preceduti Giulia e una lettera di Degola al parroco locale, padre Tosi, con tutte le istruzioni per il trattamento di quei neòfiti, e specialmente di Alessandro,
che si era impegnato a mettere la sua penna al servizio
della Chiesa. Ci si provò infatti, e pose mano a quelle che
poi sarebbero diventate le *Osservazioni sulla morale cattolica*. Ma ci lavorava contro voglia. «Pregate il Signore –
scriveva a Degola – che gli piaccia di scuotermi dal mio
tepore nel servirlo.» Il fatto è che il suo vero interesse restava la poesia. E fu per accordarlo coi suoi nuovi doveri
di convertito che si mise a comporre gl'*Inni Sacri*, attin-
gendone l'ispirazione ai grandi Misteri cristiani. Purtroppo non ce la trovò e si sente. In queste poesie ci sono
molte pregevoli cose: anche un coraggioso rifiuto della
mitologia pagana coi suoi convenzionali Dei e le sue ri-
fritte pastorelle. Ma non c'è la Poesia, malamente surro-

gata dalla solennità oratoria. Non ebbero nessun successo, ma piacquero a Goethe, e non era poco.

Ora la vita dei Manzoni si svolgeva quietamente, metà dell'anno a Brusuglio, metà a Milano dove finirono per comprare la casa di Via Morone. Ma quieti non erano i tempi in quel crepuscolo del dominio napoleonico, e quindi anche del Regno Italico. Il Beauharnais, tornato dalla disastrosa campagna di Russia, cercava di organizzare la resistenza agli austriaci. Ma invece di unirsi intorno a lui come Foscolo, pur detestandolo, avrebbe voluto, Milano si era divisa in una miriade di partiti che si paralizzavano a vicenda e che finirono per fare il giuoco dell'invasore austriaco.

Un po' per prudenza, un po' per indifferenza, Manzoni si teneva come al solito in disparte. Un giorno vide scatenarsi, sotto le sue finestre, il putiferio. Era un'orda di scalmanati che fra grida, lazzi e bestemmie trascinavano per strada i resti sanguinolenti del ministro Prina. Sconvolto da quella vista, Alessandro cadde svenuto sulla poltrona, per parecchi giorni rimase semincosciente, e da quello spavento non riuscì a riaversi più del tutto. Appena poté, tornò a rifugiarsi in villa. Non sopportava la violenza, ne aveva orrore.

A Milano rimise piede solo dopo che l'Austria vi ebbe restaurato l'ordine, un ordine che sapeva di caserma e di cimitero. Per attirare le simpatie della città, il maresciallo Bellegarde cercò di rianimarne la vita sociale e mondana, ch'ebbe i suoi centri più vivi nelle case Belgioioso e Balzaretti. Ma la vita culturale appassì di colpo per il diradarsi degl'intellettuali che non vi trovavano più ossigeno. Gli austriaci avrebbero preferito assoldarli, e ci riuscirono col solito Monti e alcuni altri. Ma i meglio, Foscolo in testa, preferirono l'espatrio. Per il momento, l'unico gruppo che rimase unito fu quello della *Cameretta*, che faceva capo al poeta dialettale Carlo Porta, e la polizia lo lasciò fare perché non si trattava che di un'accademia paesana, la cui fronda non andava al di là di qualche bonaria scurrilità vernacola. Gli altri, i più seri (Pellico, Di Breme, Berchet, Borsieri, Gioia) si raccoglievano intorno ai conti Porro e Confalonieri, già riconosciuti come i veri capi dell'opposizione liberale, in attesa di fondare un giornale che fu poi *Il Conciliatore*.

Manzoni partecipò a qualche riunione della *Cameretta*, ma non si legò né a questo né all'altro gruppo. Non sfuggiva tuttavia alle grandi emozioni collettive, anzi il suo fragile sistema nervoso le registrava ampliandole come un sensibilissimo sismografo, e quella suscitata dalla fuga di Napoleone dall'Elba lo contagiò profondamente. Più per ragioni umane che politiche, era sempre stato un grande ammiratore del Condottiero, forse perché rappresentava ciò ch'egli avrebbe voluto essere, e quel suo avventuroso ritorno sul trono lo emozionò. Fu in questo stato d'animo che seguì le vicende di Murat in marcia verso la Lombardia e ne lesse il gladiatorio appello agl'italiani. Interrompendo la stesura della tragedia cui stava lavorando, *Il Conte di Carmagnola*, buttò giù, altrettanto gladiatorio, un inno di plauso a quell'impresa: *Il proclama di Rimini*. Ma alla notizia che Murat, battuto, era fuggito e che il tentativo di Napoleone era naufragato a Waterloo, non solo rinunziò a pubblicarlo, ma non volle neanche tenerselo in casa e lo affidò in busta chiusa all'amico Visconti che lo tenesse in cassaforte. Poco dopo, fosse effetto del turbamento od altro, ebbe uno svenimento mentre visitava una libreria, e cadde picchiando malamente la testa. Non era la prima volta che gli capitava, e non si è mai saputo con esattezza di che male si trattasse: probabilmente erano lievi attacchi di epilessia dovuti alla sifilide ereditata dal padre.

Si appartò ancora di più. Non volle nemmeno andare a sentire la *Francesca da Rimini* del Pellico che fu il grande avvenimento teatrale di quella stagione, forse perché sapeva ch'era sgradita, per i suoi patriottici accenti, alle autorità austriache ormai saldamente padrone del Lombardo-Veneto, e rifiutò di collaborare al *Conciliatore* finalmente nato e già alle prese con la censura. A tormentarlo c'era anche, e sempre di più, il padre Tosi, che ogni poco gli si presentava col cipiglio del creditore, a reclamare il promesso lavoro sulla morale cattolica, che non gli riusciva portare a termine. Lungi dal rispondere per le rime a quel rozzo prete, Manzoni tergiversava e cercava scuse, come se si riconoscesse in colpa. E forse fu anche per sfuggire a quella persecuzione che decise di tornare a Parigi con la madre, la moglie e i quattro figlioletti.

A quanto pare, la sua intenzione era di stabilircisi definitivamente, malgrado le difficoltà che si frapponevano alla sistemazione di una famiglia così numerosa, tant'è vero che aveva avviato pratiche per la vendita sia della casa di città che di Brusuglio. Rivide i vecchi amici, se ne fece di nuovi, soprattutto giansenisti. Ma dopo qualche mese fu colto dalla nostalgia e tornò, giusto in tempo per trovarsi in mezzo a un altro di quei subbugli che tanto paventava.

Si avvicinavano i moti del '21, e la polizia si era fatta ancora più sospettosa e vessatoria. *Il Conciliatore* era stato soppresso dopo pochi mesi di vita, e la città era tutta un rincorrersi di voci. Si diceva ch'era alle viste una rivoluzione organizzata da una potentissima e misteriosa società segreta, la Carboneria, che però non doveva essere tanto segreta e misteriosa, se tutti ne conoscevano i capi. Si diceva che Confalonieri fosse in rapporti col Principe di Carignano e che le truppe piemontesi sarebbero venute a dar man forte ai ribelli lombardi. Nell'ambiente patriottico molte speranze si erano accese, e come al solito anche Manzoni ne fu contagiato. Quando gli annunziarono che Torino era in mano agl'insorti, che il re Vittorio Emanuele aveva abdicato e che il Viceré austriaco di Milano aveva abbandonato di notte la città, la commozione lo travolse e gli dettò un altro inno, *Marzo 1821*, che nei suoi scalpitanti versi riflette la schiettezza dell'ispirazione. Anzi, stavolta fece anche di più: andò da un Monsignore per persuaderlo a entrare in un fronte patriottico di cui gli aveva parlato Visconti.

Il fallimento del moto, il ritorno in forze degli austriaci, gli arresti del Maroncelli, del Pellico, del Confalonieri, lo piombarono in una nuova crisi di panico e di convulsioni. Con quegli uomini non aveva avuto rapporti, anzi verso il Confalonieri non nascondeva una profonda antipatia per la sua nobilesca alterigia mescolata di atteggiamenti demagogici e piazzaioli. Ma aveva letto il suo inno ad alcuni amici, qualcuno dei quali poteva denunziarlo; e già si vedeva anche lui nelle grinfie del Salvotti. Corse di nuovo a Brusuglio e vi si rinchiuse.

L'opera che aveva in lavorazione era una nuova tragedia, *Adelchi*. La interruppe per comporre il famoso *5 Maggio*, l'inno in morte di Napoleone, personaggio ormai trasmigrato nella Storia; poi tornò all'*Adelchi*. Trattandosi di una tragedia storica, aveva bisogno di documentazione, e in questo egli era scrupolosissimo. Sfogliando gli *Annali* del Muratori, trovò una sentenza di tribunale del Seicento che comminava pene severe a un parroco che si era rifiutato di celebrare un matrimonio. L'episodio era così banale che certamente gli sarebbe subito passato di memoria, se in quel momento non gli fosse capitato di leggere (o di rileggere, perché forse l'aveva già letto a Parigi) l'*Ivanoe* di Walter Scott, il prototipo del cosiddetto «romanzo storico». Manzoni non aveva mai mostrato predilezione per i romanzi, ma quello lo aveva entusiasmato. Tuttavia l'idea di scriverne uno anche lui gli maturò in corpo lentamente e per successive provocazioni. Sempre per documentarsi sull'*Adelchi*, consultò le *Cronache milanesi* del Ripamonti dove trovò le vicende di suor Virginia di Lejda, la

424

famosa «monaca di Monza». Scrisse due capitoli, *Il curato* e *Fermo*, ch'erano rispettivamente i ritratti di Don Abbondio e di Renzo Tramaglino, più un'introduzione. Riprese e concluse la tragedia. Poi tornò a quei suoi personaggi del Seicento e alle loro vicende, ma con l'intenzione di farne una «cantafavola». Non si riteneva tagliato per il romanzo: «Io sono un uomo impacciato nel cervello e nella lingua» confessava in una lettera. Era incerto su tutto, anche sul titolo. Il primo abbozzo si chiamò *Fermo e Lucia*, ed era piuttosto sconnesso perché il primo capitolo, dedicato a un famoso processo contro dei poveri diavoli torturati e uccisi come «untori», cioè come propagatori di peste nell'epidemia del 1630, faceva parte a sé, senza fondersi col resto. Ci vollero cinque anni perché il *Fermo e Lucia* diventasse *Gli sposi promessi* e poi *I promessi sposi*.

Ma, se Manzoni stentava tanto a impadronirsi del romanzo, il romanzo non stentò punto a impadronirsi di Manzoni, che per la prima volta conosceva l'ebbrezza di un totale abbandono all'opera creativa. In questo periodo egli visse interamente calato nei suoi personaggi e nelle loro vicende, e di ogni capitolo che portava a termine dava lettura la sera alla madre, alla moglie, al canonico Tosi, al Visconti e al Fauriel, venuto ospite a Brusuglio, annotando in margine le loro osservazioni, suggerimenti e censure. Furono Tosi e Fauriel che per esempio lo indussero a ridurre e attenuare l'episodio della monaca di Monza, sia pure per diverse ragioni: l'uno per salvare la Chiesa, l'altro per salvare l'equilibrio narrativo.

Il romanzo fu pubblicato, come oggi si dice; «a puntate»: i primi due tomi nel '25, il terzo nel '27. Manzoni non finiva mai di apportarvi correzioni anche sulle bozze di stampa, che rivelano le sue incertezze, perplessità e tormenti. A lasciarlo insoddisfatto era la lingua che aveva usato. E qui si pone un problema su cui ancora non si è smesso di litigare, ma spesso con argomenti suggeriti dal campanilismo, cioè dall'idiozia.

Da secoli, è stato detto, gl'italiani non fanno che guardarsi la lingua. Ma ne hanno qualche motivo, e più ancora lo avevano ai tempi di Manzoni. Se la guardavano perché non l'avevano e ne andavano in cerca. Le ragioni sono abbastanza chiare. L'affermazione del «volgare», cioè della lingua parlata, in Italia era stata particolarmente difficile e contrastata dal latino, rimasto fino al Seicento la lingua della Chiesa dell'amministrazione e della Giustizia. Anche quando ebbe finalmente vinto la sua battaglia, l'italiano restò, rispetto al latino, in una posizione subalterna e come afflitto da un complesso d'inferiorità nei suoi confronti: veniva infatti insegnato secondo le regole del latino, cioè come una lingua morta, e i suoi utenti cercavano di farselo perdonare «latineggiando». Per di più, Paese policentrico, l'Italia non aveva mai avuto una capitale come Parigi, che dava il *la* a tutto, anche alla lingua, dettandone il modello al resto della Francia. Gl'intellettuali che avrebbero dovuto assumersene il compito erano sparpagliati nelle Corti dei vari Comuni, Signorie e Principati, ognuna delle quali aveva un suo gergo. Ma, oltre a questo, erano mancate le palestre. Il francese aveva avuto i «salotti», dove cultura e società s'incontravano facendo della lingua colta una lingua di conversazione e della lingua di conversazione una lingua colta: ed era questo che la rendeva così esatta, chiara, elegante e naturale. L'inglese aveva avuto il Parlamento e i *clubs*: ed era questo che lo rendeva così concreto e pratico. Gl'italiani non avevano avuto che l'Accademia, dove il dotto parlava al dotto in una lingua convenzionale, che non aveva più nulla a che fare con quella dell'uso comune e che cercava di somigliare il più possibile al latino perché si vergognava di essere italiano.

Forti della loro superiore tradizione letteraria, i fiorentini cercarono di dare a questa lingua una specie di Corte di Cassazione o di Sant'Uffizio: il *Vocabolario della Crusca* che, iniziato nel 1612 e proseguito fra roventi polemiche e contestazioni, dopo duecent'anni non era ancora arrivato a termine. Non era un dizionario, ma una cripta di mummie, che accoglieva i termini più arcaici e in disuso solo perché erano avallati da qualche firma accreditata, rifiutando con orrore tutti gli apporti della lingua vera, quella che si parlava nelle strade e nelle piazze: il codice insomma di una lingua non meno morta del latino. Questo divorzio fra le due lingue non era che il riflesso di quello, sempre esistito, fra cultura e società. La cultura in Italia non si è mai considerata al servizio della società, ma solo del potere e di se stessa.

Facciamo grazia al lettore di tutte le diatribe che ne erano scaturite. Queste diventarono particolarmente aspre fra la fine del Sette e i primi dell'Ottocento, grazie alla nascita di un concorrente: quell'*Istituto nazionale di Scienze, Lettere e Arti* che, fondato da Bonaparte a Milano come corrispettivo italiano dell'*Accademia di Francia*, si proponeva fra gli altri compiti anche quello di mettere ordine nella lingua. I letterati si divisero: da una parte i cosiddetti *puristi*, fedeli alla *Crusca*, e capitanati dall'abate veronese Cesari, secondo il quale la lingua italiana era quella degli scrittori del Trecento e tutto ciò ch'era venuto dopo era da buttar via; dall'altra gl'innovatori capitanati dal Monti, il quale pretendeva innovare adottando non la lingua successiva al Trecento, ma quella precedente, cioè quell'«italiano illustre» che, diceva, era stato patrimonio di tutto il Paese e non monopolio della Toscana. Era una tesi che batteva per ridicolaggine quella del Cesari, cui forniva buoni argomenti per rispondere con ironia che restava tuttavia da spiegare come mai di questa bellissima lingua non restassero documenti e nessuno si ricordasse di averla mai scritta e parlata. In realtà Monti intendeva un'altra cosa: intendeva che l'italiano dovesse restare una lingua non di popolo e per il popolo, ma di dotti per dotti, fabbricata in «aula» e imposta dalla cattedra: ch'era la posizione tipica del letterato cortigiano come lui, al servizio non del pubblico, ma della «casta».

Queste pedantesche risse, che dimostrano il miserevole livello dei nostri letterati e quanto lontani essi fossero da ogni concezione d'impegno civile, invece di affrettarla, ritardavano la nascita di una lingua italiana che tutti gl'italiani potessero scrivere come si parlava e parlare come si scriveva. La signora De Staël, che il nostro Paese l'aveva capito bene, annotava nel suo diario: «Scrivono di storia, di scienza e di filosofia servendosi di una lingua morta e artificiale, mentre i poeti si attengono a un gergo classico e classicheggiante, sicché le loro opere non valicano i confini del piccolo gruppo di eruditi».

Ma della stessa opinione era Manzoni che, per aver vissuto lungamente a Parigi e partecipato alla sua «civiltà di salotto», poteva stabilire dei raffronti. Dove trovarla, confidava a Fauriel, una lingua italiana semplice, piana, discorsiva, che tutti potessero capire? Guardate che domande doveva porsi un povero scrittore italiano che volesse rivolgersi non più al Principe e all'Accademia, ma al pubblico. Infatti la sua prima idea fu di scrivere il suo romanzo in francese, e fu lo stesso Fauriel a sconsigliarlo per fortuna sua e nostra. Ma certamente sarebbe stata una fatica meno improba di quanto gli costò il doversela inventare, quella lingua, pescandone e controllandone i vari ingredienti. Fu un autentico tormento, di cui offrono una patetica testimonianza i tribolatissimi manoscritti e le minute postille segnate a margine del famoso – e artificioso – vocabolario. Nelle letture che seralmente dava agli amici, ogni pagina, ogni periodo, ogni parola veniva frugata, rivoltata e dibattuta, tanto da dare l'impressione, come ha scritto Cecchi, «che Manzoni abbia lavorato *in pubblico*, con un monte di consiglieri, referandari ecc.». Finita la prima stesura, essa gli parve infiorata di tali e tanti modi gergali lombardi, che fu colto dalla tentazione di disfare tutto e di rifarlo in dialetto. Ancora una volta fu Fauriel a sconsigliarlo. Ma il problema restava: dove trovarla, quella benedetta lingua, che fosse insieme tanto corretta e popolaresca da poter stare, nei dialoghi, tanto sulla bocca del Cardinal Borromeo che su quella del contadino Renzo?

Fu allora che Manzoni pensò di «sciacquare i panni in Arno», cioè di andare a cercarsi quella lingua a Firenze. È questo che molti letterati lombardi non gli perdonano, e non senza qualche fondatezza. Effettivamente, certi vezzi della parlata toscana (e non sempre Manzoni ebbe mano felice nello sceglierli) in bocca agli umili personaggi brianzoli del romanzo, stonano e fanno ridere: i panni di Agnese e di Lucia, per esempio, si prestavano poco a quel bucato. Ma il problema, per Manzoni, non era di trovare un lessico più puro, quale credono di parlare i campanilisti toscani, che non sono più intelligenti di quelli lombardi. Ciò che Firenze offriva e fornì al Manzoni era ben altro, e proprio quello che più gli abbisognava e di cui andava affannosamente in cerca: il modello di una lingua che aveva abolito, o per lo meno di gran lunga ridotto il divario fra il vocabolario delle persone colte e quello del popolo. E per un motivo semplicissimo: che questa lingua non era nata nella Corte o nell'Accademia, come in tutto il resto d'Italia, ma nella «fattoria», cioè dal dialogo fra il signore e il contadino. I toscani non parlavano e non parlano un italiano migliore degli altri; ma quello che parlano, lo parlano tutti, il colto e l'incolto, il nobile, il borghese e l'artigiano. Fra i vari ceti sociali, a Firenze, c'è sempre stata lotta, ma mai incomunicabilità. Il cardinale Borromeo fiorentino s'intendeva col suo Renzo non perché parlava il suo dialetto, come a Milano, ma perché Renzo parlava la sua lingua. E siccome Manzoni aveva bisogno proprio di questo, di una lingua che fosse nello stesso tempo del Cardinale e di Renzo, e ne rendesse plausibile la conversazione, era logico che andasse a cercarsela a Firenze. Lo capì benissimo il Capponi che, scrivendone al Vieusseux, gli diceva, a proposito del romanzo: «La grande questione è di sapere se sarà letto: ne dubito un poco, dopo sbollita la prima effervescenza; e non tanto per difetto del Manzoni, quanto per difetto della lingua ch'egli maneggia stupendamente, ma non ha ancora (l'avrà) quello stile conversativo che possa rendere la lettura d'un libro italiano agevole quanto quella d'un libro francese».

L'osservazione era esatta, ma la predizione sbagliata perché l'effervescenza non accennava affatto a sbollire. E se n'accorse lo stesso Manzoni via via che scendeva verso Firenze in compagnia della madre, della moglie e di cinque dei suoi sei figlioli. Dovunque si fermassero, veniva riconosciuto e festeggiato. Alla frontiera del Granducato un doganiere, dopo aver visitato il suo passaporto, si mise a recitare a memoria: «Quel ramo del lago di Como...» Spogliandosi la sera, Manzoni confidava al cameriere: «Ma chi lo avrebbe detto, quando mi affaticavo il cervello sopra quella cantafavola, che avrebbe fatto tanto rumore?» Della prima edizione si erano esaurite in pochi mesi ben nove ristampe. E questo straordinario successo di pubblico dimostra quale sete ci fosse in Italia di libri scritti non più soltanto per i dotti, ma per tutti i lettori.

A Firenze l'accoglienza fu calorosa. Tutti presero d'assalto i locali dell'*Antologia* dove Manzoni fu ricevuto e presentato. Firenze era in quel momento la vera capitale culturale d'Italia, e non perché alla cultura desse il maggior contributo. Anzi. Esausta di geni, dopo Galileo non ne aveva più prodotti. Ma il tollerante regime dei Lorena ne aveva fatto il rifugio di tutti gl'intellettuali che la repressione poliziesca metteva in fuga dagli altri Stati della penisola, consentendole così di strappare quel primato a Milano che solo dopo il '60 lo avrebbe recuperato. C'erano Mamiani, Niccolini, Ridolfi, Ricasoli, Lambruschini, Tommaseo, Colletta, Pepe. C'era anche, in un angolo, Leopardi che andava borbottando: «Non capisco perché l'autore di un romanzo che vale così poco debba suscitare tanto interesse». Manzoni, senza borbottarlo, pensava lo stesso delle sue poesie. Si strinsero la mano con una cortesia priva di cordialità.

Furono, per Manzoni, giorni, settimane, mesi di allegra operosità. Mai lo si era visto così espansivo e socievole. Si fermava a parlare con tutti per far l'orecchio a certe parole che la *Crusca* non registrava e a certi modi di dire che con gioiosa sorpresa coglieva in bocca sia al professore che al fiaccheraio. Voleva sapere di dove venivano, e segnava tutto sul taccuino. Scriveva Enrichetta a un'amica: «I cambiamenti di lingua che si propone di fare ai *Promessi sposi* consistono nell'inserire parole e espressioni che provengono dal linguaggio vivo dei toscani. Egli è convinto che non c'è nessun luogo in Italia dove si può trovare quello che è la sostanza di tutte le lingue, ossia l'uso». Manzoni aveva ben capito che questa lingua non sarebbero stati i puristi della *Crusca*, e neanche quelli dell'anti-*Crusca*, a crearla.

Tornato a Milano coi suoi appunti, si mise a disfare e a rifare il suo testo per le successive edizioni, che seguitavano a esaurirsi una dopo l'altra. E non smetterà più fino al '40. Lasciamolo a questo lavoro, e lasciamo agli esperti il compito di valutarne i risultati, raffrontando l'una all'altra le varie stesure. Di questi risultati a noi ne interessa uno solo: gl'italiani finalmente avevano un libro, che tutti coloro che sapevano leggere potevano leggere e in cui trovavano il modello di una lingua che ancora non c'era, ma che il giorno in cui ci fosse stata, non avrebbe potuto essere che così perché rappresentava il più perfetto punto di fusione, fin allora mai raggiunto, fra quella scritta e quella parlata. Ma il libro aveva anche un altro immenso merito: quello di essersi dato a protagonista non più l'Eroe, il personaggio d'eccezione, ma il popolo, il vero popolo, nei suoi scampoli più realistici e consueti. Se siano tutti riusciti e quali lo siano meglio degli altri, anche questo è un giudizio che rimettiamo ai competenti, tuttora discordi. Ma per la prima volta il comune lettore, che fin allora la letteratura aulica e cortigiana aveva sdegnosamente escluso, riconosceva se stesso e i propri simili negli attori di una vicenda, di cui in tal modo si sentiva partecipe. Se Manzoni a questo mirasse in coerenza con una sua ben precisa concezione politica, non lo sappiamo e non lo crediamo. Oggi c'è chi vuol farlo passare per una specie di democristiano di sinistra, e questo ci sembra ridicolo, anzi lo è senz'altro. Io credo che su questa strada l'abbia condotto la sua morale. Manzoni non si proclamò mai giansenista perché ciò avrebbe significato una rottura con la Gerarchia, e Manzoni non era uomo di rotture. Ma giansenista era, e lo era proprio per ragioni morali: basta leggere certe lettere scritte da Parigi al Tosi contro i Gesuiti e il clero faccendiere. La sua «poesia degli umili» nasceva da questa esigenza di evangelico rigore che gl'ispirava, nei confronti della Chiesa temporale, atteggiamenti più eterodossi di quelli della sua moglie ex-calvinista.

Ecco perché *I promessi sposi* furono il più grande evento di questo periodo, e non soltanto sul piano letterario. Ottuse come lo sono sempre tutte le censure, quella austriaca credette che il romanzo fosse innocuo perché si svolgeva al tempo della Milano spagnola. Non capì quanto rivoluzionario fosse questo primo esempio di una letteratura che rompeva l'antica «incomunicabilità» delle regioni e delle classi sociali. Non crediamo affatto che esageri chi pone Manzoni fra i grandi «padri della patria». Quest'uomo pavido, questo renitente alla leva, fu uno dei maggiori artefici del Risorgimento.

Dopo di allora non scrisse quasi più nulla, forse perché sentiva di non poter andare più in là di dov'era arrivato. Ma dovettero contribuirvi anche le dolorose vicende familiari che punteggiarono il seguito della sua lunga vita. La prima a lasciarlo, nel '35, fu Enrichetta, distrutta dalla tisi, e più ancora dalle gravidanze: gli otto figli e i tre aborti erano troppi, per una donna fragile come lei. I biografi dicono che fu, per Manzoni, un colpo mortale. È un'ipotesi lecita, ma che non trova conforto in alcuna testimonianza. Non esistono lettere di Manzoni a sua moglie, sebbene si fosse in un secolo in cui tutti si scrivevano tutto anche vivendo fianco a fianco, né confidenze di lui su di lei. L'unico pubblico omaggio che le rese fu la dedica dell'*Adelchi* «alla diletta e venerata sua moglie Enrichetta Luigia Blondel, la quale insieme con le affezioni coniugali e con la sapienza materna poté serbare un animo verginale»: parole talmente convenzionali e di circostanza che non ci pare di poterne dedurre nulla, se non appunto un eccessivo rispetto delle convenzioni. Finito il lutto, si risposò con una vedova, Teresa Stampa, quindici anni più giovane di lui, come aveva fatto suo nonno Beccaria di cui, quando rimase vedovo, tutti avevano temuto il suicidio.

Della profondità dei suoi affetti, dubitiamo molto. Sentimentalmente, Manzoni era piuttosto frigido, come quasi sempre lo sono, anche per difesa, i malati di nervi. Ciò ch'egli e i biografi chiamano «rassegnazione ai voleri di Dio», non era forse che un istintivo rifiuto delle commozioni. Una dopo l'altra gli morirono quattro figlie, tutte stroncate a ventisei anni dallo stesso male della madre. I maschi non gli dettero che dispiaceri e dovettero continuamente ricorrere per aiuto di denaro a lui, che quasi sempre glielo negò. Manzoni non era avaro, ma era convinto di essere sull'orlo del dissesto e ridotto alla fame con tutti quei figlioli scapestrati e il mezzo plotone di nipoti che si ritrovava sulle spalle. In realtà avrebbe potuto benissimo, vendendo un po' del suo cospicuo patrimonio terriero, sanare la situazione. Ma non capiva nulla di queste cose, anzi preferiva ignorarle, sempre per salvaguardare la propria tranquillità. Per strano che oggi possa parere, *I promessi sposi*, nonostante il loro enorme successo, non gli avevano reso un soldo. La seconda moglie lo convinse ad assumerne in proprio la stampa e la diffusione, e ci rimise ottantamila lire, cifra per quei tempi colossale. Non li recuperò mai più. Solo molti anni più tardi, e dopo una lunga causa in tribunale, riuscirà a farsi dare dall'editore Lemonnier trentacinquemila lire.

Umanamente, l'uomo non ispira molte simpatie. Non gli si conoscono bassezze né acredini nei confronti di nessuno, ma neanche slanci di amicizia e di solidarietà. Era dotato di umorismo, ma ne faceva un uso molto moderato per la paura di offendere e di crearsi inimicizie. Tutta la sua vita di relazione anche con gl'intimi, forse perfino con la moglie, era improntata a una cauta diplomazia. E sotto i suoi modi gentili e un po' untuosi c'era soprattutto la preoccupazione di non lasciarsi coinvolgere nelle vicende di quei tempi calamitosi né trascinare in amicizie che potessero mettere in pericolo la sua pace. Per l'Italia e la libertà, fu tra gli uomini che più fecero, ma anche tra quelli che meno rischiarono.

Non si può fargliene colpa perché tutto questo aveva origine nella sua fisiologia, o nella sua patologia. Ma non si può nemmeno esimersi dal constatarlo, anche per capire i suoi atteggiamenti nelle successive emergenze nazionali. Questo poeta che dette più di Alfieri e di Foscolo, e senza mai assumerne le pose gladiatorie e i toni declamatori, fu il vero Vate dell'Italia, lo ritroveremo sempre arruolato nei servizi «ausiliari».

DE MAISTRE

Non abbiamo mai capito perché nella nostra storiografia, sia politica che letteraria, il nome di Giuseppe De Maistre non figuri, o vi figuri solo di rado e di straforo. Forse perché scrisse in francese? Ma in francese scrisse anche Casanova, eppure i diritti di cittadinanza non gli sono contestati. Crediamo quindi che a De Maistre l'indice sia stato comminato non per *come* scrisse, ma per *ciò* che scrisse. Egli rappresenta l'antitesi dell'Italia giacobina e carbonara. Ma non ci sembra un buon motivo per epurarlo. Possiamo deplorare ch'egli abbia messo il suo patrimonio d'intelligenza al servizio d'una causa sbagliata. Ma quel patrimonio resta, degno della più alta ammirazione. L'avesse avuto la Rivoluzione, uno scrittore come lui! Purtroppo, nessuno dei suoi bardi e avvocati seppe mai argomentare le sue verità col vigore polemico, l'empito lirico, la forza icastica, la tagliente ironia, la modernità di stile e di linguaggio con cui il reazionario De Maistre argomentò i suoi inganni, se tali sono.

Era nato nel '53 a Chambéry, primo di dieci fratelli, ma la sua famiglia era nizzarda. Suo padre, un magistrato severo in cui s'incarnavano le migliori qualità del funzionario piemontese, era stato fatto Conte e presidente del Senato della Savoia in ricompensa dei servigi resi. Giuseppe apparteneva quindi a quella nuova nobiltà «di toga» che via via rinsanguava quella di origine feudale e le impediva di chiudersi in casta. Crebbe in un ambiente montanaro e patriarcale, profondamente legato alle tradizioni, e l'istruzione la ricevette da dei padri Gesuiti che dovevano essere di buona qualità perché, invece di covare un anticlericale come molto spesso capita ai preti, formarono in lui una coscienza cattolica a prova di bomba. Egli rimase sempre con loro in rapporti filiali, tanto da contestare con violenza la Bolla con cui Clemente XV soppresse l'Ordine: e non fu l'unica volta che si sentì più cattolico del Papa.

A quindici anni entrò a far parte di una curiosa associazione detta dei «penitenti neri», il cui compito era di accompagnare al patibolo, sostenendoli e incoraggiandoli, i condannati a morte. Non c'è dubbio che fu questo tirocinio di lugubre filantropia a ispirargii più tardi quell'elogio del boia che resta forse la più bella «pagina dell'orrore» della saggistica mondiale.

Gli studi li finì, esemplarmente, a Torino, e senza dubbi sulla propria vocazione. A differenza di quasi tutti gli altri suoi coetanei, non era stato minimamente tentato né dalla poesia né dalla politica. Per un nobile come lui, di nobile non c'era che il servizio di Stato: avrebbe ricalcato le orme di suo padre, e infatti entrò in magistratura come assistente del procuratore generale di Chambéry. La sua cultura era solida, ma limitata alla teologia, al diritto e all'economia. Fu solo per effetto di contagio che nella sua mente si svegliarono altri interessi. La rivoluzione francese si avvicinava, e anche lì in Savoia giungeva qualche riflesso del gran movimento d'idee ch'essa scatenava. Il loro veicolo era la Massoneria, a cui anche De Maistre s'iscrisse.

Questo è il capitolo più controverso della sua rettilinea vita, l'unico che gli venga rinfacciato come un'incoerenza. Ma si tratta di un equivoco. Come abbiamo già detto, la Massoneria di quel tempo era divisa in parecchi filoni di diversissima ispirazione ideologica che, riportati al vocabolario d'oggi, si potrebbero anche chiamare di destra, di centro e di sinistra. Di sinistra erano per esempio le logge dei cosiddetti «Illuminati di Baviera», francamente massimalisti e rivoluzionari. Di centro erano le logge di rito scozzese, ispirate ai princìpi illuministi, cioè riformatori, di cui facevano parte anche molti Sovrani. Di destra era una corrente rigorosamente cattolica, dominata in gran parte dai Gesuiti che in essa cercavano un surrogato del loro soppresso Ordine.

Non sappiamo con esattezza a quale di questi tre filoni appartenessero la loggia dei «Tre Mortai» e quella della «Perfetta-Sincerità» cui De Maistre successivamente si affiliò. L'ora della verità sarebbe venuta solo con la Rivoluzione, che le avrebbe messe alla scelta – o pro o contro – determinandone la spaccatura. Per il momento esse erano soltanto delle conventicole di «notabili» che praticavano il segreto solo per dilettantismo, visto che la polizia le tollerava e in qualche caso addirittura le proteggeva.

È probabile che De Maistre vi s'iscrivesse perché in una città intellettualmente sonnolenta come Chambéry non c'era altra palestra per uomini che volessero tenere in esercizio il loro cervello. Comunque, fu qui ch'egli cominciò a prendere dimestichezza coi problemi politici e sociali che sempre più appassionavano la pubblica opinione. Degli autori francesi che li agitavano, l'unico che gli andasse a sangue era Montesquieu, e lo si era sentito dal suo primo discorso pronunciato per la venuta di Vittorio Amedeo III a Chambéry, in cui auspicava un parlamento all'inglese come correttivo del regime assolutistico. Il fatto che questo bastasse a farlo passare per sovversivo agli occhi dei dignitari dimostra solo quanto costoro fossero ottusi.

Quando la Rivoluzione scoppiò, anche per lui si pose il dilemma della scelta. Convinto che tutte le logge massoniche non fossero che veicoli d'infezione, il governo mise al bando anche quella di De Maistre, che disciplinatamente se ne ritirò, ma confutando la motivazione della condanna in una *Memoria al Duca di Brunswick* in cui rifiutava energicamente la tesi che le logge fossero covi di complotti rivoluzionari. Può darsi, diceva, che alcuni massoni si siano fatti strumento del diavolo, ma la Massoneria non è che la scienza dell'uomo, lo studio della sua origine e del suo destino, il quale conduce non alla Rivoluzione, ma alla Rivelazione. A questa tesi rimase sempre fedele, ed era senza dubbio sincero. Ma ciò dimostra quanto arbitrario sia ogni tentativo di attribuire alla Massoneria un preciso stampo ideologico.

Nel '92, quando la Rivoluzione si presentò non più nella veste di un'idea, ma in quella di un esercito che strappava la Savoia al Piemonte e l'annetteva alla Francia, De Maistre aveva già moglie e due figli. Con loro fuggì ad Aosta, ma per evitare la confisca dei beni fu costretto a tornare e a iscriversi alla guardia civica. La coscienza glielo rimproverò come un gesto di fellonìa, e per tacitarla non gli rimase che un'altra fuga, stavolta a Ginevra. Fu qui che iniziò la imprevista e non desiderata attività di scrittore. Ma non lo fece per procacciarsi fama: tant'è vero che le prime opere le pubblicò anonime. «Scrivere, per lui, era agire – dice il suo biografo Cogorden –. Non essendo uomo di spada, prese la penna.» Ma per brandirla come una spada.

Il quadriennio ginevrino fu decisivo per lo sviluppo del suo pensiero. Nel fragore delle polemiche provocate dal gran rivolgimento, De Maistre fece presto a orientarsi. Dotato di una salute di ferro, egli aveva una capacità di lavoro eccezionale. Poteva restare a tavolino anche quindici ore di seguito. «Ho raccolto – scriveva a un amico – una massa incredibile di testi per ridurli a un discorso sistematico.»

Questo discorso sistematico, per dipanarne la matassa, bisogna rifarsi al momento. Com'era logico che accadesse, la rivoluzione aveva provocato un contraccolpo ideologico, che trovò la sua espressione più compiuta in uno storico inglese: Burke. Non si trattava di un conservatore, ma di un liberale che dieci anni prima aveva parteggiato per gli americani insorti contro l'Inghilterra. Non era quindi un partigiano dell'assolutismo, ma non lo era nemmeno dell'ideologia giacobina, di cui contestava tutte le premesse. Vediamo di chiarire questo punto che non ha perso nulla della sua attualità.

Figli di Rousseau, i rivoluzionari francesi partivano dal presupposto che lo Stato potesse e dovesse adeguare le sue strutture al modello di una Ragione assoluta e universalmente valida. Figlio di Hume – un filosofo che lo aveva preceduto di qualche decennio –, Burke rifiutava questa posizione. Una verità assoluta e universalmente valida, diceva, esiste solo nel campo delle scienze astratte, come la matematica, sulle cui regole si possono impostare delle operazioni che valgono sempre e dovunque. Ma in una realtà composita e concreta, qual è una società, i rapporti non sono affatto «necessari», cioè a una determinata causa non corrisponde sempre quel determinato effetto, perché una società vi risponde in un modo e un'altra in un altro. Sia detto per inciso, questa tesi, che Hume estese anche alla religione e alla morale, influenzò tutta la filosofia successiva, compresa quella di Kant. Ma questo è un discorso che non ci riguarda.

Burke l'applicò alla politica, ma sviluppandola fino alle conseguenze estreme. Quella che orgogliosamente si chiama «la ragione», egli dice, non sono che le opinioni, sempre soggettive e arbitrarie, di alcuni pensatori che riescono a imporle in un certo e per un certo momento: mode, infatuazioni. La vera ragione della società è ben altro: è quell'insieme di «pregiudizi», cioè di sentimenti, di convinzioni, e anche di convenzioni, di miti e di tabù che formano il patrimonio di una comunità, sia essa la famiglia, o la classe sociale, o la nazione. Questo patrimonio non è né eterno né universale. Varia da Paese a Paese e si trasforma nel tempo per adeguarsi ad esigenze sempre nuove e diverse, ma non sopporta traumi che ne rompano la «continuità». E il lettore, a questo punto, avrà capito l'antitesi. Da una parte l'ideologia rivoluzionaria francese che inventa, o crede d'inventare, un mondo assolutamente nuovo, che rinnega tutto il suo passato, e quindi anche la sua storia, imponendo all'uomo di vivere secondo una ragione astratta, immobile e assoluta. Dall'altra l'ideologia storicistica inglese, che postula un sistema in cui alla società è consentito di svilupparsi e progredire, ma sempre in armonia coi suoi «pregiudizi», cioè con la sua tradizione. Rivoluzione contro riformismo, insomma: l'eterno dilemma.

Burke sviluppò queste sue tesi nelle *Riflessioni sulla Rivoluzione francese* che uscì nel '90. E fu questo, nella «massa incredibile di testi» raccolti da De Maistre, quello che più lo impressionò e influenzò nel suo rifugio ginevrino. Aveva quarant'anni quando brandì la penna per gettarsi nella mischia. Ma trovò immediatamente il suo stile – forse perché non lo cercò –, e fu subito scrittore, e grande scrittore: fenomeno unico – credo – nella storia della letteratura.

Quella che uscì dalla sua penna fu dapprima una profluvie di libelli che cominciò con le *Lettere di un monarchico savoiardo* e culminò nelle *Considerazioni sulla Francia*, di cui anche il titolo riecheggia l'ispirazione burkiana. Qualcuno dice che c'è dentro anche del Bonald, il grande campione del legittimismo francese. Ma l'ipotesi è smentita dall'anagrafe. L'opera del Bonald, *Teoria del potere civile e religioso*, uscì nello stesso anno '96 in cui apparve quella di De Maistre. Sebbene vivessero entrambi in Svizzera, i due non si conoscevano. Si riconobbero solo più tardi, quando si lessero a vicenda, e De Maistre scrisse a Bonald: «È mai possibile che la natura si sia divertita a tendere due corde così perfettamente assonanti come il vostro spirito e il mio? Si tratta della più rigorosa somiglianza». Ed era vero, ma fino a un certo punto: anche se dicevano le stesse cose, le dicevano in maniera assai diversa: la rapidità, l'asciuttezza, la rabbia, il patos di De Maistre, Bonald se li sognava.

Forse anche per impedirgli di continuare a scrivere cose che ferivano a morte i francesi, Carlo Emanuele lo invitò nel '97 a rientrare a Torino. Quel povero Re travicello regnava per grazia di Dio, ma per volontà di Napoleone che aveva occupato tutto il Piemonte e solo a titolo temporaneo lo lasciava sul trono. De Maistre, in cui la fedeltà non si confondeva con la cortigianeria, rimase disgustato dalla pavidità del Sovrano e dall'imbecillità dei suoi ministri. «De Maistre – si legge in una lettera di questi tempi – ha visto i potenti, e si è già trovato che parlava troppo, ch'era troppo franco. Sarà sempre lo stesso: ricco di buone qualità, ma non adatto per riuscire qui, dove non si sa nulla, ma in compenso le schiene hanno la flessibilità del vinco.»

Poi successe quel che il lettore già sa. Carlo Emanuele firmò l'atto di abdicazione e partì. Partì anche De Maistre al seguito del suo Re, ma partì anche Napoleone per la sua avventura egiziana, e gli austriaci ne approfittarono per scendere coi russi al contrattacco e riconquistare l'Italia, scacciandone i francesi. Breve illusorio intermezzo. Poco dopo Napoleone tornò, schiacciò gli austro-russi a Marengo e riprese il Piemonte non lasciando ai Savoia che la Sardegna. Qui il nuovo sovrano Vittorio Emanuele I nominò come Viceré il fratello Carlo Felice e come capo della magistratura De Maistre.

L'isola gli fece un'impressione disastrosa. «Il sardo – scrisse – è più selvaggio del selvaggio, perché il selvaggio ignora la luce, il sardo la odia. Esso è sprovvisto del miglior attributo dell'uomo, la perfettibilità. In qualunque mestiere si cimenti, lo fa come lo faceva ieri, come la rondine fa il suo nido e il castoro la sua casa. Guarda stupidamente una pompa aspirante e va ad attingere l'acqua col secchio. Gli si fa vedere l'agricoltura del Piemonte, della Savoia, della Svizzera, e torna in patria senza saper innestare un albero.

Ignora il fieno come ignora le scoperte di Newton. Non si può trattarlo che al modo dei Romani inviandogli un pretore e due legioni, costruendo delle strade e cercando di fare il suo bene non solo senza di lui, ma anche contro di lui. Questo popolo non ama niente. Ho più volte constatato che ciò che più gli ripugna è di dover approvare qualcosa. Tutti i suoi vizi sono leggi e tutte le sue leggi sono vizi. Questo disgraziato Paese non può essere rigenerato che da una potenza opulenta, saggia e intraprendente: sarebbe un'opera, faccio per dire, da inglesi.» Come si vede, il problema del Mezzogiorno non è di oggi.

Ma, pur con queste negative idee sui sardi, De Maistre si oppose ai metodi spicciativi con cui li trattava Carlo Felice che intendeva combattere il banditismo violando il codice e saltando i tribunali. Fu il primo motivo dei dissapori fra i due uomini, ma non il solo. Quel Principe rozzo e sommario che diffidava degl'intellettuali e ne vedeva uno in chiunque maneggiasse la sintassi un po' meglio di lui che la maneggiava malissimo, non poteva amare quel magistrato devoto al Re, ma più ancora alla Legge, e contro i cui argomenti egli non poteva far ricorso che all'autorità. E questo fu il vero motivo per cui, quando nel 1803 si rese vacante l'ambasciata del Regno di Sardegna a Pietroburgo, egli stesso propose al fratello di nominarvi De Maistre.

Questi partì da solo perché la moglie aveva dovuto rientrare coi figli in Savoia a difendervi il patrimonio nuovamente minacciato di confisca: per dodici anni non li avrebbe più rivisti. Arrivò a Pietroburgo dopo un viaggio di due mesi, con un cameriere e pochi quattrini, perché, con la perdita del Piemonte, le casse dello Stato erano in secco e gli stessi Reali arrancavano fra grosse difficoltà di bilancio. Dovette arrangiarsi anche lui come poteva senz'aiuto di personale (solo dopo due anni gli mandarono come segretario il figlio Rodolfo) e con l'obbligo di far fronte agl'impegni di rappresentanza. «È il secondo inverno – scriveva a un amico – che passo senza pelliccia, ed è come non avere una camicia costà a Cagliari. Poiché il servizio di un solo cameriere è qui ritenuto impossibile per la fatica e il clima, ho ingaggiato come secondo un ladro che stava per cadere nelle mani della Giustizia. Gli ho proposto di diventare un uomo onesto al riparo del mio privilegio di ministro. E dopo alcuni mesi, pare che vada bene. Poiché l'oste che mi nutriva, o meglio mi avvelenava, ha traslocato, ora non posso più raggiungerlo: così ho deciso di dividere la minestra del ladro.»

Ma, nonostante la povertà dei mezzi, aveva riportato un grosso successo personale presso la società moscovita, la Corte e lo stesso zar Alessandro grazie al suo calore umano, alla sua cultura e alla sua brillantissima conversazione. Aveva rapidamente imparato il russo, e col suo acuto spirito di osservazione si era a tal punto impadronito della situazione di quel Paese che lo Zar e i suoi ministri spesso ricorrevano ai suoi lumi sulle riforme da introdurre. Fu appunto in questa qualità di consulente che compose le *Cinque lettere sulla pubblica istruzione in Russia* che restano uno dei suoi saggi meglio riusciti. Ma non solo Alessandro si rivolgeva a lui. Come il suo arcinemico Voltaire, egli teneva corrispondenza con tutti i grandi d'Europa nel campo del pensiero e della politica, col Conte di Provenza – futuro Luigi XVIII – e con lo stesso Napoleone che, pur non essendo uomo di lettere, sapeva distinguere quelle buone e per De Maistre, pur sapendo quanto gli fosse avverso, aveva un debole. Anzi, fu proprio questo che lo indusse a un passo falso. Approfittando della simpatia che Napoleone gli dimostrava, gli propose un regolamento a parte della questione del Piemonte. Napoleone, che dalle simpatie non si lasciava trascinare, non rispose. E Vittorio Emanuele, quando ne fu informato, mandò al suo ambasciatore una strigliata in cui s'insinuava perfino una velata accusa di tradimento.

Come trovasse il tempo, fra tante attività, di portare

avanti i suoi libri, lo spiega solo la sua mostruosa resistenza al lavoro. Non usciva mai per uscire soltanto. Quando non era a Corte, era davanti alla sua scrivania dove trascorreva intere giornate e talvolta nottate. Per non doversene alzare neanche ai pasti, si era fatta costruire una sedia girevole che ruotando su se stessa lo metteva di fronte al desco. Fu in questo periodo ch'egli scrisse le sue opere più impegnative: gli undici dialoghi delle *Serate di Pietroburgo*, che rappresentano la sua *summa* filosofica, il *Saggio sul principio generatore delle costituzioni politiche*, l'*Esame della filosofia di Bacone*, i *Quattro capitoli sulla Russia*, e infine quello ch'egli forse considerava il tetto della sua concezione politico-teologica: il saggio *Sul Papa*. Ma tutto questo intramezzato da una miriade di lettere a tutti: ai Re, ai ministri, ai diplomatici, agl'intellettuali d'Europa, ma anche alla moglie e alle figlie di cui pretendeva dirigere da Pietroburgo l'educazione. A una di esse che assumeva pose di suffragetta, ricordava che «una donna attraente e graziosa si sposa più facilmente di una dotta, perché per sposare una dotta basta essere senza orgoglio, qualità molto rara, mentre per sposare una donna graziosa basta essere pazzo, qualità molto comune» e che «una donna non può essere superiore che come donna; dal momento in cui vuole emulare l'uomo, non è che una scimmia».

De Maistre assisté all'invasione della Russia da parte di Napoleone nel '12, e i suoi rapporti su quei drammatici avvenimenti costituiscono tuttora un documento di palpitante interesse che getta qualche dubbio sulla ricostruzione fattane *a posteriori* dagli storici. A sentir lui, le ritirate di Kutuzov, più che a un calcolato piano strategico, furon dovute alle esitazioni dello Zar, che finì per battere il nemico solo perché non trovò mai il coraggio di affrontarlo.

La Restaurazione lo deluse profondamente. La Costituzione concessa da Luigi XVIII ai francesi gli parve un vero e proprio tradimento. «Ci s'ingannerebbe infinitamente – scrisse – a credere che il Re di Francia è risalito sul trono dei suoi antenati. Egli è salito solo sul trono di Bonaparte, ed è già una gran fortuna per l'umanità. Ma siamo ben lontani dal riposo. La Rivoluzione fu dapprima democratica, poi oligarchica. Oggi è monarchica; ma continua a fare il suo corso.» Quanto alla Santa Alleanza, ci vide solo «l'ennesimo mostro partorito dall'illuminismo»; e se quella strana combinazione fu qualcosa, fu proprio questo.

A tali motivi di scontentezza, si aggiungevano anche quelli personali. Per i servigi che aveva reso e per il credito di cui godeva nell'ambiente diplomatico, De Maistre si aspettava che il Re lo mandasse a Vienna, dove si stavano negoziando i trattati di pace, come plenipotenziario del Piemonte. Invece fu lasciato in disparte e poi richiamato a Torino. Vi giunse nel '17, dopo una sosta a Parigi dove fu accolto come il capo-scuola dai cosiddetti *ultras*, gli oltranzisti del pensiero cattolico e monarchico, e ricevuto dallo stesso Re. A Chambéry poté finalmente riabbracciare i suoi cari. Ma a Torino si sentì spaesato. Egli aveva sognato la restaurazione di certi valori morali, e lì non trovava che quella delle parrucche e dei privilegi. La Corte lo trattò con freddezza e lo esiliò nella carica puramente onorifica di ministro di Stato senza portafoglio. Alla figlia che lo complimentava, rispose: «Non vi è niente di più nullo del mio posto. Contavo di più quando facevo il sostituto procuratore a Chambéry». Poteva tuttavia intervenire alle riunioni di Gabinetto, ma ci andava di rado e quasi mai vi prendeva la parola, scoraggiato dai discorsi che vi udiva. Quei fantasmi del passato, a cominciare dal Re, credevano che il regime fosse solo una questione di polizia. All'ultimo consiglio cui assisté, gli scappò la pazienza: «Signori – disse –, cosa volete costruire su un suolo che trema?» Era il gennaio del '21: pochi mesi dopo, sarebbero scoppiati i famosi moti che avrebbero provocato l'abdicazione del Re e l'invasione austriaca. Ma a presentirli era solo lui, che non fece in tempo a vederli.

Aveva seguitato a lavorare con alacrità. Lamartine, ch'era venuto a visitarlo, lo descrive come «un uomo di alta statura, una bella e virile figura militare con una fronte spaziosa su cui ondeggiavano, come i resti di una corona, alcune ciocche di capelli argentati. Il suo occhio era vivo, puro, franco. La sua bocca aveva l'espressione di fine ironia che caratterizzava tutta la famiglia». Conservò il suo intelletto fino all'ultimo: neanche la paralisi riuscì ad appannarglielo. La sua ultima lettera fu a Bonald: «Muoio con l'Europa» gli scrisse.

E veniamo al suo lascito. In Francia esso è ormai valutato e catalogato. In Italia, i pochi che non lo ignorano lo esaltano, ma dal verso sbagliato. Dicono che De Maistre fu un grande pensatore, e non è vero. Il suo pensiero è quello di Montesquieu e di Burke, soprattutto di Burke. Ciò ch'egli vi aggiunge è un empito lirico e un furore apocalittico che gli altri due non possedevano e che lo conducono non a un «sistema», ma a una «visione» diversa dalla loro. Mentre Burke rimane il padre del pensiero liberale dell'Ottocento e ne prevede tutta l'evoluzione, De Maistre percorre a ritroso il cammino della Storia e risuscita la concezione medievalesca di un impero universale del Papa, *Rex Regum*, Re dei Re, ch'era stata quella di Gregorio VII, d'Innocenzo III e di Bonifacio VIII. De Maistre non è un filosofo. È un profeta che sbaglia profezia, ma ne azzecca gli accenti. Questi toccano la vetta più alta nel famoso «elogio del boia» in cui si riassume, paradossalmente, tutta la sua utopia teocratica. «La spada della giustizia non ha fodero. Dalla formidabile prerogativa dei Re di punire i colpevoli, risulta l'esigenza necessaria di un uomo destinato a infliggere ai delitti i castighi. Ogni grandezza, ogni potenza, ogni subordinazione riposa sul boia. Esso è l'orrore e il vincolo della società umana. Togliete dal mondo quest'agente fatale, e nello stesso istante l'ordine farà posto al caos, i troni s'inabisseranno, la società sparirà. Dio, che è l'autore della sovranità lo è dunque anche del castigo. Il patibolo è un altare.»

Lo stesso carattere espiatorio, e quindi sacrale ch'egli attribuisce al carnefice, lo impresta anche alla carneficina, cioè alla guerra. «Non udite voi la terra che grida e chiede sangue? La guerra divampa. Invaso da un *divino* furore, che non è odio né collera, l'uomo s'avanza sul campo di battaglia senza sapere né ciò che vuole, né ciò che fa. Che cosa è dunque questo orribile enigma? Nulla è più contrario della guerra alla natura dell'uomo, e nulla tuttavia gli repugna meno. Egli fa con entusiasmo quella stessa cosa di cui ha orrore. Quando i delitti si sono accumulati fino al limite stabilito, l'angelo sterminatore accelera il suo infaticabile volo annegando le nazioni nel sangue. Si direbbe che queste grandi colpevoli, illuminate a un tratto dalla loro coscienza, domandino il supplizio e l'accettino per trovarvi l'espiazione. Fino a che resterà loro una goccia di sangue, verranno a offrirla; e ben presto una gioventù diradata si farà narrare questi *sacrifici* ch'ebbero origine dai misfatti dei loro padri. La guerra è dunque in se stessa divina...»

Questo non è pensiero. È, nella sua poetica truculenza, visione da grande quaresimalista molto più cattolico che cristiano, quale De Maistre fu. Per metà.

L'altra metà è il grande, il grandissimo giornalista, il puntuale fotografo di situazioni e di uomini, ora l'affabile e arguto conversatore delle lettere familiari, ora l'aggressivo e tagliente provocatore dei libelli polemici: l'unico che abbia saputo dire il contrario di Voltaire col brio, coi paradossi, col mordente, col «diavolo in corpo», con la modernità di Voltaire.

Bisogna infatti intenderci sul «reazionarismo» di De

Maistre. Esso non era affatto ispirato da un ottuso attaccamento al vecchio regime concepito come trincea d'interessi e privilegi di casta. E infatti questo fedelissimo legittimista fu sempre in lotta col Re e coi suoi cortigiani che così, rozzamente, lo intendevano e praticavano. Il suo reazionarismo attingeva a una certa visione, pessimistica e sfiduciata, dell'uomo e del suo destino. Questo povero idiota «pieno di urla e di furore», come dice Shakespeare (altro grande reazionario) *crede* di fare la Storia. La Storia la fa Dio; l'uomo può collaborarvi soltanto riconoscendo gli eterni e immutabili princìpi che la regolano, e attenendovisi. Non può cambiarne il corso, può soltanto «descriverlo» come fa Balzac, grande reazionario anche lui. Guai quando l'uomo, montato in superbia, pretende sovvertire le leggi della vita con le sue rivoluzioni: raggiunge sempre il fine opposto a quello che persegue. Guai quando s'illude d'istaurare la libertà: abbandonato a se stesso, egli non è che un animale nella jungla. La sua salvezza sta nell'umiltà di riconoscere questa sua miseria. «L'uomo non è grande che in ginocchio» dirà un allievo di De Maistre.

È vero ch'egli non appartiene alla cultura italiana di questo periodo (ma con Dante, per esempio, ci sta benissimo) né come formazione, né come spirito, né come stile, né come lingua. È vero che i suoi più rispettabili discepoli e continuatori furono stranieri e soprattutto francesi: Lamennais (prima dell'apostasia), i Barbey d'Aurevilly, i Veuillot, i Bloy. Ma se in Italia il termine «reazionario» è diventato sinonimo di «forcaiòlo», è appunto perché, invece che ai De Maistre, i reazionari italiani preferiscono ispirarsi ai Principi di Canosa. E così è avvenuto che mentre i francesi possono essere intelligenti, spregiudicati e moderni anche da reazionari, i reazionari italiani sono condannati a restare solo degli squallidi e sgrammaticati caporali.

ROSSINI

Il fatto che nessun letterato, nemmeno Manzoni nonostante il clamoroso successo del suo romanzo, riuscisse a vivere dei proventi della sua attività, dice abbastanza chiaramente quanto poco di letteratura gl'italiani si nutrissero. Di chi ne fosse la colpa, lo abbiamo già fin troppe volte ripetuto per doverci insistere. Comunque, quest'allergia faceva sì che l'unica manifestazione culturale che realmente interessava il grande pubblico fosse la musica, o per meglio dire l'opera. Era anzi una vera febbre che teneva l'Italia immersa nell'atmosfera di una perpetua San Remo. Ogni grande città aveva il suo teatro che, oltre al sussidio governativo, godeva dei proventi della sala da giuoco che vi era annessa – il Ridotto – e che servivano a finanziare le sue tre o quattro stagioni all'anno. In quelle piccole provvedeva a tutto il mecenate, e Stendhal ci ha lasciato la descrizione dei suoi metodi:

«Per prima cosa mette insieme una compagnia, composta invariabilmente di una primadonna, un tenore, un basso cantante, un basso buffo e una o due persone di minore importanza. Poi incarica un compositore di scrivere un'opera tenendo conto delle voci a sua disposizione e offre a uno scrittore del luogo da sessanta a ottanta franchi per il libretto. Immancabilmente egli s'innamora della primadonna, e tutta la città è in agitazione per sapere se le offrirà o no il braccio in pubblico. Così organizzata, la compagnia dà finalmente il suo primo spettacolo dopo un mese d'intrighi che sono stati fonte d'infiniti pettegolezzi. Lo spettacolo è il più grande avvenimento dell'anno, e nessun avvenimento parigino può esservi paragonato. Per tre settimane otto o diecimila persone discutono i meriti e i demeriti dell'opera e dei cantanti con tutto l'acume che il cielo ha loro concesso e soprattutto con tutta la forza dei loro polmoni. La prima rappresentazione, se non è stata fischiata, è seguita da altre trenta o quaranta, dopodiché la compagnia si scioglie». Solo i memorialisti stranieri riescono a dirci com'era fatta l'Italia.

Siccome i compositori di talento erano ovviamente pochi, i teatri se li disputavano e le folle ne facevano oggetto di un vero e proprio culto. Quando arrivavano, di solito con un lungo codazzo di accompagnatori, la gente staccava i cavalli dalla carrozza per trainarla a braccia, evocava l'idolo al balcone e gli faceva serenate. Essi però dovevano vedersela coi cantanti che, non meno divi e capricciosi di loro, esigevano che le partiture venissero adattate alle loro ùgole, e talvolta anche alle loro manìe. Il soprano Crivelli per esempio si rifiutava di aprir bocca se la sua prima aria non cominciava con le parole «Felice ognora», e il tenore Marchesi non accettava altre entrate in palcoscenico se non a cavallo e con un elmo grondante di piume bianche. Inoltre, ognuno di essi si riservava il diritto di apportare varianti con acrobazie canore non previste dal testo, le cosiddette «fioriture». E su un solo punto erano concordi: che l'orchestra dovesse restare al suo posto, cioè occuparne il meno possibile, limitandosi al puro accompagnamento. Il che basta a farci capire a quale parte, in questi spettacoli musicali, la musica fosse ridotta e come mai Glück e Mozart non ebbero in Italia diritto di cittadinanza.

A contendersi il primato nazionale erano la Scala di Milano, che tra poco se lo sarebbe definitivamente aggiudicato, e il San Carlo di Napoli, che proprio in questo inizio di secolo toccava l'acme del suo prestigio grazie a un impresario d'eccezione, Barbaja. Misto di genio e di ciarlatano, Barbaja aveva debuttato come sguattero, aveva fatto i primi soldi inventando un dolce di panna e cioccolato, la «barbajada», li aveva moltiplicati con la gestione del Ridotto da giuoco della Scala, e ormai tanti ne aveva che quando il San Carlo andò distrutto da un incendio, lo ricostruì a proprie spese. Era semianalfabeta, e di musica non conosceva una nota, ma conosceva il pubblico, era un infallibile scopritore di talenti, e nel 1815 si assicurò quello di un compositore ventitreenne, in cui già aveva identificato la figura più rappresentativa della lirica contemporanea: Gioacchino Rossini.

Rossini era nato a Pesaro, ma l'origine della famiglia era romagnola. Suo padre era chiamato «Vivazza» per la sua rumorosa esuberanza, si professava «giacobino» (il che gli valse anche la prigione) e faceva il suonatore di corno nelle girovaghe compagnie in cui sua moglie cantava. Non potendo portarsi dietro il bambino, lo misero a pensione da un salumiere di Bologna e a scuola di musica da un vinaio che suonava la spinetta con due dita sole e la notte dormiva sotto i portici perché soffriva di claustrofobia. Fu grazie a un'innata disposizione che Gioacchino imparò il cembalo e la viola, e a quattordici anni già si guadagnava tre lire per sera come maestro dei cori in teatro. Non gli mancava nulla per piacere a tutti: era bello, allegro, spiritoso, amabile, e delle simpatie che suscitava approfittò largamente, specie con le donne.

Il suo debutto di compositore lo fece a sedici anni con una «cantata» commissionatagli dal Liceo Musicale. Ma il suo vero battesimo fu, due anni dopo, un'opera, la *Cambiale di matrimonio*. Non fu un gran successo un po' perché il libretto era un accozzo di scemenze, un po' perché dovette scendere a patti coi cantanti che lo accusavano di aver sacrificato le voci alla musica. Ma il pubblico rimase colpito dal ritmo indiavolato e applaudì. Molto di più applaudì quello del San Moisè di Venezia dove fu rappresentato *L'inganno felice*, il suo primo trionfo. E da allora fu tutto un susseguirsi di scritture fino a quella, decisiva, di Barbaja.

Sobillati dal vecchio Paisiello ormai in disarmo e orgogliosi del loro primato musicale, i napoletani non riconobbero gli allori già raccolti nelle altre città dal ventitreenne compositore e lo accolsero con riserva. Ma Rossini li conquistò subito buttando giù in pochi giorni una nuova opera, *Elisabetta regina d'Inghilterra*, tagliata sulla misura del soprano che la interpretò: Isabella Colbran, una spagnola tutta ùgola e sesso, ch'era l'amante dell'impresario. Rossini che l'aveva già sentita a Bologna e ammirata non soltanto per la stupenda voce, se ne innamorò subito, sebbene lei avesse sette anni più di lui. Barbaja, a quanto pare, non sollevò difficoltà. Prima accettò il *menage* a tre, poi si trasse in disparte lasciando che i due si sposassero e restando con loro in eccellenti rapporti.

Non avendo firmato con lui nessuna esclusiva, Rossini accolse l'invito di comporre due opere anche per il duca Cesarini Sforza, impresario del teatro Argentina di Roma. La prima fu un'opera seria, e cadde. Per la seconda, fu Rossini stesso a chiedere che il libretto fosse tratto dalla commedia di Beaumarchais, *Il barbiere di Siviglia*. Sulla nascita di questo lavoro corrono molte leggende. Si è detto che ci furono delle ingerenze da parte della censura papale, e non è vero. Si è detto che Rossini chiese il permesso di usare quel libretto a Paisiello, che lo aveva musicato venticinque anni prima. E nemmeno questo è vero perché a quei tempi tutti attingevano agli stessi libretti, che poi erano quasi sempre quelli di Metastasio. Si è detto anche che Rossini ficcò nella partitura brani di musica altrui; e questo è vero, ma solo a metà, in quanto fu soltanto parecchio tempo dopo ch'egli sostituì un'aria con un'altra composta da Romani (il famoso «Manca un foglio» di Don Bartolo). Ma il lettore non trasalga: allora le opere si

vuole». Ma Rossini riuscì a conquistare anche lui. Riuscì a conquistare perfino Beethoven che, completamente sordo e chiuso in selvatica solitudine, non si lasciava avvicinare da nessuno, ma per Rossini fece eccezione. Questi ha lasciato dell'incontro una patetica testimonianza che gli fa molto onore. Beethoven lo felicitò per il *Barbiere* e gli raccomandò di restare nell'opera buffa. «Quella seria – gli disse – mal si adatta agl'italiani. Non avete abbastanza conoscenza musicale per trattare il dramma...» Quando Rossini si provò a esprimere l'ammirazione che provava per lui, Beethoven lo fermò con un gesto: «Oh, un infelice!» disse, ben lontano dall'immaginare che il suo interlocutore lo sarebbe diventato un giorno quanto e forse più di lui. Coi suoi amici viennesi, Rossini fece il diavolo a quattro per convincerli a dare al grande maestro una casa decente e di che vivere comodamente. «Venderebbe tutto – gli dissero – e troverebbe il modo di ripiombare nella sua miseria.»

Confrontandola alla sua solitudine, Rossini si sentiva a disagio per l'ammirazione di cui era bersaglio. Non sapeva come far fronte agl'inviti, e di notte la folla gli faceva la serenata cantandogli sotto le finestre i motivi del *Barbiere*, della *Cenerentola*, della *Gazza ladra*. Per sdebitarsi, prima di partire, dedicò ai viennesi un *Addio* e una marcia per banda militare, che più tardi però si riprese inserendola nella famosa *ouverture* del *Guglielmo Tell*.

«La gloria di quest'uomo è limitata solo dai confini della civiltà» scrisse Stendhal dopo il trionfo della *Semiramide*, composta a Venezia in trentatré giorni. Andò a Londra chiamato da Giorgio IV, che volle cantare un duetto della *Cenerentola* con lui. Andò a Madrid, ospite di Ferdinando VII. Andò a Parigi dove gli proposero la direzione del prestigioso Teatro Italiano. Poteva ormai avere quel che voleva, ma cominciava a non volerlo più con l'ingordigia e la gioia di vivere di una volta. Gli era morta la madre, cui era legatissimo. Viveva ormai separato dalla Colbran ch'era rimasta a Bologna e non andava punto d'accordo col vecchio «Vivazza». E la sua salute, fin allora a prova di bomba, denunziava qualche scompenso: forse erano i primi sintomi del male che doveva di lì a poco ridurlo a rottame. Questo non gli aveva impedito di diventare la «vedetta» non solo del palcoscenico, ma anche dei salotti di Parigi. In teatro però ii successo era dovuto più alle vecchie che alle nuove opere, le quali non avevano suscitato grandi entusiasmi, salvo l'*Assedio di Corinto*, che tuttavia piacque per ragioni più politiche che artistiche, la Grecia essendo in quel momento di moda per la sua rivolta contro i Turchi. Più genuino fu il successo del *Mosè*, che Balzac qualificò «un immenso poema musicale». Ma non erano i trionfi del *Barbiere*, e soprattutto gli costavano di più perché era lui, ora, che doveva andare a cercarsi le melodie.

A comporre il *Guglielmo Tell* gli ci vollero sei mesi, durante i quali a Parigi non si parlò d'altro. L'opera fu data nell'agosto del '29 in un teatro gremito come un uovo e teso allo spasimo. Non era un soggetto che gli si addicesse e il librettista Jouy lo aveva reso ancora più accademico e inamidato. L'esito fu incerto. Il pubblico trovò l'opera fredda, noiosa, soprattutto troppo lunga, e ne rimase deluso. I critici e gl'intenditori ne furono entusiasti e dissero che quello, non il *Barbiere*, era il suo vero capolavoro. Perfino Wagner ne riconobbe gli altissimi pregi. E a centocinquant'anni di distanza il dissenso continua. Secondo i competenti, qui Rossini ha toccato vette che Verdi non ha mai raggiunto. Ma per il pubblico, egli resta quello del *Barbiere*.

Questo primo soggiorno parigino finì nel '30, quando scoppiarono i moti che condussero all'abdicazione di Carlo X e alla successione di Luigi Filippo. La vista delle barricate sgomentò Rossini che negli ultimi tempi era diventato estremamente emotivo e impressionabile. Per di più il nuovo regime invalidò il vantaggiosissimo contratto che lo legava al Teatro Italiano, annullando anche la sua pensione. Gli ci vollero sei anni di processo per far riconoscere i suoi diritti. Ma per intanto preferì trasferirsi a Madrid e poi a Baiona al seguito del ricchissimo banchiere spagnolo Aguado che lo adorava e sovrintendeva con molta accortezza e generosità ai suoi interessi.

Fu in queste scorribande che incontrò Olimpia Pélissier, ultima discendente di quella grande famiglia di *demi-mondaines* francesi cui appartengono le Du Barry, le Pompadour, le Margherite Gauthier. Era di bassissima estrazione: sua madre l'aveva venduta minorenne a un Duca. Ma la ragazza aveva saputo bene amministrarsi, restare in un «giro» di amanti altolocati e infine scegliersi come marito un ricco agente di cambio che subito dopo l'aveva lasciata vedova ed erede della sua fortuna. Ora che poteva disporre di se stessa, voleva seguire la sua vocazione, anche questa tipicamente francese, d'ispiratrice e impresaria d'un genio. Forse Rossini credette di averla sedotta. In realtà fu lei a sedurlo, ma non glielo fece rimpiangere. Nessuna donna avrebbe potuto essergli più devota nelle dure prove che lo aspettavano. Isabella non oppose molte resistenze alla separazione. Anzi, quando Olimpia andò a Bologna, la invitò a colazione, e con Gioacchino rimase sempre in amichevoli rapporti.

Alcuni biografi dicono che a scatenare la malattia nervosa di Rossini fu il trauma di spavento ch'egli subì quando volle provare l'emozione del nuovo aggeggio che la tecnica aveva inventato: il treno. Ma evidentemente confondono la causa con l'effetto. Se quell'innocua esperienza lo sconvolse al punto che non riuscì a rimettersene mai più del tutto, fu perché era già profondamente malato, e del resto si vedeva: a trentasei anni aveva perso quasi tutti i denti, era diventato obeso e flaccido, e per nascondere il cranio completamente calvo doveva ricorrere alle parrucche, di cui possedeva una collezione. Secondo alcuni clinici che hanno studiato il suo caso, doveva trattarsi di una malattia venerea di cui forse non si era accorto. Certo, gli effetti si rivelavano devastatori, e non soltanto nel fisico. Dopo il *Guglielmo Tell*, che già gli era costato uno sforzo per lui abnorme, non gli era riuscito comporre quasi più nulla, e agli amici che lo sollecitavano dava risposte evasive e contraddittorie. A Pacini scrisse che un'epoca dominata dalla rapina, dalle barricate e dalle macchine a vapore (quel maledetto treno!) non offriva motivi a una musica come la sua ispirata al sentimento e all'ideale, che a dire il vero non erano le sue note dominanti. A Wagner disse che quaranta opere in meno di venti anni danno un certo diritto alla stanchezza. Forse la confessione più sincera fu quella che fece al tenore Donzelli: «La musica vuol freschezza d'idee, io non ho che languore e idrofobia». La meravigliosa vena di cui il mondo non aveva mai conosciuto l'uguale, si era improvvisamente inaridita.

Contro quel disfacimento che durò oltre quarant'anni e si concluse quando lui ne aveva settantasei, Rossini badò a salvare almeno il personaggio, e in questo fu addirittura eroico. Lombroso dice che la sua nevrastenia degenerò a un certo punto in vera e propria follia, ma forse esagera, e comunque nessuno se ne accorse perché, secondato dalla vigile Olimpia, egli riuscì sempre a coprire i suoi tormenti con una maschera di amabilità e perfino di buonumore. Un nulla bastava a sconvolgerlo, l'insonnia lo rodeva, spesso non trovava la forza di alzarsi e restava a covarsi nel letto le sue angosce. Ma in pubblico rimetteva, con la parrucca, la maschera del Rossini gaudente. Mai un accenno alle proprie condizioni, mai una concessione al compatimento di se stesso, mai – sembrava – un rimpianto per quello ch'era stato. Il grande maestro dell'opera buffa sentiva di non poter diventare, come Beethoven, un personaggio di tragedia, e restò fedele al proprio repertorio. Cosa provasse, quando sedeva al piano per cercarvi inutilmente qualche melodia, nessuno lo sa, perché a nessuno mai lo confidò. Agli occhi del mondo, per pudore e coerenza, rimase come il mondo lo vedeva e lo voleva: il padre di Figaro, il re dell'allegria.

Quando nel '55 si riaccasarono definitivamente a Parigi, egli vi riprese la sua parte di «vedetta» e, sotto la sapiente regìa di Olimpia, i «sabati musicali» di casa Rossini divennero una delle grandi attrazioni della città. Rossini vi si preparava come un attore a una «prima», studiando le «battute» da sfornare nella conversazione. Una volta, al nipote di Meyerbeer che gli chiedeva un parere sulla marcia funebre composta per la morte dello zio, rispose: «Graziosa, graziosa. Ma sarebbe stata migliore se l'avesse composta tuo zio per la morte tua». Di Wagner: «Eh, certo, ci fa passare dei gran bei momenti, ma anche dei gran brutti quarti d'ora». Degli altri grandi del suo tempo: «Prendo Beethoven due volte la settimana, Haydn quattro, e Mozart tutt'i giorni». Delle proprie opere: «Quella che preferisco resta il *Don Giovanni* di Mozart». Quando gli chiedevano come mai non componeva più nulla, rispondeva con un sospiro: «Che volete, da giovani si lavora per la gloria, da vecchi per i figli. Io, figli non ne ho...», avallando così la menzogna del Rossini pigro, vocato all'ozio e ai piaceri della vita: la buona tavola (i famosi *Tournedos-Rossini*), i buoni vini, la bella conversazione: lui che, partiti gli ospiti, passava il resto della settimana a lottare contro l'insonnia, l'inappetenza e le angosce.

Morì alla fine del '68, Cavaliere della Corona d'Italia, di un'Italia di cui egli aveva seguito la nascita solo sui giornali, e forse senza molto interesse. Buona guardiana anche del suo cadavere, Olimpia lo fece seppellire al Père Lachaise vicino a Cherubini, Chopin e Bellini, del quale era stato amico e protettore. Il suo ultimo «sabato musicale» si svolse lì, davanti a un'enorme folla, ed ebbe a protagoniste le più belle ùgole del momento: la Patti, Alboni, Nilson, Tamburini, Faure. Olimpia si era riservata un lòculo accanto al suo. Ma quando Firenze chiese le sue spoglie per tumularle accanto a quelle di Machiavelli, Michelangelo e Galileo, consentì alla traslazione, rimandandola però alla propria morte.

La valutazione dell'opera artistica di Rossini la rimettiamo ai competenti. Sulla ricchezza, freschezza e spontaneità della sua vena non ci sono controversie, come non ce ne sono sulla sua abilità tecnica. La sua «presa» sul pubblico è documentata dai pareri di uomini che non erano di certo facili a subirla. Stendhal era pazzo di lui. Hegel scriveva alla moglie che non si sarebbe mosso da Vienna finché avesse avuto i soldi per andare a teatro a sentire Rossini. Schopenhauer curava le proprie crisi d'ipocondria suonando sul flauto le arie di Rossini. Di queste entusiastiche testimonianze si potrebbero riempire pagine su pagine.

Le opinioni discordano quanto all'influenza ch'egli esercitò sugl'indirizzi fondamentali della musica del suo tempo. Qualcuno dice ch'egli aprì nuove strade, che per esempio la *Gazza ladra* precorse il verismo di Puccini e di Mascagni, che senza il *Guglielmo Tell* Meyerbeer non sarebbe esistito o sarebbe stato diverso da quello che fu. Può darsi. A noi sembra tuttavia che Rossini segni più la chiusura di un periodo che l'inizio di un altro. Egli appartiene più al Sette che all'Ottocento anche per ragioni anagrafiche in quanto la sua carriera si concluse praticamente nel '30, cioè prima della grande ventata romantica: lo dimostra il culto che nutriva per Mozart. Anche la sua musica di maggiore impegno conserva qualcosa di rococò e resta inseparabile dalla cipria e dalle parrucche. Aveva orrore della rapina, delle barricate e del vapore perché turbavano la sua musa ch'era la «grazia», e la grazia era una musa settecentesca.

Qualche riforma la introdusse. Per esempio la tradizione esigeva una netta separazione di stili fra l'opera buffa e l'opera seria: la prima doveva essere tutta caricature e risate, la seconda tutta solennità e lacrime. Rossini cercò di fonderli con molti accorgimenti, fra cui quello di affidare in un'opera seria come il *Mosè* la parte di protagonista a un basso, che secondo la convenzione poteva farla solo nell'opera buffa. Fu lui che col *Guglielmo Tell* per la prima volta introdusse nell'orchestra la cornetta. Fu lui il primo che riuscì a imbrigliare i capricci vocali dei cantanti scrivendo le «fioriture» e quindi impedendogli d'improvvisarle, cosa che Stendhal gli rimproverò come un attentato all'estro e alla fantasia del bel canto italiano. Fu lui a dare maggior spazio all'orchestra chiamandola ad accompagnare anche i recitativi e allargando la parte degli strumenti a fiato.

Ma si trattava di migliorìe, non di rivoluzione. Rossini non fu un innovatore perché il nuovo non lo sentiva, né nell'arte né nella vita. La sua lira non vibrò alle grandi emozioni e alle grandi passioni del suo tempo perché a queste era refrattario egli stesso. Con la stupidità che accomuna tutti gli squadristi di qualsiasi epoca e di qualunque professione ideologica, anche la più sacrosanta, alcuni volontari del '49, passando sotto le sue finestre a Bologna, lo insultarono chiamandolo «reazionario». Nel significato ch'essi le attribuivano, l'accusa era insensata. Ma una sua verità l'aveva. Volendogli dare a tutti i costi una qualifica storica, possiamo dire che Rossini fu il mùsico della Restaurazione. Non lo sapeva, e nemmeno sapeva che cosa la Restaurazione fosse, perché alla politica era completamente estraneo, la considerava una fonte di squilli assordanti e di brutti inni, cioè di cacofonìe. Ma certamente egli apparteneva al mondo dei Re, dei Principi, delle parrucche, dei merletti e dei teatri di Corte che Metternich aveva riesumato, e per questo si era trovato tanto bene a Vienna e Vienna aveva spasimato per lui.

Il Risorgimento insomma non può annoverarlo nemmeno fra i suoi precursori: non lo previde, non lo presentì, non lo sentì. Nessun carbonaro andò sulla forca e nessun garibaldino all'assalto canticchiando o fischiettando una sua aria. Il Risorgimento appartiene tutto intero a Verdi, alle sue trombe, alle sue marce, e anche al suo melodramma.

IL «GIALLO» DI MODENA

Se i moti italiani del '20-'21 cominciarono in Spagna, quelli del '31 cominciarono in Francia.

Grazie alle sue risorse materiali e morali, questo Paese aveva fatto presto a risollevarsi dal salasso di sangue che Napoleone gli aveva inflitto con le sue continue guerre e dalla batosta di Waterloo che le aveva concluse. E via via che le sue energie si ridestavano, cresceva il malcontento per un regime che, oltre tutto, aveva il grave torto di essergli stato imposto dal nemico trionfante. Il re Luigi XVIII non aveva fatto nulla per prevenire questo disagio. Aveva restaurato il vecchio regime come se la rivoluzione non fosse mai avvenuta, e suo fratello che gli era successo col nome di Carlo X batteva la stessa strada, una strada che non poteva condurre che alla crisi. Quando questa scoppiò, nel luglio del '30, Carlo credette di poterla risolvere con un irrigidimento dell'assolutismo e misure di polizia. Il popolo di Parigi rispose con le barricate, e a Carlo non rimase che l'abdicazione.

Dominata dall'elemento borghese che aveva molto da riguadagnare, ma anche parecchio da perdere, la rivoluzione non volle correre troppi rischi, e alla Repubblica preferì una monarchia costituzionale incarnata in quel Filippo d'Orléans, che abbiamo già incontrato a Palermo, quando c'era andato per impalmare Amalia, figlia di Ferdinando e di Maria Carolina. Issato sul trono dalla grande ondata liberale, egli dovette soddisfarne le più pressanti esigenze: una Costituzione che istituiva un regime rappresentativo di carattere parlamentare, il ripristino del vecchio glorioso tricolore al posto del vessillo bianco crociato dei Borbone, e una politica estera in netta antitesi con quella delle Potenze reazionarie della Santa Alleanza. Quest'ultima si tradusse nel principio del non-intervento, con cui la Francia s'impegnava a impedire, anche con la forza, le interferenze di uno Stato nelle faccende interne di un altro Stato. Era insomma la sconfessione della politica che Metternich aveva praticato dieci anni prima contro Napoli e il Piemonte.

Gli effetti di questa presa di posizione, che faceva della Francia l'alta patrona dei movimenti rivoluzionari europei, si videro subito. Insurrezioni scoppiarono un po' dappertutto, ma specialmente in Belgio e in Polonia. Per coordinarli, a Parigi s'era formato un Comitato Cosmopolita, in cui gli esuli italiani avevano gran parte anche perché era dominato dall'indomabile Buonarroti, di cui esso fu anzi il canto del cigno. Il vecchio tribuno non perse tempo a redigere un proclama e un piano d'azione. Il proclama diceva: «Cadano i tiranni, s'infrangano le corone, e sulle ruine loro sorga la Repubblica italiana una e indivisibile dalle Alpi al mare». Il piano era che una legione di esuli penetrasse in Savoia dove, secondo Buonarroti, il popolo sarebbe immediatamente sorto in armi appiccando un incendio che si sarebbe propagato fino alla Sicilia. I francesi avevano dato la loro adesione, anzi s'impegnavano a cedere a questa Italia unita e repubblicana la Corsica in cambio di Nizza e Savoia.

In realtà questi francesi erano soltanto il vecchio generale Lafayette, carico di gloria, ma anche di arteriosclerosi, e ormai ridotto a una parte di «venerabile». Egli non sapeva nulla delle cose nostre, ma non molto di più ne sapeva Buonarroti, di cui questo piano dimostra non la «generosità» – come dicono alcuni storici –, ma la facioneria e il retorico massimalismo. Ad esso tentò invano di opporsi il Poerio, reduce dalla galera e dalle esperienze napoletane del '21. Via via che parlava – e parlava benissimo –, Buonarroti lo guatava con occhi carichi d'odio mormorando: «È lui, tutto lui, anche nei gesti e nella voce: quella canaglia di Mirabeau». Erano trascorsi quasi quarant'anni, ma l'inguaribile giacobino era rimasto a Mirabeau, il grande antagonista di Robespierre. La rivoluzione italiana, per lui, non poteva essere che un poscritto di quella francese dell'89.

Senonché le notizie dall'Italia non erano affatto incoraggianti. Chateaubriand, che vi si trovava come diplomatico, scriveva: «C'è un diffuso malcontento, che però non arriva fino alla cospirazione». Il giudizio non è del tutto esatto perché di cospirazione ce n'era. Ma la drastica repressione seguita ai moti del '21 l'aveva ridotta al lumicino, mandando sulle forche i più attivi protagonisti, o relegandoli in galera, o costringendoli all'espatrio. Più che sulle proprie forze, i patrioti contavano sul solito Messia o demiurgo. Si parlava con insistenza dei discendenti di Napoleone. Ce n'erano parecchi a giro per l'Italia perché quasi tutta la famiglia Bonaparte vi si era accasata e partecipava attivamente alle vicende politiche locali. Elisa Baciocchi, l'ex-regina di Etruria, riponeva le sue speranze nel figlio stesso dell'Imperatore, il Duca di Reichstadt, tuttora ostaggio di Vienna, e andò addirittura a parlargliene. Ma quel giovane di scarsa grinta e di salute malferma, in cui di suo padre non riviveva nulla, era cresciuto come un Principe austriaco, e ormai tale si sentiva. Sicché le attese finirono per concentrarsi su un altro Napoleònide, Carlo Luigi, il futuro Napoleone III, figlio di Luigi Bonaparte, ex-Re d'Olanda, e di Ortensia di Beauharnais: un ragazzo di vent'anni, dal carattere inquieto e avventuroso, ossessionato dalla gloria del grande zio e dall'ambizione di emularlo. Alla notizia delle barricate di Parigi, aveva sperato di poter rientrare in Francia. Ma Luigi Filippo si era affrettato a confermare il bando alla famiglia Bonaparte, e non aveva torto perché questo nome stava sempre più riacquistando fascino sui francesi, e Carlo Luigi Napoleone era alla ricerca di occasioni per farlo risuonare. Perciò si era avvicinato ai patrioti italiani di Roma e partecipava ai loro complotti. Nel dicembre del '30 ne organizzarono uno assolutamente fantapolitico: impadronirsi di sorpresa di Castel Sant'Angelo, proclamare decaduto il governo pontificio, affidare il potere allo stesso Carlo Luigi Napoleone come Reggente, eppoi consegnarlo al Duca di Reichstadt dopo averlo rapito a Vienna. Le autorità lo risepero subito e si affrettarono a sfrattare i congiurati, fra i quali c'era anche Maroncelli, da poco liberato con Pellico dallo Spielberg. Luigi Napoleone fu rispedito con sua madre a Firenze, ma non per questo smise di complottare: era in contatto con la Carboneria, anzi pare che vi fosse stato regolarmente iniziato.

Questi intrighi piuttosto dilettanteschi dimostrano la fondamentale debolezza di un rivoluzionarismo in attesa di una soluzione dal di fuori. Si rivolgevano a un Napoleone un po' nella ingenua speranza che quel fascinoso nome bastasse a compiere il miracolo, un po' perché Santi indigeni a cui votarsi non ne avevano. La reazione dei Principi italiani alle barricate di Parigi era stata d'irrigidimento. Siccome tutti, salvo forse il Granduca di Toscana, si reggevano sulle baionette austriache, si sentivano minacciati dal principio di non-intervento che li privava di quella garanzia. Ma a spingere la loro avversione al nuovo regime francese sino alla furia e all'invettiva furono proprio i due Principi su cui, dopo la catastrofe napoleonica, si erano appuntate le speranze dei patrioti.

Il primo fu Carlo Alberto che, in una lettera a Carlo Felice, auspicava una spedizione militare «contro questo scellerato, codardo e infame Orléans», e vi si prenotava. Il povero Carignano non si era ancora riavuto dal trauma del '21, quando aveva temuto di essersi giuocato il trono per le sue connivenze coi liberali. Ma forse a fomentare in lui lo zelo assolutistico influiva la concorrenza del Duca di Modena, che aveva scritto anche lui a Carlo Felice una lettera indignata, in cui gli annunziava che aveva rimandato al nuovo Re di Francia, senza nemmeno aprirla, la lettera che questi gli aveva spedito; e che, siccome Metternich gli aveva consigliato maggior prudenza, lui gli aveva risposto che un Sovrano posto sul trono da Dio non poteva accettarne uno postovi da sudditi ribelli. Diceva tutto questo come se il Re di Francia fosse stato lui, e Luigi Filippo il Duca di Modena. Ma Carlo Felice lo congratulò vivamente dicendogli che rimpiangeva di non poter imitare il suo gesto perché la geografia non glielo consentiva. Questo carteggio a tre dimostra che la partita per il trono di Sardegna era ancora aperta, o almeno tale la consideravano il duca Francesco che non aveva cessato di aspirarvi, e Carlo Alberto che non aveva cessato di temere ch'egli vi aspirasse. Entrambi cercavano di guadagnarsi i favori di Carlo Felice, mostrandosi più assolutisti di lui e l'uno dell'altro.

Eppure, fu proprio in nome del Duca di Modena che si annodò la congiura destinata a sfociare nei moti del '31. E qui si entra in una delle vicende più misteriose del pre-Risorgimento, un autentico «giallo».

Nella primavera del '26 aveva fatto la sua comparsa negli ambienti degli esuli italiani di Parigi un avvocato modenese, Enrico Misley. Diceva che il movimento nazionale non aveva possibilità di successo se non appoggiandosi su un Principe autorevole e risoluto, disposto ad assumerne la guida, ma che questo Principe c'era: Francesco IV di Modena.

Gli esuli trasecolarono. Su Francesco i patrioti avevano effettivamente appuntato gli occhi dopo il crollo del sistema napoleonico perché, pur essendo un Principe austria-

467

co, era di sangue mezzo italiano per via della madre Este, in Italia era nato e cresciuto e quindi si poteva anche sperare che ne avrebbe fatto gl'interessi. Ma quando lo videro all'opera nel suo Ducato, fecero presto a ricredersi. Era stato lui a istaurare il regime più retrivo. Era stato lui a pronunciare al Congresso di Verona del '22 la più feroce requisitoria contro i liberali: così feroce che lo stesso Metternich gli aveva dato sulla voce. Sua era stata la repressione più spietata. Suo era il motto: «Cristo in cielo, io quaggiù», per dire che non accettava limiti al suo assoluto potere. Sua la massima: «Meglio un innocente sulla forca che un reo in libertà». Sua la risposta a quelli di Brescello che gli chiedevano argini per difendersi dal Po in piena: «Un nido di carbonari come il vostro paese è meglio che vada sommerso». Tutti sapevano che questo campione «d'astuta ignoranza, duro il viso, i modi, la voce, cupo e come convulso» faceva staffilare i sudditi che osavano importunarlo per strada con qualche supplica, e che speculava sulla loro fame incettando il grano nelle carestie e rivendendolo a prezzi maggiorati. Ma Misley diceva che questa era la maschera di Francesco, il suo alibi nei confronti dell'Austria. In cuore, covava ben altro: covava l'amore per l'Italia.

Nessuno saprà mai se Misley fosse in buona fede e fino a che punto fosse autorizzato a quegli scandagli. Uomo di bella presenza e di parola facile, ma provincialmente vanitoso e ambiziosissimo, pare che da giovane avesse frequentato l'ambiente carbonaro, dove conservava parecchie amicizie. Come fosse entrato in rapporti col Duca, non si sa. Il biografo di Francesco, Galvani, dice che se ne guadagnò le grazie quando gli confessò spontaneamente le sue passate propensioni liberali, vi abiurò e gli «promise d'indagare e riferire i segreti dei comitati di Londra e di Parigi coi loro piani sull'Italia», insomma quando gli si offrì come spia.

Non vogliamo entrare nei dettagli di questo tenebroso affare, sul quale tutte le ipotesi sono lecite. Ci limitiamo a enunciare quella che ci sembra la più fondata. Le cose non erano andate come dice Galvani, apologeta del Duca. Dapprincipio Misley fu un uomo d'affari di Francesco, che di affari ne aveva molti. Piccolo borghese di provincia, era molto lusingato della fiducia che il Principe gli accordava e probabilmente sognò di diventarne l'eminenza grigia, solleticandone l'ambizione, che era quella del trono di Sardegna. E qui, molte cose lasciano credere che ci sia stato, fra i due, un equivoco. Il Duca, nipote di Carlo Felice per parte di moglie, pensava a quella corona come a un fine; Misley ci pensava come a un mezzo per unificare sotto di essa tutta l'Italia. Per realizzare quest'ultima impresa, ci voleva la collaborazione dei patrioti, e la sua missione consisteva appunto nel tastarne il polso.

Che il Duca consentisse, lo dimostra la libertà con cui Misley parlava di questi compromettenti contatti nelle lettere scritte da Parigi a un suo amico di Modena che dapprincipio, nel riceverle, dovette tremare perché era noto che la polizia le apriva. In esse l'avvocato raccontava con evidente compiacimento i suoi colloqui con Sismondi, con Constant, con Lafayette ed altre vedette della politica europea. «Di' a mia madre – si legge in una di esse – che ha un figlio che la dovrà far insuperbire.» Ma c'è un episodio ancora più rivelatore. Siccome il comitato di Parigi si mostrava sempre più diffidente nei suoi confronti, Misley si rivolse a quello di Londra attraverso un fuoruscito suo compaesano, Manzini, che aveva tutte le carte in regola, e questo intermediario se lo condusse al seguito a Modena, dove non solo non ebbe noie, ma fu subito ricevuto dal Duca, cui riferì che il Comitato era pronto a spalleggiarlo per unificare l'Italia, non già per allargare i suoi Stati. E anche qui l'allusione al trono di Sardegna è evidente.

Negli ambienti liberali di Modena questi contatti erano

risaputi e destavano perplessità e diffidenze. Il Duca non aveva addolcito il suo regime, anzi aveva chiamato presso di sé come consigliere quell'infame Canosa che, bandito da Napoli, era stato espulso anche dalla Toscana per le sue mene reazionarie. Misley diceva che Canosa serviva a Francesco di «copertura» nei confronti dell'Austria. Ma questo era falso perché era stato proprio Metternich, che lo detestava, a far allontanare Canosa da Napoli. Molto più verisimile appare che fosse Misley a servirsi della «copertura» di Manzini per accreditarsi presso i liberali. E a questo scopo cercò l'avallo di una personalità ancora più insospettabile di Manzini: Ciro Menotti, un industriale di Carpi, che già aveva subito la prigione per carbonarismo.

Uomo onesto, ma di un candore che sconfinava nella sprovvedutezza, Menotti si entusiasmò dell'idea e si lasciò condurre dal Duca. Cosa si dissero, non si sa. Il Galvani afferma che anche lui accettò di fargli da spia. Questo è in antitesi non solo col carattere del personaggio, ma anche coi fatti. Una cosa sola si può dire con certezza: che da questo momento Menotti si gettò nell'impresa con ardore e la condusse da uomo convinto di avere il Duca dalla sua. Andò a Bologna, a Forlì, a Ravenna per riallacciare i contatti coi vecchi Cugini e stabilire un programma di azione comune. Incontrò molte difficoltà perché in questi centri Francesco lo conoscevano meglio che a Parigi e a Londra, tanto che a Bologna Menotti corse rischio di essere assassinato come agente provocatore. Ma il suo entusiasmo era tale che finì per vincere le altrui diffidenze. Solo Firenze vi si dimostrò refrattaria: era difficile indurre i toscani a barattare il loro Leopoldo con Francesco. Capponi rispose, profeticamente: «Signor Menotti, vi ammiro e vi compiango: voi sarete la vittima del Duca di Modena». Tuttavia anche lì una recluta la fece: Luigi Napoleone, sempre alla ricerca di occasioni per mettersi in vista agli occhi dei francesi.

Dopo ognuno di questi viaggi, tornava a Modena a riferirne a Francesco, presso cui occupava ora il posto di Misley, quasi sempre in missione all'estero. Il Duca ascoltava, approvava, o per lo meno non dava segno di disapprovare. Se si proponesse di strumentalizzare il moto rivoluzionario per accrescere i propri domini, o se fin d'allora mirasse soltanto a procurarsi informazioni per poter colpire, al momento opportuno, con maggiore efficacia, è difficile dire. Ma, dato il tipo, la seconda ipotesi è più verisimile della prima. Nel '29, per la morte di sua madre Ricciarda, aveva arrotondato i suoi Stati con Massa e Carrara, rinforzava i servizi di polizia e si teneva in stretto contatto epistolare con Carlo Felice cui, chiedendogli in prestito alcuni cannoni, scriveva: «So che me la vogliono fare, ma essi mi temono e io non temo affatto loro».

Secondo Misley e il suo biografo Ruffini, il Duca fu in buona fede fino alla rivoluzione francese di luglio. Quel rivolgimento ne provocò uno anche in lui e lo risospinse in braccio al reazionarismo. Misley ne ebbe sentore, e da Parigi piombò a Modena, dove un colloquio col Duca confermò i suoi timori. Ne avvisò Menotti, ma questi – dice Ruffini – non ci credette, un po' perché non voleva crederci, un po' perché i fatti gli dimostravano il contrario. Ch'egli preparasse l'insurrezione era noto a tutti, e tutti in città ne parlavano. La sua casa «parea una borsa di negozianti: chi andava, chi veniva sì di giorno che di notte, la scuderia sembrava uno stallatico. Tutte le armi da caccia a due, a quattro colpi, fucili, pistole trovate presso i mercanti di Modena furono comprate in pochi giorni. La città tutta e i paesi circonvicini echeggiavano rivoluzione. Le donne in molte case, senza riguardo, si occupavano di sciarpe tricolori e di coccarde». La polizia non poteva ignorarlo. Eppure, non interveniva.

La data fissata era il 5 febbraio (del '31). Gl'insorti sarebbero scesi in piazza al grido di: «Viva Francesco IV e morte ai suoi ministri!», mentre da tutti gli altri centri del Ducato le colonne dei congiurati si sarebbero messe in marcia sulla città. Il Duca sarebbe stato messo al bivio: o darsi prigioniero della rivoluzione, o assumerne il patronato e marciare con essa alla conquista degli Stati vicini. Ma Menotti era convinto che il Duca avrebbe scelto la seconda alternativa, e di questa certezza aveva contagiato tutti gli altri. A Parigi, dov'era rientrato, Misley avrebbe assicurato l'appoggio sia del Comitato, che degli ambienti liberali francesi.

Ma la mattina del 3 ci fu un fatto nuovo e inatteso: la polizia arrestò alcuni capi della congiura ed espulse dal Ducato alcuni sospetti, fra cui i generali Zucchi e Fontanelli, le due personalità di maggior prestigio. Il colpo era grave per gli uomini raccolti in casa Menotti – una quarantina –, convinti come lui di avere il Duca dalla loro. E fu forse per prevenire una loro diserzione che Ciro decise di precipitare gli eventi. Stavano prendendo gli ultimi accordi, quando i soldati bussarono alla porta e intimarono la resa. L'edificio era completamente circondato e già sotto la mira dei cannoni prestati da Carlo Felice. A dirigere l'operazione era il Duca in persona, che aveva al suo fianco Canosa, inebriato dalla prospettiva di un massacro di «giacobini».

Persi per persi, i congiurati decisero di vender cara la pelle, e all'intimazione risposero con un nutrito fuoco che stese morti alcuni gendarmi. La fucileria durò parecchie ore. A un certo punto Menotti, non si sa se per un tentativo di scampo o di diversione, si buttò a correre per i tetti, ma fu ferito e cadde per strada. Gli altri seguitarono a sparare finché il Duca diede la parola al cannone che in due bordate demolì l'edificio e costrinse gl'insorti alla resa. Il Duca si precipitò nell'appartamento e lo perquisì di persona. Evidentemente, voleva impadronirsi dei carteggi.

Era convinto di aver liquidato la rivolta, tant'è vero che

chiese al governatore di Reggio di mandargli subito il boia. Ma le notizie che frattanto arrivavano a palazzo non erano molto rassicuranti. Dai paesi circonvicini, gruppi d'insorti marciavano su Modena, e i reparti regolari, invece di fermarli, se ne lasciavano disarmare. Francesco però confidava nella sua arma segreta: le truppe austriache del Lombardo-Veneto di cui aveva già sollecitato l'intervento. Ma l'indomani il capitano a cui aveva affidato l'ambasceria tornò a mani vuote: per strada i rivoltosi gli avevano sequestrato la risposta del generale Frimont, che peraltro era negativa: il comandante austriaco si rifiutava di mandare truppe oltre i confini senza un esplicito ordine di Vienna. E appunto perché avevano saputo di questa risposta, gl'insorti seguitavano a marciare. Risoluto anche nella codardìa, il Duca non pose tempo in mezzo a mettersi in salvo oltre il Po. Ma, insieme alla famiglia, si portò al seguito il principale ostaggio. È chiaro che aveva paura dei segreti di Menotti. E proprio questo segnava irrevocabilmente la sorte del prigioniero.

Così la rivoluzione, che credeva di aver perso, si trovò invece vincitrice e padrona della città. Essa liberò i compagni di Ciro e gli altri detenuti, piantò sulla cittadella il tricolore, e istaurò un governo provvisorio di cui Reggio si dichiarò solidale, e di cui l'avvocato Nardi fu l'anima, ma un'anima estremamente incerta e timorata, che di una cosa sola si preoccupò: di disarmare l'ostilità dell'Austria, dimostrandosi rispettosissimo dell'ordine costituito e quindi combattendo e smorzando lo slancio patriottico e libertario.

Questi bravi rivoluzionari, in fondo, non avevano rinunziato alla speranza di far la rivoluzione d'accordo coi gendarmi.

LA RIVOLUZIONE MANCATA

Il contagio fu fulmineo.

Appena risapute le notizie di Modena, quelli di Parma si rovesciarono in piazza e vi tumultuarono al grido: «Viva la Duchessa, morte a Werklein!» Werklein era l'uomo che, morto Neipperg, ne aveva assunto presso Maria Luigia tutte le funzioni, meno quelle coniugali, ma senza possedere le qualità del suo predecessore. Era un colonnello austriaco duro, freddo, sussiegoso, privo di tatto e di fiuto e, a quanto pare, abbastanza disinvolto in fatto di quattrini. I dimostranti chiesero alla Duchessa di licenziarlo e di concedere una Costituzione. Spaventata e piangente, Maria Luigia annunziò che sarebbe partita. E allora tutta la città si riversò davanti al palazzo evocandola al balcone e supplicandola di restare. Essa finse di arrendersi, ma durante la notte prese la via di Piacenza, l'altra città del suo Ducato, dove l'accolsero con grande entusiasmo per fare dispetto a Parma. A Parma fu istituito un governo provvisorio che ricalcò le orme di quello di Modena.

Ma intanto le Legazioni, da sempre ribelli al malgoverno del Papa, avevano preso fuoco. Un fuoco incruento perché, salvo che a Forlì dove ci furono alcuni morti, tutto si risolse in accordi più o meno consensuali coi Legati e Prolegati, che finirono per accettare l'istituzione di governi laici e liberali, dietro garanzia ch'essi avrebbero mantenuto l'ordine. E infatti quasi esclusivamente a questo i nuovi regimi pensarono, sordi ai richiami dei pochi che avrebbero voluto dare al moto un contenuto e delle prospettive nazionali. Fra questi pochi ci furono il generale

Zucchi che, sloggiato da Reggio dove si era rifugiato dopo l'espulsione da Modena, era accorso a Parma, e di qui lanciò il progetto d'istituire una milizia cittadina in difesa delle conquiste realizzate; e il colonnello Sercognani che quel progetto lo tradusse in fatti raccogliendo tremila volontari, occupando alcuni forti e costringendo alla resa la guarnigione papalina di Ancona.

Ma occorreva una volontà politica, e questa volontà non c'era. Un'assemblea di «notabili» di tutte le province insorte – Emilia, Romagna e Marche – fu convocata a Bologna, che aveva assunto la funzione di capitale. Quale spirito rivoluzionario animasse questi uomini, lo dimostra il fatto che il delegato designato da Recanati era Giacomo Leopardi, gran poeta, d'accordo, ma non uomo da Convenzione. Essi decisero la formazione di un «Governo delle province unite italiane» e ne delegarono la presidenza al più timorato di tutti loro, Vicini. Invano Sercognani sollecitava aiuti e l'autorizzazione a marciare su Roma. Bologna rispose, per bocca del generale Armandi, che l'impresa era irrealizzabile. Che lo fosse veramente, c'è da dubitarne. L'esercito pontificio era un'orda di lanzichenecchi buoni soltanto a saccheggiar pollai. E lo stava dimostrando anche in quell'occasione. Coi suoi improvvisati manipoli, Sercognani era penetrato in Umbria senza incontrare serie resistenze. La popolazione non mostrava molto entusiasmo per il nuovo regime, ma ne mostrava ancora meno per quello vecchio. E a Roma il panico dilagava. Ma, invece che ad approfittarne, i rivoluzionari di Bologna miravano a calmarlo. Praticamente essi tenevano il Prolegato, cardinale Benvenuti, in condizioni di ostaggio, ma lo trattavano con tutti i riguardi. Come potessero illudersi che il Papa consentisse alla perdita di una metà dei suoi Stati, e la più ricca e popolosa, Dio solo lo sa. Ma essi agivano come se nutrissero questa certezza, la quale a sua volta si pasceva di un'altra certezza: che la Francia impedisse l'intervento dell'Austria. Perciò i loro occhi erano rivolti a Parigi.

A Parigi gli avvenimenti avevano preso tutti di contropiede, anche il Comitato. Questo, sapendo di ciò che si preparava a Modena, ne aveva chiesto i particolari a Misley, quando era tornato dopo l'ultimo colloquio col Duca. Ma Misley, forse per vendicarsi degli affronti fin lì ricevuti, si rifiutò di darli allegando l'impegno del segreto. Disse soltanto che a Modena i dadi erano tratti e le date fissate per far ben capire che la *sua* congiura non intendeva prendere direttive dai fuorusciti. A quanto più tardi rivelò, egli era ormai convinto che l'insurrezione dovesse andare avanti di forza propria, senza il Duca e magari anche contro di lui. E di propria iniziativa, si diede a raccogliere a Marsiglia un carico di armi per traghettarle in Italia.

Quando giunse la notizia che il tricolore sventolava sulla cittadella di Modena, il solito Buonarroti stilò un proclama che recava il sigillo della sua magniloquenza. Esso spronava gl'italiani a sollevarsi in massa contro «il truce Alemanno che spietato tracanna il vostro sangue e si pasce delle vostre lacrime» (chissà cosa avrà detto, leggendolo, Vieusseux), e annunziava l'imminente sconfinamento in Savoia di una legione di volontari.

Questi si stavano effettivamente raccogliendo a Lione fra gl'incoraggiamenti della popolazione e la benevola tolleranza della polizia. Il governo aveva reiterato il suo impegno a impedire, anche con la forza, qualsiasi intervento, cioè l'intervento dell'Austria, e ancora il giorno 24 l'ambasciatore francese a Vienna ne aveva ammonito Metternich. I preparativi fervevano febbrili in un clima d'entusiasmo, quando d'improvviso l'atteggiamento delle autorità cambiò, anzi si capovolse. Le armi vennero sequestrate e i volontari espulsi con foglio di via, sebbene le loro violente proteste trovassero larga eco nella stampa e nel parlamento di Parigi. Cos'era successo?

Era successo che Metternich aveva risposto all'ammonimento dell'ambasciatore facendo pubblicare con grande rilievo la notizia che uno dei principali esponenti del Governo delle Province Unite Italiane era Napoleone Bonaparte. Non era vero. Napoleone si era arruolato nel piccolo esercito di Sercognani, ma poi era stato richiamato a Bologna e messo in disparte appunto perché i dirigenti temevano che la sua presenza alienasse loro la simpatia di Luigi Filippo. Questi infatti accusò il colpo, e Metternich ne approfittò per assestargliene subito un altro avanzando per la corona del Belgio la candidatura del Duca di Leuchtenberg, che poi era il figlio di Eugenio di Beauharnais.

Luigi Filippo capì. Senza neanche informarne il suo Primo Ministro – che, quando a cose fatte lo seppe, si dimise per protesta – fece avvertire Metternich che il principio del non-intervento, in senso assoluto, valeva solo per il Piemonte. Sui Ducati, visto ch'erano austriaci, Vienna aveva mano libera. Quanto agli Stati della Chiesa, la Francia auspicava la formazione di un comitato di Grandi Potenze che facesse da mediatore. Insomma, era la via libera a quella spedizione punitiva che il Cancelliere aveva già deciso sin dal primo giorno.

Di questo compromesso sotto banco, che non faceva di certo onore al nuovo regime francese, in Italia non si seppe nulla. Si cominciò solo a sospettarne quando, all'alba del 25 febbraio, una colonna di soldati austriaci traversò il Po e colse di sorpresa la piccola guarnigione nazionale di Fiorenzuola. Il governo di Parma ne fu sgomento. Ma, invece di bandire l'emergenza, badò a calmare la pubblica opinione dicendo che l'atto non doveva essere considerato ostile in quanto Fiorenzuola faceva parte della provincia di Piacenza, tuttora sotto la sovranità di Maria Luigia.

Subito dopo un'altra colonna austriaca mosse su Novi,

sulla strada di Modena. Bologna, che vi aveva dislocato una piccola guarnigione, le ordinò di ritirarsi. Il comandante Morandi, ex-legionario di Spagna, disobbedì e contrattaccò subendo parecchie perdite, ma anche infliggendone, e fu deplorato da Bologna dove il governo fece affliggere questo bel manifesto: «Gli affari dei modenesi non sono i nostri. Il sano principio di non-intervenzione (*sic*) impone le sue leggi sia a noi che ai nostri vicini». Da buoni italiani, i bolognesi credevano di salvarsi separando la loro sorte da quella degl'italiani dei Ducati, ed era su questa miserabile diplomazia, non sulla volontà di difendersi, che fondavano le loro speranze. A teatro si rappresentava con grande fragore di applausi la *Francesca da Rimini* del Pellico, e il pubblico scandiva in coro il ritornello: «Presto all'armi, corriamo, c'invita – Lo squillar della tromba guerriera – Presto all'armi, la nostra bandiera – De' nemici spavento sarà». Ma quando Zucchi si presentò con settecento uomini racimolati alla bell'e meglio, gl'imposero di disarmarli perché l'Austria non se ne sentisse provocata.

Il 6 marzo giunse come una folgore la notizia che, sebbene non provocata, l'Austria aveva occupato Ferrara. Quella non faceva parte dei Ducati. Faceva parte delle Legazioni, come Bologna. Eppure a Bologna dissero che non si trattava di atto ostile, ma dell'esercizio di un vecchio diritto a tenere qualche guarnigione a sud del Po. Non volevano guardare in faccia la realtà perché non avevano il coraggio di affrontarla. E ricorrevano a tutto pur di salvare le loro illusioni, ispirate soltanto dalla irresolutezza e dalla pavidità.

Tuttavia i fatti sembrarono lì per lì confermarle: la marcia degli austriaci per qualche giorno si fermò. Essa era stata sollecitata dalla Santa Sede fin dalla metà di febbraio, e nei termini più pressanti. A tal punto il Papa si sentiva minacciato che aveva annunciato a Metternich l'intenzione di rifugiarsi a Genova, e il Cancelliere gli aveva risposto consigliandogli, caso mai, Venezia. E ciò dimostra quanta ragione avesse Sercognani, che del resto, sebbene da Bologna non gli avessero mandato nessun rinforzo, seguitava ad avanzare in Umbria.

Metternich non aveva mai dubitato di dover intervenire nelle Legazioni. I motivi che, dopo Ferrara, gl'imposero un rallentamento, erano due. Anzitutto, doveva risolvere l'operazione sul piano diplomatico perché la Francia, per salvare la faccia, seguitava a sollevare difficoltà all'intervento fuori dei Ducati. Il secondo erano le esitazioni di Frimont che non voleva indebolire le guarnigioni del Lombardo-Veneto dove temeva lo scoppio d'un'insurrezione. Ma la Santa Sede insisteva in toni sempre più drammatici. Sercognani si era spinto fino a Rieti. È vero che n'era stato scacciato dai papalini, ma la sua minaccia seguitava a incombere sull'Urbe.

Il 20 marzo gli austriaci ripresero la marcia calando su Bologna. Il capo del governo provvisorio, Vicini, che fin allora aveva dato un'esemplare prova d'indecisione e incompetenza, offrì a Zucchi i pieni poteri per scaricarsene di dosso la responsabilità. Il Generale rispose ch'era un po' tardi, ma che il senso del dovere gl'imponeva di accettare «quantunque senza speranza di successo», e ordinò il trasferimento del governo ad Ancona per dare a se stesso il tempo di ricongiungersi con Sercognani e tentare con lui una resistenza. Al momento di partire lanciò ai bolognesi un proclama in cui l'invitava a «cedere con dignità» all'occupazione austriaca: invito che, salvo la dignità, si rivelò del tutto superfluo.

Zucchi condusse la sua colonna per Imola, Faenza e Cesena, fino a Rimini. Qui seppe che ad Ancona Sercognani, furibondo contro quell'inetto governo, lo aveva destituito e rimpiazzato con un triumvirato militare in cui figurava anche Zucchi. Questi aveva ora ordinato i suoi uomini su una buona linea di difesa, e aspettava gli austriaci, le cui avanguardie giunsero la sera del 25. Col favore del buio, mimetizzandosi sotto berretti tricolori e al grido: «Viva gl'italiani, viva la libertà!», riuscirono a sorprendere gli avamposti nazionali. Ma Zucchi rimediò subito facendo avanzare l'artiglieria di cui era specialista, e per parecchie ore martellò il nemico infliggendogli trecento morti. Si ritirò solo quando si accorse che stava per essere aggirato, ma l'inattesa resistenza sorprese gli austriaci e rimase l'unico glorioso episodio di quella confusa e poco esaltante vicenda.

«Ah, se avessi dieci o quindici giorni per addestrare questi focosi ragazzi!» disse il Generale, mentre si ritirava ordinatamente su Pesaro coi suoi reparti quasi intatti. Stava ormai per raggiungere Ancona e unirsi all'indomabile Sercognani, quando a Fano gli si presentò un ufficiale spedito con tanto di lasciapassare da Vicini e compagni al quartier generale austriaco con un'offerta di resa. Zucchi trasecolò anche perché il messaggero non aveva nessuna comunicazione per lui, che credeva di essere uno dei Triunviri, e anzi il più autorevole. Invece, nel frattempo, Vicini aveva ripreso le proprie funzioni e, consigliato dal generale Armandi, il quale andava dal primo giorno predicando l'inutilità di qualsiasi resistenza, aveva alla svelta firmato un armistizio col cardinale Benvenuti, che il governo si era portato al seguito da Bologna, impegnandosi alla remissione dei poteri alle autorità pontificie e al disarmo delle truppe nazionali in cambio di una generale amnistia. Solo Terenzio Mamiani aveva rifiutato la propria firma su quel documento qualificandolo «indegnissimo».

Per quanto avvilito e disgustato, Zucchi calmò le ire dei suoi ufficiali che proponevano di passare per le armi i «traditori» di Ancona e di tentare la resistenza a oltranza. Ancora più violenta fu la reazione di Sercognani e dei suoi che per Terni risalivano verso la costa adriatica. Ma non c'era nulla da fare contro la mentalità dimissionaria di quel governo.

Gli austriaci non riconobbero l'impegno preso da Benvenuti di una sospensione delle operazioni militari da ambo le parti. Avanzarono su Ancona e l'occuparono, mentre nel porto si affollavano, in cerca d'imbarco e di scampo, i reduci di quella disgraziata avventura, fra cui Zucchi e Mamiani. Altri si erano avviati verso il confine della Toscana; e con essi marciavano Luigi Napoleone e sua madre Ortensia.

E torniamo a Modena, epicentro di quell'eruzione, e al suo protagonista.

Trascinato al suo seguito dal Duca, che a nessun costo voleva farselo scappare, Menotti era stato momentaneamente affidato agli austriaci, che lo avevano rinchiuso nella fortezza di Mantova. Di lì Francesco era partito per Vienna a sollecitarvi gli aiuti che Frimont gli aveva negato. Il 9 marzo, appena rientrato nella sua capitale al seguito delle truppe austriache, si fece subito riconsegnare il prigioniero, lo rinchiuse in un ergastolo sorvegliato da un intero battaglione, e affidò l'istruttoria su di lui al più malfamato giudice di Modena, Zerbini. Disperata, la moglie del prigioniero scrisse a Misley, tuttora a Parigi. Misley rispose che aveva già interessato al caso alcuni autorevoli deputati francesi, fra cui Lafayette, i quali a loro volta si erano impegnati a interessarne il governo; e comunque egli stesso sarebbe rientrato in Italia a perorare la causa di Menotti presso il Duca «che non è crudele». Il mistero si aggroviglia sempre più. Effettivamente, alla fine di febbraio, Misley stava per tornare in patria, ma per aiutare la rivoluzione con un carico d'armi che gli venne sequestrato a Marsiglia. Come potesse pensare di essere ancora nelle buone grazie del Duca, Dio solo lo sa. Pure, gli scrisse veramente sollecitandone la clemenza, e lo fèce sapere ai Menotti dicendogli che il Duca non avrebbe mai condannato a morte Ciro perché per ben due volte questi gli aveva salvato la vita dalle macchinazioni dei congiurati.

Il difensore che il tribunale militare aveva assegnato – di propria autorità – all'imputato era un sottotenente Ricci di scarsa esperienza giuridica, ma leale e coraggioso. Egli impostò la causa sull'ipotesi più pericolosa, ma che forse era anche la più fondata: quella della connivenza dell'accusato col Duca. Disse che questi certamente non aveva inteso servirsi di Menotti per procurarsi «un aumento di dignità e di dominio» (e l'allusione al trono di Sardegna era chiara); ma che Menotti invece proprio a questo mirava, e lo aveva dimostrato conducendo l'impresa «con tanta imprudenza da non nasconderla all'occhio vigile della polizia, la quale ne conosceva già l'origine, l'andamento e le fila anche prima dello scoppio».

Le cose stavano proprio così. Ma appunto perché stavano proprio così, Menotti era spacciato. Sapeva troppo delle intenzioni del Duca. Non bisognava dargli il modo di rivelarle, mai più. L'osservatore austriaco Marschall – che stava per prendere il posto di Werklein a Parma – avvertiva Metternich che Francesco conduceva l'inchiesta a suo arbitrio sovrapponendosi al tribunale cui stava per imporre un verdetto, la cui odiosità sarebbe ricaduta sull'Austria. Ma non ci fu nulla da fare. Contro ogni consiglio e richiamo di Vienna, Menotti fu avviato al capestro. Mentre aspettava l'esecuzione, venne a fargli compagnia un altro condannato a morte: Borelli. Era stato il notaio che aveva steso l'atto di decadenza del governo ducale. Si sentiva così poco colpevole che, fuggito da Modena, dopo pochi giorni vi era rientrato di propria volontà. Invano Marschall cercò di strappare la grazia per entrambi i condannati. «Questo non è un Principe – scrisse disgustato a Vienna –, ma un agente provocatore che istiga alla rivolta per divertirsi con le forche.»

I due infelici salirono sul patibolo il 26 maggio: Borelli

482

con comportamento fermo e quasi spavaldo, Menotti turbato e recalcitrante. Ma i tribunali continuarono a lavorare fino al '37. Coloro che avevano avuta qualche parte, anche minima, nel rivolgimento, ci passarono tutti. Tutti, meno uno: Misley, che non fu condannato neanche in contumacia.

Lo condannò viceversa l'opinione pubblica come spia patentata, e forse non lo era. Ma bisogna dire ch'egli fece ben poco per liberarsi di questa taccia. Il suo biografo e avvocato difensore dice che nel '32 egli avrebbe tutto chiarito in un volume di memorie, se il governo francese, fortemente allarmato (di che?), non lo avesse immediatamente sequestrato. Può anche darsi. Ma quelle memorie avrebbe potuto pubblicarle a Londra, dove poco dopo si trasferì, e invece se ne astenne. Riprese il progetto, pare, vent'anni dopo, a Ginevra. Ma neanche stavolta il libro vide la luce. Probabilmente, esplicito o implicito, c'era fra lui e il Duca un patto che lo impegnava al silenzio. «Se scroccone soltanto, o insieme traditore, non sai» scrisse di lui Tommaseo. Arrivabene era incerto: «Mi parlò di sé e de' suoi passati inganni con tanta soavità e tanta mostra di candore, ch'egli è o demonio o santo». Forse il giudizio più esatto è quello di Mazzini che scriveva a sua madre: «Non v'è tanto da pronunciare spia quel signore, anzi nol credo tale, ma vi è tanto da pronunciarlo imbroglione e uomo non di veri profondamente radicati princìpi: e basta per tenersene discosti».

Probabilmente quel pasticcione non era che una vittima dei propri pasticci.

L'UOMO NUOVO

Immancabile strascico di tutte le rivoluzioni mancate, un'altra ondata di repressioni si abbatté sull'Italia. Ma non tutti, per fortuna, imitarono i metodi del Duca di Modena. Maria Luigia, prima di rientrare a Parma, ci mandò il suo fiduciario Melegari, un galantuomo che si affrettò a provvedere di passaporto i più compromessi in modo che si mettessero in salvo. Nelle reti della polizia non caddero che persone di secondo piano, e ci rimasero poco perché già in agosto la Duchessa troncò tutti i processi con un'amnistia.

Il governo pontificio invece perse anche quell'occasione di dare un esempio di carità. Il nuovo pontefice Gregorio XVI, da poco succeduto a Pio VIII, era completamente nelle mani del suo Segretario di Stato, cardinale Bernetti, uno di quegli «zelanti» che credevano più nella forca che nella croce. Egli non volle riconoscere la convenzione di Ancona stipulata dal cardinale Benvenuti che garantiva l'immunità agl'insorti in cambio della loro rinuncia alla resistenza armata. La nave su cui essi si erano imbarcati venne catturata da due fregate austriache lanciate al suo inseguimento. I fuggiaschi furono trascinati davanti a un tribunale d'ufficiali e sottoposti a uno stringente interrogatorio. Cercavano Zucchi che – come ricorderete – era uno di quei Generali dell'esercito italico ch'erano stati assorbiti in quello austriaco, e figurava ancora nei suoi quadri, anche se da molti anni era spontaneamente passato nella riserva. Su di lui quindi pendeva l'accusa di tradimento.

Sebbene provvisto di documenti falsi, Zucchi rifiutò la finzione. «Se cercate il generale Zucchi, eccolo!» disse facendosi avanti, e gli ufficiali austriaci si misero sull'attenti. Fu spedito in Austria, processato per direttissima e condannato a morte. Ma poi la pena fu commutata in quella dell'ergastolo nella fortezza di Gratz dove rimase diciassett'anni, fino al '48. Gli altri furono rinchiusi nel forte di Sant'Andrea a Venezia, e minuziosamente interrogati. Metternich voleva ricostruire le fila dell'insurrezione anche per vedere se essa aveva avuto addentellati nel Lombardo-Veneto. Tutti, compreso il fratello di Menotti, fornirono la stessa versione: ch'essi avevano creduto di agire in pieno accordo col Duca di Modena e che questi aveva fatto di tutto per incoraggiarli in questa convinzione. Per Metternich fu più una conferma che una sorpresa. Egli si rifiutò di consegnare a Francesco i prigionieri modenesi, e uno alla volta li liberò.

Papa Gregorio, dal canto suo, aveva già nominato due commissioni d'inchiesta per impartire un castigo esemplare, ma doveva vedersela con una conferenza di ambasciatori istituita a Roma su richiesta della Francia. Violentemente attaccato dall'opposizione liberale che l'accusava di aver tradito e mandato allo sbaraglio gl'italiani prima proclamando il non-intervento e poi rimangiandoselo, il governo di Luigi Filippo reclamava da quello pontificio l'amnistia, una serie di riforme liberali, e l'immediata evacuazione dei suoi Stati da parte delle truppe austriache. D'accordo con Metternich, Bernetti tergiversava. Alla fine di giugno sembrava che si fosse alla vigilia di una guerra tra Francia e Austria. Poi Roma cedette, o per meglio dire Vienna le impose di cedere. L'amnistia fu concessa e le truppe austriache cominciarono lentamente a sgomberare. Quanto alle riforme, fu più fumo che arrosto, anche perché quello Stato era talmente marcio che nemmeno volendo sarebbe riuscito a realizzarle. Ma bastò per consentire alla Francia di salvare la faccia e di riprendere la sua parte di alta patrona del liberalismo europeo.

Nel loro insieme, i moti del '31 avevano rappresentato più uno strascico di quelli seguiti al crollo dei regimi napoleonici che l'inizio di una nuova èra rivoluzionaria. A ispirarli erano state le vecchie società segrete disseminate nella penisola dai francesi e sui modelli francesi ricalcate. Sia come organizzazione che come ideologia, il segno più visibile era quello impresso da Buonarroti, ultimo ostinato rampollo del vecchio giacobinismo robespierriano. E anche i loro protagonisti come Zucchi e Sercognani erano uomini formatisi nella Cisalpina e nel Regno Italico. Si trattava insomma ancora, per dirla con Cuoco, di una rivoluzione «passiva», frutto di un trapianto.

Ma fra le vittime della repressione, che ora prendevano la via dell'esilio per andare a infoltire i ranghi dei fuorusciti, c'era un uomo nuovo che, anche per ragioni di età, con quel passato aveva poco a che fare: Giuseppe Mazzini.

Era nato a Genova nel 1805, figlio di un medico che in gioventù aveva avuto i suoi slanci patriottici e frequentato gli ambienti massonici e carbonari, ma poi era rientrato nell'ordine costituito badando soprattutto a farsi una solida posizione. Non era affatto un uomo spregevole: faceva la sua professione con molta coscienza e, coerente con le sue idee democratiche, curava gratis i poveri. Ma aveva un carattere autoritario e chiuso, che respingeva il sensibile ragazzo, attratto molto di più da sua madre, Maria Drago, che sapeva guantare di soavità la sua severa morale ancorata su una ferma fede religiosa di stampo giansenista. E giansenisti furono anche i precettori cui essa affidò il piccolo «Pippo», come lo chiamavano i genitori e le tre sorelle. Il ragazzo stupì i suoi maestri non solo per «la sorprendente tenacissima memoria, talento straordinario e genio senza limiti di apprendere», come scrisse uno di

486

loro, ma anche per la sua precoce serietà. Preferiva la compagnia dei grandi a quella dei coetanei, e le sue uniche evasioni erano la musica e le lunghe passeggiate solitarie nei boschi. Non era un «mammaione» anche perché sua madre non gliel'avrebbe consentito. Ma i suoi rapporti con lei erano così stretti e profondi che dovevano influenzare tutta la sua vita sentimentale. Contrariamente a ciò che dicono certi suoi sciocchi apologeti, Mazzini non fu, in fatto di donne, un asceta. Esse contarono molto nella sua vita. Ma furono tutte o quasi tutte donne mature, di cui egli sapeva sollecitare i sentimenti materni.

Il suo primo amore fu forse un'amica di sua madre, madre a sua volta dei suoi tre amici Jacopo, Giovanni e Agostino Ruffini. Si trattò naturalmente di un sentimento nascosto. Mazzini fece di lei, donna anch'essa di gran carattere, la sua confidente e guida spirituale, e dei tre figli i suoi primi discepoli. Ma da loro non ricavò che amarezze. Jacopo, di gran lunga il migliore e più dotato, fu più tardi arrestato come suo seguace, si suicidò in carcere, e per Mazzini fu un rimorso di cui non si sarebbe mai più liberato. Gli altri due lo bersagliarono di meschini attacchi e maldicenze.

È molto probabile che le prime professioni di fede politica egli le abbia sentite in bocca a suo padre nel '15, quando i trattati di Vienna sancirono l'annessione di Genova al Piemonte. Attaccatissima alle sue vecchie istituzioni e tradizioni repubblicane, la città ne fu indignata e certamente lo fu anche il dottor Mazzini. Più tardi Pippo trovò nel suo studio, nascosti fra i manuali di medicina, alcuni vecchi giornali francesi del tempo della rivoluzione, e li lesse con avidità, pur senza capirci molto. Altre suggestioni dovettero venirgli dalla scuola. Per distrarre i giovani dai problemi attuali, gli si dava da studiare la storia della Grecia e di Roma, ch'era tutta un inno a Catone, ai Bruti, alla libertà e al tirannicidio, nella convinzione che l'antichità di questi ideali bastasse a renderli innocui e materia di pura declamazione.

A quei tempi all'Università si arrivava molto presto. Mazzini vi s'iscrisse a quattordici anni, in medicina come voleva suo padre. I suoi apologeti smentiscono che se ne ritrasse perché, al primo esperimento di necroscopia, svenne. Lo raccontò sua madre a Jessie White Mario, e non riusciamo a vedere che male ci sarebbe. Che Mazzini abbia sempre avuto orrore del sangue, è provato: l'uccisione di un tordo bastò a svogliarlo per sempre dalla caccia. Ma è proprio questo che rende ancora più ammirevole il suo immenso coraggio morale. A sgomentarlo era il sangue altrui, non il suo, e si affrettò a dimostrarlo: a quindici anni aveva già fatto conoscenza delle bastonate, delle manette e della prigione. Il pretesto era stato del tutto occasionale ed epidermico. Mazzini, che ora si era iscritto a legge, recalcitrava ai bigotti regolamenti universitari che imponevano agli studenti di andare a messa e di confessarsi, e gli proibivano i baffi come indizio di tendenze rivoluzionarie. Costretto a frequentare anche lui la chiesa, un giorno il prete invitò lui e i suoi compagni a lasciare i posti di prima fila ai cadetti del Collegio Reale. Mazzini, che al posto non ci teneva, si ribellò però al sopruso, e con tale furore che si fece arrestare.

Per quanto modesto, l'episodio bastò a conferirgli un certo prestigio sui condiscepoli, ed egli ne approfittò per raccoglierne intorno a sé alcuni, che come lui non sapevano ancora cosa volevano, ma già sapevano di volere qualcosa. Non diventò un alfiere della contestazione: fin d'allora aveva in uggia gli atteggiamenti demagogici e le chiassate goliardiche. Gli amici se li sceglieva con cura, e con essi conduceva vita appartata, fatta d'interminabili passeggiate e discussioni. Discutevano di tutto, ma specialmente di letteratura, che fu la vera vocazione giovanile di Mazzini. Le sue letture erano piuttosto disordinate.

Conosceva bene Tacito e Dante. Si era innamorato di Goethe – diceva che avrebbe dato la vita per passare un giorno con lui –, ma poi gli aveva preferito Shakespeare, e infine Alfieri e Byron. Ma a folgorarlo fu il Foscolo. Rimase talmente colpito dal *Jacopo Ortis* che da allora non si vestì più che di nero e sua madre temette che volesse imitarne il gesto suicidandosi. Quell'eroe notturno fu la sua grande passione giovanile, e qualcosa gliene rimase per sempre addosso. Mazzini fu un Jacopo della politica, inconsciamente – o subconsciamente – vocato alla parte dello sconfitto perché era quella che meglio gli si attagliava. Egli avrebbe potuto far sua l'orgogliosa divisa spagnola: «La disfatta è il blasone dell'anima bennata».

Il trauma rivelatore del suo destino gli capitò nel '21, quando a Genova arrivarono in cerca di scampo i Federati piemontesi reduci dal loro tentativo di rivolta. Per metterli in grado d'imbarcarsi, era stata indetta per strada una questua fra i passanti, e anche Mazzini dette il suo obolo, mosso forse soltanto dalla pietà. Ma poi cominciò a rimuginare sulla loro sorte: «Quel giorno fu il primo in cui mi si affacciasse confusamente, non dirò un pensiero di Patria e di Libertà, ma un pensiero che si poteva, e quindi si doveva, lottare per la libertà della Patria». La novità non era concettuale, ma morale, e stava tutta in quel *quindi si doveva*. Esso riassume il credo di un uomo per il quale la vita si annunziava, religiosamente, come un dovere da compiere. Mazzini aveva creduto, fin allora, di essere un ateo, e l'unico grosso dispiacere che aveva dato alla madre era stato il rifiuto di confessarsi. In realtà si era soltanto ribellato alla Chiesa, con cui non si riconcilierà mai. Ma già si rendeva conto che nessun ideale politico è realizzabile e degno di essere realizzato se non viene concepito e praticato come un sacerdozio. Fu questo a far di lui un eterno straniero in un Paese come il nostro, dove la

politica viene concepita e praticata come una «combinazione» di contingenti opportunità.

La letteratura seguitò a occuparlo anche perché era l'u-
nico campo in cui si potessero esprimere delle opinioni.
Finiti senza entusiasmo gli studi e presa la laurea, si era
messo a esercitare la professione nello studio di un avvocato, ma l'attività che più lo impegnava era quella di giornalista. C'era a Genova un giornale, l'*Indicatore genovese*,
che la censura tollerava perché era quasi esclusivamente
un bollettino commerciale. Mazzini lo persuase a pubblicare anche delle recensioni di libri, e ciò gli dette il destro
di segnalare al pubblico quelli che meglio servivano alla
formazione di una coscienza civile. Era già anche quella
una scelta: per Mazzini non c'era né ci poteva essere altra
letteratura che quella, come oggi si chiama, «impegnata»
e, anche se non lo disse, lo fece abbondantemente capire
tributando per esempio grandi elogi, che probabilmente
non sentiva, alla *Battaglia di Benevento* del Guerrazzi: un
romanzaccio, ma ricco di accenti patriottici.

La censura lasciò fare per un po', poi soppresse addirittura il giornale. Ma gli articoli di Mazzini, che si firmava
con la sola iniziale del cognome, avevano attirato l'attenzione dell'onniveggente Vieusseux, che scrisse al Lambruschini d'indagare chi fosse quell'M. che, sotto una penna
rugginosa e un po' enfatica, faceva tuttavia trapelare delle
idee. E Lambruschini rispose: «Il mio corrispondente crede di potermi assicurare che M. sia un certo avvocato
Mazzini che pare abbia una cattedra all'Università, giac-
ché lo chiama *uomo di grandissimo talento e dei più liberali del-
l'università*. Non so però conciliare questa qualità con quella che pur gli dà di *avvocato di recente laureato*. Comunque
sia, egli è figlio del prof. Mazzini, medico in Genova. Aggiunge che questo suo figlio, benché giovane, ha grandissima riputazione. Il nome del Mazzini giovane è Giuseppe
che a Genova, come sapete, chiamano Pippo».

Su invito di Vieusseux, Mazzini mandò all'*Antologia* alcuni articoli sul dramma storico e altri problemi letterari, che attirarono su di lui l'attenzione dei circoli non soltanto fiorentini, ma nazionali. Altri ne pubblicò sull'*Indicatore livornese*, che il Guerrazzi aveva fondato nella sua città. Ma questo non gli bastava, un po' per tutte le rinunzie e reticenze che la censura imponeva, un po' perché sentiva l'inutilità di quel parlarsi fra «iniziati». Odiava le accademie e bollava con parole di fuoco il narcisismo e l'evasività di una letteratura intesa unicamente «a formare lo scrittorello vanaglorioso, il sofista, il pedante, e non l'*uomo*, non l'utile cittadino». Perciò si proponeva di dedicarsi a una storia popolare d'Italia che, rivolgendosi a un pubblico più vasto, ne risvegliasse la coscienza e gl'interessi. Totalmente preso da questi impegni e progetti di apostolato, conduceva un'esistenza di cenobita. Unici lussi, il caffè e il sigaro, due vizi di cui rimase poi sempre schiavo. Uniche distrazioni, le passeggiate preferibilmente notturne coi pochi amici che già in lui riconoscevano un capo, e la chitarra con cui si accompagnava canticchiando perché aveva molto orecchio e anche una discreta voce di baritono leggero. Sua madre lo covava. Suo padre aspettava che gli passasse, com'era passata a lui. La polizia lo sorvegliava.

Nel '27 uno dei suoi amici, Torre, gli confidò d'essere aggregato alla Carboneria e gli propose d'iniziarvelo. «Io – scrisse più tardi Mazzini – non ammirava gran fatto il simbolismo complesso, i misteri gerarchici e la fede politica, o piuttosto la mancanza di fede politica, della Carboneria. Ma ero allora impotente a tentare cosa alcuna di mio, e mi s'affacciava una congrega di uomini i quali, inferiori probabilmente al concetto, facevano ad ogni modo una cosa sola del pensiero e dell'azione, e sfidavano scomuniche e pene di morte; persistevano, distrutta una tela, a rifarne un'altra: e bastava perché io mi sentissi debito di dar loro il mio nome e l'opera mia.»

Gli fissarono, come al solito, un appuntamento di notte in una straduzza fuori mano, dove venne a prelevarlo un certo Raimondo Doria, «di fisionomia non piacente» che, dopo averlo interrogato, lo sottopose ai soliti riti. Inginocchiato, il neòfita pronunciò con la mano sul pugnale, ma anche con un certo fastidio, la formula del giuramento, ascoltò i soliti truculenti racconti delle terribili vendette abbattutesi sui traditori, e se ne tornò a casa carbonaro, ma completamente all'oscuro di ciò che questo significasse come programma politico, e cioè se si doveva lottare per un'Italia monarchica o repubblicana, unitaria o federalistica. Ne chiese a Torre, il quale gli rispose che si contentasse di «ubbidire in silenzio» e ringraziasse Dio di aver evitato le «tremende prove» che di solito il rito richiedeva. Che avrebbe fatto – gli chiese – se per esempio gli avessero intimato di spararsi alla tempia una pistola caricata davanti ai suoi occhi? Mazzini rispose asciutto che si sarebbe rifiutato perché delle due l'una: o la pistola era caricata solo a polvere, e in tal caso si sarebbe trattato di un'indegna farsa; o era caricata a palla, e in tal caso «era assurdo che un uomo, chiamato a combattere per la Patria, cominciasse dallo sparpagliarsi quel po' di cervello che Dio gli aveva dato». Era la reazione di un uomo troppo libero e troppo serio per accettare la struttura mafiosa e gli aspetti ciarlataneschi di quella organizzazione che si rifiutava di rivelare i suoi scopi e pretendeva trattare gli accoliti come semplici *killers*.

Per il momento tuttavia rimase nei ranghi, e anzi vi fece carriera fino al grado di Gran Maestro che gli permetteva di affiliare a sua volta altri adepti. Si proponeva di formare con loro una «base» capace «d'infondere un po' di giovane vita in quel corpo invecchiato», cioè in parole povere d'impadronirsene e riformarla a modo suo. Ma capiva benissimo che l'Italia non poteva nascere dai complotti e dagli attentati di una società segreta. Ciò che occorreva era illuminare la pubblica opinione, o per meglio dire crearne una, e per questo ci volevano ben altri strumenti.

Un giorno la *Vendita* lo incaricò di una missione a Livorno per farvi altri proseliti. Mazzini l'accettò, soprattutto per la prospettiva d'incontrare Guerrazzi con cui s'era scambiate molte lettere, ma che di persona ancora non conosceva. Guerrazzi non c'era. Poco prima, commemorando in un pubblico discorso un ufficiale livornese caduto sotto le bandiere napoleoniche, si era lasciato trascinare dalla foga oratoria a dichiarazioni che avevano costretto perfino il mite Granduca a comminargli il confino a Montepulciano. Mazzini ve lo raggiunse in compagnia del comune amico Bini. Ma, dopo aver un poco parlato con lui, o meglio dopo aver ascoltato la lettura ch'egli inflisse ai visitatori delle prime pagine del suo nuovo libro, *L'assedio di Firenze*, le simpatie gli s'intiepidirono. «Il sangue gli saliva alla testa mentre leggeva ed ei bagnava la fronte per ridursi in calma. Sentiva altamente di sé, e quella persecuzioncella, che avrebbe dovuto farlo sorridere, gli rigonfiava l'anima d'ira... Non aveva fede... Stimava poco; amava poco». Ritratto impietoso, ma a bersaglio. Fu così deluso di lui che «partii senza parlargli a viso aperto del motivo principale della mia gita». Mazzini non si rassegnava, non si rassegnerà mai alla retorica e alla teatralità degl'italiani. E questo fu un altro dei motivi che lo resero sempre straniero in patria.

Ma a Genova lo attendeva una brutta sorpresa. Quel tale Doria che lo aveva iniziato era un marchese spiantato che viveva di espedienti, ma che ora, trovandosi a corto anche di questi, si era venduto alla polizia denunziandole tutti i capi carbonari. La polizia volle procurarsene le prove e mandò a Mazzini due suoi sgherri che si finsero aspiranti all'affiliazione. Mazzini ci cascò, e non doveva essere l'ultima volta: per tutta la vita era destinato a riporre la sua fiducia e a lasciarsi sorprendere dalle spie che gli mettevano alle calcagna. Questo grande cospiratore rimase sempre un grande ingenuo: come tutti gli uomini onesti, credeva che anche gli altri lo fossero.

Iniziò i due provocatori, e poche sere dopo, rientrando a casa, ci trovò i gendarmi. Colui ch'era svenuto di fronte a una necroscopia diede prova di un sangue freddo esemplare. Sotto gli occhi degli sbirri, riuscì a far sparire gli oggetti e le carte più compromettenti, affrontò la prigione senza batter ciglio; e quando si trovò di fronte al Commissario inquirente, negò tutto. Rimase alcuni giorni nella prigione della caserma, e le uniche cose di cui soffrì furono il freddo e la mancanza di sigari. Poi, una notte, lo svegliarono per un trasferimento. Suo padre, che lo aveva saputo, era fuori del carcere per salutarlo insieme ad Agostino, il minore dei tre fratelli Ruffini. Forse in quel momento il povero Dottore capì che quel suo figlio non sarebbe mai rinsavito. Ma non poté parlargli e dovette contentarsi di un cenno di addio con la mano.

Nella diligenza in cui lo caricarono, c'era un altro Cugino, e fra i più in vista, Passano: tutta la *Vendita* doveva esser caduta nella rete. E il prigioniero capì anche come, quando riconobbe fra i soldati di scorta uno dei due neòfiti ch'egli aveva iniziato. Ce n'era abbastanza per sgomentare anche il cospiratore più esperto e rotto a queste disavventure. Mazzini si mantenne impassibile e, rinchiuso in una cella della fortezza di Savona, ci trovò i suoi lati belli: la vista, oltre l'inferriata, del cielo, del mare e delle Alpi, «le più sublimi cose che la natura ci mostri», e la compagnia di un lucherino, che ogni giorno veniva a becchettare le briciole della sua pagnotta.

Era il dicembre del 1830. Per il prigioniero fu una grossa ventura che il suo caso fosse scoppiato prima dei moti di Modena, di Parma e degli Stati pontifici e dell'ondata di repressioni che questi stavano per scatenare. Si adeguava, senza farne un dramma, a quella pausa di galera. Negli ultimi tempi, tutto preso dalla sua attività di cospiratore e di giornalista, non aveva più avuto il tempo di riflettere e meditare. Ed era il momento di farlo. No, la Carboneria non era neanche un corpo invecchiato. Era un cadavere. Da seppellire con tutti gli onori, ma da seppellire. Per una rivoluzione nazionale, per una Repubblica democratica, ci voleva ben altro che i complotti e gli attentati di gruppi terroristici guidati dall'alto, come *robots*, da uomini di volto ignoto d'ignote intenzioni, d'ignota etichetta ideologica. Ci voleva un moto corale dal basso, una volontà collettiva e cosciente.

Nasceva nella sua mente l'idea della *Giovane Italia*.

Carlo Felice volle che il caso fosse vagliato col massimo scrupolo e con tutte le garanzie di legge. E perciò, invece che al giudice ordinario, preferì affidarlo a due dei più rispettati senatori del Regno, Borio e Gromo, che infatti si mostrarono all'altezza della loro fama. Gli arrestati erano sette. E sebbene tutti avessero negato, le prove contro di loro erano schiaccianti. Ma i due magistrati, sapendo da che fonte venivano, non ne tennero conto, e assolsero. Il ministro degl'interni trovò tuttavia eccessiva questa indulgenza plenaria, e decise che Passano, essendo còrso, fosse restituito alla sua isola, e che Mazzini si scegliesse un'altra residenza, nel Regno o fuori, a esclusione di Genova e della Riviera.

Mazzini non esitò. Per porre mano al suo programma di azione politica, aveva bisogno di libertà, e in nessuna città del Regno ne avrebbe avuta. Prese coraggiosamente la via dell'esilio, e il 10 febbraio (del '31) attraversò il Moncenisio. Per strada lo raggiunsero le notizie della sollevazione nei Ducati e negli Stati pontifici e incontrò altri esuli che gli parlarono dei preparativi in atto a Lione per una spedizione in Savoia. Vi accorse subito e vi ritrovò «molti di coloro che aveva veduto dieci anni addietro errare, con l'ira della delusione sul volto, per le vie di Genova». S'imbrancò con loro, partecipò attivamente all'organizzazione dell'impresa che si svolgeva in un entusiasmo pari soltanto alla confusione. Poi, all'improvviso, venne la doccia fredda: l'intimazione agli esuli di sciogliere il comitato e di rientrare ai loro domicili. Il loro furore era al colmo. «Imprecavano – dice Mazzini – al tradimento e ai traditori: vendetta sterile di quanti, in un'impresa di Patria, fidano in altro che nelle proprie forze». Era la conferma di una convinzione già maturata nella sua mente: che l'Italia potevano e dovevano farla gl'italiani, e da sé.

Tuttavia non volle per il momento dissolidarizzare dai suoi compagni e ne seguì un gruppo che si proponeva di sbarcare dalla Corsica in Italia per dare man forte agl'insorti delle Legazioni. Attraverso i loro emissari chiesero un po' di soldi al governo di Bologna per noleggiare una nave. Ma il presidente Vicini, sempre per non «provocare» l'Austria, rifiutò. E anche questa fu per Mazzini una lezione. No, non era con uomini di quella pasta che si poteva fare l'Italia. Bisognava ricominciare tutto daccapo: dalle coscienze.

Il vero Risorgimento inizia di qui: dall'appello alle coscienze. Tutto ciò che lo aveva preceduto non era stato, come aveva detto Cuoco, che una cattiva imitazione d'ideologie altrui.

BIBLIOGRAFIA

Per l'orientamento generale (visto che ogni libro di Storia ha il suo, o pretende di averlo), gli autori cui mi sono ispirato sono Croce, Omodeo, Salvatorelli, Missiroli (*La Monarchia socialista*), Gobetti (*Rivoluzione liberale e Risorgimento senza eroi*), Gramsci (*Il Risorgimento*).

Quanto alle opere di consultazione, quelle che ho tenute sotto mano sono state non esclusivamente, ma principalmente:

Per il panorama generale: C. Spellanzon, *Storia del Risorgimento e dell'unità d'Italia* (5 voll.); G. Volpe, *L'Italia del Risorgimento e l'Europa*; G. Luzzatto, *Storia economica dell'età moderna e contemporanea*; A. Comandini, *L'Italia nei cento anni del sec. XIX giorno per giorno illustrata* (6 voll.); G. Candeloro, *Storia dell'Italia moderna* (2 voll.).

Per l'Italia napoleonica: Napoleone, *Corrispondenze*; Fugier, *Napoléon et l'Italie*; Pingaud, *La politique italienne de Napoléon* («Revue historique», 1927); J.P. Garnier, *Murat, roi de Naples*.

A loro complemento sono di utile e piacevole consultazione i molti memoriali ed epistolari di cui i francesi sono sempre, beati loro, fertilissimi: quelli di E. Beauharnais, quelli di Giuseppe e Letizia Bonaparte, le lettere di Murat, la corrispondenza di Chateaubriand, le «opere complete» di P. L. Courier.

Da parte italiana sono fondamentali: Melzi d'Eril, *Memorie*; F. Lemmi, *Il periodo napoleonico*; B. Peroni, *Fonti per la storia d'Italia dal 1789 al 1815 negli Archivi Nazionali di Parigi*; E. Rota, *Le origini del Risorgimento*.

Per la Restaurazione in generale: Metternich, *Memorie*; G. De Maistre, *Mémoires politiques et correspondance diplomatique*.

Per il Lombardo-Veneto: A. Sandonà, *Il Regno Lombardo-Veneto, 1815-1859*; C. Cantù, *Il «Conciliatore» e i Carbonari*.

Per il Piemonte: M. D'Azeglio, *I miei ricordi*; G. De Maistre,

Opere complete; Passerin D'Entrèves, *La giovinezza di Cesare Balbo*; R. Romeo, *Cavour* (vol. I).

Per la Toscana: G. Drei, *Il Regno d'Etruria*; Zobi, *Storia civile della Toscana dal 1737 al 1848*; P. Bargellini, *La splendida storia di Firenze*.

Per gli Stati pontifici: A. Latreille, *Napoléon et le St. Siège*; L.C. Farini, *Lo Stato Romano dall'anno 1815 al 1850*; M. Petrocchi, *La Restaurazione. Il Cardinale Consalvi e la riforma del 1816*.

Per Napoli e le Due Sicilie: B. Croce, *Storia del Regno di Napoli*; H. Acton, *I Borboni di Napoli*; L. Blanch, *Luigi de' Medici come uomo di Stato e amministratore*; W. Maturi, *Il Principe di Canosa*; R. Romeo, *Il Risorgimento in Sicilia*; V. Titone, *La Costituzione del 1813 e l'occupazione inglese della Sicilia*; D. Mack-Smith, *Storia della Sicilia*.

Per le società segrete: A. Luzio, *La Massoneria e il Risorgimento italiano*; G. Leti, *Carboneria e Massoneria nel Risorgimento italiano*; A. Saitta, *Filippo Buonarroti*; A. Galante Garrone, *Filippo Buonarroti e i rivoluzionari dell'Ottocento*; A. Galante Garrone, *Buonarroti e Babeuf*.

Per i moti del 1821: P. Colletta, *Storia del Reame di Napoli*; Alberti, *La rivoluzione napoletana, il suo parlamento e la reazione europea*; A. Segre, *Vittorio Emanuele I*; C. Torta, *La rivoluzione piemontese del 1821*; A. Luzio, *La rivoluzione piemontese del 1821 di Santorre Santarosa*; M. Degli Alberti, *Dieci anni di storia piemontese. Lettere inedite di Carlo Emanuele IV, Vittorio Emanuele I, Carlo Felice, Carlo Alberto e altri*; F. Confalonieri, *Memorie e lettere*; A. Luzio, *Antonio Salvotti e i processi del '21;* A. Luzio, *Il processo Pellico-Maroncelli*.

Per i moti del 1831: G. Ruffini, *Le cospirazioni del 1831 nelle ricordanze di Enrico Misley*; A Solmi, *Ciro Menotti e l'idea unitaria nell'insurrezione del 1831*; P. Zama, *La marcia su Roma del 1831. Il generale Sercognani*; C. Zucchi, *Memorie*.

Per la giovinezza di Mazzini: B. King, *Mazzini*; F. Saponaro, *Mazzini*; A. Luzio, *Mazzini carbonaro*; G. Salvemini, *Mazzini*.

Per il panorama culturale, è impossibile elencare la miriade di scritti biografici e critici. Solo a titolo esemplificativo ricordo le *Memorie* di G. Montanelli, i saggi di Ciampini su Vieusseux e Tommaseo, quello di Tabarrini su Capponi. Quanto alle figure di artisti cui ho dedicato speciali capitoli perché mi sono parse le più rappresentative (Cuoco, Foscolo, De Maistre, Leopardi, Manzoni), le ho ricostruite soprattutto sulle loro opere, confessioni ed epistolari senza troppo riguardo agli altrui giudizi. Per Leopardi mi è stato prezioso lo splendido profilo disegnato dalla inglese Origo e mai tradotto (chissà perché) in italiano. Per Rossini mi ha molto servito la raccolta delle sue lettere curata da Mazzatinti e Manis e l'eccellente biografia di Francis Toye.

CRONOLOGIA

1790 - Pietro Leopoldo di Toscana diventa Imperatore d'Austria.

1792 - I francesi invadono la Savoia.

1794, 22 settembre - A Dego i piemontesi sono battuti dai francesi.

1796, marzo - Prima campagna di Napoleone in Italia.

1796, 28 aprile - Armistizio di Cherasco.

1796, maggio - Vittorio Amedeo III cede alla Francia la Savoia e il Nizzardo.

1796, 16 maggio - Napoleone entra in Milano.

1796, 16 ottobre - Nasce la Repubblica Cispadana.

1797, 7 gennaio - Il congresso Cispadano, a Reggio, adotta il tricolore bianco, rosso, verde.

1797, 19 febbraio - A Tolentino Napoleone stipula la pace con il papa.

1797, 15 maggio - Abdicazione del doge Manin a Venezia.

1797, 17 ottobre - Pace di Campoformio.

1798, 15 febbraio - Proclamazione della Repubblica Romana.

1798, 20 febbraio - Pio VI viene tradotto a Siena.

1798, 19 maggio - Spedizione di Bonaparte per l'Egitto.

1798, 1-2 agosto - Nelson distrugge la flotta francese ad Abukir.

1799, 24 gennaio - I francesi occupano Napoli.

1799, 27 marzo - Il granduca di Toscana abbandona Firenze ai francesi.

1799, 15 giugno - Il cardinale Ruffo occupa Napoli.

1799, 29 agosto - Morte di Pio VI.

1800, maggio - Seconda campagna d'Italia del Bonaparte.

1800, 5 giugno - Napoleone ristabilisce la Repubblica Cisalpina.

1800, 14 giugno - Battaglia di Marengo.

1800, 16 giugno - Armistizio tra francesi e austriaci.

1801, 19 febbraio - Trattato di Lunéville.

1801, 15 luglio - Concordato tra Bonaparte e il papa.

1802, 27 marzo - Trattato di Amiens fra Inghilterra e Francia.

1802, 14 giugno - Carlo Emanuele IV abdica in favore di Vittorio Emanuele I.

1804, 18 maggio - Bonaparte assume il titolo di imperatore con il nome di Napoleone I.

1805, 26 maggio - Napoleone I assume la corona del Regno d'Italia. Eugenio di Beauharnais è nominato viceré.

1805, 4 giugno - La Repubblica di Genova è annessa all'Impero francese.

1805, 15-18 ottobre - Sconfitta degli austriaci a Ulma.

1805, 21 ottobre - La flotta franco-spagnola è distrutta a Trafalgar.

1805, 14 novembre - Napoleone entra in Vienna.

1805, 2 dicembre - Austerlitz: Napoleone sconfigge gli austro-russi.

1806, 15 febbraio - Giuseppe Bonaparte è Re di Napoli.

1806, 14 ottobre - Sconfitta dei prussiani a Jena.

1807, luglio - Trattati di Tilsit.

1808, 2 febbraio - Le truppe francesi occupano Roma.

1805, 5 maggio - Gioacchino Murat è il nuovo Re di Napoli.

1808, 24 maggio - La Toscana e l'ex Granducato di Parma e Piacenza sono annessi alla Francia.

1809, 17 maggio - Lo Stato della Chiesa è annesso all'Impero francese.

1809, luglio - Il papa è arrestato e relegato a Savona.

1812, 12 maggio - Il papa è trasferito da Savona a Parigi.

1812, 24 giugno - Inizio della campagna di Russia.

1812, ottobre - L'Armata francese sconfitta passa la Beresina.

1813, 12 agosto - L'Austria dichiara guerra alla Francia.

1813, 16-19 ottobre - Napoleone è sconfitto a Lipsia.

1814, maggio - Trattato di Parigi: l'Austria rioccupa la Lombardia e il Veneto.

1814, settembre - Congresso di Vienna.

1815, 26 febbraio - Napoleone fugge dall'isola d'Elba.

1815, 2 maggio - Murat è battuto dagli austriaci a Tolentino.

1815, 18 giugno - Waterloo.

1815, 13 ottobre - Fucilazione di Gioacchino Murat a Pizzo di Calabria.

1818 - Esce a Milano *Il Conciliatore*.

1820, 2 luglio - Nel Napoletano scoppiano i primi moti carbonari.

1820, 15 luglio - Rivoluzione a Palermo.

1820-21 - La polizia austriaca arresta Pellico, Maroncelli ed altri.

1821, gennaio - Congresso di Lubiana: è deciso l'intervento austriaco nel Napoletano.

1821, 12 marzo - Moti carbonari in Piemonte. Vittorio Emanuele I abdica a favore di Carlo Felice.

1821, 13 marzo - Carlo Alberto concede la Costituzione.

1821, dicembre - Federico Confalonieri ed altri patrioti sono arrestati dalla polizia austriaca.

1822 - Congresso di Verona: si decide lo sgombero delle truppe austriache dal Piemonte.

1823 - A Pio VII succede Leone XII.

1825 - A Napoli Francesco I succede al padre Ferdinando.

1827 - Giuseppe Mazzini aderisce alla Carboneria.

1831, febbraio - Moti insurrezionali scoppiano a Modena, Parma e Bologna.

1831, 25 marzo - L'esercito rivoluzionario comandato dal generale Zucchi è sconfitto dagli austriaci presso Rimini.

1831, 26 maggio - Ciro Menotti e Vincenzo Borelli vengono giustiziati a Modena.

1831, ottobre - Nasce a Marsiglia la «Giovane Italia» di Mazzini.

INDICE DEI NOMI

507

375, 387, 390, 421, 468, 470, 473, 476, 478, 482, 485, 496
Avellino, 307-08
Azara, José Nicolás, 41
Azeglio, Massimo d', 259, 271, 365
Azeglio, Roberto d', 319

Babeuf, Francesco Natale, 38, 44, 294, 296-97, 299-300
Baccher, Gennaro, 101-02
Bacchiega, Giovanni, 340
Baciocchi, Felice, 128
Baiona, 154, 457
Bakunin, Michele, 294, 302
Balbo, Cesare, 264, 318
Balbo, Prospero, 318
Baldasseroni, Giuseppe, 276
Balzac, Onorato di, 448, 456
Barbaja, Domenico, 450-52, 454
Barbey d'Aurevilly, Giulio, 448
Barbiere di Siviglia, Il, di G. Rossini, 452, 455-56
Bargellini, Piero, 153, 359
Barras, Giovanni, 13
Basilicata, 24
Bassano, 32
Basseville, Ugo de, 28, 375
Bassvilliana, di V. Monti, 28, 375
Bastia, 295-97
Bastiglia, 295
Beauharnais, Eugenio, 106, 125-26, 130-31, 151, 153, 156, 161, 192, 209, 212, 226-27, 231, 246-51, 255, 286, 335, 382, 386, 421, 477
Beauharnais, Giuseppina, 13, 44, 114, 126, 155-56, 169, 173, 205, 266
Beauharnais, Ortensia, 465, 481
Beaulieu, G. Pietro, 30-31
Beaumarchais, Pietro Agostino Caron di, 452-53
Beccaria, Cesare, 22, 209, 354, 360, 411, 414, 420, 433
Beccaria, Giulia, 411-12, 415-20

Beethoven, Ludovico van, 455, 459
Belardinelli, Maria (Nerina), 397
Belgio, 10, 12, 24, 34, 120, 197-98, 464, 477
Bellani, Angelo, 116
Bellegarde, Federico Enrico, 248, 252, 254, 421
Belmonte, Giuseppe Ventimiglia, principe di, 181-83, 185-187, 189
Bentinck, Guglielmo, 180, 183-85, 187-89, 228-30, 237, 243, 252
Benvenuti, Giov. Antonio, 475, 480-81, 484
Berchet, Giovanni, 422
Bergao, 48
Berlioz, Ettore, 453
Bernetti, Tommaso, 484-85
Berthier, L. Alessandro, 51-55, 171
Biella, 321
Bignami, Maddalena, 383
Bini, Carlo, 493
Blanc, Luigi Giovanni, 304
Blondel, Enrichetta, 416-20, 431, 433
Bloy, Leone, 448
Boccadifalco, 179
Boemia, 201
Bologna, 17, 27, 41, 45, 123, 157, 215, 231, 234, 252, 270, 287, 376, 378, 385, .387, 402-03, 451-52, 456-57, 461, 470, 475, 477-80, 496
Bonald, Luigi Gabriele, 440-41, 446
Bonaparte, Carolina, 155, 168-71,174-75, 179, 225-26, 229, 232, 235-37
Bonaparte, Elisa. 128, 151, 153, 171, 217, 274, 278, 385, 465
Bonaparte. Giuseppe, 52, 124, 146, 148-51, 153, 156, 170,

510

SOMMARIO

BUR
Periodico settimanale: 18 luglio 2001
Direttore responsabile: Evaldo Violo
Registr. Trib. di Milano n. 68 del 1°-3-74
Spedizione in abbonamento postale TR edit.
Aut. N. 51804 del 30-7-46 della Direzione PP.TT. di Milano
Finito di stampare nel luglio 2001 presso
Legatoria del Sud - via Cancelliera, 40 - Ariccia RM
Printed in Italy

ISBN 88-17-11835-4